Gewehre · Pistolen · Revolver

Aufnahmen von Gerd Platow

Heinrich Müller

GEWEHRE

Jagd- und Kriegswaffen

PISTOLEN

des 14. bis 19. Jahrhunderts

REVOLVER

Kohlhammer

Dr. Heinrich Müller, Historiker, ist stellvertretender Abteilungsdirektor im Museum für Deutsche Geschichte Berlin (ehemaliges Zeughaus)

Lizenzausgabe für den Verlag W. Kohlhammer GmbH
Stuttgart Berlin Köln Mainz
Verlagsort: Stuttgart
Gestaltung: Traudl Schneehagen
Zeichnungen: Karlheinz Birkner
Umschlag: hace
Umschlagmotiv: Bockpistole (Augsburg, um 1580)
Druck: Union Druckerei (VOB) Dresden
Printed in the German Democratic Republic
ISBN 3-17-005332-9

Inhalt

Einleitung

Beliebte Redewendungen und geflügelte Worte halten in einer Sprache vieles lebendig, das längst der Vergangenheit angehört. Da «riecht einer Lunte», wenn er etwas «wittert» oder ahnt; ein anderer «schießt den Vogel ab», sobald er als erster abschneidet, oder er «feuert» einen Gegenstand in die Ecke, von Wut und Kraft begleitet. Diese bildhaften Ausdrücke standen einst für wichtige Fakten beim Schießen mit Handfeuerwaffen: Der Jäger mußte Obacht geben, sonst roch das Wild die glimmende Lunte an seinem Gewehr; beim Schützenfest wurde Sieger, wer den Vogel von der Stange abschoß. Der Bedeutungswandel im Sprachlichen ist eindeutig. Nur beim Kommando «Feuer!» reagiert der Schütze heute wie früher und löst den Schuß aus. Das Feuer, das diesen Waffen den Namen gab, hat als Naturerscheinung dem Fortschritt der Menschheit wesentlich gedient, es brachte jedoch auch viel Unheil über den Erdball. Mit Feuer und Schwert zog die Soldateska durch friedliche Lande, und in der Vorstellung des Menschen wohnt neben dem Gedanken an die Wärme gleich die Angst vor dem gefährlichen Brand dieses Elementes. Der feuerspeiende Drache wurde zum Symbol des Krieges. Ein Zeichner des 15. Jahrhunderts stellt ihn als übermächtiges, aufgeblähtes und am Körper mit Geschützrohren bewehrtes Fabeltier dar. Sein offener Rachen diente auch gelegentlich als Motiv für plastische Gestaltungen der Mündungen von Geschützrohren und Handfeuerwaffen. Lange züngelnde Flammen schlugen einst mit dem Geschoß aus diesen Kriegsinstrumenten. Ein ohrenbetäubender Knall erschreckte Freund und Feind. Nicht wenige Zeitgenossen und Nachfahren hielten diese Waffe für ein Werk des Teufels. Wahrnehmung und Wirkung zeigten sich sehr real, doch Ursache und innerer Vorgang der Pulverexplosion blieben geheimnisvoll. Der italienische Dichter Francesco Petrarca äußerte sich in dem Dialog «De remediis utriusque fortunae» um 1370 vorwurfsvoll und bekümmert über die Feuerwaffen: «Es war nicht genug, daß der erzürnte Gott vom Himmel blitzte; auch das Menschlein muß von der Erde donnern. Seine Wut ahmte den Blitz nach und was sonst aus den Wolken geschleudert wurde, das wirft man nun aus einem hölzernen aber höllischen Instrumente... Diese Pest war bisher noch so selten, daß man sie wie ein Wunder bestaunte; nun aber ist sie, da man bei den schlechtesten Dingen stets am gelehrigsten, so gemein wie jede andere Art von Waffen»

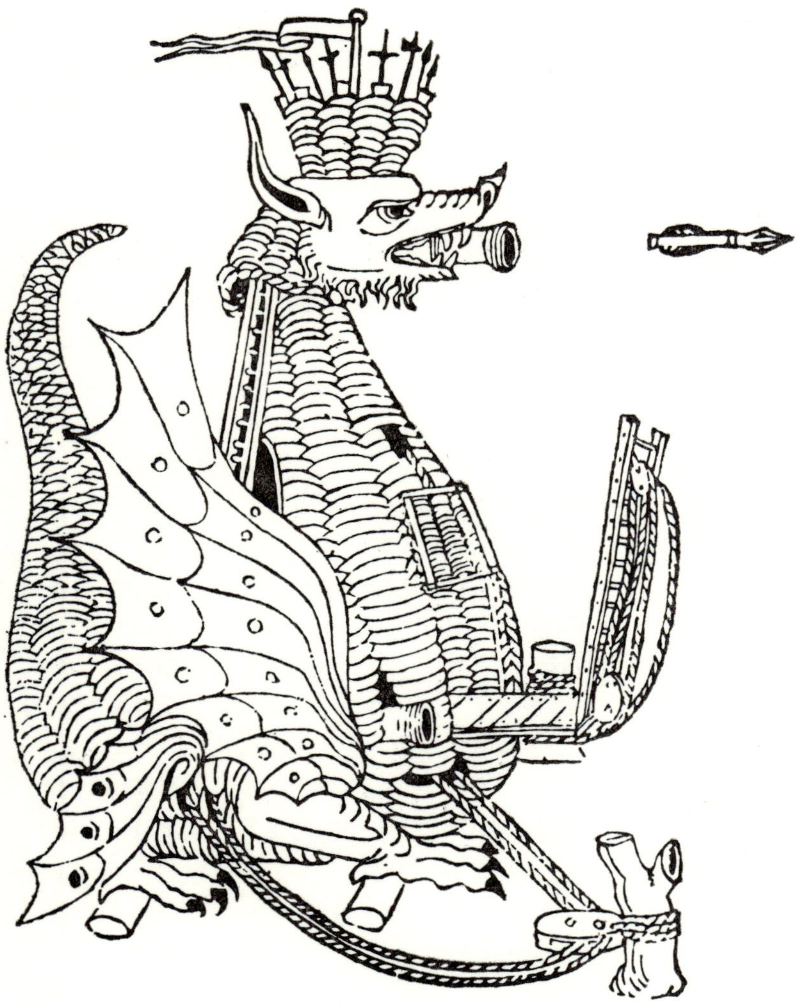

Phantastische Belagerungsmaschine in Form eines geflügelten Drachens. Aus: Roberto Valturio, De re militari libri XII, Verona 1483 (nach Held)

(zitiert nach Jähns). Das ständige Bemühen um eine verbesserte Qualität des Schießpulvers und um immer neue Typen beweisen jedoch die nüchterne reale Auseinandersetzung mit den chemisch-physikalischen und taktischen Problemen der neuen Waffen. So groß die eigene Furcht vor den unheimlichen Kriegsinstrumenten war, so begierig war jede Partei darauf bedacht, ihre Feinde damit zu erschrecken und zu vernichten. Noch nie vorher hatte es eine Waffe gegeben, die so viele Konstruktionsprobleme brachte, die so bedeutende ökonomische Potenzen erforderte und die allmählich das gesamte Kriegswesen revolutionierte. Dieses Instrument steht nicht am Rande der Weltgeschichte, es greift hart in die Speichen ihres Rades ein. Vom undurchsichtigen angeblichen Teufelswerk stieg es hinauf zum technisch hochperfektionierten Kriegswerkzeug. Die jeweils herrschende Klasse füllte die Arsenale damit und setzte sie nach machtpolitischen Interessen im Landesinneren und gegen äußere Feinde ein. In Revolutionen und Befreiungskriegen diente sie der fortschrittlichen Entwicklung der Völker.

Eine Waffe von so tiefgreifender Wirkung entwickelte sich durch vielfältige ökonomische, politische und kulturelle Einflüsse und Wechselwirkungen gesetzmäßig mit allgemeinen Veränderungen in der Gesellschaft. Ein spürbarer wirtschaftlicher Aufschwung, wie ihn beispielsweise die frühe kapitalistische Entwicklung seit dem 15. Jahrhundert oder die industrielle Revolution brachten, zeichnete sich auch in Qualität und Quantität der Feuerwaffen ab. Aber auch die Waffe selbst war in einigen Gewerbezweigen treibender Motor. Die Pulverexplosion – ausgelöst innerhalb eines Metallkörpers, der unbeschädigt bleiben mußte – stellte plötzlich an Gießer und Schmiede viel höhere Anforderungen. Wieviel gewaltiger war die Explosion in den Bronzebüchsen als der Klöppelschlag gegen einen Glockenmantel, der bisher als wesentliches Maß für das Können der Bronzegießer galt? Wieviel fester mußte die Schweißnaht einer geschmiedeten Handbüchse sein als bei einem üblichen Gebrauchsgegenstand, der nur mechanischen Druck aushalten mußte? Die Produktionstechnik in der Metallbearbeitung schritt durch die Feuerwaffen wesentlich voran und beflügelte viele benachbarte Berufszweige. Die neue Waffe war enorm entwicklungsfähig, das spürten viele, die sie herstellten oder die sie gebrauchten. Ideen und Versuche eilten ihrer Zeit voraus, konnten erst später auf höherer ökonomischer Basis wirksam werden, wie beispielsweise zahlreiche Hinterladersysteme, Revolverkonstruktionen, Mehrlader und Repetiergewehre sowie Waffen mit elektrischer Zündung.

Die problematische Feuerwaffe reizte geniale Männer wie Leonardo da Vinci, Tartaglia, Albrecht Dürer, Galileo Galilei, Isaac Newton, Gottfried Wilhelm Leibniz und Michail Wassiljewitsch Lomonossow. In dem Augenblick, als mit Hilfe moderner Präzisionsmaschinen alte Konstruktionsentwürfe technisch einwandfrei realisiert und Waffen massenweise produziert werden konnten, nahm die Zahl der Erfindungen und Versuchskonstruktionen – von Rüstungsbetrieben und Militärs angetrieben – ungeheuer zu. Mit der industriellen Massenproduktion erhielt das Waffengeschäft neue Dimensionen; mit dem Profit der kapitalistischen Unternehmer und Händler stieg die soziale Not der Arbeiter. So trieb das «höllische Instrument» sein Unwesen, lange bevor es sein Feuer ausspie. Bewaffnung einer Armee und Krieg erforderten immer mehr Geld, nicht zuletzt durch die technisch perfektionierten Feuerwaffen.

Im Militärwesen vollzogen sich über einen Zeitraum von mehreren Jahrhunderten tiefgreifende Veränderungen. Mit dem Büchsenschützen verstärkte sich – wie durch den Kämpfer mit langem Spieß – allmählich die zahlenmäßige Überlegenheit des Fußkampfheeres von Söldnern gegenüber dem Reiteraufgebot. Waffengattungen, Taktik und Kampfweise des einzelnen veränderten sich in hohem Maße durch neue oder verbesserte Handfeuerwaffen. Der Einsatz der Handfeuerwaffen gewann wesentlichen Einfluß auf den Ausgang einer Schlacht. Harter Drill erhöhte die Feuerkraft und hatte den Zweck, die Soldaten zu willenlosen Werkzeugen in den feudalabsolutistischen Armeen, wie beispielsweise der preußischen unter König Friedrich Wilhelm I. und Friedrich II., zu erziehen. Andere gesellschaftliche Verhältnisse, wie zur Zeit des Amerikanischen Unabhängigkeitskrieges oder der Französischen Revolution, erforderten oder ließen andere Taktiken beim Einsatz von Handfeuerwaffen zu als in den absolutistisch regierten Ländern. Die Handfeuerwaffe wurde – spätestens mit dem Hinterlader des 19. Jahrhunderts – für die meisten Teile der Streitkräfte die wichtigste Waffe. Sie spielte auch im Zivilleben der Bürger eine Rolle, und mit ihr vergnügte sich der genußsüchtige Adel. Seit dem 15. Jahrhundert konkurrierte die Handbüchse mit der Armbrust auf städtischen Schießplätzen. Fröhliche traditionsreiche Feste umrahmten das Wettschießen. Der Titel «Schützenkönig» und wertvolle Preise sprechen für die hohe Wertschätzung des Schießens. Der Adel widmete sich mehr dem jagdlichen Schießen. Pirschbüchse und Jagdflinte eroberten sich bevorzugte Plätze bei der hohen bzw. der niederen Jagd. Sie trugen zur Veränderung von Jagdmethoden und Jagdzeremoniell bei, förderten leider auch das massenhafte Abschießen des Wildes. Schützen und Jäger verlangten nach immer besseren, qualitätsvolleren Waffen, die sie aus den verschiedensten bekannten Zentren der Büchsenmacherkunst europäischer Länder erwarben. Wollte der einheimische Handwerker gegenüber der ausländischen Konkurrenz bestehen, mußte er sein Erzeugnis in Konstruktion und Ausstattung ständig verbessern. Gewehre und Pistolen waren gewinnbringende Handelsobjekte. Mit den Waffen gingen auch viele Handwerker ins Ausland, um zu lernen oder auch in der Fremde ansässig zu werden. Damit verbreiteten und beeinflußten sich technische Details, Formen und Dekorelemente der Waffen. Es wurde Mode, leichte italienische Pistolen mit Läufen von Lazarino Cominazzo aus Gardone oder Büchsen und Flinten aus traditionsreichen Suhler Werkstätten zu besitzen. Graphische Blätter oder Musterbücher verbreiteten Dekorentwürfe für Schlösser und Beschläge an Handfeuerwaffen nach dem Geschmack am Hofe Ludwigs XIV. von Frankreich. Durch die kunsthandwerkliche Gestaltung – beeinflußt von nationalen oder von Kunststilen anderer europäischer Länder – wurden zahlreiche Waffen Sammelobjekte für Kunstkammern und in erhöhtem Maße Repräsentationsstücke. Die Einheit von zweckgebundener Form und darauf abgestimmtem Dekor mit vielen eigenschöpferischen Leistungen in Motiv und Kunstdetail sichern vielen Handfeuerwaffen einen beachtlichen Platz im Bereich der angewandten Kunst.

Noch viel mannigfaltiger als hier angedeutet werden kann, ist der Beziehungsreichtum der Feuerwaffen im gesellschaftlichen Leben. Diese Waffen nehmen auch im Bewußtsein des einzelnen – beispielsweise bei Gedankenassoziationen und Wertskalen – einen festen Platz ein, sind im Denken des Menschen tief verwurzelt. Die Begriffe Knall, Explosion, Reaktionsfähigkeit oder «gutes Auge» sind in der Vorstellung eng mit der Waffe selbst oder mit dem Vorgang des Schießens verknüpft.

Die Erfindung des Schießpulvers

Es mag manchen Leser überraschen, wenn er erfährt, daß die Rakete älter als die Feuerwaffe ist. Ein Hinweis auf die einfachen beliebten Feuerwerksraketen läßt den Zweifler wohl sogleich daran glauben. Lange vor Erfindung des Schießpulvers und der Feuerwaffen wurden Chemikalien für Kampfmittel verwendet. Griechen und Römer kannten Jahrhunderte vor der Zeitenwende Brandsatzmischungen, die mit der Hand geworfen und mit Hilfe von Pfeilen, Feuerlanzen und Katapulten insbesondere gegen hölzerne Befestigungsanlagen geschossen wurden. Gefürchtet war das «Griechische Feuer» der Byzantiner, das sie seit dem 7. Jahrhundert aus einer Mischung von Schwefel, Weinstein, Harz, Pech, Kochsalz, Erd- oder Baumöl herstellten. Es ließ sich nur mit Sand löschen und wurde deshalb besonders im Seekrieg zur Vernichtung feindlicher Schiffe bevorzugt. Neben den herkömmlichen Wurfmethoden setzten die Byzantiner auch Handrohre zum Verschießen des Feuers ein, wie eine Abbildung in einer Handschrift des Vatikans aus dem 11. Jahrhundert erkennen läßt. Der Brandsatz in diesem Schießgerät muß eine explosive Wirkung, wenn auch nur mit geringer Reichweite des Feuers, gehabt haben. Die Aufnahme von Salpeter in Brandsätze steigerte die Explosiv- und Treibkraft um ein Vielfaches. Die Chinesen kannten diese Kampfmittel vermutlich seit dem 11. Jahrhundert. Sie verwendeten raketenartige Feuerpfeile mit salpeterhaltiger Brandmischung seit dem 13. Jahrhundert. Die Araber setzten am Ende dieses Jahrhunderts ebenfalls einen Explosivstoff ein und verschossen ihn zum Teil aus kleinen hölzernen Röhren. Vermutlich wurden gelegentlich auch Pfropfen vor den Brandsatz im Rohr gestopft, wodurch der Gasdruck und der Knall anwuchsen. Von dieser Methode bis zum Verschießen eines festen Körpers aus einem vorn offenen und hinten geschlossenen Rohr mit Hilfe der Treibwirkung des Pulvers scheint kein langer Weg zu sein. Das kompakte Geschoß, zunächst meist eine Kugel, ist ein wesentliches Kriterium der frühen Feuerwaffen. Alle Anzeichen sprechen für eine Erfindung in einem europäischen Land. An welchem Ort sie erfolgte und wer der Erfinder war, ist bis heute noch nicht eindeutig geklärt. Die ältesten Pulverrezepte für Europa, die als Bestandteile Salpeter, Schwefel und Holzkohle enthalten, stammen aus Schriften berühmter Gelehrter, des Dominikaners und Bischofs von Regensburg Albertus Magnus (vermutlich 1193 bis 1280) und des Franziskanermönchs Roger Bacon (um 1214–1294) aus Ilchester in England. Albertus Magnus nennt ein Mischungsverhältnis der oben genannten Bestandteile von 6:1:2. Bacon befürchtete, wegen angeblicher Zauberei und Verbindung mit dem Teufel als Ketzer angeklagt zu werden. Er schrieb deshalb in seinem Werk «De secretis operibus artis et naturae et de nullitate magiae» das Rezept in verschlüsselter Form nieder. Die Auflösung lautet: «Nimm sieben Teile Salpeter, fünf Teile (Kohle aus, d. A.) jungem Haselholz und fünf Teile Schwefel. Mit einer solchen Mischung kannst du einen hellen Blitz und donnerndes Getöse erzeugen, wenn du den Dreh kennst.» (D. Pope) Wie später Petrarca, vergleicht der Gelehrte die Explosion mit den damals wohl sehr gefürchteten unheimlichen Himmelserscheinungen. Er erwähnt jedoch noch nichts vom Verschießen eines Geschosses mit diesem Pulver. Diese Erfindung muß in den ersten beiden Jahrzehnten des 14. Jahrhunderts erfolgt sein. Eine zeitgenössische literarische Quelle liegt darüber nicht vor. Erst deutsche Feuerwerksbücher des 15. Jahrhunderts berichten immer wieder von einem «Maister perchtold» oder «Maister nyger berchtold», einem in der Alchemie bewanderten Mönch, der das Schießpulver erfunden haben soll. Das «niger (lat. = schwarz) berchtold» wurde von Schreibern später zu Berthold Schwarz umgewandelt. Die meisten Forscher glauben nicht mehr an die Legende von der Erfindung des Schießpulvers durch den Mönch, der aus Freiburg im Breisgau stammen sollte; einige Autoren versuchen jedoch auch heute noch unbeirrt, ihm die Priorität der Erfindung zuzuerkennen.

Die bisher ältesten ermittelten Schrift- und Bildquellen über die Verwendung von Pulvergeschützen dürfen als gesichert angesehen werden. 1326 beschloß der Rat der Hundert in

Florenz über einen Auftrag für Bronzekanonen. Die ältesten Darstellungen von Pulvergeschützen sind in den Handschriften von Walter de Milimete «De nobiltatibus, sapientiis et prudenciis regum» von 1326 (Bibliothek der Christ Church zu Oxford) und in der Handschrift «De secretis secretorum Aristotilis» (Bibliothek des Earl of Lancaster, Halkham Hall in Norfolk), ebenfalls 1326 oder kurz vorher entstanden, abgebildet. Besonders charakteristisch ist bei beiden Rohren die bauchige Vasenform mit engem Hals. Auch das vermutlich älteste erhaltene Rohr, die sogenannte «Loshult-Büchse» des Statens historiska Museums Stockholm aus der Zeit von etwa 1340 bis 1350, hat eine nach hinten bauchig, flaschenförmig verlaufende Verdickung. Diese Büchse ist nur 300 mm lang, hat vorn eine Bohrung von 36 mm und in der Kammer von 31 mm. Damit liegt sie auf der Grenze zwischen Geschützrohr und Handbüchse. Japanische Haubitzen aus der ersten Hälfte des 19. Jahrhunderts – einige Exemplare befinden sich auch im Museum für Deutsche Geschichte Berlin – besitzen noch die Flaschenform. Aus den «Milimete-Geschützen» fliegt jeweils ein großer Pfeil. Pfeilgeschosse für Feuerwaffen sind als «Büchsenpfeile» in Rechnungsbüchern der Stadt Frankfurt am Main für die Jahre 1348 und 1349 aufgeführt, und noch im Jahre 1450 erscheint die Bezeichnung in einem Waffeninventar dieser Stadt (B. Rathgen).

Von dem Mischungsverhältnis der Bestandteile des Pulvers hing wesentlich die Treibkraft ab. Im ältesten in deutscher Sprache abgefaßten Feuerwerksbuch von 1420 wird empfohlen, für gutes Büchsenpulver vier Gewichtsteile Salpeter, zwei Teile Schwefel und einen Gewichtsteil Kohle zu vermischen. Noch besseres Pulver erhält man nach Meinung des Verfassers, wenn der Anteil des Salpeters auf fünf oder sechs gegenüber der gleichen Menge der anderen Stoffe erhöht wird. Die Meinungen über die beste Zusammensetzung gingen weit auseinander. Das stöchiometrisch richtige Verhältnis von 7,5 Teilen Salpeter, 1 Teil Schwefel und 1,5 Teilen Holzkohle war noch nicht bekannt, manche Rezepte kamen ihm sehr nahe.

Die Bestandteile des Schießpulvers wurden in einem Apothekermörser gemischt. Dieses staub- oder mehlförmige Pulver nahm sehr stark die Feuchtigkeit aus der Luft auf und büßte dadurch einen Teil seiner Treibkraft ein. Wegen des unterschiedlichen spezifischen Gewichtes entmischte sich das Pulver bei Bewegungen des Schützen und während eines Transportes. Schwefel setzte sich nach unten ab, darüber schichtete sich Salpeter und dann Holzkohle. Es verlor dadurch ebenfalls an Wirkung. Eine ganz entscheidende Erfindung vom Anfang des 15. Jahrhunderts war deshalb das gekörnte Pulver. In den einzelnen Körnchen vereinten sich nun jeweils die drei Bestandteile in den etwa beabsichtigten Mengenverhältnissen, wodurch das Pulver sich nicht mehr entmischen konnte. Ein weiterer Vorteil bestand in der durch lockere Lagerung erreichten schnelleren Verbrennung gegen-

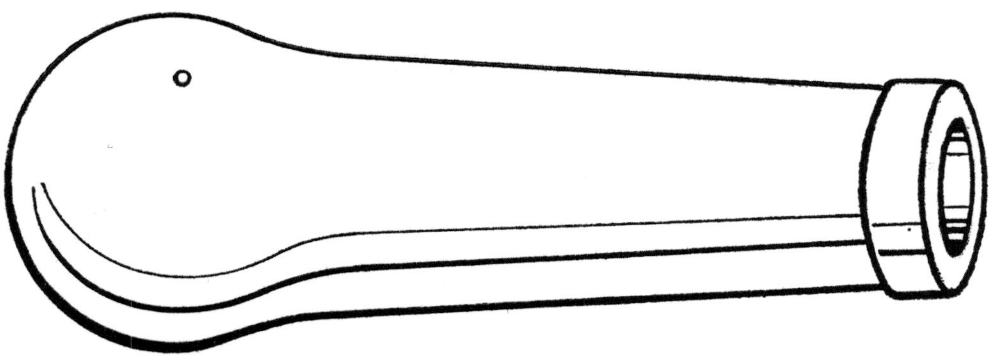

«Loshult-Büchse», 2. Viertel 14. Jahrhundert, Bronze, älteste erhaltene Feuerwaffe. Innerer Durchmesser an der Kammer 31 mm, an der Mündung 36 mm (Maßangaben nach A. Hoff). Statens historiska Museum Stockholm

über dem dicht geschichteten Mehlpulver. Feines mehlförmiges Pulver wurde jedoch weiterhin als Zündpulver (Zündkraut) verwendet. Die «Feuerkünstler» oder «Künstler mit den Feuerwerken», wie Salpetersieder und Pulverhersteller in schriftlichen Quellen auch gelegentlich genannt wurden, hatten durch die neue Verarbeitungsmethode auch die Explosivwirkung wesentlich gesteigert und dadurch zu besseren Schießleistungen beigetragen.
Das Experimentieren mit Chemikalien hatte zur Erfindung des Schießpulvers geführt. Das Wesen dieser Erfindung bestand nun darin, wie Paul Reimer formuliert, «daß es gelang, ein Verfahren zu finden, der fein verteilten Kohle den Sauerstoff in fester Form, nämlich in Gestalt des Salpeters, anzulagern. Der Salpeter ist das Kaliumsalz der Salpetersäure, einer Substanz, welche dazu neigt, ihren Sauerstoff abzustoßen und daher als ‹Sauerstoffträger› bezeichnet werden kann... Die sich bei der Verbrennung bildende Kohlensäure und der frei gewordene Stickstoff sind die Gase, welche infolge der entstandenen Wärme durch Ausdehnung mechanische Arbeit leisten». Diese Einsicht in chemische Vorgänge besaßen die alten Büchsenmeister selbstverständlich noch nicht. Ihr theoretisches Wissen und ihre praktischen Erfahrungen über Feuerwaffen fanden in Deutschland im 15. Jahrhundert Aufnahme in handschriftlich abgefaßten «Feuerwerksbüchern», die vermutlich alle auf eine Quelle zurückgehen. Sie behandeln im wesentlichen ausführlich die Bestandteile und die Herstellung des Schießpulvers, das Laden und Schießen, besondere Geschosse und verschiedene Feuerwerkskörper. Interessant zu lesen ist, wie sich der Verfasser die Verbrennung des Pulvers erklärt: Salpeter ist von Natur aus kalt und mag die Hitze nicht, Schwefel dagegen ist von Natur aus heiß und trocken und mag die Hitze. Die Kohle hegt das Feuer. Der konträre Charakter zwischen Salpeter und Schwefel sei die Ursache, weshalb der Salpeter entweicht. Die erste der «Zwölf Büchsenmeisterfragen» in dem Buch behandelt das Thema, ob das Feuer den Stein aus der Büchse treibt oder der Dunst, der vom Feuer ausgeht. Der Verfasser entscheidet sich für den Dunst. Dieses Resultat zeigt eindeutig, daß diese Überlegungen frei von Aberglauben sind, und die Praktiker danach streben, die natürlichen Ursachen der Pulverexplosion aufzuklären.

Die ersten Handbüchsen

Die massenhafte praktische Anwendung jeder bedeutenden Erfindung ist in erster Linie vom Stand der Produktivkräfte abhängig. Wie laut der Knall und wie beeindruckend auch der feuer- und kugelspeiende Rachen der ersten Pulverwaffen gewesen sein mag, ohne einen entsprechend hochentwickelten Bergbau, ohne ein leistungsfähiges Hüttenwesen und ein spezialisiertes metallverarbeitendes Handwerk hätten sie keine nennenswerte Verbreitung gefunden. Die führende wirtschaftliche Kraft dieser Zeit war das Städtebürgertum. Es förderte die Gewerbe, den Handel und Verkehr und war an einer Steigerung der Produktion interessiert. In den wirtschaftlich führenden Ländern Europas nahmen seit dem 14. Jahrhundert der Bergbau und das Hüttenwesen qualitativ und quantitativ einen wesentlichen Aufschwung. Um 1300 entstanden die ersten Hochöfen; Frischverfahren verbesserten die Roheisenproduktion; wassergetriebene Hammerschmieden steigerten die Eisenverarbeitung, es entstanden Blechhammer- und Drahtziehmühlen; am Ende des 14. Jahrhunderts gelang die Herstellung von Gußeisen, und seit der Mitte des 15. Jahrhunderts erhöhte sich die Kupferproduktion durch das Saigerverfahren. Das sind nur einige bedeutende Fortschritte, die sich auf die Metallverarbeitung wesentlich auswirkten. Geschütze und Handfeuerwaffen erforderten für die Verarbeitung bestes Material.

Aus der Frühzeit der Handfeuerwaffenproduktion ist in schriftlichen Quellen sehr wenig überliefert. Die Handwerker bewahrten sorgsam ihre Materialkenntnisse und Arbeitspraktiken für sich. Viele nahmen sie mit ins Grab. Wenn auch mit der Erfindung des Buchdrucks mehr Kenntnisse vermittelt wurden, so doch nur in geringem Maße über die verschiedenen Produktionstechniken. Eine Hauptursache dafür war der harte Existenzkampf unter den Handwerkern. Spezialisierte Berufe für die Herstellung von Handfeuerwaffen konnten sich nur sehr schwer herausbilden. Das neue Produkt war in den Ordnungen der bisher existierenden Gewerke und Zünfte nicht erfaßt. Für die Fertigung von Handbüchsenläufen kamen die traditionellen Gießer und Schmiede in Frage. Für Rotschmiede, die Mörser, Leuchter und andere Gebrauchsgegenstände gossen, für Geschütz- und Glockengießer, die meist auch Bildgießer waren, bedeutete der Guß einer Handbüchse keine Schwierigkeit.

Die ersten Handbüchsenläufe bestanden aus Kupfer. Es war weich und gab dem Pulverdruck leicht nach. Eine derartige Büchse durfte jedoch nicht mit zu starker Pulverladung gefüllt werden. Bronzeläufe hielten einem größeren Druck stand, waren jedoch spröder. Sie entstanden vermutlich in Gußkästen mit Lehmfüllung und im Wachsausschmelzverfahren. Durch Einsetzen eines Gußkernes aus Lehm bildete sich ein Hohlraum im Lauf (Seele). Das mit einem Tiegel eingefüllte glühende Metall floß in den Hohlraum zwischen Formmantel und Kern. Den Gußkern mußte der Gießer nach dem Erkalten des Metalls aus dem Lauf entfernen. Um eine innen glatte Laufwandung und eine annähernd gleiche Kalibergröße für einen Handbüchsentyp zu erreichen, wurden die Läufe nachgebohrt. Das Ausbohren der Seele aus dem vollen Metall dürfte nur selten angewandt worden sein. Bohr- und Schleifarbeiten übernahmen im allgemeinen die Bohrmühlen, die auch für andere Gewerke arbeiteten. Nürnberger Gießer hatten durch ihre qualitätsvollen Hand- und Hakenbüchsen aus Messing einen guten Ruf.

Läufe aus Schmiedeeisen kamen wohl zunächst aus den Werkstätten von Huf-, Nagel- oder Waffenschmieden. Der Lauf entstand aus einer Platine. Sie wurde um einen Eisendorn herum geschmiedet und dann der Länge nach in glühendem Zustand verschweißt. Anfangs verschloß der Schmied das hintere Laufende mit einem glühend eingeschlagenen Eisenpfropfen, seit etwa 1460 bis 1480 wurde eine sogenannte Schwanzschraube mit einigen Gewindegängen eingeschraubt. Es war nicht ganz einfach, beim Schmieden immer eine etwa gleichmäßig dicke Laufwandung zu erhalten. An noch vorhandenen Büchsen lassen sich teilweise erhebliche Unterschiede in der Metallstärke feststellen. Diese resultieren jedoch auch daraus, daß oft Bodenstück und Mündungskopf als Teile höchster Beanspruchung mehr Masse erhielten.

Tischler, Zimmerleute oder ungelernte Arbeiter fertigten Stangen- und Balkenschäfte.
Die vorerwähnten ältesten Feuerwaffen waren einwandfrei Geschütze. Da alle frühen Feuerwaffen in den Quellen meist «Büchsen» genannt werden, ist es oft sehr schwer, Handfeuerwaffen nachzuweisen. Die Handhabung mit beiden Händen ist das wesentliche Merkmal der Handfeuerwaffen. Dabei kann die Waffe freihändig, durch eine Gabel gestützt oder auf einer festen Unterlage liegend abgefeuert werden. Wenn auch die Bezeichnung «Handbüchse» erst in den letzten Jahrzehnten des 14. Jahrhunderts in den Schriftquellen erscheint, so kann man aus anderen Bemerkungen, wie beispielsweise Gewichtsangaben und Zweckbestimmung, mehrfach für etwa die Mitte des 14. Jahrhunderts auf den Typ schließen: 1347 nach den Royal Household Accounts für England, 1358/59 für Dijon/Burgund und 1364 für Perugia/Italien.
Typologisch reiht sich die Feuerwaffe in die Gruppe der Fernwaffen ein. Neben den mit der Hand geworfenen Fernwaffen – beispielsweise Speer und Axt – benutzte der Mensch seit urgeschichtlicher Zeit mechanische Fernwaffen, insbesondere Bogen und Schleuder. In der Antike kamen Katapulte, armbrustartige Pfeilgeschütze und Wurfmaschinen hinzu. Seit dem 11. Jahrhundert trat als Handwaffe neben den Bogen immer mehr die Armbrust. Die große Durchschlagskraft der Stichbolzen dieser Waffe zwang zur Verstärkung des Ringpanzers durch Metallstreifen und führte allmählich zum kompletten Plattenpanzer, dem Harnisch. Die abgeschossenen Bolzen erreichten eine Anfangsgeschwindigkeit zwischen 50 bis 70 Meter pro Sekunde und flogen 350 bis 400 Meter weit. Eine höchst bedrohliche Durchschlagskraft erreichten sie bei Entfernungen bis etwa 80 Meter. Ausgrabungen von Skeletten aus der Schlacht bei Wisby auf Gotland im Jahre 1361 beweisen die Gefährlichkeit. Die Bolzen steckten tief im Schädel und hatten vorher einen eisernen Helm und eine darunter getragene Ringpanzerkapuze durchschlagen. Ein Armbrustbogen bestand aus Schichten von Horn und Fischbein, die miteinander verzahnt und verleimt und mit Tiersehnen überzogen waren. Diese Konstruktion scheinen Armbrustmacher erst im harten Konkurrenzkampf mit Büchsenmachern entwickelt zu haben. Seit dem Anfang des 15. Jahrhunderts wurden Armbrustbogen auch aus Schmiedestahl hergestellt. Die Sehne aus 60 bis 80 gedrehten Hanffäden legte der Armbrustmacher mit Hilfe einer Spannbank auf. Bei aufgelegter Sehne befand sich der Bogen bereits ständig in Spannung. Zum eigentlichen Spannen diente eine Zahnstangen- oder Flaschenzugwinde. Sie wurde auf die Säule (Schaft) aufgesetzt. Der Schütze kurbelte so lange, bis die Sehne hinter eine drehbare Nuß aus Bein zu liegen kam. Die Nuß war durch eine Stange des Abzuges gesperrt. Zum Schießen mußte die Winde jedesmal abgenommen werden. Der Armbrustbolzen hatte schräg gestellte Federn im Zain, wodurch er eine Drehbewegung erhielt, sich nicht überschlug und den Luftwiderstand besser überwand.
Mit dieser gefährlichen Waffe hatte die Handbüchse im 14./15. Jahrhundert zu konkurrieren. Zu den Vorteilen der Armbrust gegenüber den Handfeuerwaffen zählen der geringe Rückstoß, das lautlose Schießen – besonders wichtig für die Jagd – und keine Handhabung mit offenem Feuer. Der Kaufpreis für eine übliche Kriegsarmbrust war höher als der für eine Handbüchse. Hinzu kamen die Ausgaben für eine Winde und für den Köcher. Der geringere Preis ist vermutlich ein wesentlicher Grund für die zunehmende Einführung der Handbüchsen, obwohl ihnen bis ins 15. Jahrhundert die Armbrust, insbesondere durch Treffsicherheit und Reichweite, überlegen war. Im Nürnberger Aufgebot von 1431 beispielsweise befanden sich Armbrüste und Handbüchsen in etwa gleicher Anzahl. In Rivalität mit der Armbrust verbesserten sich kontinuierlich Handhabung und technische Leistung der Handbüchsen. Einige technische Details der ersteren, wie der Abzugsmechanismus, wurden seit der Mitte des 15. Jahrhunderts für Handfeuerwaffen übernommen.
Frühe Handbüchsen bestanden lediglich aus Lauf und Schaft. Das Pulver gelangte beim Vorderlader durch die Mündung

bis auf den Stoßboden. Kurz vor diesem war in die Laufwandung meist senkrecht ein Zündkanal gebohrt. Vermutlich war bei den ersten Handbüchsen das Geschoß eine «rollende Kugel», die ohne Ladestock auf die Pulverladung gelangte. Später diente der Ladestock dazu, die eng an die Laufwand anliegende Kugel hinabzustoßen und etwas zu quetschen. Zur besseren Gasabdichtung und damit zur Erhöhung des Gasdrucks diente auch ein Woll- oder Leinenläppchen. Im Lauf explodierte die Pulverladung, und die entstehenden Gase trieben das Geschoß nach vorn, wobei die Laufrichtung die Flugrichtung bestimmte. Die Schäftung verlängerte die Waffe, erleichterte die Handhabung und ermöglichte ein besseres Zielen. Durch festen Halt in den Händen und durch Anlegen des Schaftes an den Oberkörper erzielte der Schütze eine ruhige Lage und fing den Rückstoß ab. Ein kurzer Lauf erhielt im allgemeinen einen langen Schaft, bei längeren Läufen konnte er entsprechend kürzer sein. Das Gesamtgewicht der Waffe mußte eine annähernd ruhige Haltung und das Zielen über den Mündungsrand ermöglichen. Das Minimalmaß von Handbüchsenläufen des 14. Jahrhunderts betrug 150 bis 160 Millimeter. In den ersten Jahrzehnten des 15. Jahrhunderts waren sie auch schon 800, 900 und mehr Millimeter lang. Mit der Schäftung erreichten Handbüchsen eine Länge von 900 bis 1 300 Millimeter. Drei hauptsächliche Schäftungsarten sind für Handbüchsen bekannt: Beim ersten Typ steckte in einer mitgegossenen oder ausgeschmiedeten Tülle ein Stangenschaft, der auch zur Benennung «Stangenbüchse» führte. Andere Läufe endeten hinten in einem Dorn, auf den der Schaft aufgetrieben wurde. Bei der dritten Schaftform ruhte der Lauf etwa halb eingelassen in einer Bettung des Vorderschaftes und war durch Eisenbänder mit ihm fest verbunden. Nach hinten war er zur Handhabung meist kantig erweitert. Dieser «Balkenschaft» bildete die Grundlage für die weitere Entwicklung des Gewehrschaftes, und seine Fertigung erforderte qualifizierte Handwerker. Die steigenden Anforderungen führten zur Herausbildung der Berufsgruppe der Schäfter. Durch die langen Schäfte war das Gesicht des Schützen weiter vom Mündungsfeuer und dem Funkenregen entfernt, der bei der Zündung am Zündloch entstand.

Für die genannten Büchsen lassen sich drei Anschlagarten nachweisen. Das Schaftende wird an die Brust gedrückt, der Schaft liegt in einer Achselhöhle und wird vom Arm festgeklemmt, oder das Schaftende ruht auf einer Schulter. Die Anschlagart, bei der der Kolben an der Wange lag, wurde erst gegen Ende des 15. Jahrhunderts üblich. Einen sichtbaren Beweis für den enormen Rückstoß liefern die Hakenbüchsen, die etwa seit Beginn des 15. Jahrhunderts gefertigt wurden. An der Unterseite des Laufes sitzt vorn ein Haken, der zum Abfangen des Rückstoßes diente. Er lag beim Schießen an der Außenseite einer Befestigungsmauer, im Feldkampf an der Wand eines Kriegswagens oder auf einem Schießgestell. Bei frühen Handbüchsen – beispielsweise einem Exemplar des Nationalmuseums Prag – war der Haken mit einem Ring auf den Lauf aufgeschoben, senkrecht durch den Schaft geführt und unter dem Schaft verkeilt. Später schmiedeten die Laufschmiede den Haken an, oder die Gießer fertigten ihn in einem Guß mit dem Lauf. Im 15. Jahrhundert wogen Hakenbüchsen zwischen 6 und 15 kg und darüber. Die meisten konnten wegen der Schwere nicht aus der Hand abgeschossen werden.

Frühe erhaltene Handbüchsen gehören zu den größten Raritäten in den Waffensammlungen und Museen. Die relativ wenigen Stücke dienen deshalb in einschlägigen Publikationen als Prototypen. Zu ihnen gehört eine auf dem Marktplatz in Tábor, dem bedeutenden Zentrum der revolutionären Hussitenbewegung, gefundene sogenannte pištala oder «Pfeifenbüchse». Es ist eine leichte Handbüchse vom Anfang des 15. Jahrhunderts mit rundem schmiedeeisernem Lauf und Tülle. Die Schäftung fehlt. Der schlanke, höchstwahrscheinlich gerundete Schaft ließ sich beim Schießen günstig unter den Arm klemmen.

Aus Bronze besteht die Tannenberger Büchse, eines der wenigen Stücke, das sich genauer datieren läßt. Die Burg Tannenberg in Hessen wurde 1399 völlig zerstört und nicht wieder aufgebaut. Bis zum Jahre 1849 war die Büchse unter Trümmern verborgen. Sie gelangte später in das Germanische Nationalmuseum Nürnberg. Ihre Konstruktion gibt einige Aufschlüsse über zeitgenössische Kenntnisse zur inneren Ballistik. Der Laufdurchmesser nimmt innen von vorn nach hinten leicht trichterförmig ab, die Laufwandung verengt sich dann wulstartig und erweitert sich schließlich zu einer Kammer. Die mit dem Ladestock niedergestoßene Bleikugel kam auf dieser nach innen gewölbten Wulst zu sitzen und wurde hier gestaucht. Eine Büchse des Bernischen Historischen Museums verjüngt sich dagegen gleichmäßig nach hinten. Das Geschoß wurde je nach Größe an einer bestimmten Stelle der Laufwand festgeklemmt. Eine dritte Variante sind Läufe mit zylindrischer Bohrung und anschließend kleiner Pulverkammer. Nach Einführung des gekörnten Pulvers setzte sich bei Handbüchsen die zylindrische Bohrung ohne abgesetzte Pulverkammer durch. Das Geschoß befand sich bei derartigen Waffen unmittelbar auf dem Pulver.

Zum Zubehör der Handbüchsen gehörte der Ladestock aus Holz oder gelegentlich wohl auch aus Eisen. Er wurde in der Hand oder am Körper getragen. Bei der bereits erwähnten frühen Handbüchse aus dem Bestand des Nationalmuseums Prag sitzt der Ladestock in einer Nut seitlich am Balkenschaft. Er hat vorn eine eiserne Stoßfläche mit schmalem hochrechteckigem Aufsatz. Dieser hat vermutlich beim Stoßen die Bleikugel wirksamer gequetscht.

Das Pulver trug der Schütze zunächst in einem Lederbeutel. Weil es hierin leicht Feuchtigkeit aufnahm, kamen später mit Leder überzogene hölzerne oder beinerne Pulverbüchsen auf. Zu den seltenen erhaltenen Originalen an Zubehörteilen der frühen Handbüchsen gehört eine Kugelgießform aus Bronze für Bleikugeln im Museum der Stadt Smederevo in Jugoslawien. Sie besteht aus zwei halbkugeligen Hohlkörpern – ohne die später üblichen Zangenarme. Die paßgerechte Verbindung der beiden Teile wird durch drei Löcher in der einen und drei Zapfen in der anderen Hälfte erreicht.

Mit einer frühen Handbüchse mußte ein Krieger nach Abgabe eines Schusses folgende Handgriffe ausführen, um seine Waffe erneut schußfertig zu machen:

Abblasen oder Abwischen von Pulverresten am Zündloch oder auf der Pfanne,
Einschütten von Pulver aus einem Pulverbehälter in die Laufmündung,
Entnahme einer Bleikugel aus einem Kugelbeutel,
Einführung der Kugel in den Lauf,
Ergreifen des Ladestockes mit der rechten Hand;
Herausziehen und Umwenden, damit die Stoßfläche in die Mündung gelangt,
Hinabstoßen des Geschosses und eines Abdichtungsmittels,
Herausziehen des Ladestockes,
Weglegen oder Einführen des Ladestockes in den Schaft,
Aufschütten von Zündpulver,
Übernahme eines Gluteisens oder einer glimmenden Lunte,
In Anschlag gehen, anvisieren und zünden.

Bei der Armbrust blieben im allgemeinen alle Konstruktionsteile über lange Zeiträume hinweg funktionstüchtig. Bei der Handbüchse verengte sich der Zündkanal und verschmutzte der Lauf durch Pulverrückstände sehr bald. Häufiges Schießen erhitzte den Lauf stark. Für den Belagerungskrieg waren diese technischen Probleme von Bedeutung, nicht aber für das Schießen in der offenen Feldschlacht, in der meist nur wenige Schüsse abgegeben wurden. Die quellenmäßigen Belege zur Reichweite und zu der damit korrespondierenden Durchschlagskraft früher Vorderlader sind sehr spärlich. Zur Beurteilung einer Fernwaffe sind diese Fakten aber außerordentlich wichtig. Das veranlaßte den Rechtsanwalt Tage Lasson aus Kopenhagen, in den Jahren 1932 bis 1940 zahllose Schießversuche mit alten Feuerwaffen durchzuführen. Bei seinen Versuchen mit Handbüchsen verwendete er eine Kopie der Büchse von Vedelspang, die sich heute im Zeughausmuseum Kopenhagen befindet. Der Lauf dieser Waffe hatte eine Länge von 200 Millimeter und ein Kaliber von 23 Milli-

Handbüchse aus Linz mit Dorn für Stangenschäftung und mit Zündlochmuschel, Ende 14. Jahrhundert, Schmiedeeisen.
Länge 270 mm, Mündungsweite 30 mm, Gewicht 2397 g (Maßangaben nach P. Sixl). Museum Francisco-Karolinum Linz a/D.

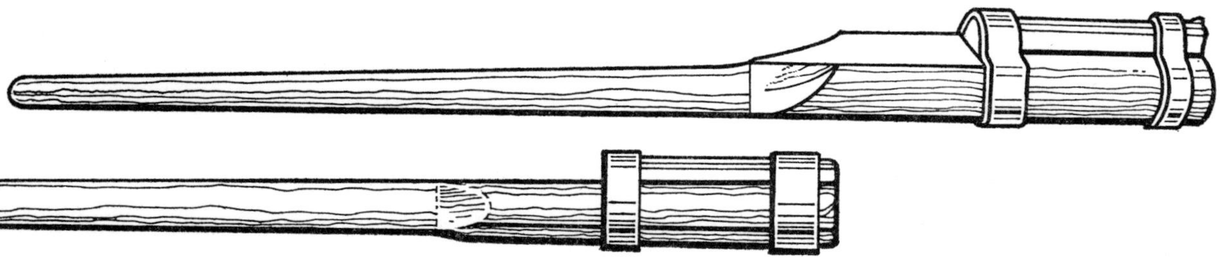

Handbüchse mit Balkenschäftung. Letztes Drittel 14. Jahrhundert, Schmiedeeisen.
Länge 950–1000 mm, Lauflänge 170–200 mm, Kaliber 30–35 mm, Gewicht 2000–2500 g

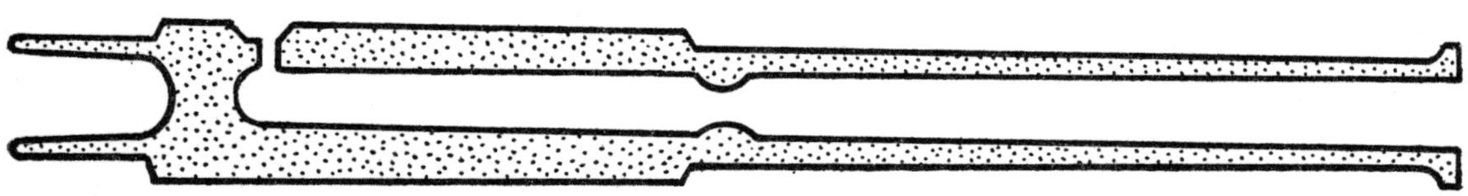

Querschnitt durch die Handbüchse von Tannenberg/Hessen, vor 1399, Bronze.
Länge etwa 320 mm, Mündungsweite 17,2–17,9 mm, Gewicht 1235 g (Maßangaben nach E. Röder). Germanisches Nationalmuseum Nürnberg

Handbüchse von Tabor/Böhmen, sogenannte «Pfeifenbüchse», für Stangenschäftung, 1. Viertel 15. Jahrhundert, Schmiedeeisen.
Länge ohne Schäftung 423 mm, Mündungsweite 18 mm.
Muzeum husitského revolucniho Tábor

meter. Die Bleikugel wog 52 g, das mehlförmige, ungekörnte Pulver 39 g. Das Gewicht der Pulverladung entsprach am Ende des 14. Jahrhunderts etwa dem des Geschoßgewichtes. Wegen der mit heutigen technischen Mitteln hergestellten verbesserten Chemikalien verringerte Lasson jedoch das Pulvergewicht. Das Pulver mischte er nach einem Rezept aus dem Jahre 1380 aus acht Teilen Salpeter und je einem Teil Schwefel und Holzkohle. Die Kugel durchschlug bei den Versuchen auf 28 Meter ein zweizölliges Kiefernbrett oder einen leichten Panzer, auf etwa 46 Meter ein einzölliges Brett. Diese Ergebnisse bestätigten die überlegene Durchschlagskraft der Armbrustbolzen – auf die bereits hingewiesen wurde – gegenüber den Geschossen der frühen Handbüchsen.

Volksaufgebote von Bauern und Bürgern in Flandern, der Schweiz und Böhmen hatten feudalen Reiterheeren in mehreren Schlachten vernichtende Niederlagen beigebracht und damit bewiesen, daß geschlossene Haufen von Fußkämpfern die Reiterei in offener Feldschlacht besiegen können. Mit der wachsenden kriegerischen Bedeutung des Fußkämpfers nahm auch die Zahl der Armbrust- und Büchsenschützen zu. Gegen Sold kämpfende Krieger wurden immer häufiger. Die Geldwirtschaft trug zur allmählichen Ablösung des Feudalaufgebotes der Vasallen wesentlich bei. Auch das spezifische Kriegswesen der Städte zeigte sich vielen Angriffen der Feudalheere gewachsen. Mächtige Mauern und hohe Befestigungstürme schützten das städtische Gemeinwesen. Der männliche Bürger war zum Kriegsdienst verpflichtet. Zu seiner Pflicht gehörte es auch, persönlich bestimmte Waffen anzuschaffen und zu Hause einsatzfähig aufzubewahren. Art und Umfang dieser Ausrüstung richtete sich nach seinem Vermögen, nach der Zugehörigkeit zu einer bestimmten Zunft oder Gilde und waren meist an ein Haus oder Grundstück gebunden. Im allgemeinen erhielten auch die Zünfte die Auflage, bestimmte Waffen anzuschaffen. Für die Verteidigung waren ihnen Abschnitte im Befestigungssystem zugeordnet. Die Defensivtaktik der Städte forderte die Einführung von Fernwaffen. Ein großer Teil dieser Waffen befand sich ständig am Einsatzort in Schießscharten der Türme und Mauern. In der Stadt Göttingen bestand beispielsweise im Jahre 1397 für Bürger, die 10 Mark versteuern mußten, die Pflicht, eine eigene gute Armbrust zu besitzen (B. Rathgen). Der Rat gab einen bestimmten Betrag für die Erstanschaffung dazu. Nach einer Ordnung der Stadt Nürnberg von 1430 gehörten zur Verteidigung der Wälle und Tore 501 Handbüchsen und 607 Armbrüste (J. Willers).

Die Bedeutung der Handfeuerwaffen nahm in deutschen Städten unter dem Eindruck der Erfolge der Hussiten wesentlich zu. Die Kampfweise der revolutionären Hussiten in Böhmen hat die Entwicklung der Feuerwaffen wesentlich gefördert. Im Vergleich zur bisherigen Taktik kamen weit mehr Geschütze und Handfeuerwaffen als bisher im Feldkampf zum Einsatz. Dabei bevorzugten die Hussiten den Einsatz von Wagenburgen. Ein geschlossener Ring miteinander verbundener Kriegswagen diente als Verschanzung, aus der heraus mit Geschützen und Handfeuerwaffen gefeuert wurde. Hierdurch hatten diese Volksheere eine hervorragende Möglichkeit, aus der Deckung heraus angreifenden schwer bewaffneten Reiterheeren Verluste beizubringen. Die Wagenburg diente auch als Ausgangspunkt für Gegenangriffe der eigenen Reiterei und der Fußkämpfer. Die kleinste militärische Einheit innerhalb der Wagenburgen war der Kriegswagen mit seiner Mannschaft von etwa 18 bis 21 Mann. Wagenburgordnungen regelten die Bewaffnung und Ausrüstung dieser Krieger und ihrer Wagen. Danach gehörten zu jedem Wagen zwei Schützen mit Handbüchsen, sechs Armbrustschützen, vier Mann mit Kriegsflegeln oder Morgensternen, vier mit Stangenwaffen (Spießen und Helmbarten), zwei Krieger mit Pavesen (großen Schilden) und zwei bewaffnete Fuhrknechte. Auf ihrem Kriegszug nach Meißen und Bayern im Jahre 1428/29 sollen die Hussiten etwa 2500 Wagen, zu denen etwa 3000 Handfeuerwaffen gehörten, mit sich geführt haben. Die Wagenburg ermöglichte das Laden und Schießen aus der Deckung und verringerte dadurch die eigenen Verluste.

Der Rat der Stadt Frankfurt am Main faßte im Jahre 1431 den Beschluß, daß jeder waffenfähige Bürger mit einer Handbüchse ausgerüstet sein muß. Bernhard Rathgen errechnete für Frankfurt eine Zahl von insgesamt etwa 2000 Handbüchsen in «Händen der Bürger» für das genannte Jahr. Weitere Büchsen standen für die Bewaffnung der ärmeren städtischen Schichten und der Bauern der Umgebung in den Zeughäusern zur Verfügung. Der Einfluß der Hussiten wird besonders deutlich in den Wagenburgordnungen deutscher Städte. Die Ordnung von Frankfurt am Main von 1444 fordert, daß für jeden der tausend Wagen zwei Handbüchsen und für je zwei Wagen eine Kammerbüchse (Hinterlader) angeschafft werden sollen.

Auch bildliche Darstellungen beweisen, daß spätestens seit der Mitte des 15. Jahrhunderts Armbrüste und Handbüchsen etwa in gleicher Anzahl nebeneinander eingesetzt wurden. In einer Abbildung des «Mittelalterlichen Hausbuches» des Fürsten Waldburg-Wolfegg marschieren Armbrust- und Büchsenschützen in etwa gleich starken Gruppen.

Um die Fernwaffen wirkungsvoll einsetzen zu können, mußten die Schützen sich in der Handhabung und im Schießen üben. Auf Schießwettkämpfen konnten die Bürger ihr Können öffentlich beweisen. Alljährlich fand ein großes Vogelschießen statt. Ein hölzerner Vogel – Kuckuck oder Papagei – saß auf einer hohen Stange. Er mußte von den Armbrustschützen mit dem Bolzen getroffen werden. Mit den Schießwettkämpfen war oft ein großes Volksfest verbunden. Es fand vorwiegend im Monat Mai statt und begann gewöhnlich mit dem Aufmarsch der Schützen. Am Festplatz boten geschäftstüchtige Bürger Speisen und Getränke an; es konnte getanzt und gespielt werden. Gaukler und Spaßmacher unterhielten das fröhliche Volk. Nichtschützen, Frauen und Kinder eingeschlossen, konnten durch den «Glückstopf» oder «Glückshafen» an einer Lotterie teilnehmen. Die auf Gewinn Hoffenden entnahmen einem Glückstopf ein Los, das ihnen Geld, Sachpreise oder Nieten bescherte. Beim regulären Schießen erhielt der Sieger, der Schützenkönig, wertvolle Preise. Im 15. Jahrhundert waren es vorwiegend lebende Tiere oder Sachpreise – ein gesatteltes Pferd, ein Ochse, eine Gans oder eine kostbare Truhe. In manchen Orten erhielten die Gewinner goldene Ringe, Silberpokale oder einen Geldpreis. Dem Schützenkönig wurden auch Privilegien, wie beispielsweise Steuerfreiheit, Einnahmen aus Wiesenpacht oder steuerfreies Bierbrauen zugesprochen. Teilnehmer an Schießwettkämpfen in anderen Städten erhielten oft Reise- und Zehrgelder, heimkehrende Sieger zusätzliche Geldgeschenke. Vogelschießen nach einem bunten hölzernen Papagei fanden bereits im 13. Jahrhundert in niederländischen, flandrischen und nordfranzösischen Städten statt. Nachrichten über große Schützenfeste in deutschen Städten liegen aus Frankfurt am Main für 1367, Magdeburg 1387 und Augsburg 1392 vor. Nach dem Vorbild der Handwerkerkorporationen vereinigten sich die Schützen in Schützenbruderschaften oder Schützengilden. Als öffentliche Körperschaft fanden sie rechtliche und finanzielle Unterstützung durch den Rat der Stadt. Schützengilden verschiedener Städte vereinigten sich auch in Schützenbünden, wie beispielsweise im Jahre 1409 die Gilden aus Aschersleben, Halberstadt, Halle, Magdeburg, Quedlinburg und Wittenberg.

In den ersten Jahrzehnten des 15. Jahrhunderts bemühten sich einige Ratsherren, auch für Handfeuerwaffen Schießwettkämpfe einzuführen. Bereits 1420 soll in Eger ein Scheibenschießen mit Handbüchsen stattgefunden haben. Für Nürnberg sind Schießübungen für die Jahre 1430 und 1433 belegt. Eine nach oben auf einen Vogel gerichtete Handbüchse gefährdete den Schützen durch die Funken der Zündung besonders stark. Aus diesem Grunde zogen es wohl die Büchsenschützen vor, auf eine runde Holzscheibe zu schießen. In der Mitte der weißen Scheibe befand sich eine schwarze kreisrunde Fläche, der Spiegel. Die Darstellung einer Schießvorschrift aus der Mitte des 15. Jahrhunderts (Hofbibliothek Wien, Codex 2952) läßt erkennen, daß mit Handbüchsen auch auf Vögel, andere Tiere oder Sachen geschossen wurde. Als Schußentfernung zum Ziel werden hier beim ersten Schuß

16 Schritte, dann 10 Schritte weiter zurück angegeben. Daraus läßt sich ein Einschießen mit der Büchse erkennen.

Im 15. Jahrhundert bestanden neben den Bruderschaften der Armbrustschützen die der Büchsenschützen. Das entsprach der gleichwertigen Bedeutung beider Fernwaffen im Kriege. Eine Büchsenschützenordnung der Stadt Magdeburg stammt bereits aus der Mitte des 15. Jahrhunderts, die der Stadt Leipzig von 1464 und die von Basel aus dem Jahre 1466. Die Schützenordnungen regelten auch Einzelheiten für das Schießen. Jeder Schütze durfte nur seine eigene Handbüchse verwenden und konnte beim Übungsschießen drei Schuß abgeben. Der Anschlag war stehend-freihändig, ohne die Büchse an die Schulter zu setzen. Die Geschosse mußten rund sein. Als Treffer zählten nur Durchschüsse durch die Scheibe. Bei dreimaligem Versagen der Büchse war der Schuß verloren. Am Schützenstand saß der «Anzünder», der die Lunte oder den Feuerschwamm anbrannte. Die Länge der Schießbahn betrug im allgemeinen im 15./16. Jahrhundert 125 bis 150 Meter. Wohlhabende Patrizier, wie beispielsweise Anton Tucher in Nürnberg, besaßen einen eigenen Schießplatz.

Gluteisen und Luntenschloß

Der Zündvorgang war ohne Zweifel ein wesentlicher Nachteil der Handbüchsen gegenüber den Armbrüsten. Bei letzteren genügte der Druck gegen die Abzugstange, um den Schuß auszulösen. Ein sicheres Zielen und Schießen mit der Büchse war wesentlich schwieriger. Das Auge des Schützen mußte auf ein Ziel gerichtet sein, aber auch die Hand mit dem Gluteisen zum Zündpulver verfolgen. Wegen dieser Schwierigkeit übernahm ein zweiter Krieger die Zündung der Waffe. Er erhielt von dem Schützen im rechten Moment dazu die Aufforderung.

Auch an kleinen technischen Veränderungen des Zündloches werden ursprüngliche Mängel der Handbüchsen deutlich. So hatte der senkrecht gebohrte Zündkanal zunächst keine oben erweiterte Fläche für das Zündpulver. Das führte vermutlich zu Verzögerungen bei der Zündung. Eine schalenförmige Erweiterung des Zündkanals auf der Laufoberfläche, die seit Ende des 14. Jahrhunderts nachweisbar ist, behob diesen Mangel. Diese Verbesserung hatte jedoch auch ihre Nachteile. Der Wind konnte leicht das Zündpulver hinwegwehen. Das verhinderte seit etwa 1400 eine erhöhte Einfassung der erweiterten Fläche des Zündkanals. Besser als Gluteisen und glühende Kohle eignete sich die Lunte – ein lose gedrehter Strick aus Hanf, der wohl meist mit Bleizucker getränkt wurde – zum Zünden. Sie brannte nicht mit heller Flamme, sondern glimmte nur. Das hatte den Vorteil einer langen Brenndauer. Die genannten Beispiele verdeutlichen, wie geringfügig sich die Feuerwaffen über fast ein Jahrhundert hinweg veränderten. Eine fundamentale Neuerung bedeutete jedoch die Einführung eines Gewehrschlosses. Die mechanische Zündvorrichtung löste die Handzündung ab. Zunächst wurde ein zweiarmiger Hebel drehbar am Schaft befestigt. Im oberen gespaltenen Ende steckte ein Stück Lunte für die Zündung, der untere Teil diente als Abzug. Wie bei der Armbrust drückte der Schütze den unteren Hebelarm gegen den Schaft, dabei fiel das obere Ende mit der glimmenden Lunte auf das Zündpulver. Der beachtliche Fortschritt bestand darin, daß der Schütze nun sein Ziel im Auge behalten konnte.

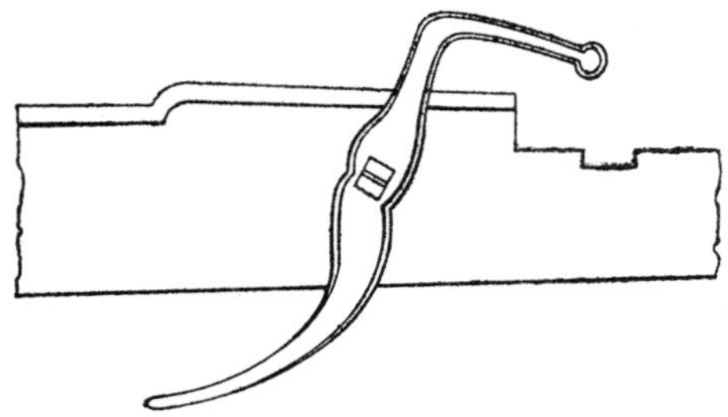

Luntenhahn, außen am Schaft montiert, beim Druck gegen den unteren Schenkel fällt der obere mit der Lunte in die Zündpfanne.
Mitte 15. Jahrhundert (nach Thierbach)

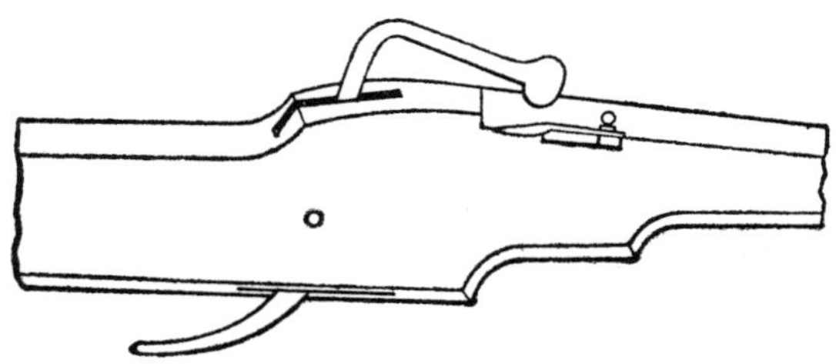

Luntenhahn, durch den Schaft hindurchgeführt,
Mitte 15. Jahrhundert (nach Thierbach)

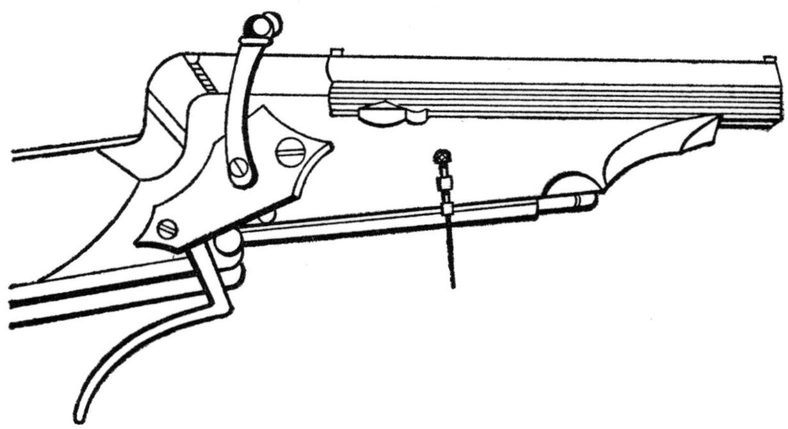

Gewehr mit Luntenschloß, um 1475.
Hahn- und Abzugsmechanismus an einem Schloßblech montiert;
vor dem Schloß eine Räumnadel zum Durchstoßen des Zündkanals.
Nach einer Zeichnung des kurpfälzischen Büchsenmeisters Martin Merz.
Codex germ. 599, Staatsbibliothek München

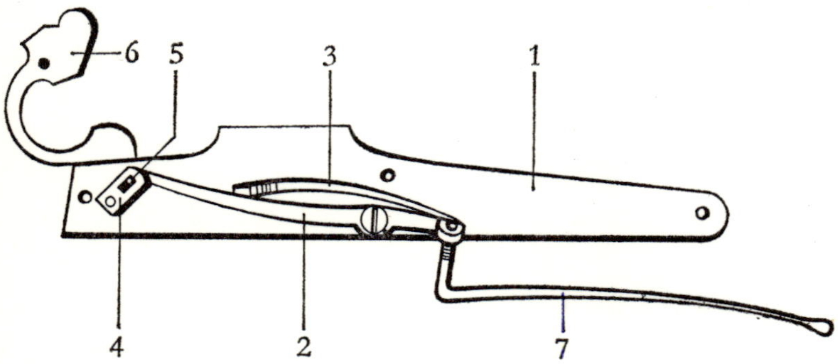

Innenansicht eines Luntenschlosses:
1. Schloßblech, 2. Stange, 3. Stangenfeder, 4. Nuß, 5. Nase der Stange, die in die Nuß greift, 6. Luntenhahn mit zwei Lippen und Feststellschraube, 7. Stangenabzug

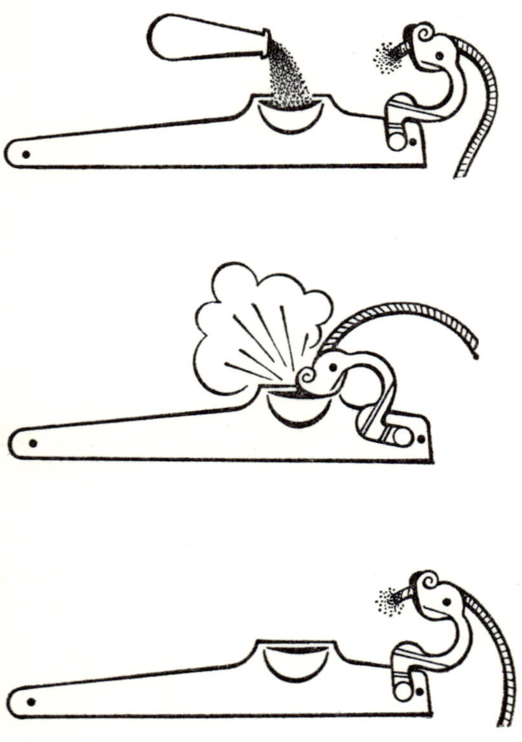

Drei Phasen der Zündung mit dem Luntenschloß:
1. Die glimmende Lunte steckt zwischen den Lippen des Hahnes.
2. Der Schütze hat den Abzug gezogen, der Hahn fällt auf die Pfanne nieder, und die Lunte zündet das Zündpulver.
3. Nach dem Loslassen des Abzuges drückt die Stangenfeder über Stange und Nuß den Hahn in die Ausgangsstellung zurück.

Ein zweiter Schütze war für die Zündung nicht mehr erforderlich.
Statt der Lunte konnte für diese Zündungsart auch ein leicht brennbarer Docht oder Zündschwamm verwendet werden. Der Zündkanal rückte etwa um die Mitte des 15. Jahrhunderts von der oberen Lauffläche auf die rechte Seite. Eine angeschweißte oder mitgegossene Pfanne nahm das Zündpulver auf. Der oben genannte Mechanismus bildete die Grundlage für das erste Gewehrschloß. Teile des Zünd- und Abzugsmechanismus wurden hierbei an einem Schloßblech montiert. Außen saß ein beweglicher Hahn, der die Lunte aufnahm, innen ein Hebel- und Federmechanismus. Er war mit dem Abzug verbunden. Drückte der Schütze gegen den Abzug, fiel der Hahn mit der Lunte in die Pfanne. Beim Entflammen des Zündkrautes ließ der Schütze den Abzug sofort wieder los, und eine Blattfeder drückte den Hahn in seine Ausgangsstellung zurück. Das Luntenschloß war an der rechten Seite des Schaftes eingelassen und mit Schrauben befestigt. Dieses erste Gewehrschloß zeichnete sich dadurch aus, daß es einfach in seiner Herstellung und Konstruktion, haltbar und billig war.
Das einfache Luntenschloß erhielt in den letzten Jahrzehnten des 15. Jahrhunderts mit dem Luntenschnappschloß eine konkurrierende Schloßvariante. Der Hahnhals lief oben in ein kurzes Röhrchen aus, in dem ein Stückchen glimmender Feuerschwamm steckte. Deshalb ist es auch unter dem Namen Luntenschwammschloß bekannt. Beim Zurückziehen des Hahnes wurde das Schloß gespannt, und durch Druck auf einen Knopf am Schloßblech fiel der Hahn schlagartig auf die Zündpfanne.

Pistole, Hinterlader und Totenorgel

Eine besondere Gruppe der Pulverwaffen sind die Faustfeuerwaffen. Während Handfeuerwaffen beide Hände zum Schießen erfordern, genügt bei diesem Typ eine zur Faust gebildete Hand. Das Gewicht der Waffe mußte bei ausgestrecktem Arm das Zielen und Abfeuern ermöglichen. Unter den erhaltenen Handbüchsen des 14. Jahrhunderts befinden sich mehrere, die dem Gewicht nach mit einer Hand zu handhaben wären. Sie wurden jedoch nicht in dieser Form verwendet. Die Stangenschäftung beweist es. Das ohnehin schwierige Zielen bei gleichzeitigem Zünden mit der linken Hand war bei Faustfeuerwaffen noch schwerer. Die älteste bildliche Darstellung, die einen Reiter im kompletten Harnisch mit einer Faustfeuerwaffe zeigt, läßt verschiedene Fragen über Aussehen und Handhabung offen. Diese Zeichnung aus dem Codex germ. 734 der Staatsbibliothek München – um 1460 entstanden – erfaßt den Augenblick, als das Geschoß, von einem Feuerstrahl begleitet, den Lauf verläßt. Der Zündvorgang bleibt ungewiß, weil der Pferdehals die linke Hand verdeckt. Am runden Schaft ist kein Schloß zu erkennen. Der Mündungsteil erinnert an einen gegliederten Schlagkopf eines Streitkolbens. Derartige Kombinationswaffen zwischen Schlag- und Feuerwaffen waren später, im 16. Jahrhundert, sehr verbreitet. Zwei weitere Illustrationen beweisen, daß der Gedanke, für Reiter brauchbare Feuerwaffen herzustellen, lebendig war. Der Münchener Codex lat. 197 und der Codex lat. 7239 der Nationalbibliothek Paris veranschaulichen eine interessante Lösungsmöglichkeit. Eine Gabel, in einer Öse am vorderen Sattelsteg befestigt, stützt eine Hakenbüchse ab, die mit ihrem hinteren Ende an einem Schulterriemen hängt. Die linke Hand hält die Waffe, während sich in der rechten die glimmende Lunte befindet. Im Pariser Codex feuert der Reiter aus dem Stand, im Münchener ist er im Anreiten, bereit zum Schuß.
Originale Faustfeuerwaffen sind aus der Zeit bis zum Ende

Reiter mit Faustrohr-Streitkolben, 1460–1470.
Codex germ. 734, Staatsbibliothek München

Reiter mit Handbüchse und glimmender Lunte. Um 1450.
Codex lat. 7239, Nationalbibliothek Paris

des 15. Jahrhunderts nicht bekannt. Trotzdem läßt sich der für diese Waffen später gebräuchliche Name «Pistole» bis in die ersten Jahrzehnte des Jahrhunderts zurückverfolgen. Die Hussiten nannten ihre kleinen Stangenbüchsen «pištala». Dieses Wort entspricht dem lateinischen fistula und bedeutet Pfeife, Röhre und Flöte, auf Handfeuerwaffen übertragen «Pfeifenbüchse». 1427 nennen deutsche Quellen das Wort «pfeiffen» und 1429 «pischozaln», auch «pischullen» und «pyscheln» (P. Sixl, ZHWK. II, S. 414). Die Bezeichnung wurde später von Pistala in Pistole umgewandelt. Auch der Name der italienischen Stadt Pistoja wird für die Bezeichnung in Anspruch genommen, weil hier angeblich die ersten Waffen dieser Art gefertigt wurden. Bis in die erste Hälfte des 16. Jahrhunderts war in Deutschland für Pistole auch die Bezeichnung «Handrohr» gebräuchlich, später «Faustbüchse». Die Handhabung der Luntenschloßwaffen zu Pferde war wegen der glimmenden Lunte außerordentlich schwierig. Deshalb hatte das Luntenschloß auf die Entwicklung von Faustfeuerwaffen keinen nennenswerten Einfluß, mit der Ausnahme, daß in Japan noch am Anfang des 19. Jahrhunderts Luntenschloßpistolen gebräuchlich waren. Inzwischen erbrachten auch längere Läufe bessere Schußleistungen, und kurze Waffen waren nicht gefragt. Im 15. Jahrhundert blieben Handfeuerwaffen fast ausschließlich Waffen der Fußkämpfer. Erst mit dem Radschloß trat hier eine Wende ein. Taktische Gefechtsaufgaben, besondere Bedingungen des Einsatzes, aber auch Mängel bei der Handhabung von Feuerwaffen regten zu immer neuen Erfindungen und Konstruktionen an.

S. 25:
1 *Armbrust,* Zahnstangenwinde, Köcher und Bolzen. Deutsch, um 1500

2 *Martyrium des hl. Sebastian* (Mittelbild des Sebastianaltars). Gemälde von Hans Holbein d. Ä., 1516. Im Gemälde sind drei wesentliche Phasen der Handhabung der Armbrust festgehalten:

1. Spannen der Armbrust mit Zahnstangenwinde – Schütze hält Bolzen zur schnellen Schußbereitschaft zwischen den Lippen –,
2. Auflegen eines Bolzens auf die Bolzenrinne,
3. Armbrust in Anschlag.

Rechts:
3 *Belagerung einer Stadt.* Miniatur aus Hans Vintler, Die Blumen der Tugend. Oberdeutschland, 2. Hälfte 15. Jahrhundert. Die Handbüchse liegt beim Schuß auf der rechten Schulter des Schützen.

4 *Hakenbüchse.* 1. Hälfte 15. Jahrhundert, mit eiserner Stielhandhabe

5 *Hakenbüchse aus Bronze* für Tüllenschäftung. 1. Hälfte 15. Jahrhundert. Länge 725 mm, Kaliber 19 mm

6 *Regensburger Hakenbüchse* mit eiserner Stielhandhabe. Um 1400. Eine der ältesten erhaltenen Hakenbüchsen

7 *Handbüchse aus Bronze* von der Burg Tannenberg/Hessen. Vor 1399

8 *Hakenbüchse aus Schmiedeeisen* mit Balkenschäftung, hölzerner Ladestock mit eiserner Stoßfläche. Ende 14. Jahrhundert. Lauflänge 297 mm, Kaliber 32 mm

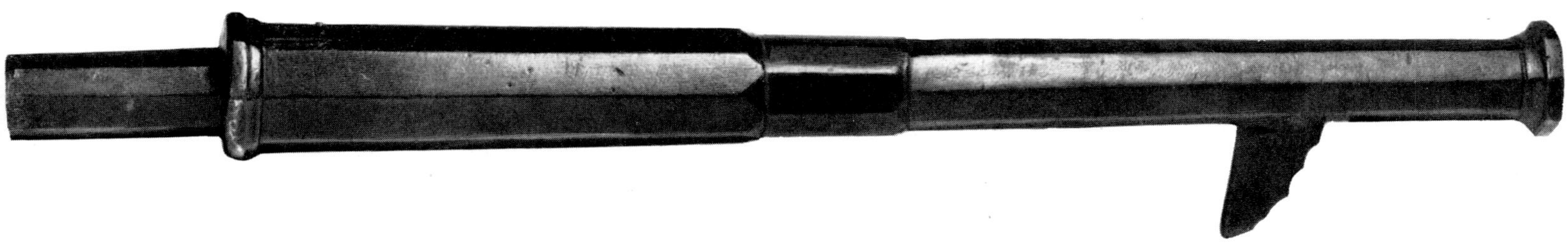

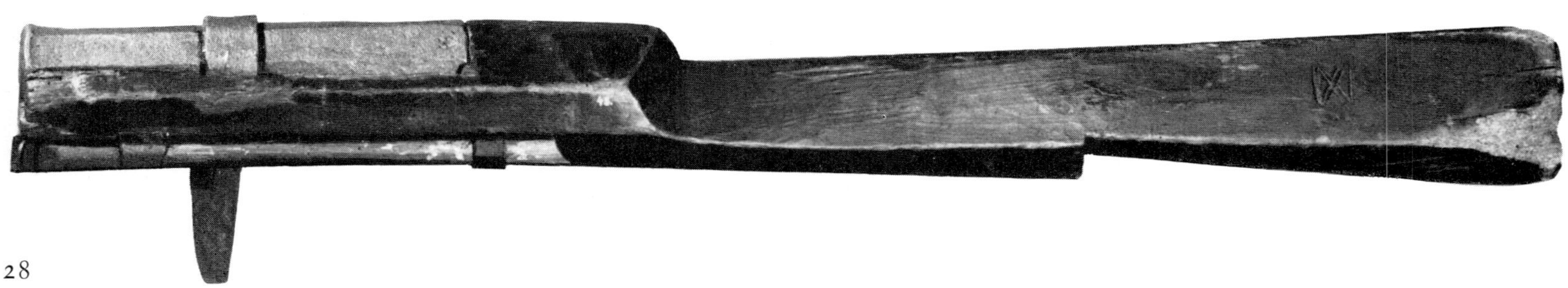

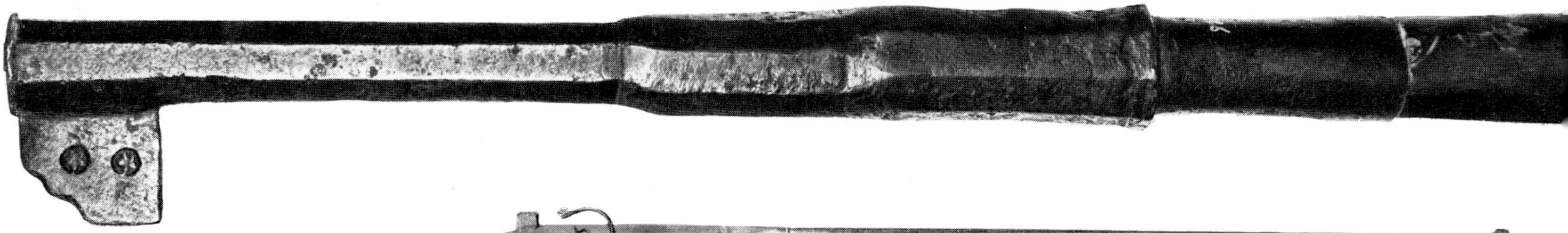

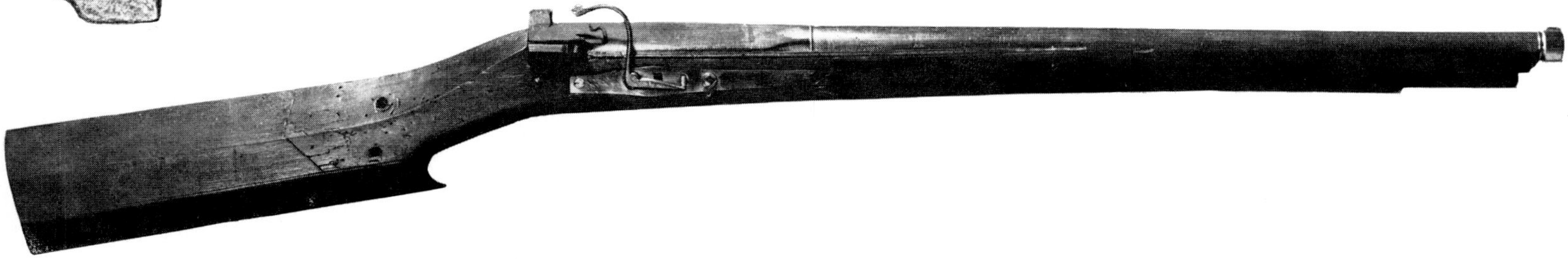

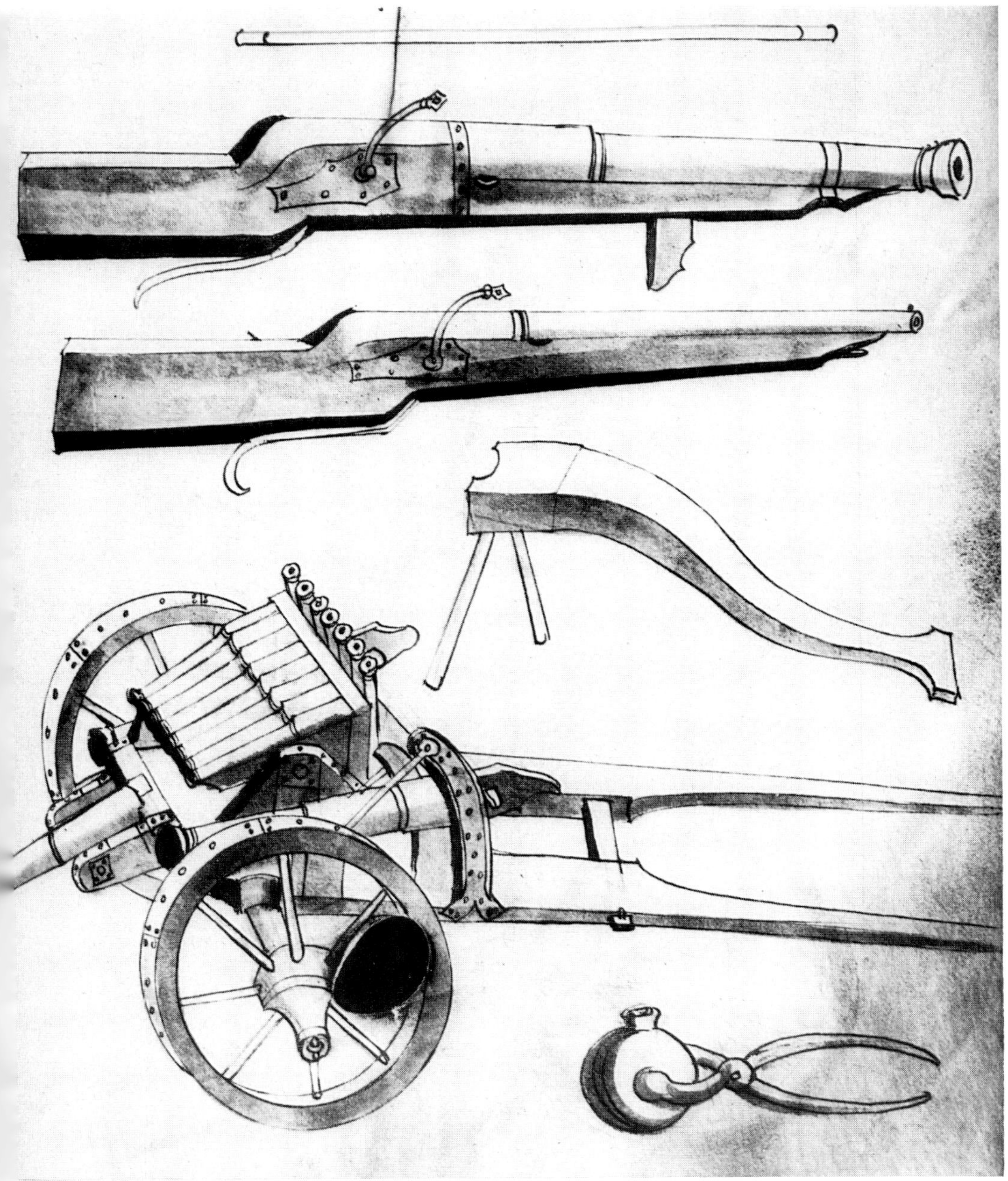

9 *Hakenbüchse aus Schmiedeeisen.* Böhmen, 1. Hälfte 15. Jahrhundert. Mit dem Zeichen der fünfblättrigen Rose der Familie Rosenberg. Lauflänge 997 mm, Kaliber 33 mm

10 *Luntenschnappschloßgewehr.* Um 1510. Auf dem Lauf ein Bischofsstab, Zeichen der Stadt Basel

11 *Handfeuerwaffen mit Luntenschloß und Orgelgeschütz,* mit drehbar gelagertem Rohrblock. Letztes Viertel 15. Jahrhundert. Aus: Ingenieur, Kunst- und Wunderbuch, Zentralbibliothek der deutschen Klassik, Weimar

12 *Zwei Schützen mit einer Handbüchse,* der eine zielt, der andere zündet das Pulver. Zeichnung nach dem Cod. man. 3062 der Österreichischen Nationalbibliothek Wien von 1437 (entnommen ZHWK, Bd. I)

13 *Luntenschloßflinte.* Indien, 18. Jahrhundert. In vier Teile auseinanderzunehmen (Mündungskopf, vermutlich auch als Drachenkopf gestaltet, fehlt). Länge 1495 mm, Kaliber 12 mm

Rechts:
14 *Eisenacher Schützenschmuck.* Vermutlich süddeutsch, 2. Hälfte des 15. Jahrhunderts. Silbertreibarbeit mit feuervergoldeten Teilen; dargestellt der heilige Georg im Kampf mit dem Drachen und der heilige Sebastian. Höhe des hl. Georg 160 mm, Höhe des hl. Sebastian 172 mm

15 *Pistolen mit Luntenschnappschloß.* Japan, Anfang 19. Jahrhundert. Das Luntenschloß hielt sich in Japan bis in das 19. Jahrhundert und fand auch häufig für Pistolen Verwendung.
Rechte Pistole mit innenliegender spiralförmiger Schlagfeder; Schloßblech, Luntenhahn, Pfannendeckel und Schlagfeder aus Messing. Länge 445 mm, Kaliber 14 mm.
Linke Pistole mit außenliegender Schlagfeder; Schloßteile und Beschläge ebenfalls aus Messing. Länge 390 mm, Kaliber 13 mm

16 *Hakenbüchse aus Schmiedeeisen* mit Tüllenschäftung. Ende 15. Jahrhundert. Lauflänge 890 mm, Kaliber 24 mm
Handbüchse für Hinterladung. (Kammerbüchse; Kammer fehlt), aus Schmiedeeisen mit Stangenschäftung. Um 1500.
Länge 1460 mm, Kaliber 18 mm

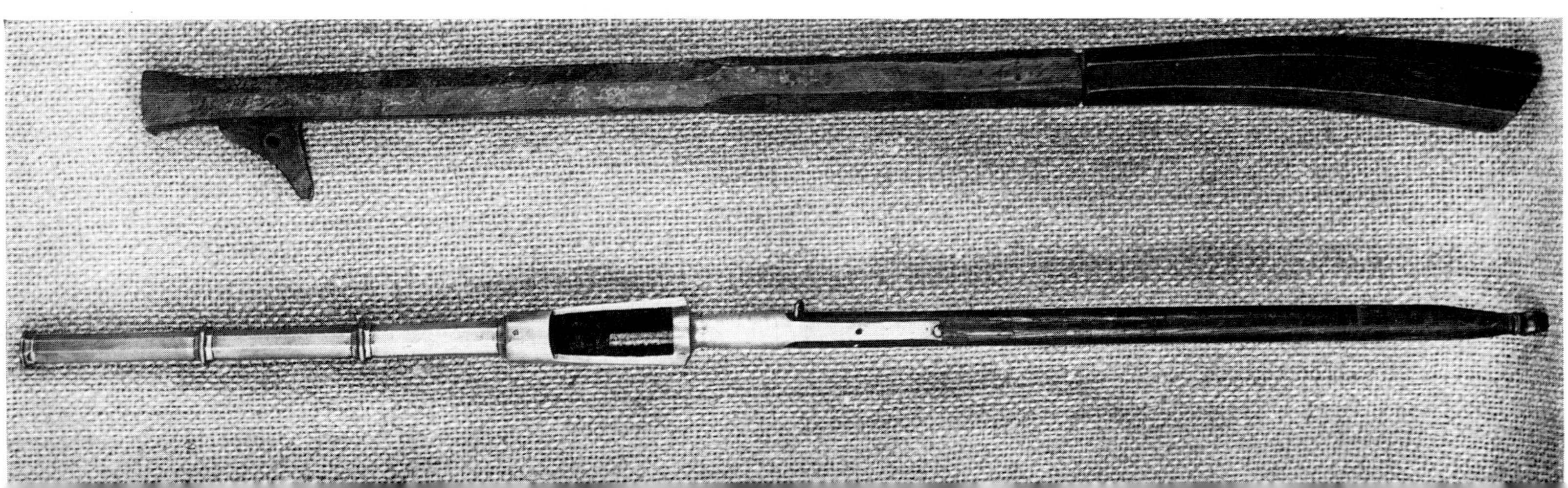

Die Schwierigkeit, eine Feuerwaffe im engen Raum einer Befestigungsanlage von vorn zu laden, gab beispielsweise die Veranlassung zur Entwicklung von Hinterladern. Vorderlader mußten jedesmal aus ihrer Lagerung in einer Schießscharte herausgenommen und nach dem Laden neu eingesetzt werden. Diese Handgriffe fielen beim Hinterlader weg. Zwei Typen wurden bereits im 14. Jahrhundert entwickelt. Beim ersten konnte eine gesonderte Pulverkammer mit einem Mundstück in die hintere Lauföffnung eingesetzt werden, beim zweiten legte der Schütze sie in einen nach oben offenen Laufdurchbruch. In beiden Fällen hielten eingetriebene Keile die Kammer fest im Rohr. Der Keil steckte bei der hinten angesetzten Kammer meist zwischen dem Stoßboden der Kammer und der hochgezogenen Wand der Holzlade, in der Lauf und Kammer ruhten. Die eingelegte Kammer hat an der Unterseite einen Zapfen mit Lochdurchbruch. Der Zapfen ragt nach unten durch einen Schlitz des Rohres und wird mit einem Querkeil verriegelt. Im allgemeinen befand sich in der Kammer nur das Pulver mit einem vorgesetzten Holzpfropfen oder einem anderen Dichtungsmittel. Die Kugel setzte der Schütze von hinten in den Lauf ein. Es wurden jedoch von kleinkalibrigen Hinterladern auch Kammern gefunden, in denen Pulver und Geschoß steckten. Die Kammer hat in diesem Fall den gleichen Durchmesser wie das Rohr. Das Zündloch verlief senkrecht am hinteren Ende des Kammerstückes.

Bei feindlichen Angriffen gegen Befestigungsanlagen kam es für den Verteidiger vor allem darauf an, für Gefahrenpunkte eine erhöhte Feuerkraft mit dichter Schußfolge zur Verfügung zu haben. Bei Hinterladern konnten stets mehrere Kammern zum Auswechseln bereitliegen. Ein Nachteil gegenüber den Vorderladern bestand darin, daß ein Teil der Pulvergase durch die feinen Zwischenräume zwischen Rohr und Kammer entwich und die Treibkraft verminderte. Hinterlader eigneten sich gut als Schiffsgeschütze, da für sie weniger Platz benötigt wurde. Die älteste Nachricht über Hinterlader stammt aus den Stadtrechnungen von Geldern in Holland. Nach den Eintragungen wurden im Jahre 1398 eine Steinbüchse mit zwei Kammern und zwei «vogelerken» (Vögler, kleinere Hinterlader) bezahlt (B. Rathgen).

Die bei Geschützen seit dem Ende des 14. Jahrhunderts praktizierte Methode der Hinterladung wurde auch für Handfeuerwaffen übernommen. In Rechnungsbüchern der Stadt Frankfurt am Main erscheint für das Jahr 1439 eine Summe für eine Handbüchse mit sechs Kammern. Zunehmend länger werdende Läufe, die das Einfüllen des Pulvers erschwerten, hatten außerdem den Wunsch nach einem Hinterlader verstärkt. Hinterlader-Handbüchsen gehören jedoch zu den Ausnahmen. Im Codex ms. 1390 der Universitätsbibliothek Erlangen vom Ende des 15. Jahrhunderts ist eine Handbüchse für Hinterladung abgebildet. Zwei erhaltene Handbüchsen besitzen die gleiche Konstruktion – die eine gehört dem Museum für Deutsche Geschichte Berlin, die andere dem Germanischen Nationalmuseum Nürnberg. Für beide fehlen leider die Kammern. Die Zündung erfolgte wie bei dem Vorderlader mit Gluteisen oder der Lunte. Die Schußleistungen dürften bei gleichem Kaliber, wegen der nach hinten entweichenden Pulvergase, etwas geringer als bei Vorderladerbüchsen gewesen sein.

Das zeitraubende Laden und Schießen mit einer Feuerwaffe brachte bereits am Ende des 14. Jahrhunderts Büchsenmacher auf die Idee, mehrere Geschützrohre oder Läufe von Handfeuerwaffen zu einer Waffe zusammenzufassen, um eine größere Feuerbereitschaft und wirksamere Feuerkraft zu erreichen. Der bis in die neueste Zeit gebräuchlichste Name für derartige Waffen ist Orgelgeschütz. Früher wurden sie auch Totenorgeln genannt. Die Rohre hatten ursprünglich, ähnlich wie Orgelpfeifen, verschiedene Längen. Bei den einfachsten Formen lagen die Rohre nebeneinander fest montiert auf einer Holzunterlage. Jedes Rohr besaß ein Zündloch und konnte einzeln oder durch Zündschnüre und Zündrinnen mit Pulver gleichzeitig abgefeuert werden. Zeitgenössische Illustrationen und Originalstücke vermitteln auch Kenntnisse von mehrreihigen Orgeln mit neben- und übereinander angeordneten Läufen. Bei anderen Waffen sind die Läufe, ähnlich wie bei einem Revolver, um eine Längsachse angeordnet. Auch drehbare Scheiben mit vier, jeweils in einem Winkel von 90 Grad zueinander gestellten Läufen gehören zu den Orgelgeschützen.

Der Begriff Orgelgeschütz wird auch verwendet, wenn mehrere Läufe von Handfeuerwaffen vereinigt werden. Hierbei erfolgte eine Zusammenfassung der Feuerkraft von Hand- und Hakenbüchsen. In einem Nürnberger Aufgebot von 1388 befand sich beispielsweise ein Streitkarren – von einem Pferd gezogen – auf dem drei Handbüchsen zusammen montiert waren. Eine einreihige fünfläufige Orgel aus der Zeit um 1500, heute im Besitz des Museums für Deutsche Geschichte Berlin, besteht aus fünf Hakenbüchsen, bei denen die Haken abgeschlagen wurden, weil sie keinen Zweck mehr zu erfüllen hatten. Durch die Montage auf einem Schießgestell oder einer Lafette verloren diese Büchsen jedoch den Charakter von

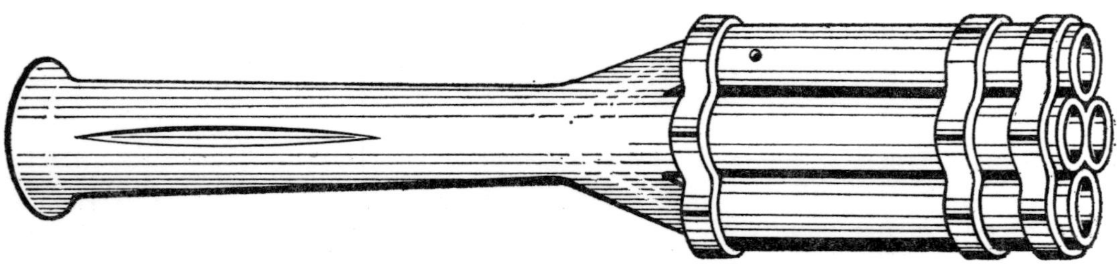

Vierläufige Handbüchse, auch als Schlagwaffe zu verwenden. Schmiedeeisen, Länge 290 mm

Handfeuerwaffen, obgleich die Feuerkraft der einzelnen Waffen denen der Handwaffen entsprach. Die Stationierung der Orgeln erfolgte besonders an gefährdeten Punkten einer Befestigungsanlage, an Toren und in Türmen. Darüber hinaus eigneten sich mehrläufige Waffen auf Streitkarren auch für den Feldkampf und für Wagenburgen. Ein Streitkarren mit zehn Läufen ist durch eine Illustration im Codex germ. 599 der Staatsbibliothek München aus den Jahren 1470 bis 1480 bekannt. Doch es gab im 14./15. Jahrhundert auch «echte» mehrläufige Handfeuerwaffen. Es waren Stangenbüchsen mit drei oder vier gebündelten Läufen, die hinten in nur eine Tülle für Stangenschäftung ausgeschmiedet waren. Querverlaufende Eisenbänder hielten die Laufbündel fest zusammen. Die gebündelten Läufe hatten die Form eines kräftigen Schlagkopfes und dürften auch als Streitkolben verwendet worden sein. Deshalb werden sie auch Faustrohrstreitkolben genannt.

Wissenschaft und Waffentechnik zur Zeit der Renaissance

Im Zusammenhang mit tiefgreifenden ökonomischen, politischen und kulturellen Veränderungen hatte sich im 15./16. Jahrhundert ein neues wissenschaftliches Weltbild entwickelt. Die frühbürgerliche Revolution in Deutschland, die Entdeckungsfahrten, der Humanismus und die Renaissance sowie Fortschritte in Wissenschaft und Technik formten das Bewußtsein der Menschen. Doch noch lange standen Altes und Neues im Widerstreit miteinander, und der Satan spukte weiterhin im Pulverrohr, obwohl mancher kühne Geist versuchte, hinter das Geheimnis der Pulverexplosion zu kommen. Auf einem Holzschnitt des Jahres 1554 befinden sich noch in Gesellschaft des Büchsenmeisters der legendäre Pulvermönch und der Teufel. Martin Luther klagt in seinen «Tischreden» mit harten Worten die Feuerwaffen an: «Büchsen und das Geschütz ist ein grausam schädlich Instrument, zersprengt Mauern und Felsen und führt die Leute in die Luft. Ich glaube, daß es des Teufels und der Hölle eigen Werk sei, der es erfunden hat als der nicht streiten kann sonst mit leiblichen Waffen und Fäusten. Gegen Büchsen hilft keine Stärke noch Mannheit, er ist tod ehe man ihn siehet. Wenn Adam das Instrument gesehen hätte, das seine Kinder gemacht, er wäre für Leid gestorben.»

Die Buchdruckerkunst hatte zur Verbreitung der Rezepte für Schießpulver wesentlich beigetragen. In «Feuerwerksbüchern» und «Büchsenmeisterbüchern» wurden Lehrsätze zur Pulverherstellung und -behandlung, zum Laden der Büchsen und zum praktischen Schießen aufgestellt. Aber auch in diesen von der Erfahrung geprägten Aufzeichnungen steht an erster Stelle meist die Forderung, der Büchsenmeister müsse vor allem den rechten Glauben haben, das heißt auf das Pulver bezogen, frei von Eingebungen des Teufels sein. Vielleicht handelt es sich hierbei auch mehr um eine Warnung an die Büchsenmeister, sich vor böswilligen Anklägern zu hüten. Die praktischen Erfahrungen im Umgang mit Feuerwaffen und Untersuchungen über chemisch-physikalische Vorgänge erbrachten jedoch auch erste Theorien über die inneren Zusammenhänge bei der Pulverexplosion. Der Italiener Vanuccio Biringuccio (1480–1539) vertrat die Meinung, die Treibkraft des Schießpulvers beruhe auf der plötzlichen Entwicklung einer Dampfmenge, die einen über tausendfach größeren Rauminhalt habe als das Pulver. Ohne Zweifel haben der Explosionsvorgang des Schießpulvers und seine Wirkungen die spätere Idee der Nutzung der Dampfkraft für Maschinen beeinflußt. Der berühmte italienische Mathematiker Niccolò Fontana, genannt Tartaglia (um 1500–1557), schrieb den einzelnen Pulverbestandteilen folgende Bedeutung zu: Der Schwefel, der zuerst vom Feuer erfaßt werde, bringe mit heller Flamme die Kohle zum Glühen, und der heftig entflammte Salpeter erzeuge einen mächtigen Wind (Gas), der die Glut dann weiter entfache und die Kugel aus dem Rohr treibe.

Probleme der Schießpulverexplosion erweckten neue Fragestellungen und regten zu Untersuchungen an, die für die Entwicklung wesentlicher Teilgebiete der Naturwissenschaften sehr förderlich waren. Die Tatsache, daß die Verbrennung des Pulvers in einem fast dicht abgeschlossenen Raum erfolgte, führte zu der Schlußfolgerung, daß der Salpeter den «Wind» liefere. Diese Erklärung bestimmte wesentlich die Meinung über den Vorgang der Verbrennung überhaupt, bis zu dem Zeitpunkt, als in den siebziger Jahren des 18. Jahrhunderts der Sauerstoff entdeckt wurde.

Experimentelle Untersuchungen über die Flugbahn der Geschosse und deren mathematische Berechnung beeinflußten ganz wesentlich allgemeine Überlegungen zu Problemen der sich schnell bewegenden Körper und förderten Erkenntnisse in der Mechanik, die sich auf die Mathematik stützten. Tartaglia wirkte auch hier wegbereitend. Er zog die Mathematik zur Klärung ballistischer Fragen heran und stellte Schießtabellen nach dem Gewicht der Geschosse auf. Tartaglia hatte theoretisch errechnet, daß bei Geschützrohren mit einem Erhöhungswinkel von 45 Grad die weitesten Schüsse erreicht werden. Praktische Versuche bestätigten seine Berechnungen. Er stellte auch eine Theorie über die Flugbahn der Geschosse auf. Sie verlaufe zunächst horizontal, dann wie ein flacher

Kreisbogen und zum Schluß senkrecht. Galileo Galilei (1564 bis 1642) bewies, daß die Wurfbahn von Körpern im luftleeren Raum eine Parabel ist.
Die Feuerwaffen haben bedeutende Probleme für die sich neu herausbildende moderne Wissenschaft aufgeworfen und beeinflußten Vorstellungen über ein neues Weltbild. Die gewonnenen wissenschaftlichen Erkenntnisse kamen den Konstruktionen und dem taktischen Einsatz der Feuerwaffen zugute. Wenn sich auch das Interesse vorwiegend auf die Artillerie konzentrierte, so betrafen doch viele Forschungen die Handfeuerwaffen im gleichen Maße, wie beispielsweise die über die Flugbahn der Geschosse, den Luftdruck und den Luftwiderstand.
Im höchsten Maße interessant und durch Kühnheit überraschend sind zahlreiche Ideen und Entwürfe zur Militärtechnik von Leonardo da Vinci (1452–1519). Er entwarf gedanklich und zeichnerisch Kriegsmaschinen, die zum Teil erst mit Hilfe der Produktivkräfte des 19./20. Jahrhunderts realisiert werden konnten, wie beispielsweise eine Flugmaschine, ein dampfgetriebenes Boot oder eine gepanzerte Kampfmaschine. Ziehen wir in Betracht, daß er auch Maler, Bildhauer und Baumeister war, so überrascht die Vielseitigkeit seiner Fähigkeiten als Kriegsingenieur um so mehr. In einer Bewerbung um Anstellung bei Lodovico Sforza, Herzog von Mailand, im Jahre 1482 wies er auf seine Kenntnisse und Fähigkeiten hin: Er könne Kanonen, Minen, Katapulte, Wurf- und Schleudermaschinen, mit Artillerie ausgerüstete Streitwagen, Waffen und Instrumente für den Seekrieg herstellen, besondere Brücken, Hoch- und Wasserbauten jeder Art anlegen. Im «Codex Atlanticus» der Bibliotheca Ambrosiana in Mailand sind 1700 Zeichnungen enthalten, die die vielseitigen Kenntnisse und schöpferischen Fähigkeiten Leonardos bestätigen. Auch zahlreiche Schriftquellen weisen aus, daß es kaum ein Gebiet der Kriegskunst gab, mit dem sich der geniale Künstler und Forscher nicht beschäftigte. Das betrifft auch die Feuerwaffen. Er kannte besondere Pulvermischungen, Hohl- und Sprenggeschosse, berechnete die Flugbahn der Geschosse und beschäftigte sich mit der Zündung für Handfeuerwaffen, auf die im folgenden noch näher eingegangen wird.
Der hier nur kurz angedeutete wissenschaftliche Fortschritt erwuchs auf dem Boden ökonomisch hochentwickelter Städte. Mit Hilfe großer Bank- und Handelshäuser entstanden kapitalistische Produktionsverhältnisse in wichtigen Gewerbezweigen. Kapital floß insbesondere in Bergwerke für die Einrichtung von Fördermaschinen und Hebevorrichtungen sowie in Hüttenbetriebe. Durch die wesentlich verbesserte Bergbautechnik konnte die Erzförderung um ein Vielfaches gesteigert werden. Das Bank- und Handelshaus der Fugger in Augsburg besaß das Monopol im Kupferhandel in mehreren europäischen Ländern. Kupfer war das wichtigste Material für Geschützrohre und neben Eisen bis zum beginnenden 16. Jahrhundert auch für Handfeuerwaffen. Durch den steigenden Erzbergbau, die zunehmende Zahl der Hütten und Hammermühlen sowie durch das hochspezialisierte städtische Handwerk konnten die Feuerwaffen eine immer größere Bedeutung für die Kriegsführung gewinnen. Durch das Saigerverfahren, das die Gewinnung reineren Kupfers ermöglichte, wuchs auch die Qualität der Bronze- und Messingrohre für Pulverwaffen. Die Entwicklung der Feuerwaffen wurde allein durch diese ökonomischen Voraussetzungen und Bedingungen vor allem durch das Bürgertum bestimmt. Den enormen Geldbedarf für eine bedeutende Artillerie brachten neben den reichen Städten nur die mächtigsten Feudalherren auf. Stadtbefestigungen wurden immer mehr mit Geschützen und Handfeuerwaffen bestückt. Bastionen, Schießscharten, Wehrgänge und Wälle konstruierte man unter Berücksichtigung des Einsatzes von Feuerwaffen bei Verteidigung und Angriff.
Das Geld bestimmte in dieser Zeit nicht nur primär die Produktion der Kriegsgeräte, es ermöglichte auch, immer mehr Söldner für die feudalen Streitkräfte und für größere Städte anzuwerben. Das Fußvolk wurde für die Kriegsführung wichtiger als die feudale Reiterei. In der offenen Feldschlacht standen sich als Hauptstreitmacht meist große dichtgeschlos-

sene und tiefgestaffelte Haufen von Fußkämpfern gegenüber. Wenigstens die ersten und letzten drei Glieder sowie die drei Rotten an den Seiten trugen den langen Spieß, wodurch der Haufen gegen Angriffe nach allen Seiten gut abgesichert war und das Aussehen eines Igels erhielt. Hinter den Spießern standen Kurzwaffenträger mit Helmbarten, kleinen Spießen und mit Zweihänderschwertern. Nach dem Aufeinandertreffen der Parteien stürzten sie durch die eigenen Spießreihen nach vorn und versuchten, eine Bresche in den Wall der Spieße des Gegners zu treiben. Jeder Haufen mußte anstreben, mit großer Wucht den anderen zu überrennen. Die Reiterei versuchte ebenfalls, frontal oder von der Flanke her, das geschlossene Fußkämpferquadrat auseinanderzusprengen. War der Haufe erst einmal auseinandergetrieben und blieb der andere geschlossen beieinander, so bedeutete das in der Regel den Sieg. Bei dieser Gefechtstaktik spielten die mit Büchsen bewaffneten Söldner eine untergeordnete Rolle. Sie eröffneten meist als Plänkler oder sogenannte «laufende Knechte»

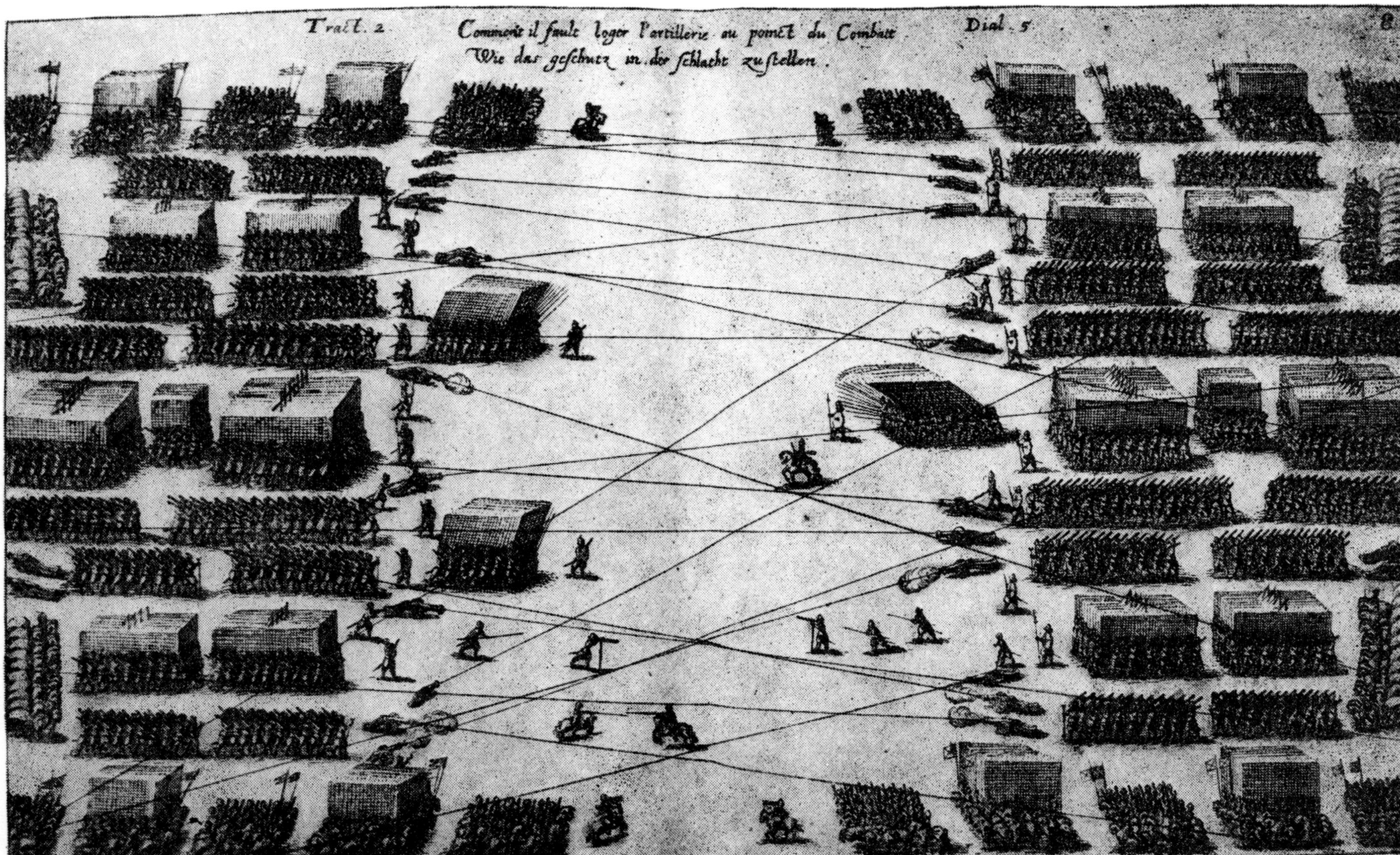

Aufstellung eines Heeres in Schlachtordnung.
Kupferstich aus Diego Ufano, Archeley ..., Frankfurt 1621

das Gefecht. Während sich der Gewalthaufe noch formierte, feuerten die Schützen bereits auf den Gegner, der ebenfalls erhebliche Zeit benötigte, um sich für den Kampf aufzustellen. Die Handbüchsenträger näherten sich hierbei in lockerer oder geschlossener Form dem Gegner. Bei der zuletzt genannten Aufstellungsart – Vormarsch mit gleichzeitigem Feuer – schoß das erste Glied ab, danach liefen die Schützen des letzten Gliedes zwischen den Rotten nach vorn und feuerten. Die anderen Glieder luden inzwischen die Waffen. Hierdurch konnte im Vormarsch, bei etwa 10 Meter tiefer Aufstellung, ein ununterbrochenes Feuer unterhalten werden. Wurde aus einer stehenden Formation geschossen, so feuerte das erste Glied ab, lief durch die Rottenzwischenräume nach hinten und begann wieder mit dem Laden. Schützenquadrate wurden gelegentlich auch zum Schutz gegen schnelle Überfälle des Gegners von Spießträgern begleitet. Handbüchsenschützen konnten auch als Schützengürtel – mehrere Glieder tief – den gesamten Haufen umgeben oder als Schützenquadrate an den vorderen Ecken des Gewalthaufens aufgestellt werden. Beim Aufeinandertreffen war ein Rückzug in die Mitte des Haufens möglich, hier konnte die Waffe wieder geladen werden, und die Schützen erhielten vom Feldherrn einen neuen Einsatzbefehl, beispielsweise zur Bekämpfung von in der Flanke angreifenden Reitern.

Während für die Verteidigung fester Plätze die Zahl der Handfeuerwaffen wesentlich zunahm, hatte in der offenen Feldschlacht in der ersten Hälfte des 16. Jahrhunderts nur jeder siebente bis zehnte Söldner eine Handbüchse. Das hatte seine Ursache in der angedeuteten Gefechtstaktik, aber wohl auch zum Teil darin, daß der Söldner seine Waffen selbst kaufen mußte und die meisten, ihrer Herkunft nach arme Bauernsöhne, für eine Büchse nicht das erforderliche Geld besaßen.

Die ökonomisch und militärisch erstarkten deutschen Fürsten konnten im 16./17. Jahrhundert zahlreiche freie Städte ihrer Territorialherrschaft unterordnen. Nur wenige konnten ihre Selbständigkeit behaupten. Sie mußten militärisch durch starke Befestigungen gesichert sein und bedeutende Bestände an Waffen und Ausrüstungsstücken auf den Befestigungsanlagen und in den Zeughäusern besitzen. Das Inventar der Stadt Straßburg aus dem Jahre 1592 ist hierfür ein überzeugender Beweis. Neben 295 Geschützen verschiedener Kaliber werden vom Schreiber 690 Doppelhaken aus Messing, 588 eiserne Doppelhaken, 733 Musketen und 2904 gezogene Gewehre, Haken und Handrohre, sowie 112 veraltete Handfeuerwaffen als Bestände in den Zeughäusern, auf Türmen, Toren und Brücken aufgeführt. Die Anzahl der Handfeuerwaffen im Besitz der Bürger ist hierbei nicht erfaßt.

In Residenzstädten und anderen der Fürstenherrschaft untergeordneten Städten lagerten in Zeughäusern seit der zweiten Hälfte des 16. Jahrhunderts ebenfalls zahlreiche Handfeuerwaffen. Mit ihnen wurden Truppenkontingente vom Landesherren ausgerüstet. Ein Beispiel für die zunehmende Bewaffnung der Heere durch den Staat bildet das steiermärkische Landeszeughaus in Graz. Die zahlreichen Türkeneinfälle erforderten hier besondere Maßnahmen zum Schutze des Landes. Landesherr und Landesstände sorgten für die Bewaffnung eines großen Teiles der Einwohner, die selbst durch Steuergelder zur Anschaffung beitrugen. Noch heute besitzt das Zeughaus in Graz neben ungeheuren Mengen anderer Waffen Tausende von Handfeuerwaffen, darunter fast 1500 Luntenschloßmusketen und etwa 2600 Radschloßpistolen – eine einmalige Sammlung qualitätsvoller Gebrauchswaffen.

Das Büchsenmacherhandwerk

Aufmerksame, interessierte Besucher einer großen Waffensammlung sind meist stark beeindruckt von der einzigartigen Qualität und dem Formenreichtum der Waffen aus der Renaissancezeit. Die Schneiden und Grate von Schwert- und Degenklingen verlaufen schnurgerade, der Handschutz eines Degens scheint die Faust spielerisch zu umranken; die drei zweckgebundenen Teile der Hellebarde für Stoß, Hieb und Zug sind formvollendet zu einer Klinge vereinigt; der komplette Harnisch mit seinen spiegelblanken Flächen und mit modischen Varianten des zeitgenössischen Kostüms, wie beispielsweise Schnabel- oder breite Kuhmaulschuhe, umschließt körpergleich den menschlichen Habitus.

Allein schon die äußere Form läßt einen Höchststand des metallverarbeitenden Handwerks erkennen. Waffen dieser Qualität entstanden vorwiegend in den traditionsreichen Waffenschmieden großer Städte mit geeignetem Hinterland für Eisen- und Blechhämmer, für Drahtzieh- und Schleifmühlen. Bevor die Kaufmannszüge mit den Erzeugnissen die Stadttore in alle Himmelsrichtungen verließen, hatten amtliche Beschaumeister die Qualität der Ware überprüft. Dadurch sollte der gute Ruf, beispielsweise der Nürnberger Hand- und Hakenbüchsen, der Helme und Harnische oder der Armbrüste und Winden erhalten bleiben. Neben den eingeschlagenen Kontrollstempel setzte der Handwerker oft seine Meistermarke, in der folgenden Zeit auch seinen Namen. Qualitätsvolle Massenware für die Söldnerheere und exquisite Luxuswaren hochgeschätzter Meister unterlagen gleichermaßen dieser Beschau. Oft verzichteten jedoch gerade die herausragendsten Könner auf die Kennzeichnung mit einer Meistermarke. Berühmte Handwerksmeister und Künstler traten als Hofhandwerker in die Dienste von Königen und Fürsten und unterlagen nicht der behördlichen Qualitätskontrolle.

Wenn auch das Büchsenmacherhandwerk keine so lange Tradition besaß wie viele andere Waffenschmiedegewerbe, stieg es doch seit dem beginnenden 16. Jahrhundert in die vorderste Reihe der Waffenproduzenten auf. Der Aufstieg bedeutete zugleich eine Reduzierung der Meister und Gesellen und den allmählichen Niedergang in einigen anderen Berufsgruppen: der Sarwürker (Ringpanzermacher), Plattner (Harnischmacher), Armbrust- und Armbrustwindenmacher sowie der Schmiede für Stangenwaffen. Panzer und Harnisch konnten gegen die zunehmende Durchschlagskraft der Geschosse nicht noch mehr verstärkt werden, da eine schwere Rüstung den Krieger zu sehr im Kampf behindert hätte. In der ersten Hälfte des 16. Jahrhunderts verdrängte die Handbüchse die Armbrust endgültig als Kriegswaffe. Die Einführung des Bajonetts seit dem Ende des 17. Jahrhunderts hatte die fast völlige Aufgabe der Stangenwaffe bei der Infanterie zur Folge.

Der erhöhte Bedarf an Handfeuerwaffen förderte die Entstehung neuer Produktionsstätten. Hierfür eigneten sich vorwiegend Orte, in deren Nähe sich Eisenerzlager, Wasserläufe für den Antrieb von Wasserrädern der Hammerwerke und Wälder für die Herstellung von Holzkohle in Meilern befanden. Diese Voraussetzungen trafen beispielsweise für die Stadt Suhl, im Thüringer Wald gelegen, in höchstem Maße zu. Um 1535 ließen sich hier die ersten sechs Büchsenschmiede nieder. Einer von ihnen übte vorher in Nürnberg das Handwerk des Hufschmieds aus. Während in anderen Orten oft Zunftmeister der eisenverarbeitenden Handwerke die Etablierung von Büchsenschmieden zu verhindern suchten, gab es in Suhl um diese Zeit noch keine derartige Zunft, und niemand widersetzte sich der Einwanderung. Auch in Zella-Mehlis und Wasungen, am Ende des Jahrhunderts auch in Schmalkalden, Schleusingen, Themar und Meiningen arbeiteten Büchsenschmiede. Im Jahre 1563 vereinigten sich in der Grafschaft Henneberg die Büchsenmacher, Schlosser, Sporer und Windenmacher zu einer Zunft. Die Vereinigung verschiedenartiger metallverarbeitender Handwerker in einer Zunft war durchaus üblich.

Auch in den anderen Büchsenmacherzentren, wie Augsburg, Nürnberg, Wien und London, bildeten die Büchsenmacher erst im 17. Jahrhundert eigene Zünfte. Das Büchsenschmiedehandwerk differenzierte sich in Rohrschmiede, Rohrverschrauber, Schloßmacher, Schäfter und Büchsenmacher. Das zuletzt genannte Handwerk fügte in der Regel die Einzelteile zusammen und betrieb den Handel mit kompletten Hand- und Faustfeuerwaffen. Im 16. Jahrhundert war in Suhl der Handel mit Gewehrläufen – nicht mit kompletten Gewehren – der bedeutendste. Zehn Rohrschmiedemeister beschäftigten 48 Arbeiter, und in den Jahren zwischen 1575 und 1587 lieferten sie pro Jahr durchschnittlich rund 19 500 Läufe. Zur Bearbeitung standen acht Bohr- und drei Schleifmühlen zur Verfügung. Die Gewehrhändler kamen zu Reichtum und konnten Zulieferer in ihre Abhängigkeit bringen. Die Herstellung von Kriegswaffen stand in Suhl im 16. und 17. Jahrhundert im Vordergrund. An fertigen Handfeuerwaffen wurden als Typen unter anderen geliefert: ganze Musketen, halbe Musketen, Hakenbüchsen, halbe Hakenbüchsen und Haken mit Radschloß. Der Dreißigjährige Krieg erbrachte für Suhl eine erhebliche Steigerung der Produktion. Allein im Jahre 1626 fertigten 36 Büchsenmacher mit 70 Gesellen und 33 Schäfter mit 20 Gesellen gemeinsam mit den Rohrschmieden 31 225 Musketen. Im Verzeichnis des Hauptzeughauses München vom Jahre 1627 stehen mit der höchsten Zahl von 1 383 Stücken «Suhler Musketen großen Lots» unter den Handfeuerwaffen an der Spitze. Ferner werden 441 «Suhler Musketen kleinen Lots» aufgeführt (Fahrmbacher/Feistle). Diese umfangreichen Geschäfte mit Handfeuerwaffen führten nicht nur zu einer weiteren Differenzierung und Spezialisierung in verschiedene Handwerke und für verschiedene Feuerwaffentypen, sondern auch zu einer unterschiedlichen sozialen Stellung. Bestimmte Gewehrhändler erlangten eine Monopolstellung im Handel mit Handfeuerwaffen. Sie gehörten zu den Ratsmitgliedern und konnten hierdurch auch ihre ökonomischen Interessen wahrnehmen, nicht selten zu Lasten der von ihnen abhängigen Produzenten. Die den Händlern ausgelieferten Zunftmeister versuchten, erhöhte Lasten auf ihre Arbeiter abzuwälzen. Deshalb kam es in Suhl gegen Ende des 16. Jahrhunderts zu wiederholten sozialen Kämpfen zwischen Meistern und Gesellen. Durch den Gewehrhandel füllten sich auch die Ratskassen.

Für jede ausgeführte Handfeuerwaffe mußte ferner eine Akzise gezahlt werden, die der Graf von Henneberg als Landesherr erhielt. Um den guten Ruf der Produktion von Handfeuerwaffen zu sichern, durchliefen auch in Suhl alle in den Handel gehenden Läufe eine Kontrolle durch Beschaumeister. Die «Beschuß- und Schauordnung für die Meister des Büchsenbereiterhandwerkes des Stadtfleckens Sula» vom 28. März 1564 regelte Einzelheiten der Beschau (W. Weiß). Danach mußten alle über eine Elle langen Rohre zweimal mit einer Pulverladung, die das doppelte Gewicht der Kugel besaß, beschossen werden. Bei Bronzekanonen war ein Probeschuß mit kugelschwerer Ladung so bedeutend, daß ein Innsbrucker Geschützgießer seine Feldschlange um 1570, «Schöne Taube» genannt, mit folgender Inschrift auf dem Rohr kennzeichnete: «Hans Christoph Löffler hat mich gegossen und bei der Prob kugelschwer beschossen». Die im Gefecht verwendete Pulvermenge in den Pulvermaßen am Bandelier des Musketiers betrug etwa 17 bis 20 g bei einem Kugelgewicht von 40 g. Nach der Kontrolle durch zwei gewählte Beschaumeister erhielten die einwandfreien Läufe als Qualitätszeichen eine Marke, die «Henne», das Wappentier der Grafen von Henneberg, eingeschlagen. Durch die «Beschieß- und Schauordnung» von 1596 wurde dieses Zeichen noch durch den Stempel «SVL» (Suhl) ergänzt.

Die älteste auf einem Lauf eingeschlagene Stadtmarke ist der Pinienzapfen von Augsburg (um 1480). Mit dem «N» oder mit dem Wappen von Nürnberg gekennzeichnete Läufe tauchen um 1500 auf. Für Essen wird 1544 eine Kontrolle und Kennzeichnung angeordnet, für Amsterdam, München und Schwäbisch Gmünd um 1600, für London ein Probeschießen seit 1572 (Kennzeichnung wohl erst im folgenden Jahrhundert). Im 17. Jahrhundert kamen hinzu: Charleville, Kopenhagen, Graz, Jönköping (Schweden), Liège, Maastricht, Memmingen, Straßburg, Utrecht, Wien und Zella (Thüringen).

Leonardo da Vinci und das Radschloß

Die Fertigungsmethoden beim Schmieden und Gießen von Handbüchsenläufen veränderten sich im 16./17. Jahrhundert gegenüber der vorangegangenen Zeit nicht wesentlich. Der Lauf aus Schmiedeeisen wurde gegenüber dem aus Messing oder Bronze immer mehr vorgezogen, und ab 1535 stellten beispielsweise die Nürnberger kaum noch Handbüchsen aus Messing her.

Nennenswerte Fortschritte wurden jedoch bei Gewehrschlössern erreicht. Kein geringerer als Leonardo da Vinci steht seit einigen Jahrzehnten als Zentralfigur im Mittelpunkt des Meinungsstreites über die Erfindung des Radschlosses. Lange Zeit galt Nürnberg als Ursprungsort, und Johannes Kiefuß, Bürger dieser Stadt, sollte es 1517 erfunden haben. Doch allein die Zeichnungen eines Radfeuerzeuges und eines Radschlosses für eine Handfeuerwaffe von Leonardo da Vinci im «Codex Atlanticus» widerlegten zumindest das Jahr der Erfindung, denn die Blätter stammen aus der Zeit von 1500 bis 1505. Es wird schwer zu beweisen sein, ob Leonardo derartige Schlösser in einer Werkstatt gesehen hat und sie später aus der Erinnerung zeichnete, oder ob er diese Konstruktion selbst erdacht hat. Radschlösser wurden jedenfalls seit dem ersten Jahrzehnt des 16. Jahrhunderts in Norditalien und in Süddeutschland produziert.

Das Radschloß verdient wegen seiner technischen Konstruktion und seiner weiten Verbreitung als bedeutende Erfindung bewertet zu werden – vergleichbar mit der Taschenuhr oder dem Kompaß.

In der handwerklichen Fertigung stand es komplizierten Sicherheitsschlössern am nächsten. In manchem Truhen- oder Türschloß stecken viele geheimnisvolle technische Raffinements. Der Mechanismus zeugt von Scharfsinn, Erfindungsreichtum und brillanter Meisterschaft der Metallverarbeitung. Die ständige Bedrohung reicher Bürger durch Raub und Plünderung hatte die Schlossermeister im Interesse ihrer Auftraggeber zu immer neuen Varianten sicherer und komplizierter, für den Laien oft unergründlicher Mechanismen angetrieben. In vielen Fällen gelingt es kaum, das versteckt angebrachte Schlüsselloch zu finden. Ein System von Federn und Hebeln verriegelt Türen und Klappen. Diese hochqualifizierten Meister waren es zunächst, die auch den Mechanismus eines «Feuerschlosses» fertigten, bei dem ebenfalls präzise gearbeitete Hebel, Rädchen und Federn genau aufeinander abgestimmt sein mußten. Spezialisierte Feuerschloßmacher bildeten sich mit der Zunahme der Aufträge noch in der ersten Hälfte des 16. Jahrhunderts heraus.

Von Anfang an handelte es sich beim Radschloß um ein Reibfeuerzeug, das Funken für die Zündung des Pulvers erzeugt. Das Prinzip erinnert an ein modernes Taschenfeuerzeug mit Rädchen und Feuerstein. Eine wegen ihrer Datierung umstrittene frühe Handbüchse des Historischen Museums Dresden – die sogenannte «Mönchsbüchse», vermutlich nach dem Pulvermönch Berthold Schwarz so genannt – stellt eine andere Frühform des Funkenschlosses dar. Nicht ein Rad, sondern eine Stahlfeile reibt beim Zurückreißen Funken am Schwefelkies. Die Feile läuft parallel zur Laufachse durch die Pulverpfanne hindurch. Das Zielen war bei dieser kleinen Handbüchse sehr erschwert, wenn sie nicht stationär fest eingebaut war. Es darf angenommen werden, daß es sich um ein einmaliges Versuchsexemplar handelt. Die auf dem Lauf befindlichen dekorativen gotischen Buchstaben lassen keine eindeutige noch ins 15. Jahrhundert reichende Datierung zu, da sie bis in die ersten Jahrzehnte des 16. Jahrhunderts verwendet wurden.

Ein Manuskript des Jahres 1505 (früher in der Handschriftenabteilung der Staatsbibliothek Berlin, heute verschollen), das dem Nürnberger Patrizier Martin Löffelholz gehörte, überliefert ein mit Radmechanismus ausgestattetes Feuerzeug. Interessanterweise bestehen auch hier wiederum Beziehungen zu der süddeutschen Stadt, die als Ort der Erfindung in Frage kommt. Beim Feuerzeug dieser Handschrift wurde ein Rad durch kräftiges, schnelles Ziehen einer Schnur, die um die Radachse gewickelt worden war, bewegt. Der Feuerstein steckte zwischen den Lippen eines Hahnes und lag dem Rad auf. Beim ausgebildeten Radschloß für Handfeuerwaffen wurde nicht ein Lederband oder eine Schnur, sondern eine kurze Gliederkette um die Radachse gewickelt. Sie war mit einem Ende an dieser Achse, mit dem anderen an einer kräftigen zweiarmigen Blattfeder befestigt. Rad und Feder saßen fest montiert am Schloßblech. Die Radachse ragte in Radmitte außen als Vierkant heraus, auf den ein Schlüssel aufgesetzt wurde. Beim Aufziehen des Rades wickelte sich die Gliederkette um die Radachse und hob dabei den beweglichen Arm der Blattfeder an. Dadurch entstand eine kräftige Spannung. In ein kleines Loch des Rades rastete eine mit dem Abzug gekoppelte Nase ein und hielt es fest. Der Hahn mit einem Stück Schwefelkies wurde durch eine Feder auf den rauhen Rand des Rades gepreßt. Zog der Schütze den Abzug, gab die Nase das Rad frei, die Blattfeder riß die Kette nach

Schematische Zeichnung eines Radschlosses.

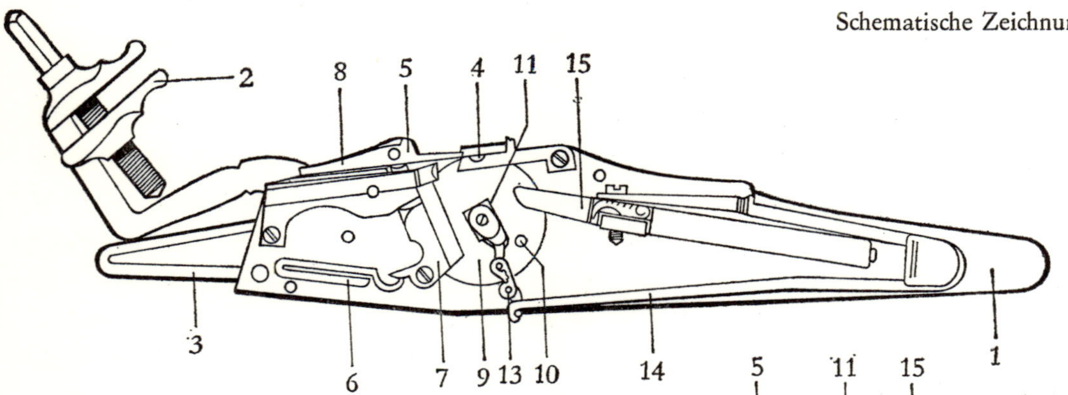

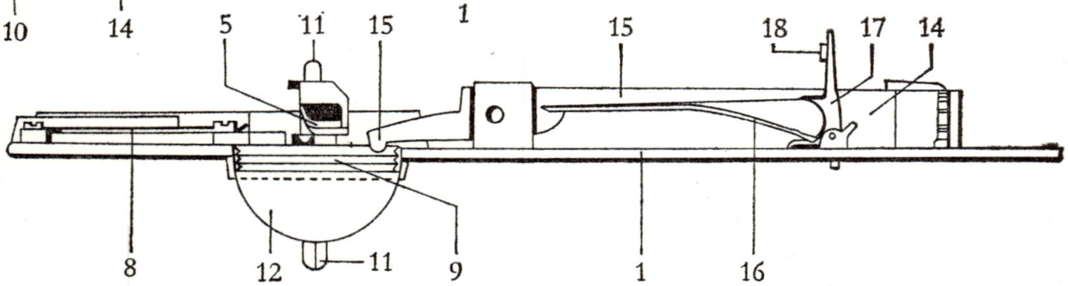

Innenansicht und Aufsicht:
1. Schloßblech, 2. Hahn mit Backen oder Lippen, die den Stein (Schwefelkies) halten, Feststellschraube und Hahnhals, 3. Hahnfeder, 4. Pfanne, 5. Pfannenschieber (Pfannendeckel), 6. Schließfeder für den Pfannenschieber, 7. Pfannenschieberarm, 8. Blattfeder, die den geöffneten Pfannenschieber zurückhält, 9. Rad, 10. Loch, in das die Nase der Stange bei gespanntem Schloß greift, 11. Radachse (Radwelle), außen mit Vierkant zum Aufziehen des Rades, 12. Raddecke, 13. Gelenkkette, 14. Schlagfeder, 15. Stange, 16. Stangenfeder, 17. Stollen, 18. Abzug (steht senkrecht) (nach Uhlemann).
Funktionsweise: Zum Spannen des Schlosses wird auf den Vierkant (11) ein Schlüssel aufgesetzt und das Rad (9) soweit gedreht, bis die Nase der Stange (15) in das Loch (10) des Rades einrastet. Gleichzeitig wird hierbei die Gelenkkette (13) um die Radachse (11) gewickelt und der lange Arm der Schlagfeder (14) angehoben und in Spannung versetzt. Die Stange (15) – Zwischenglied zwischen Rad und Abzug – wird durch den Stollen (17) festgehalten. Auf Stange und Stollen wirkt die Stangenfeder (16) ein. Beim Druck gegen den Abzug (18) wird der Stollen zurückgezogen und die Stange freigegeben, so daß die Nase durch den Druck der Stangenfeder aus dem Loch heraustritt. Die Schlagfeder (14) zieht nun ruckartig mit der Gelenkkette das Rad herum, dabei reißt dieses am Schwefelkies, der im Hahn (2) steckt, Funken, die das Zündpulver auf der Pfanne (4) entzünden. Bei den hochentwickelten Radschlössern wird beim Spannen des Rades automatisch der Pfannenschieber (5) geöffnet. Eine Nase an der Radachse drückt den Arm (7) des Pfannenschiebers zurück, eine Blattfeder (8) greift über den Arm und hält den Schieber fest. Durch Druck auf einen Knopf an der Außenseite des Schloßbleches gleitet der Pfannenschieber wieder über die Pfanne. Öffnen und Schließen lassen sich auch mit der Hand ausführen.

unten und versetzte dadurch das Rad in eine schnelle Drehbewegung, wodurch am Stein Funken gerieben wurden, die das Zündpulver in der Pfanne entflammten. Das Rad lief direkt durch die durchbrochene Pfanne hindurch. Ein Pfannenschieber verschloß sie bei entspanntem Schloß.

Auf die vielfältigen Varianten des Radschlosses kann hier nicht näher eingegangen werden. John F. Hayward und Arne Hoff haben in ihren Werken hierzu ausführliche Kommentare gegeben. Während das Luntenschloß auf einfachem Hebelprinzip mit Blattfeder beruhte, hatte das Radschloß einen komplizierten Mechanismus, für den wesentlich mehr Einzelteile erforderlich waren. Das Luntenschloß setzte sich meistens aus sieben, das Radschloß aus zwanzig und mehr Teilen zusammen. Die Kosten waren dementsprechend höher – ein wesentlicher Grund der Beibehaltung des Luntenschlosses für Fußtruppen bis in die zweite Hälfte des 17. Jahrhunderts. Die relativ geringe Reichweite und die zeitraubende Ladeweise der Handfeuerwaffen ermöglichten in einem Gefecht nur die Abgabe weniger Schüsse aus einer Waffe. Die taktischen Aufgaben konnten auch mit dem billigen Gewehr mit Luntenschloß gelöst werden. Wesentlich anders verhielt es sich mit einer brauchbaren Handfeuerwaffe für die Reiterei. Mit glimmender Lunte in der linken Hand zu reiten, war eine gefährliche Sache, sie während des Reitens auf den Hahn aufzusetzen und auszuprobieren und anschließend damit zu feuern, brachte zu viele Schwierigkeiten mit sich. Deshalb ermöglichte das Radschloß seit der Mitte des 16. Jahrhunderts die allmähliche Ausrüstung von Reitern mit Pistolen und Karabinern.

Schießwettkämpfe und Schützenfeste

Der wirtschaftliche Aufschwung der Städte in den ökonomisch führenden Ländern Europas im 15./16. Jahrhundert brachte insbesondere den großen Bank- und Handelsherren bedeutenden Reichtum. Auch die Zunfthandwerker profitierten vom ausgedehnten Fernhandel und Warenumsatz innerhalb der Stadtmauern. Immer mehr Landbewohner versuchten, in der Stadt seßhaft zu werden. Die Schicht der Gelegenheitsarbeiter, der Bettler und Stadtarmen wuchs zur gleichen Zeit wesentlich an.

Diese gesellschaftlichen Verhältnisse nahmen auch Einfluß auf das Schützenwesen in den größeren Städten. Da jeder Schütze beim Schießwettkampf sein eigenes Gewehr besitzen mußte, beschränkte sich der Teilnehmerkreis auf diejenigen, die das Geld zum Kauf einer Waffe besaßen. Ferner war es Brauch geworden, daß der Schützenkönig alle Schützen zum Festessen oder kostspieligen Umtrunk einladen mußte. Hierdurch engte sich der Kreis, der um die ehrenvolle Würde eines Schützenkönigs kämpfte, weiterhin ein. Nicht überall konnte so viel finanzieller Aufwand betrieben werden, besonders nicht auf Schützenfesten in kleineren Städten und Dörfern. Das Bedürfnis nach fröhlichen Volksbelustigungen war jedoch überall vorhanden. Die Zahl der Schießwettkämpfe nahm im 16. Jahrhundert wesentlich zu. In München gab es ein Kränzel-, Fronleichnam-, Neujahrs-, Schmalz-, Oster-, Pfingst-, Jakobi-, Kirchweih- und Gansschießen. Die Schützenfeste nahmen im geselligen Leben der Bürger eine exponierte Stellung ein und wurden in bildhaften und literarischen Darstellungen festgehalten.

Das «Freischießen» zu Straßburg im Jahre 1576 erlangte legendären Ruhm. Armbrustschützen und Büchsenschützen aus über 70 Orten trafen hier zum Wettstreit zusammen. In einem Hauptschießen hatten die Armbrustschützen je 36, in einem Nachschießen 18 Schüsse bei 295 Schuh (etwa 85 bis 90 Meter) Entfernung auf eine Scheibe abzugeben. Jeder Büchsenschütze feuerte 24 Schüsse auf drei, an einer eisernen Stange hängende Scheibe ab. Sieger wurde, wer das Schwarze der Scheibe am häufigsten traf. Gewehre mit gezogenen Läufen wurden für den Wettkampf nicht zugelassen. Aus Basel stellten sich 30 Büchsenschützen ein. Großes Aufsehen erregten die Züricher. Sie hatten die Fahrt von Zürich nach Straßburg zu Schiff in 19 Stunden zurückgelegt, um damit zu beweisen, in wie kurzer Frist sie ihren Freunden im Notfall zu Hilfe eilen können. Als Beweis ihrer schnellen Fahrt übergaben sie den Gastgebern gekochten Hirsebrei, der noch warm war. Der Brei stand während der Fahrt in einer Tonne mit heißem Sand. Johann Fischart hat dieses Ereignis in seinem Gedicht «Das glückhaft Schiff von Zürich» begeistert beschrieben und gewürdigt.

Wie in Straßburg, so behaupteten sich die Armbrustschützen auch auf Schützenfesten in anderen Städten im ganzen 16. Jahrhundert neben den Büchsenschützen, obwohl die Handfeuerwaffen als Kriegswaffen inzwischen die führende Position einnahmen. Die Traditionspflege, der sportliche und gesellige Charakter dieser Wettkämpfe waren wichtiger als der wehrhafte Zweck des Schießens. Im Jahre 1601 fanden sich in Halle 330 Armbrustschützen zum Wettstreit ein.

Seit dem Anfang des 16. Jahrhunderts verwendete man auf manchen Schießplätzen bewegliche Figurenscheiben, die aus einem Graben heraus auftauchten und dann wiederum verschwanden. Das Schießen erhielt dadurch eine effektvollere Note. Laufende Scheiben – Menschen oder Tiere darstellend – bewegten sich quer zur Schußlinie. Auf manche Schießscheiben waren Türken gemalt. Das Schießen auf den «Erbfeind» sollte die Schützen emotional beeinflussen. Auch plastische Türkenfiguren oder -köpfe auf einer Stange dienten als Ziele. Neben dem Schießen aus dem Stand übten die Schützen auch das Schießen in der Bewegung, wie beispielsweise in Nürnberg im Jahre 1579 (P. Sixl). Sie luden die Gewehre im Gehen und mußten drei Schüsse bis zum Ablaufen einer Sanduhr abfeuern. Sanduhren dienten auch als Zeitmaß für die Abgabe von Schüssen beim Armbrustschießen.

Die Reichweiten der Gewehre hatten im 16. Jahrhundert zugenommen und damit auch die Schußentfernungen auf den Schießständen. Sie schwankten zwischen 200 und 300 Schrit-

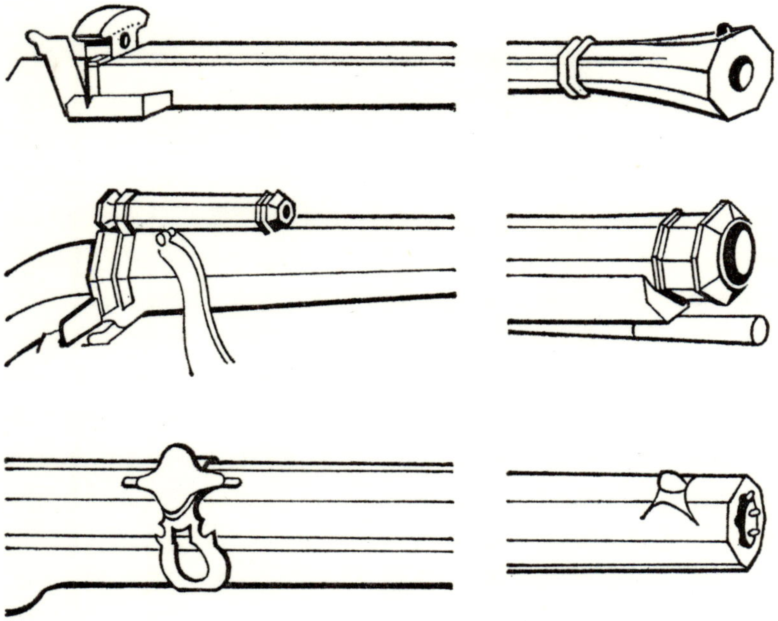

Visiereinrichtungen.
Von oben nach unten:

1. Lochvisier auf einer Scheibenbüchse mit Luntenschnappschloß, Niederlande 1580
2. Röhrenvisier – Lauf ohne Korn – eines Luntenschloßgewehrs, Frankreich oder Niederlande, um 1620
3. Gürtelvisier einer Steinschloßbüchse, Österreich, 18. Jahrhundert

ten bei Scheibengrößen von 70 bis 100 Zentimeter Durchmesser. Die Schußentfernung war natürlich von den gegebenen Ausmaßen des Schießplatzes abhängig und konnte unter diesen Zahlen liegen. Der einzelne Schütze gab im Wettkampf – je nach Festlegung – 8, 16, 18, 24, 25 oder 28 Schüsse ab. Im Jahre 1584 erzielten von 133 Büchsenschützen in Linz an der Donau 20 Schützen mit je 24 Schüssen 24 Treffer und 22 Schützen je 23 Treffer.

Alljährlich veranstalteten die Schützengilden große Königsschießen, an denen jeder Schütze, der seinen eigenen Herd hatte und aus «rechtem Ehebette» geboren war, teilnehmen konnte. Die Schützen mußten oft einen bestimmten Geldbetrag für die Teilnahme entrichten. Schießvorschriften sorgten dafür, daß alle Teilnehmer unter gleichen Bedingungen schießen konnten. Das betraf zunächst die Verwendung bestimmter Gewehrtypen. In der ersten Hälfte des 16. Jahrhunderts herrschten das Luntenschloß und das Luntenschnappschloß vor, seit der zweiten Hälfte verwendeten die Schützen auch Radschloßgewehre, meist mit deutschen Kolben. Sie durften nur glatte Läufe besitzen. Handfeuerwaffen mit «geschraubten» (gezogenen) Läufen waren nicht zugelassen. Die Ordnung der Büchsenschützen von Nürnberg von 1528 forderte, daß als Geschosse nur «rechte runde Kugeln, nicht gefüttert und eingebunden oder sonst anders gefährlich» verwendet werden. Mit Pergamenturkunde vom 10. Mai 1709 verlieh Moritz Wilhelm, Herzog zu Sachsen, der Bürgerschaft zu «Dobrilugk» (Doberlug) eine Schützenordnung, die ein jährliches Königsschießen gestattete. Auch in dieser Ordnung wird festgelegt, daß jeder sein eigenes Gewehr, welches glatt und nicht gezogen, verschraubt oder haarzügig sein darf, besitzen soll. Der Schütze durfte auch keine «geschwänzten oder gespitzten Kugeln führen, vielweniger zwei oder mehr Kugeln in einem Schuß verschießen».

Das Scheibenschießen förderte die Herausbildung neuer Visiereinrichtungen. Ein Korn als Zielhilfe war seit etwa 1475 und die einfache Kimme seit dem Ende des 15. Jahrhunderts bekannt. Perl-, Dach-, Balken- und gerstenkornförmiges Korn sowie die eingeschnittene spitzwinklige Kimme blieben – neben vielen anderen Varianten – bis ins 19. Jahrhundert im Gebrauch. Seit der Mitte des 16. Jahrhunderts verwenden Schützen auch Loch- und Röhrenvisiere. Beim Kulissenvisier lag die Kimme zum Schutz gegen Sonnenlicht zwischen zwei in Laufrichtung senkrecht stehenden Plättchen, beim Klappenvisier ließen sich verschiedene Entfernungen mit auf- und abklappbaren Plättchen einstellen.

Muskete, Karabiner und Radschloßpistole

Eine neue Entwicklungsphase der Handfeuerwaffen begann in der zweiten Hälfte des 16. Jahrhunderts mit der sogenannten Muskete. Der Name wird im allgemeinen vom italienischen «mosca» oder dem spanischen «mosquito» (Fliege) abgeleitet. Die Musketiere sollen nach dieser Deutung die gegnerischen Schlachthaufen der Pikeniere wie gefährliche Stechfliegen umschwärmt haben. Eine weitere Auslegung beruht auf dem italienischen «moschetto», womit ein Sperber bezeichnet wird. Große Armbrustbolzen nannte man schon 1477 «muschetta», weil sie so schnell wie diese Vögel heranflogen. Der Name mag dann auf die fliegenden Kugeln der Handfeuerwaffe und später auf sie selbst übertragen worden sein. Die Soldatensprache hat besonders im 16. Jahrhundert zahlreiche Waffentypen, vor allem Kanonen und Mörser, nach Tieren benannt. Dabei spielt die symbolische Übertragung von Eigenschaften, die den Wünschen an eine Waffe entsprachen, eine große Rolle: Stärke, Kraft, Schnelligkeit oder vernichtende Wirkung. Volkstümliche Verse auf den Geschützrohren, oft mit dem abgebildeten Namenvorbild kombiniert, kennzeichnen die «Verlebendigung» der Waffe. Als Beispiel für viele reizvolle Sprüche sei hier auf zwei kleine Bronzerohre aus der Artillerie Kurfürst Christian II. von Sachsen von 1572 im Museum Plzeň (Pilsen) hingewiesen, die folgenden Vers tragen: «Ich werd genennt der kleine Kauz, hau manchen sehr hart auf die Schnauz.» Wenn auch die individuelle Namensgebung für einzelne Feuerwaffen im allgemeinen nicht üblich war, so sind doch außer der Muskete noch andere Typen von Handfeuerwaffen nach Tieren benannt. Der Begriff «Terzerol» – eine kleine Pistole bezeichnend – leitet sich vom italienischen «terzeruolo», einem männlichen Habicht, ab. Musketen waren Waffen der Fußtruppen und von etwa der Mitte des 16. bis in die letzten Jahrzehnte des 17. Jahrhunderts im Gebrauch. Diese schweren langen Luntenschloßgewehre mit einem glatten Lauf ruhten beim Schießen auf einer Stützgabel, ähnlich wie die schweren Hakenbüchsen in der ersten Hälfte des 16. Jahrhunderts. In Italien soll die Stützgabel bereits vor 1500 verwendet worden sein. Ein wichtiges Kennzeichen der Muskete war ferner der ganze Schaft mit einem geneigten kantigen Kolben, der sich gut an die Schulter anlegen ließ. Der eingezogene Kolbenhals ermöglichte ein festes sicheres Halten der Waffe mit der rechten Hand. Das Kaliber der Muskete betrug meist 20 Millimeter, das Gewicht der Typen vor 1600 etwa 8 kg. Die Bleikugel wog etwa 50 g. An Schießzubehör führte der Musketier ein von der linken Schulter über Brust und Rücken zur rechten Hüfte führendes Bandelier mit sich. An diesem hingen an Lederriemen oder Schnüren meist 12 bis 14 Pulverbüchschen – in der Soldatensprache auch die «12 Apostel» genannt. Die Büchschen bestanden aus Holz mit Lederüberzug. Sie hatten Schließklappen, durch deren seitliche Ösen die Haltebänder hindurchliefen. Beim Öffnen blieben die Klappen an den Bändern hängen. Jedes Büchschen enthielt die Pulvermenge für einen Schuß. Bei Bedarf füllte der Musketier sie wieder aus einer großen Pulverflasche nach. Am Bandelier hingen ferner eine kleine Zündkrautflasche, aus der er Zündpulver auf die Pfanne schüttete, und ein lederner Kugelbeutel, der meist etwa 30 Bleikugeln aufnehmen konnte. Bandeliere waren bereits am Anfang des 16. Jahrhunderts gebräuchlich, wie

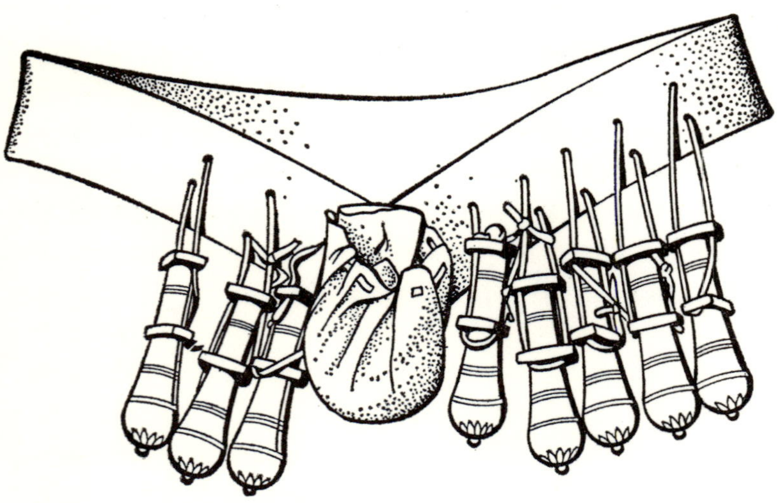

Bandelier mit Pulverbüchschen und Kugelbeutel. 17. Jahrhundert

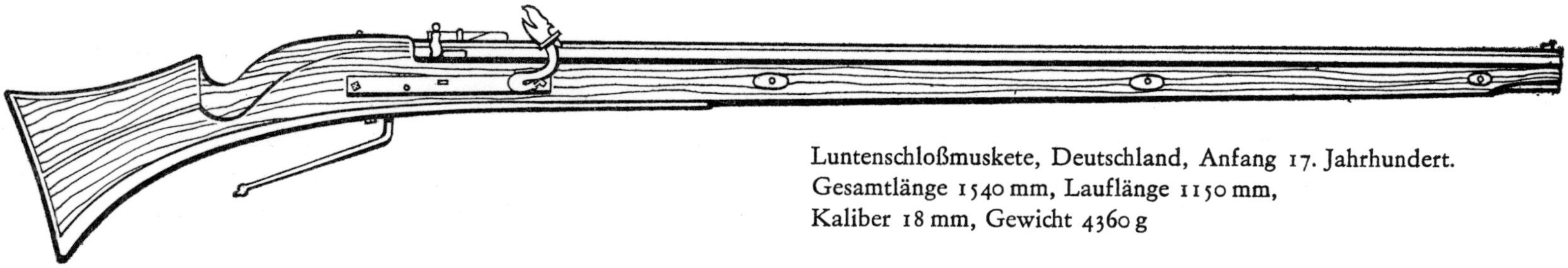

Luntenschloßmuskete, Deutschland, Anfang 17. Jahrhundert.
Gesamtlänge 1540 mm, Lauflänge 1150 mm,
Kaliber 18 mm, Gewicht 4360 g

Hakenschützen auf einem Kupferstich von Hans Burgkmair d. Ä. auf dem «Triumphzug Maximilians I.» – einem Zyklus graphischer Blätter – erkennen lassen. Sie tragen das um den Nacken gelegte Bandelier auf der Brust. Zum Schießen benötigte der Musketier außerdem die Lunte und die Stützgabel. Der erfahrene Soldat trug auch immer zur Abdichtung seiner Ladung kleine Läppchen bei sich. Im Gefecht befanden sich einige davon griffbereit unter dem Hutband oder der Hutschnur. Vielleicht kommt daher das Sprichwort: «Das geht über die Hutschnur.» Zum Zubehör gehörten ferner eine Räumnadel zum Freimachen des verstopften Zündloches, Wischzeug zum Reinigen und ein Krätzer zum Herausziehen der Kugel aus dem Lauf. Manche Schützen, wohl nicht alle, wie zeitgenössische Darstellungen erkennen lassen, trugen sogenannte Luntenverberger. Das waren an einem Ende geschlossene Metallröhrchen mit vielen kleinen Löchern, in denen die glimmende Lunte beim Marsch mitgeführt wurde. Es war üblich, jeweils einen Mann der Rotte von 10 bis 12 Soldaten damit auszurüsten. Dieser eine Schütze zündete dann vor einem Gefecht sehr schnell die Lunten der anderen Musketiere. In einer Stunde verbrannte etwa ein Fuß (rund 30 Zentimeter). Während des Marsches hing die Lunte der anderen zusammengerollt am Bandelier. Zur weiteren Bewaffnung der Musketiere gehörten der Degen, die Schützenhaube, ein Harnischkragen und eine Harnischbrust. Viele trugen als charakteristische Kopfbedeckung einen breitkrempigen Hut mit bunten Federn.

Die Schußleistungen der Handfeuerwaffen haben sich im Zeitraum vom 16. bis zum beginnenden 19. Jahrhundert bei der Infanterie nicht wesentlich verbessert. Die wirksame Schußweite betrug bis zu 300 Schritt (225 Meter), die Reichweite lag bei einem Schußwinkel von 45 Grad jedoch höher. Der bereits erwähnte Tage Lasson aus Kopenhagen benutzte bei Schießversuchen eine Muskete mit einer Lauflänge von 131 Zentimeter, Kaliber 19,8 Millimeter und eine Kugel von 40 g. Das feinkörnige Pulver bestand aus 14,3 % Schwefel, 14,3 % Holzkohle und 71,4 % Salpeter nach dem Rezept des Italieners Pietro Sarti aus dem Jahre 1621. Wegen der Reinheit der heutigen Chemikalien verwendete Lasson nur eine Pulverladung von 13 g. Auf 155 Meter durchschlug die Kugel eine zwei Zoll starke Bohle aus Kiefernholz oder eine Rüstung aus dünnem Eisenblech. Bis 180 Meter war sie sehr gefährlich und bis etwa 250 Meter ließ sich mit dieser Waffe treffen. Von der Durchschlagskraft zeugten auch die schweren Sappenpanzer und Sappenhelme der zweiten Hälfte des 17. Jahrhunderts, die zur Probe mit Musketenkugeln beschossen wurden. Insbesondere Mineure, die sich in Gräben nahe an Festungen heranarbeiten mußten, trugen diese Panzer.

Taktische Vorteile konnten erzielt werden, wenn eine größere Anzahl von Musketieren etwa zur gleichen Zeit auf ein bestimmtes Ziel schoß. Um das zu erreichen, mußten die Soldaten in den Ladegriffen und den Gefechtsbewegungen geübt werden. Der Kampf in geschlossenen Haufen war nicht neu, wohl aber eine systematische exerziermäßige Ausbildung mit Handfeuerwaffen. Die Handhabung mußte so in ein System gebracht werden, daß sich die Krieger nicht gegenseitig beim Laden und Schießen behinderten. Dies erreichte man am besten durch Einüben nach festgelegten Exerziertempos. Das erste bedeutende Exerzierreglement entstand in den Vereinigten Niederlanden, und zwar in der Zeit, als dieses Volk in einem nationalen Befreiungskampf gegen die Spanier kämpfte. Die spanische Infanterie war in der zweiten Hälfte des 16. Jahrhunderts die kampfstärkste auf dem Kontinent. Die Niederländer setzten zwar Söldner ein, mobilisierten jedoch auch alle waffenfähigen Männer. Sie waren zum Teil im Kriegshandwerk ungeübt und bedurften einer militärischen Ausbildung. Hierin liegt wohl ein wesentlicher Grund, weshalb gerade in den Niederlanden ein Exerzierreglement herausgegeben wurde, das sehr schnell in vielen anderen Armeen europäischer Staaten Eingang fand. Aus einem Brief des Grafen Johann von Nassau an Ludwig von Oranien vom 10. Dezember 1608 geht hervor, daß das Reglement um 1597/98 entstanden sein muß. Herausgegeben wurde es jedoch erst durch Moritz von Oranien (1567–1625), der nach dem Tode von Wilhelm von Oranien den Befreiungskampf der Niederländer anführte, im Jahre 1607. Das Reglement ist durch den Namen des niederländischen Künstlers Jacob de Gheyn, der die Kupferstiche zu dem Werk anfertigte, bekannt geworden. Der Titel der holländischen Ausgabe lautet: «Wapenhandelinghe van Roers, Musquetten ende Spießen: Achter volghende de ordre van Syn Excellentie Mauritz Prince van Orangie Grave van Nassau.... Figuirlyk afgebeelt door Jacob de Gheyn. Met schriftelycke onderrechtinghe ten dienste van alle liefhebbers der Wapenen, oock mede voor alle Capiteynen ende bevelshebbers, om hiervyt hun ionge oft onervaren Soldaten de volkomen handelinge van des Wapenen ter beter antewysen» (Haag 1607, Amsterdam 1608). 1607 erschienen bereits Ausgaben in dänischer und englischer, 1608 in deutscher und französischer Sprache. Von den 117 Kupferstichen beziehen sich 43 auf den Gebrauch der Rohre (leichte Luntenschloßgewehre), 43 auf den der Muskete und 32 auf die Handhabung der Pike, den langen Spieß. Die einzelnen graphischen Darstellungen entsprechen jeweils einem Befehl zur Handhabung des Gewehrs und Bewegung des Soldaten. Den Übungskommandos sind vom Verfasser Erläuterungen hinzugefügt, die auch dem heutigen Leser Aufschluß über Inhalt und Bedeutung mancher sonst unverständlicher Kommandos oder Begriffe geben. Das Reglement für die Musketiere soll hier als Beispiel näher erläutert werden. Einige Vorbemerkungen mögen zum Verständnis beitragen. Der Musketier hatte im wahrsten Sinne des Wortes «alle Hände voll zu tun». Die ersten Übungen beziehen sich auf das richtige, für die Bewegung und Handhabung zweckvolle Tragen der genannten Teile. Gewehr, Gabel und Lunte befanden sich bei vielen Kommandos in einer Hand des Schützen. Das erforderte beim Gewicht der Muskete schon allein lange Übung. Dabei ist noch zu berücksichtigen, daß bei der Handhabung die Muskete nicht auf den «gewachsenen Boden» gestellt werden sollte. In vier Erläuterungen wird das ausdrücklich gefordert, teilweise ergänzt durch den Zusatz «er were dann zu schwach solches zu thun». In den Zeichnungen steht das Gewehr nur in einem Fall auf dem Boden, und zwar beim Einschütten des Pulvers in den Lauf, nicht aber beim Feststoßen der Ladung. Nachstehend nun die «Wörter des Befehls», denen hier zum Verständnis für den Leser kurze zusammenfassende Erläuterungen hinzugefügt werden:

1. *Marschiert mit der Gabel in der Hand!*
   Gewehr ruht auf der linken Schulter, von linker Hand gehalten, zwischen Fingern dieser Hand glimmende Lunte, in rechter Hand Stützgabel.
2. *Marschiert und tragt die Gabel neben der Muskete!*
   Gabel an linke Hand übergeben, damit rechte zur weiteren Handhabung frei wird.
3. *Laßt eure Gabel sinken, von der Schulter nehmt ab eure Muskete!*
   Rechte Hand nimmt Gewehr von der linken Schulter.
4. *Mit der rechten Hand haltet eure Muskete empor, in die linke Hand laßt es sinken!*
   Rechte Hand hält Muskete senkrecht, Gabel steht auf dem Boden.
5. *In die linke Hand nehmet eure Muskete und tragt die Gabel neben der Muskete!*

Muskete und Gabel liegen nebeneinander schräg in der linken Hand, der linke Arm stützt sich in der Hüfte ab.

6. *Eure Lunte nehmet in die rechte Hand!*
7. *Eure Lunte abblaset und haltet sie recht!*
Die Glut der glimmenden Lunte wird durch Pusten angefacht.
8. *Drückt auf eure Lunte!*
Das eine Ende der Lunte wird zwischen die Lippen des Hahnes gedrückt.
9. *Versucht eure Lunte!*
Die glimmende Lunte muß so weit nach vorn überstehen, daß sie genau auf die Pfanne trifft. Der Musketier probiert das bei geschlossener Pfanne.
10. *Blaset ab eure Lunte und öffnet eure Pfanne!*
Noch einmal wird die Glut angeblasen, der Pfannendeckel zurückgedreht.
11. *Haltet empor eure Muskete und legt an!*
Muskete wird in die Gabel gelegt, die Gabel nach vorn gestellt; gleichzeitig die Grundstellung mit vorgesetztem linken Bein eingenommen.
12. *Schießt oder drückt los!*
Schütze ist in Anschlag gegangen, das linke Knie soll gebogen, das rechte steif gehalten werden. Kolben setzt der Musketier gegen die Brust.
13. *Nehmt ab eure Muskete und fasset sie neben eure Gabel!*
Beide liegen wieder in der linken Hand; Mündung schräg nach oben gerichtet, damit niemand bei Versagen der Zündung später verletzt wird.
14. *Nehmt ab die Lunte!*
15. *Und fügt sie wieder zwischen die Finger!*
Die rechte Hand drückt die Lunte mit beiden Enden zwischen drei Finger der linken Hand.
16. *Eure Pfanne abblast!*
Glimmende Reste auf der Pfanne werden weggeblasen, damit das neue Zündpulver nicht frühzeitig entflammt und im Zündkrautfläschchen explodiert.
17. *Tut Pulver auf eure Pfanne!*
Mit der rechten Hand wird Zündpulver aus dem Zündkrautfläschchen aufgeschüttet.
18. *Tut auf eure Pfanne!*
Der Pfannendeckel wird über die Pfanne gedreht.
19. *Schüttet ab die Pfanne!*
Durch Klopfen gegen die geschlossene Pfanne sollen außen liegende Pulverkörner entfernt werden; außerdem gelangt dabei Zündkraut in den Zündkanal, wodurch eine sichere Zündung der Ladung erreicht wird.
20. *Blaset ab die Pfanne!*
Pfannendeckel wird nochmals abgeblasen, um Pulverkörner zu entfernen.
21. *Drehet eure Muskete herum!*
Muskete wird mit Gabel in eine senkrechte Stellung gebracht.
22. *Schleift eure Gabel!*
Gewehr liegt schräg an der linken Körperseite in linker Hand; Gabel hängt mit dem Band am linken Handgelenk.
23. *Tut euer Maß auf!*
Schütze nimmt ein Pulvermaß in die rechte Hand, drückt mit dem Daumen den Deckel hoch.
24. *Ladet eure Muskete!*
Das Pulver wird in die Laufmündung geschüttet. Im Ernstfall auch Kugel und Pfropfen.
25. *Ziehet heraus den Ladestock!*
Mit einer «verdrehten» Hand wird der Ladestock aus der Schaftnute gezogen.
26. *Fasset kurz den Ladestock!*
Der Ladestock wird um 180° gedreht (deshalb die «verdrehte» Hand). Er ist am vorderen Ende dicker. Der Musketier stemmt ihn dann in die Hüfte. Dabei gleitet die Hand nach unten. Der kurzgefaßte Ladestock läßt sich leichter in die Laufmündung einführen.
27. *Stampft nieder das Pulver!*
28. *Den Ladestock ziehet aus der Muskete!*
Wieder mit «umgedrehter» Hand.

29. *Fasset kurz den Ladestock!*
Der Ladestock wird wieder in seiner Länge gedreht, das dünne Ende gegen die Hüfte gedrückt, dabei gleitet die Hand herab.
30. *Den Ladestock tut wieder ein!*
Er wird in die Schaftnute geschoben.
31. *Eure Muskete bringt hervor mit der linken Hand!*
Gewehr steht senkrecht, Gabel hängt noch am Bande.
32. *Und mit der rechten Hand haltet empor und eure Gabel erfasset!*
Gewehr steht senkrecht in der rechten Hand, die linke löst sich vom Band.
33. *Legt auf eure Schulter die Muskete!*
Rechte Hand legt das Gewehr auf die linke Schulter, linke Hand hält Gabel und Lunte.
34. *Marschiert und tragt die Gabel neben der Muskete!*
35. *Nehmt ab von der Schulter eure Muskete!*
36. *Legt die Muskete in die Gabel!*
37. *Haltet auf der Gabel eure Muskete!*
38. *Haltet eure Muskete in der Gabel mit der linken Hand allein im Gewicht!* (Gleichgewicht)
39. *Fasset eure Lunte mit der rechten Hand!*
(wie Nr. 6)
40. *Blaset ab eure Lunte!*
(wie Nr. 7)
41. *Drückt auf eure Lunte!*
(wie Nr. 8)
42. *Versucht eure Lunte!*
(wie Nr. 9)
43. *Bedeckt eure Pfanne und stehet fertig!*

Das Reglement war für das Exerzieren ohne Scharfschießen gedacht. Es fehlen Kommandos für das Herausnehmen der Kugel aus dem Kugelbeutel und das Einführen der Kugel in den Lauf. Im Ernstfall hatte der Musketier eine Bleikugel vor Beginn der Handgriffe bereits aus dem Beutel genommen und in den Mund gesteckt. Das bedeutete höchste Feuerbereitschaft. Diese Verfahrensweise übten auch die Armbrustschützen. Auf dem Gemälde «Martyrium des Hl. Sebastian» von Hans Holbein d. Ä. 1516 (München, Alte Pinakothek) hält ein Schütze beim Spannen der Armbrust bereits einen Bolzen quer im Munde. Die höchste Feuerbereitschaft als Garantie zum sicheren Abzug wurde manchmal in Kapitulationsbedingungen ausgehandelt. Dem Unterlegenen sicherten die Sieger zu, mit klingendem Spiel, mit fliegenden Fahnen, mit brennender Lunte und der Kugel im Munde abzumarschieren.

Aus dem Reglement ist ersichtlich, daß nach Abgabe eines Schusses für das erneute Laden der Muskete bis zur Schußbereitschaft 21 Exerziertempos vorgesehen waren. Ein geübter Schütze dürfte hierfür etwa eine Minute benötigt haben. Das drillmäßige Einüben – schon 1610 trug eine Ausgabe des Reglements die Bezeichnung «Trillin Buch» – war die Voraussetzung für den taktischen Einsatz der Musketiere.

Aus Darstellungen von de Gheyn ist ersichtlich, daß der Körper bei stehendem Anschlag leicht vorgeneigt war und das Körpergewicht auf dem vorgestellten linken Bein ruhte. Das weit zurückgestellte rechte Bein stützte den Schützen gegen den starken Rückstoß ab. Bei waagerechter Haltung des Gewehrs im Anschlag gingen die Schüsse meist zu hoch, deshalb lag der Zielpunkt beim Schießen auf Fußvolk in Höhe der Brust. Wallhausen empfahl als Zielpunkt den Fuß, um das Überschießen zu vermeiden. Der Rückstoß setzte dem Schützen oft mächtig zu, wenn die Muskete nicht richtig in Anschlag gebracht wurde. Wallhausen forderte deshalb, den Gewehrkolben richtig an die Brust und nicht gegen den Arm zu setzen, denn eine Muskete kann den Arm «aus dem Glied stoßen». Schon nach sechs bis acht Schuß könne man erleben, daß der Arm am nächsten Tag nicht zu gebrauchen sei.

In geschlossener Abteilung standen die Schützen mindestens in einer Tiefe von zehn Gliedern, mit jeweils etwa einem weiten Schritt Zwischenraum. Die Tiefengliederung reichte aus, damit die Musketiere in annähernd ununterbrochener Folge auf den Gegner feuern konnten. Hatte das erste Glied geschossen, schwenkte es schnell nach einem oder geteilt nach beiden Flügeln ab, begann als letztes Glied sofort wieder mit den Ladegriffen, um schußbereit zu sein, wenn alle anderen Glieder vorgerückt waren und abgefeuert hatten. Wenn die Gefechtssituation es erforderte, konnten die Schützen auch reihenweise vom rechten oder linken Flügel aus schießen.

Der Freiheitskampf der Niederländer gegen die Spanier, in dessen Verlauf die Schießtechnik mit Handfeuerwaffen wesentliche Fortschritte erfahren hatte, stärkte auch die Bedeutung der Schützengilden in den Vereinigten Niederlanden. Eine Manifestation des Ansehens und der gesellschaftlichen Rolle der Schützen-Vereinigungen ist das berühmte Gemälde «Die Nachtwache» von Rembrandt aus dem Jahre 1642. Neben den Hauptfiguren, den beiden reichgekleideten Offizieren der Bürgerkompanie, läßt der Künstler von zwei Schützen Handgriffe des Ladens von Luntenschloßmusketen ausführen. Deutlich im Vordergrund postiert, schüttet ein Schütze aus einem Pulverbüchschen des Bandeliers die Ladung in den Lauf, der zweite – seine Lunte in der linken Hand haltend – bläst gerade die Pfanne ab. Ohne Zweifel handelt es sich hier um eine symbolische Darstellung, denn die Szene paßt schlecht in die dichte Menschengruppe. Vielleicht wollte der Künstler den Aspekt des militärischen Exerzierens und der damit erreichten überlegenen Feuerwaffentechnik andeuten, die zum Sieg der Vereinigten Niederlande – auch mit Hilfe der Bürgerkompanien – beitrug.

Interessante Einzelheiten über den Gebrauch der Muskete zur Zeit des Dreißigjährigen Krieges vermittelt Hans Jacob Christoffel von Grimmelshausen. Er beschreibt in seinem «Simplicissimus» ein Duell zwischen seinem «Helden» – der sich in einer Auseinandersetzung in einem Wirtshaus für die

Kürisser und Musketier beim Schußwechsel.
Nach Wallhausen, Kriegskunst zu Pferdt, 1616

Musketiere eingesetzt hatte – und einem Reiter. Mit einer spitzfindigen List kann Simplicissimus das Duell zu seinen Gunsten beenden. Er hatte vor dem Kampf seine Muskete geladen, Zündpulver auf die Pfanne getan, dann aber Pfanne und Deckel mit Unschlitt (Talg) verschmiert «wie vorsichtige Musquetierer zu thun pflegen, wenn sie das Zindloch und Pulver auff der Pfannen im Regenwetter vor Wasser verwahren wollen». Nun täuschte er den Gegner und tat so, als würde er die üblichen Handgriffe für die Zündung vornehmen, streute aber Zündpulver auf den verschmierten Pfannendeckel. Als er nun im Anschlag den Abzug zog, flammte das Pulver auf dem Pfannendeckel auf. Sein Gegner glaubte, das Zündloch der Muskete sei verstopft, weil kein Schuß fiel, und sprengte mit der Pistole in der Hand gegen Simplicissimus an. Dieser öffnete nun sehr geschwind den Pfannendekkel, legte erneut an, so daß «Knall und Fall eins war». Weil aber Duelle «by Leib- und Lebensstraff verbotten waren«, wurde der Gewinner bald in Ketten gelegt. Versuche haben übrigens ergeben, daß die Pulverladung einer Muskete sowie das Zündpulver, wenn die Pfanne mit Talg verschmiert und die Mündung zugestopft waren, stundenlang in strömendem Regen brauchbar blieben. Die Schwierigkeit bestand jedoch darin, die Lunte vor dem Regen zu schützen.

Die Muskete erlangte auch bei den schwedischen Fußtruppen eine Vorrangstellung. Während die niederländische Muskete am Ende des 16. Jahrhunderts mit Gabel ein Gewicht von etwa 8 kg hatte, führte König Gustav II. Adolf von Schweden 1624 eine Muskete ein, die nur noch 4,25 bis 5 kg wog. Das geringere Gewicht erleichterte die Handhabung; der mitgenommene Munitionsvorrat konnte bei kleinerem Kaliber erhöht werden. 11 bis 12 Kugeln von 35 bis 39 g ließen sich aus einem schwedischen Pfund Blei (425 g) gießen. Trotz des verringerten Gewichtes der Waffe blieb die Musketengabel in Schweden noch bis etwa 1655 im Gebrauch.

Gustav Adolf bewaffnete zwei Drittel seines Fußvolkes, statt bisher die Hälfte, mit Musketen und nur ein Drittel mit Piken. Dieses Verhältnis bestimmte auch wesentliche Grundzüge der militärischen Taktik bei den Schweden. Die kaiserlichen Heere formierten sich bis zum Zusammentreffen mit den Schweden in der Schlacht bei Breitenfeld 1631 in großen Gevierthaufen, den Terzios. Die Schützen hatten etwa die gleiche Stärke wie die Spießträger. Das Quadrat der Spießer war entweder gleichmäßig von Schützenketten umgeben, oder die Schützeneinheiten standen an den vier Ecken der Pikenierhaufen. Die Artillerie nahm als Geschützlinie vor der gesamten Front Aufstellung und eröffnete mit ihrem Feuer das Gefecht. Die großen Terzios waren in der Schlacht wenig manövrierfähig. Die Reiterei operierte – ebenfalls in quadratischen Einheiten aufgestellt – von den Flügeln aus und griff den Feind vorwiegend in der Flanke an.

Gustav Adolf gliederte die Regimenter seiner Fußtruppen in drei Brigaden, in der Stärke etwa den späteren Bataillonen entsprechend. Schützen- und Pikeniereinheiten standen in der Schlacht neben- und in zwei Treffen hintereinander. Die Schützenglieder wurden auf sechs reduziert. Bei einer Aufstellung mit breiten Zwischengliedern zwischen den Schützen konnten die hinteren drei Glieder nach dem Laden vorrücken, so daß eine dreigliedrige Ordnung möglich war. Die breite, nicht so tiefe Aufstellung ermöglichte ein besseres Dirigieren der Truppen je nach Gefechtslage. So konnten beispielsweise Musketiere aus dem ersten Treffen zurückgezogen und dafür Pikeniere aus dem zweiten Treffen nach vorn beordert werden und umgekehrt. Sehr vorteilhaft war auch der Einsatz von Schützen in Zwischenräumen zwischen den ebenfalls in wenigen Gliedern aufgestellten Kavallerieeinheiten. Mit den weitreichenden Musketen und Radschloßarkebusen konnten angreifende Reiter bereits viel früher unter Feuer genommen werden als mit Pistolen. Die Artillerie stand bei den Schweden in der Mitte und auf den Flügeln vor der Front konzentriert. Sowohl bei der kaiserlichen als auch bei der schwedischen Aufstellung mußten die Geschütze beim Angriff umgangen werden. Die schwedischen Infanterieregimenter erhielten zusätzlich je fünf leichte Kanonen, die von Fußknechten bewegt werden konnten.

Die höhere Feuerkraft und die bessere taktische Formation der schwedischen Truppen trugen erheblich zu ihrem Sieg in der Schlacht bei Breitenfeld über die kaiserlichen Truppen unter dem Feldherrn Tilly bei. Ein wesentliches Moment der Überlegenheit ergab sich auch daraus, daß der schwedische König Truppen aus dem eigenen Lande ausgehoben hatte, die zuverlässiger als die Söldner aus aller Herren Länder im gegnerischen Heer waren. Nach dieser Schlacht änderten auch die Kaiserlichen ihre Truppenaufstellung zugunsten einer beweglicheren Taktik.

In der zweiten Hälfte des 16. Jahrhunderts beeinflußten die Handfeuerwaffen auch ganz bedeutend Organisation, Ausrüstung und Kampfweise der Reiterei. Es erwies sich als vorteilhaft, den mit der langen Lanze und dem Degen oder Schwert bewaffneten schwergepanzerten Reiter auch mit Handfeuerwaffen auszurüsten. Diese sogenannten Lanzierer erhielten zusätzlich zwei Radschloßpistolen, die sie in Halftertaschen links und rechts am Sattel geladen, gespannt und gesichert mitführen konnten. Die Kürisser, nach dem kompletten Harnisch, dem Küriß, benannt, führten Reiterschwerter und ebenfalls je zwei Halfterpistolen.

Die Arkebusiere zu Pferde oder Carabiners trugen als charakteristische Waffe den Radschloßkarabiner. Der Begriff «Arkebuse» wurde von der Hakenbüchse (niederländisch Haakbus, französisch arquebuse) auf das leichte Radschloßgewehr übertragen. Der Karabiner war stets ein kurzes Gewehr, das Wort wird vom arabischen «karab» (Feuerwaffe) abgeleitet. Die Waffe hing mit einem Ring, der beweglich auf einer Gleitschiene lief, am Karabinerhaken eines Schulterbandeliers, – deshalb ist auch die Bezeichnung Bandelierreiter gebräuchlich. Nach dem Abfeuern konnte der Reiter durch die Befestigung am Bandelier die Waffe sofort aus der Hand fallen lassen und die Pistole oder die Hieb- und Stichwaffe ergreifen. Auch der Karabiner wurde vor einem Gefecht geladen, gespannt und gesichert mitgeführt. Hierin bestand ein wesentlicher Vorteil des Radschlosses gegenüber dem Luntenschloß.

Die Arkebusiere führten leichtere Pferde als die Lanzierer und Kürisser. Sie verzichteten auf schwere Körperpanzerung, trugen nur einen leichten Helm – Sturmhaube, Morion oder Zischägge – manche auch Brust- und Rückenpanzer oder Lederkoller.

Die Dragoner kämpften zu Fuß, waren jedoch zur schnelleren Truppenbewegung beritten. Sie konnten wie Pikeniere mit Lanzen oder wie Musketiere mit Luntenschloßgewehren und Gewehrgabeln bewaffnet sein. Auch Radschloßgewehre und Pistolen werden als Dragonerwaffen erwähnt. Der Name Dragoner ist vermutlich ebenfalls von einem Waffentyp abgeleitet. Die Mündung mancher Gewehre hatte, wie bereits erwähnt, die Form eines Drachens (lat. draco; ital. drago). Die Stellung dieser Truppe zwischen Fußkämpfer und Reiter führte zu dem Spottvers «Dragoner sind halb Mensch halb

Radschloßpistole, Sachsen, um 1580–1590. Gesamtlänge 540 mm, Lauflänge 325 mm

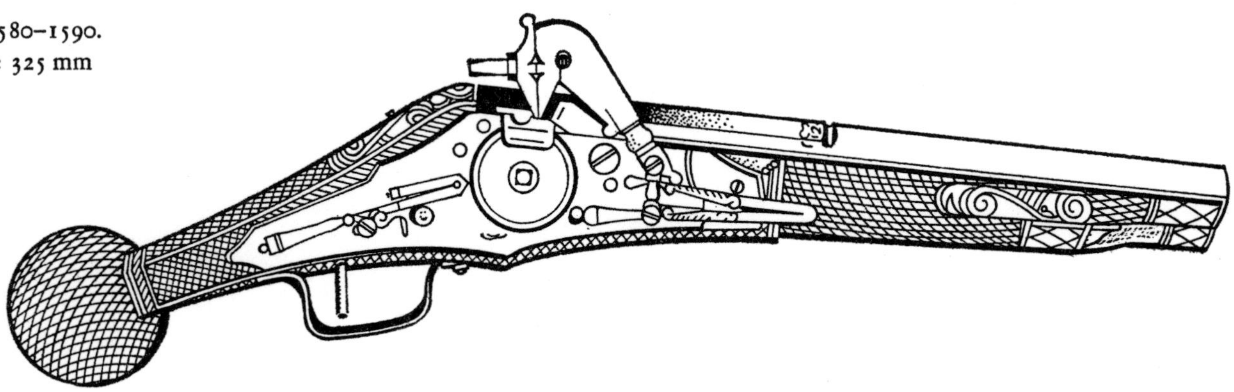

Vieh, zu Pferd gesetzte Infanterie». Das Gewehr des Dragoners erhielt einen Riemen, damit die Waffe beim Reiten auf dem Rücken getragen werden konnte. Zur Ausrüstung gehörte auch ein Bandelier mit Pulvermaßen, Zündkrautfläschchen, Kugelbeutel und Ersatzlunte. Die brennende Lunte hielt der Dragoner beim Reiten in der linken Hand, die auch die Zügel führte. Wallhausen empfiehlt in seinem Kriegsbuch vom Jahre 1616 für den Dragoner einen kurzen Hauer oder Säbel. Diese Truppe trug, weil sie zu Fuß kämpfen mußte, meist keine schweren Stiefel und keine Sporen. Kleidung und Körperschutz entsprachen der des Musketiers oder Pikeniers.

In deutschen Ländern bildete sich in der zweiten Hälfte des 16. Jahrhunderts eine charakteristische Form der Reiterpistole heraus. Markante Kennzeichen sind der stumpfwinklig gebogene Schaft mit einer großen «Afterkugel» am Ende. Dieser kugelige Abschluß des Schaftes sollte wohl in erster Linie einer Vorderlastigkeit der Waffe entgegenwirken und ein sicheres Ergreifen der in den Halftertaschen steckenden Pistole ermöglichen. Der Gebrauch der umgekehrten Pistole als Schlagwaffe mag wohl nur im Notfall vorgesehen gewesen sein, denn beim Schlag auf einen Eisenhelm war mit dem Abbrechen der Afterkugel zu rechnen. Zweckvolle Radschloßpuffer, wie sie auch genannt wurden, sind durch zahlreiche Exemplare für Leibgarden der sächsischen Kurfürsten aus der Dresdener Rüstkammer überliefert. Der hinten kantige, vorn runde anschwellende Lauf sowie die Schloßplatte sind gebläut; der gleitende Pfannendeckel läßt sich durch Druckknopf schließen und durch Herunterklappen des Hahnes öffnen. Der geschwärzte Schaft mit kugeligem Knauf hat eine gepickte, schraffierte oder genarbte Oberfläche, die ein festes Halten mit der Hand fördert. Einige wenige gravierte Hirschhorneinlagen sind bei diesen zweckvollen Waffen der typische Dekor. Oft ziert ein rundes graviertes beinernes oder silbernes Plättchen den Kugelknauf.

Radschloßpistolen des 16. und 17. Jahrhunderts eigneten sich nur für den Kampf auf kurze Distanzen. Ihre wirksame Reichweite betrug 25 bis 30 Meter. Bei 15 bis 18 Metern durchschlug das Geschoß einen leichten Brustpanzer. Wie auch bei anderen Radschlössern verschmandete der Mechanismus sehr schnell. Die Durchbrechung in der Pfanne für das durchlaufende Rad war die wunde Stelle des Schloßsystems. Pulver und die Rückstände des verbrannten Pulvers sickerten durch die Ritzen, wodurch das Rad bald schwer lief oder sich gar nicht mehr bewegte. Die Reichweite der Waffe bestimmte weitgehend den taktischen Einsatz der Pistolenreiter. Die Reiterformationen griffen im Trab an, das erste Glied feuerte dicht vor dem Feind die Pistolen ab, schwenkte schnell nach links, machte eine Volte und ritt durch einen Zwischenraum zwischen zwei Einheiten zurück. Diese Taktik wurde «Caracolieren» (eine «Schnecke machen», spanisch «caracol») genannt. Wie das erste Glied reagierten alle weiteren Glieder. Nach dem Feuergefecht wurde entweder neu geladen, oder die Reiter griffen in einer Attacke mit dem Degen an. Grimmelshausen erwähnt interessante Details über eine zweckentfremdete Verwendung der Pistole. Beim Überfall auf das Gehöft seines Vaters nahmen die Marodeure den Stein aus dem Hahn des Schlosses und benutzten die Hahnlippen als Daumenschraube zur Folterung der Bauern. An anderer Stelle seines «Simplicissimus» beschreibt er in bildhafter Art den verzweifelten Kampf seines «Helden» gegen eine «Armada» von Läusen, die ihn unter seinem Harnisch traktierten. Da er sie am eigenen Leibe nicht mit Feuer, Wasser oder Gift vertilgen konnte, was er bedauerte, bekämpfte er sie mit dem Ladestock seiner Pistole und stieß sie damit «von der Kost». Er umwickelte den Ladestock mit einem Stückchen Pelz, fuhr damit unter den Harnisch und «fischte» sie dutzendweise aus ihrem Versteck. Damit ist auch die Frage beantwortet, die sich oft Museumsbesucher vor einem Harnisch stellen: «Wie mag der sich gekratzt haben, wenn es ihn mal juckte?»

Laufbohrungen, Züge, Einsteckläufe

Für die Jagd eignete sich das Radschloß besser als das Luntenschloß. Die glimmende, sengende Lunte verriet nicht nur durch ihren intensiven Geruch dem Wild die Nähe des Jägers, bei dichtem Unterholz und bei Trockenheit bestand durch sie auch hohe Waldbrandgefahr. Die Schußleistungen der Gewehre wurden durch gewundene Züge in den Läufen wesentlich verbessert. Für die sogenannte «innere Ballistik» war mit dieser Erfindung eine hervorragende Lösung gefunden worden, die noch heute bei den meisten Handfeuerwaffen angewandt wird. Über die Ursachen, durch die ein Laufschmied auf diese Idee kommen konnte, gibt es drei Theorien. Die erste geht davon aus, daß nach jedem Schuß bei Verwendung von Schwarzpulver erhebliche Pulverrückstände im Lauf einer Feuerwaffe verbleiben. Die Laufbohrung verengte sich dadurch und erschwerte das Hinabstoßen des Geschosses bis zur Pulverladung. Es wird vermutet, daß am Ende des 15. Jahrhunderts entwickelte gerade Laufzüge diesem Übel abhelfen sollten. In den Zügen konnten sich die Pulverrückstände ablagern, ohne den Lauf zu verengen, und der Schütze brauchte ihn nicht so häufig zu reinigen. Da jedoch nur wenige Läufe mit geraden im Verhältnis zu denen mit gewundenen Zügen erhalten geblieben sind, bestehen gegen die angeführte Theorie Bedenken. Zweitens wird angenommen, daß die Anregung zu gewundenen Zügen, die beim Geschoß zu einer Drehung führt, von den seit dem 14. Jahrhundert verwendeten Bolzen, den «Drehlingen», der Armbrust gekommen ist. Die in den Zain (Schaft) von Armbrustbolzen schräglängs eingesetzten Federn geben dem Geschoß eine rotierende Bewegung. Das kalibergleiche Geschoß aus Weichblei wurde beim Hinabstoßen in den Lauf bereits in die Züge gedrückt und erhielt dadurch nach der Pulverexplosion die Drehbewegung. Eine dritte Überlegung geht davon aus, daß über einen ausgebohrten beschädigten Messinglauf mit zufällig eingeschnittenen langen Rillen durch einen schadhaften Bohrer die Bedeutung schraubenförmiger Züge erkannt wurde. Versuche mit derartigen Läufen erbrachten dann bessere Schußergebnisse. Das Einschneiden von Zügen in Eisenläufe war erheblich schwieriger, doch besaß beispielsweise Nürnberg bewährte Schrauben- und Gewindemacher. Schriftliche Nachrichten bestätigen, daß noch vor 1540 in dieser Stadt gezogene Eisenläufe hergestellt und vielleicht auch hier erfunden wurden. In einem Schreiben der Stadt Nürnberg nach Schwäbisch-Hall vom 26. Mai 1545 heißt es, daß «geschraubte» Büchsen auf dem Nürnberger Schießplatz gebraucht werden und «neulich erfunden» wurden (J. Willers).

Die meisten eingeschnittenen Züge haben einen bogenförmigen Querschnitt und befinden sich zwischen hochliegenden flachen Feldern. Andere Züge liegen unmittelbar aneinander, sind spitzwinklig eingeschnitten und ergeben einen insgesamt sternförmigen Querschnitt. Abwechselnd rund und spitz eingeschnittene Züge werden Rosenzüge genannt. Am häufigsten kommen acht Züge vor. Bei einer hohen Zahl eingeschnittener feiner Züge spricht man von Haarzügen. Die Drehung der Züge, Drall genannt, hat eine unterschiedliche Steigung. Bei langen Läufen ist sie größer. Bei etwa 120 Zentimeter und mehr Lauflänge beträgt der Drall etwa eine volle, bei 70 bis 80 Zentimeter eine halbe bis zweidrittel Windung.

Es ist heute üblich, gezogene Gewehre Büchsen zu nennen. Der älteste datierte Büchsenlauf aus Eisen befindet sich im Tøjhusmuseet Kopenhagen. Er trägt die Jahreszahl «1542». Im 16./17. Jahrhundert produzierten deutsche Laufschmiede die weitaus größte Anzahl von gezogenen Läufen. In deutschen Landen war die Jagd mit Pirschbüchsen auf Rotwild sehr verbreitet, und seit dem 17. Jahrhundert galt das Schießen mit Büchsen auf den Schießständen nicht mehr als unlauterer Wettbewerb. Vorbehalte gegen die Büchse läßt beispielsweise Johann Fischart in seiner «Affentheurlich Naupengeheurlichen Geschichtklitterung» von 1575 erkennen. Er meint, wie es keine Kunst sei, mit dem Weine gut zu leben, so sei es keine Kunst, mit «geschraubten oder gezogenen Büchsen» gut zu schießen. Er bestätigt hiermit die besseren Schußergebnisse gegenüber glatten Läufen. Unter den Läufen gibt es interessante Spielarten und Kuriositäten. Für

Laufquerschnitte:

1. Lauf mit acht Zügen
2. Lauf mit zwölf Zügen und zwölf Feldern
3. Neun Züge in Sternform
4. Rosenzüge
5. Dreieckiger Laufquerschnitt
6. Viereckiger Laufquerschnitt
7. Laufquerschnitt in Dreipaßform
8. Laufquerschnitt in Fünfpaßform
9. Herzförmiger Laufquerschnitt

Laufseelen mit drei- oder viereckigem Querschnitt mögen technische oder ballistische Überlegungen maßgebend gewesen sein. Die zugehörigen Bleigeschosse hatten vermutlich die gleichen Querschnitte. Exemplare derartiger Handfeuerwaffen aus dem Jahre 1610 befinden sich in den Waffensammlungen auf der Veste Coburg und im Kunsthistorischen Museum Wien, aus jüngerer Zeit auch im Historischen Museum Dresden und im Tøjhusmuseet Kopenhagen. Querschnitte von Laufseelen in Herz-, Dreipaß- oder Fünfpaßform sprechen jedoch für extravagante Wünsche eines Auftraggebers oder die Absicht eines Laufschmiedes, durch derartige Stücke Furore zu machen (Exemplare in Coburg, Kopenhagen und München). Immerhin belegten sie eine meisterhafte Beherrschung der Schmiedetechnik und der weiteren Laufbearbeitung, denn die Laufwandungen entsprechen diesen Querschnitten. Dem Laufschmied Philipp Heß, der für den pfälzisch-zweibrückischen Hof arbeitete, gelang es, den äußerlich der Herzform angepaßten Lauf auch noch der Länge nach einmal zu winden, so daß das herzförmige Geschoß in Drehung versetzt wurde. Auch der Ladestock mußte dieser Technik entsprechend geschnitten sein. Derartige Exemplare nahmen natürlich in den Kunst- oder Jagdkammern als Schaustücke einen besonderen Platz ein.

Zu den technischen Meisterwerken der Laufschmiede und Büchsenmacher gehören Radschloßwaffen mit Einsteckläufen. In einen großkalibrigen Gewehrlauf mit tiefen Zügen läßt sich bei diesen Sonderkonstruktionen ein kleinerer glatter oder ebenfalls gezogener Lauf einschieben oder mit auf der Oberfläche abgerundeten spiralförmig gedrehten Führungsleisten in die Züge des großkalibrigen Laufes eindrehen. In der genauen Abstimmung dieser Leisten mit den gedrehten Zügen des größeren Laufes lag die Kunst dieses Systems. Eine Stirnplatte des kleineren Laufes lag auf der Stirnfläche des größeren und hatte meist eine Nase mit Schraubloch, durch das sich der Einstecklauf am äußeren Lauf befestigen ließ. Der Zweck dieser Konstruktion bestand darin, daß je nach Bedarf mit dem groß- oder mit dem kleinkalibrigen Lauf geschossen werden konnte. Derartige Waffen dürfen zu den in dieser Zeit in mannigfaltigen Variationen gefertigten Sonderangeboten mit hoher technischer Perfektion gezählt werden. Das älteste Gewehr mit Einstecklauf befindet sich in der Windsor-Sammlung und wurde von einem Mitglied der aus Suhl stammenden berühmten Büchsenmacherfamilie Klett gefertigt. Der Lauf ist signiert: «Sigmunt Klett, Inventor 1652». Ein zweites frühes Exemplar vom gleichen Meister aus dem Jahre 1653 besitzt das Badische Landesmuseum in Karlsruhe. Ein drittes im Metropolitan Museum New York stammt von Cornelius Klett, einem Bruder Sigmunts. Auch noch in den ersten Jahrzehnten des 18. Jahrhunderts wurden Einsteckläufe in der gleichen Form gefertigt. Ein Exemplar des Museums für Deutsche Geschichte in Berlin trägt auf dem Lauf die Meisterbezeichnung «Johann Marquart». Mitglieder einer berühmten Büchsenmacherfamilie Marquart arbeiteten im 16. Jahrhundert in Augsburg und Madrid, auch im Auftrag Kaiser Karls V. Vielleicht ist Johann Marquart ein Nachfahre eines dieser Meister aus Augsburg. Seine Büchse stammt vom Anfang des 18. Jahrhunderts.

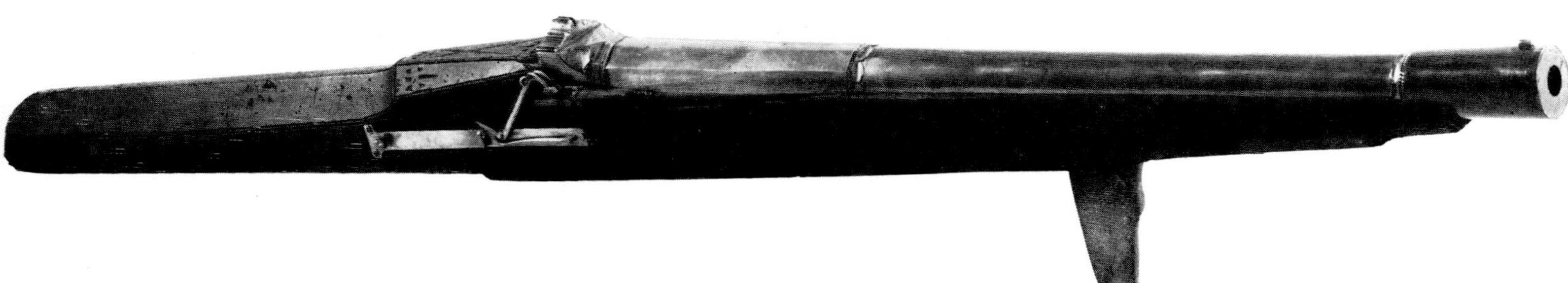

S. 57:
17 *Schlacht bei Orsza 1514.* Im Vordergrund Gruppe von Handbüchsenschützen. Gemälde eines unbekannten Meisters (Ausschnitt)

18 *Schleif- und Polierwerkstatt.* Lade der Nürnberger Schleifer von 1578. Schleifen eines Gewehrlaufes und Klingenschleifen

19 *Laden des Luntenschloßgewehrs.* Holzschnitt von Niclas Meldeman. Um 1510–1520

20 *Hakenbüchse mit ganzer Schäftung.* Anfang 16. Jahrhundert

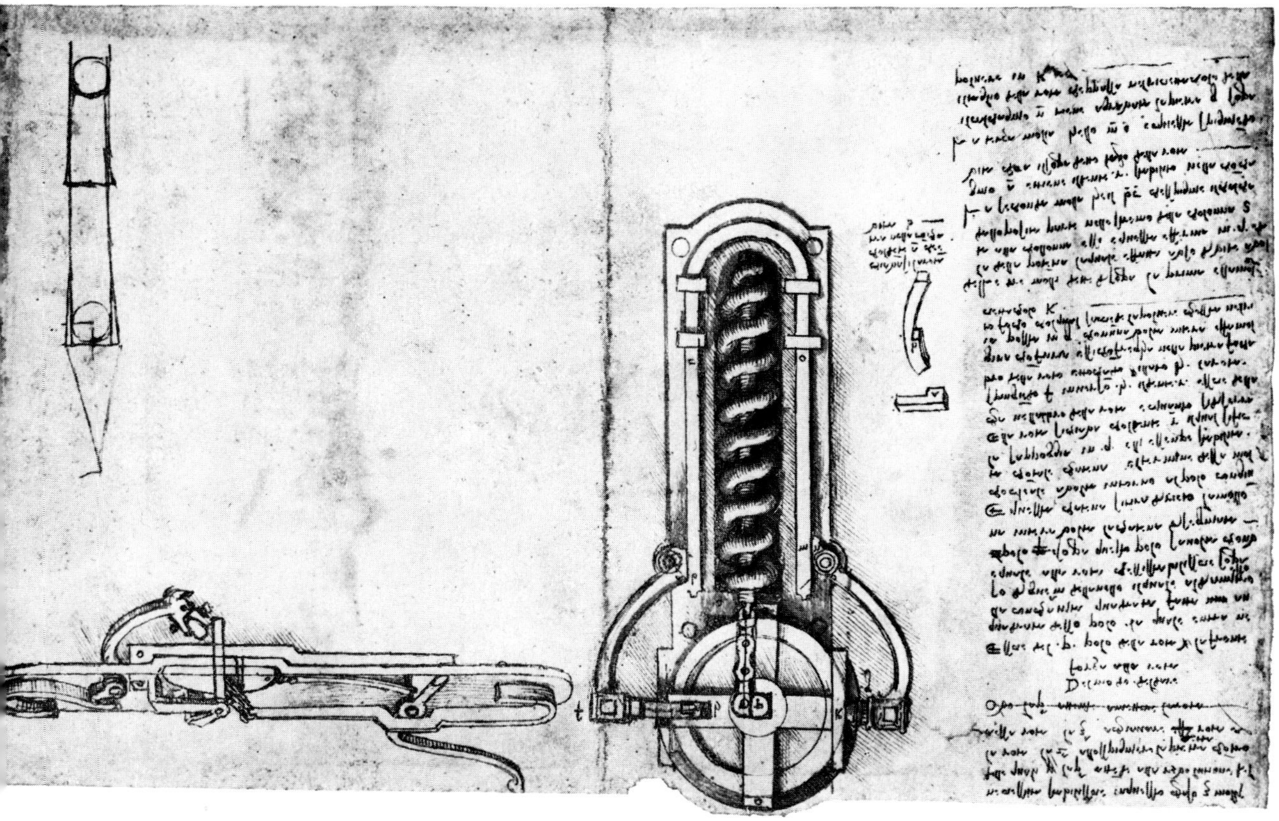

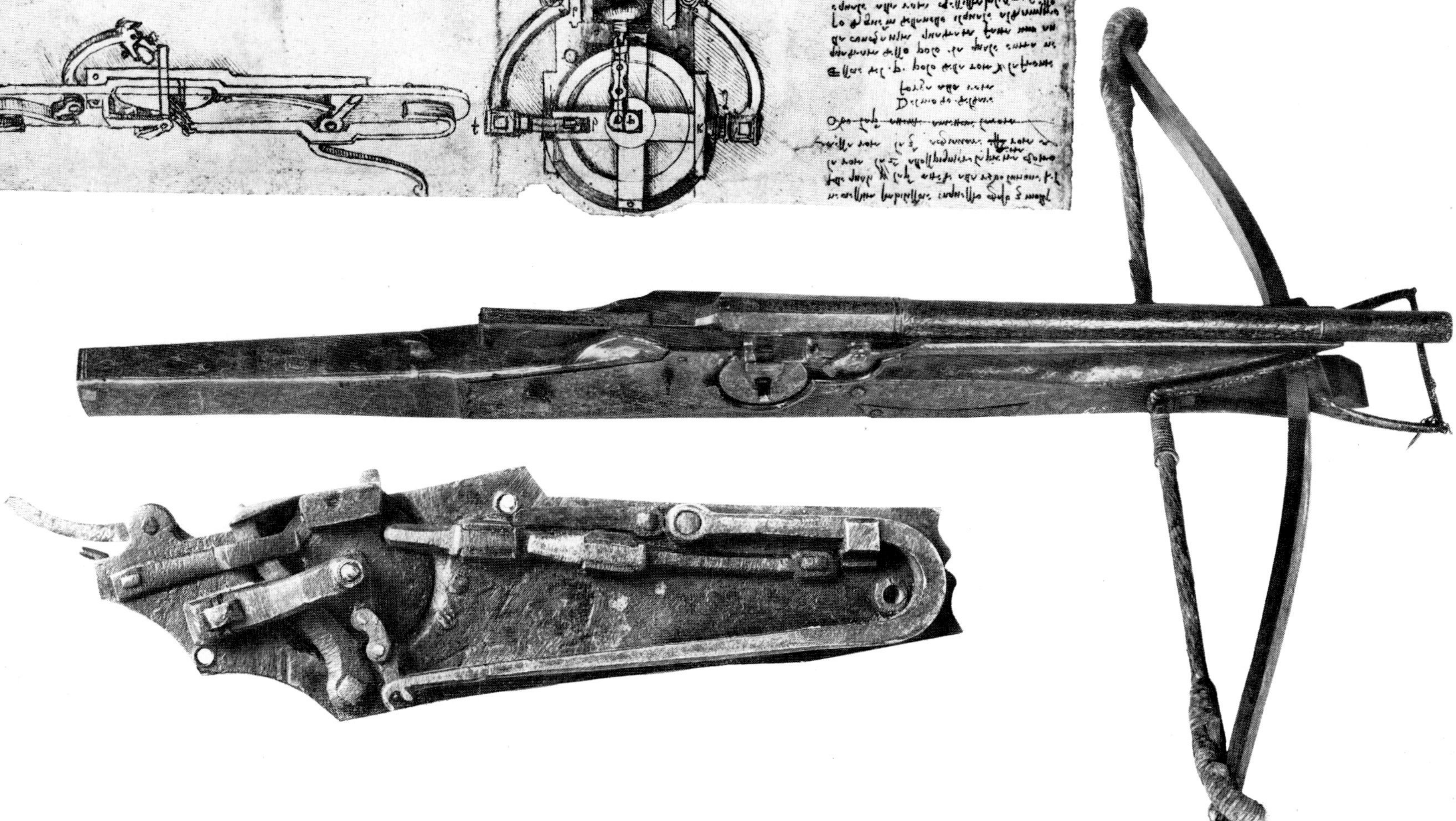

21 *Zeichnungen Leonardo da Vincis von Radschloßkonstruktionen.* 1500–1505. Codex Atlanticus, fol. 56, Mailand, Bibliotheca Ambrosiana. Links das Radschloß für eine Handfeuerwaffe, rechts für ein Feuerzeug

22 *Armbrust kombiniert mit Radschloß-Handfeuerwaffe.* Deutschland, zwischen 1521 und 1526. Diese Kombinationswaffe besitzt eines der ältesten Radschlösser (der Kopf des Hahns ist abgebrochen). Sie enthält auf rotem Grund in goldener Bemalung Wappen, Initialen und den Namen Erzherzog Ferdinands – des späteren Kaisers – sowie Embleme des Ordens vom Goldenen Vlies. Der Buchstabe «A» weist auf Anna von Böhmen hin, mit der sich Ferdinand 1521 vermählte; 1526 erbte Ferdinand Böhmen und Ungarn – beide Länder sind im Wappen noch nicht enthalten. Auf dem Bogen Marke – ähnlich einer halben Hand mit gespreizten Fingern.

23 *Innenansicht des Schlosses* der Kombinationswaffe Abb. 22

24 *Detail eines spanischen Gewehrlaufs* mit Marken

25 *Miniatur-Radschloßpistolen.* Deutsch, 2. Hälfte 16. Jahrhundert. Höchste handwerkliche Perfektion und Kunstfertigkeit verdeutlichen diese funktionstüchtigen Miniaturpistolen. Nur wenige Zentimeter große Exemplare mit Radschloßmechanismus lassen sich aufziehen und abfeuern. Bei diesen Waffen «en miniature» bevorzugten die Büchsenmacher den Typ der Ganzmetallpistole. Dabei kontrastieren Farbeffekte gebläuter Metallteile mit gravierten goldgelben Messingplatten. Miniaturpistolen waren vorwiegend Sammelobjekte, dürften aber auch gelegentlich als Muster einer Kollektion von einem Büchsenmacher seinen Kunden vorgelegt worden sein. Länge der kleinsten Pistole 35 mm

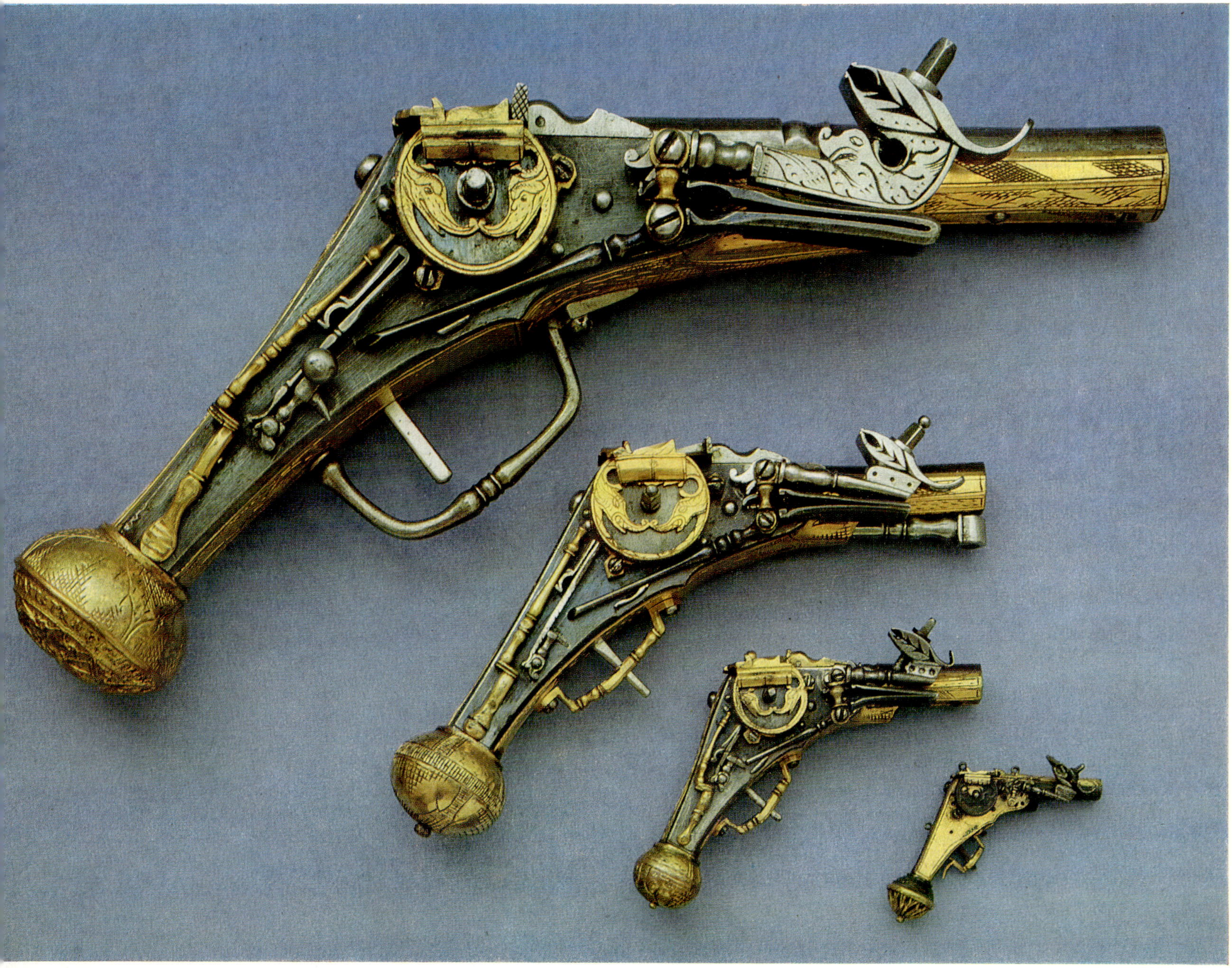

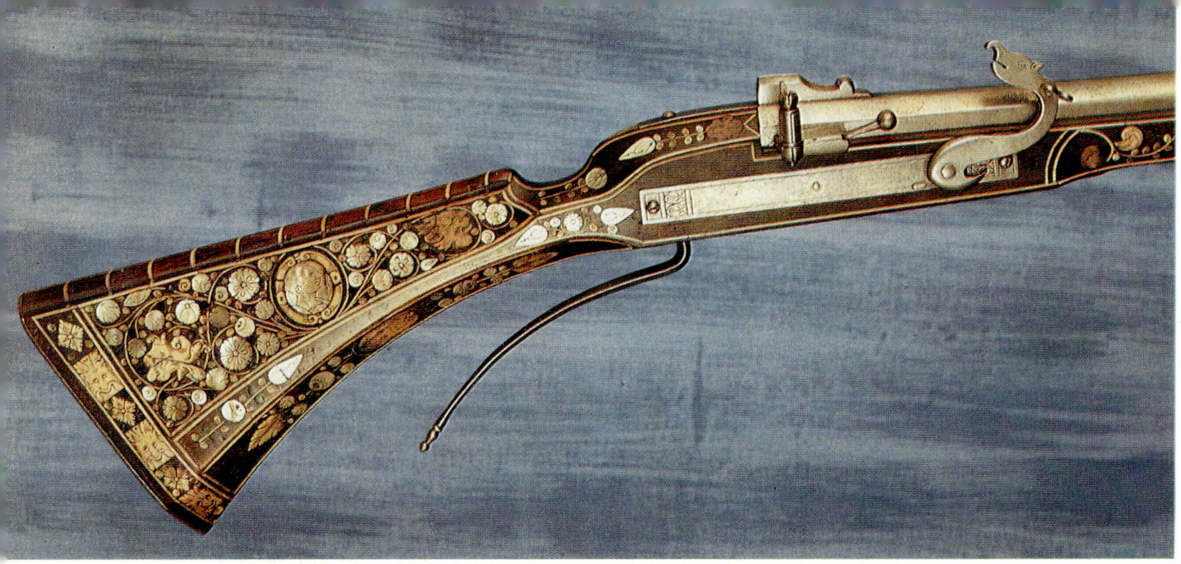

26 *Luntenschloßmuskete.* Lauf von Jean Giron, Südfrankreich, um 1580. Länge 1308 mm, Kaliber 18 mm

27 *Radschloßpistole.* Dresden, um 1610. Länge 780 mm, Kaliber 13 mm

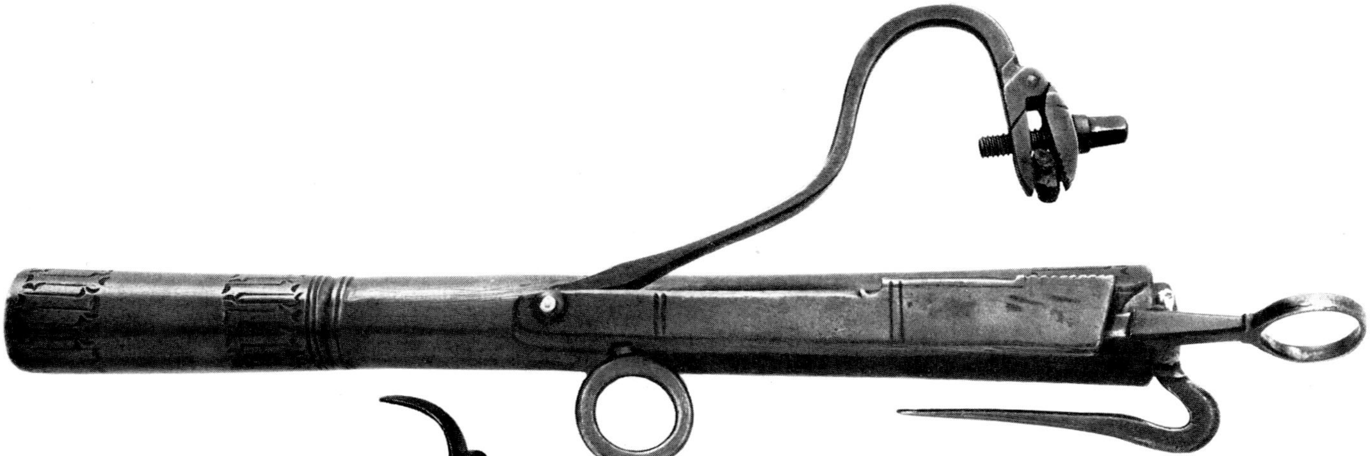

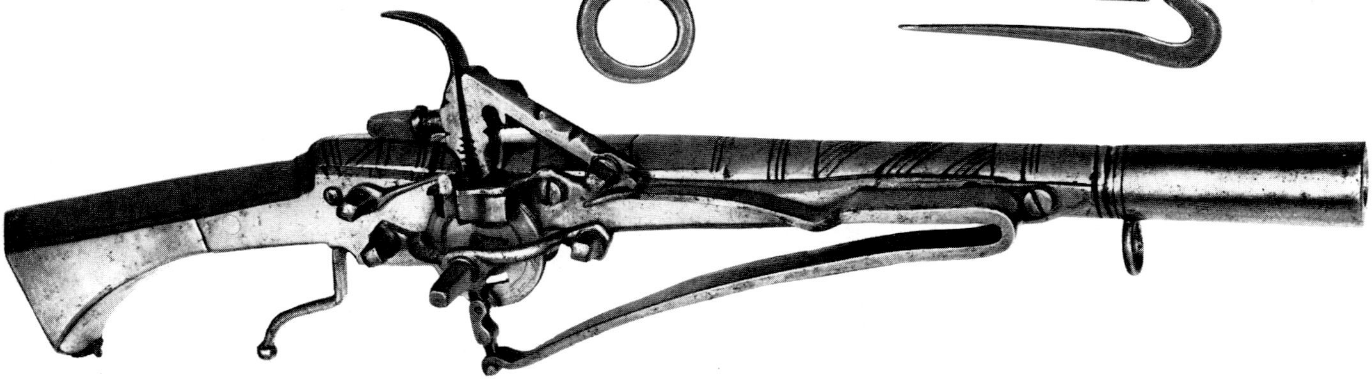

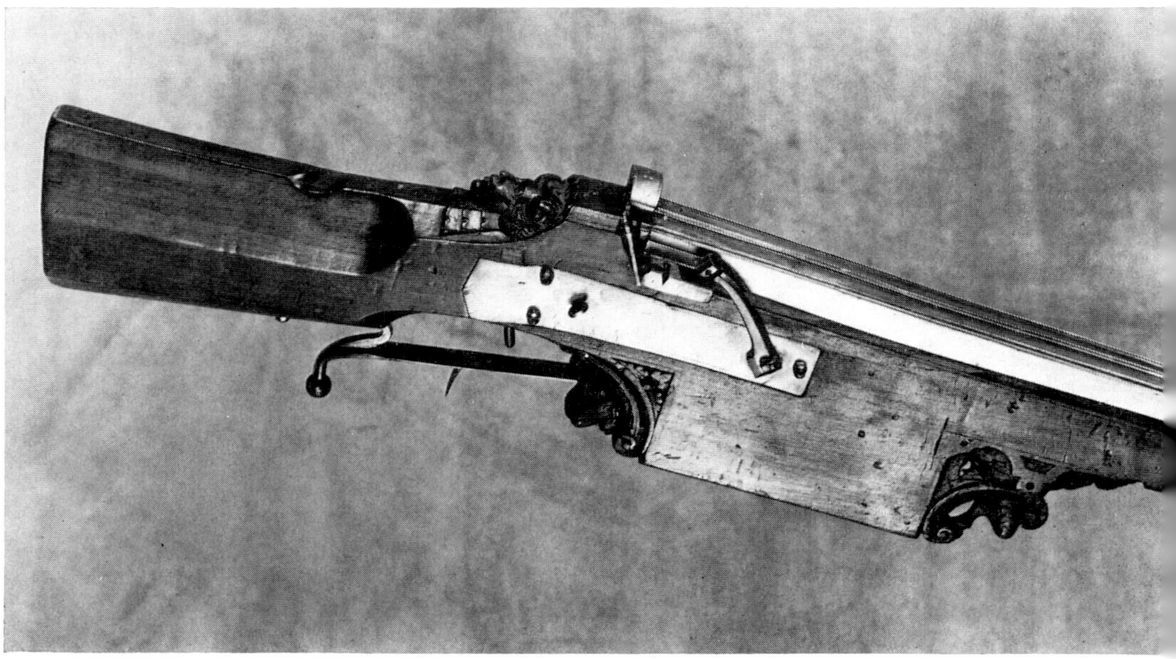

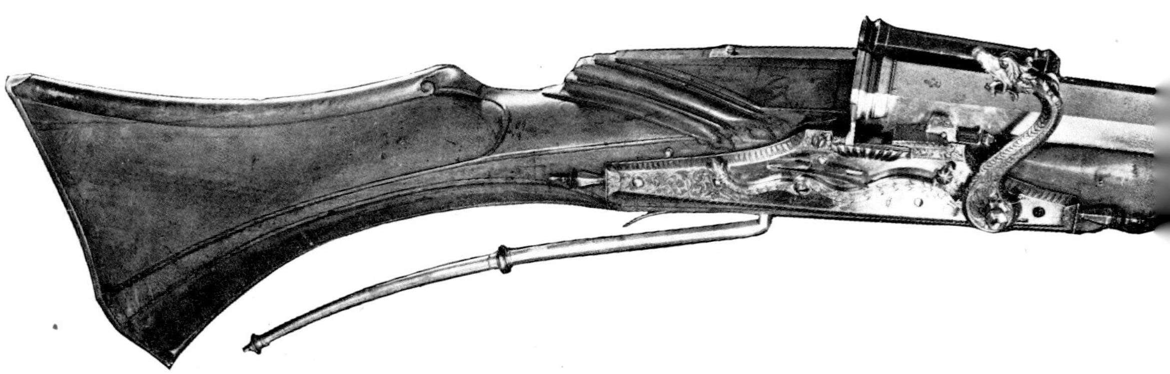

28 *Handbüchse mit Funkenschloß,* sogenannte «Mönchsbüchse». Um 1500. Länge 320 mm, Kaliber 13 mm

29 *Radschloßpistole. Nürnberg?* 1. Viertel 16. Jahrhundert. Eine der ältesten Radschloßpistolen. Die große außenliegende Schlagfeder ist zugleich Hahnfeder; bei geschlossenem Pfannendeckel ist das Rad gesperrt, da eine Nase in eine Vertiefung des Rades eingreift. Der Schaft ist mit Eisenblech verkleidet. Unten am Lauf sind zwei große Ringösen für den Ladestock angebracht. Länge 400 mm, Kaliber 12 mm

30 *Scheibenbüchse mit Luntenschnappschloß* und Stützklotz. Niederlande? 1580. Zum sicheren Zielen besitzt dieses Gewehr als Auflage einen Stützklotz. Am Klotz vorn in Schnitzarbeit ein sitzender Teufel, hinten ein Löwenkopf, in dessen offenem Rachen der Abzugsbügel steckt, auf dem Kolben ein Männerkopf. Das Lochvisier trägt die Jahreszahl 1580.
Länge 1550 mm, Kaliber 13 mm

31 *Luntenschloßgewehr.* Frankreich oder Holland. Um 1620. Aus dem Cabinet d'Armes König Ludwig XIII. von Frankreich. Länge 1633 mm, Kaliber 18 mm

32 *Musketier* bläst die Pulverrückstände von der Pfanne.
Aus: de Gheyn, Waffenhandlung, 1608

33 *Musketier* stemmt den Ladestock in die Hüfte, die Hand gleitet herab. Dadurch wurde das Einführen des Stockes in den Lauf oder in die Ladestocknut erleichtert.
Aus: de Gheyn, Waffenhandlung, 1608

34 *Musketier* beim Schießen mit Stützgabel.
Aus: de Gheyn, Waffenhandlung, 1608

35 *Figurenscheibe zum Scheibenschießen.* Ende 18. Jahrhundert. Mit dem legendären flandrischen König Gambrinus, der als Erfinder des Bieres gilt und Schutzpatron der Brauer war.

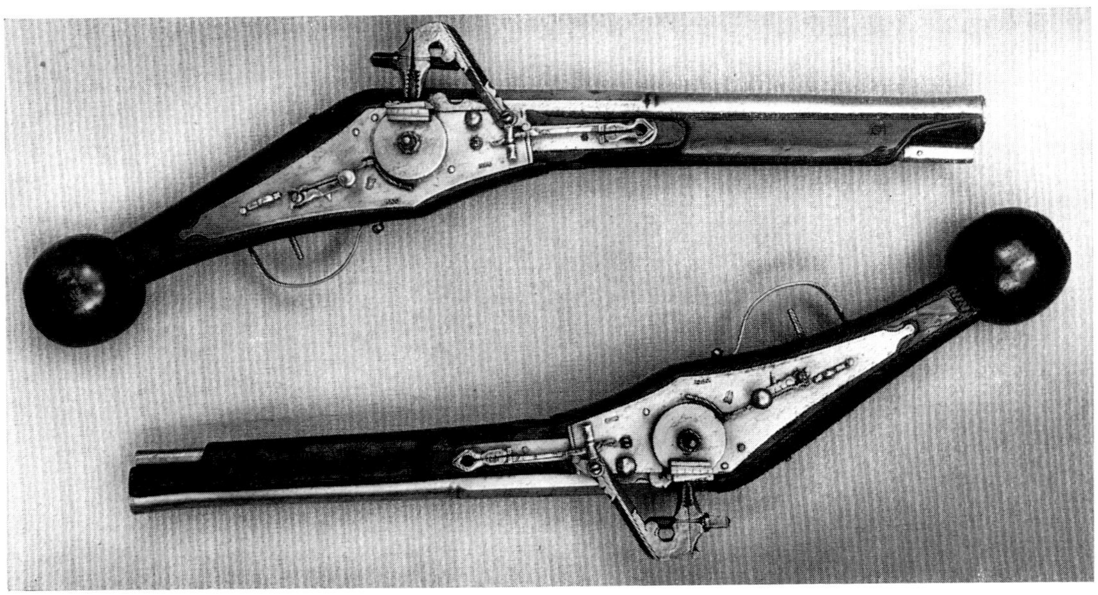

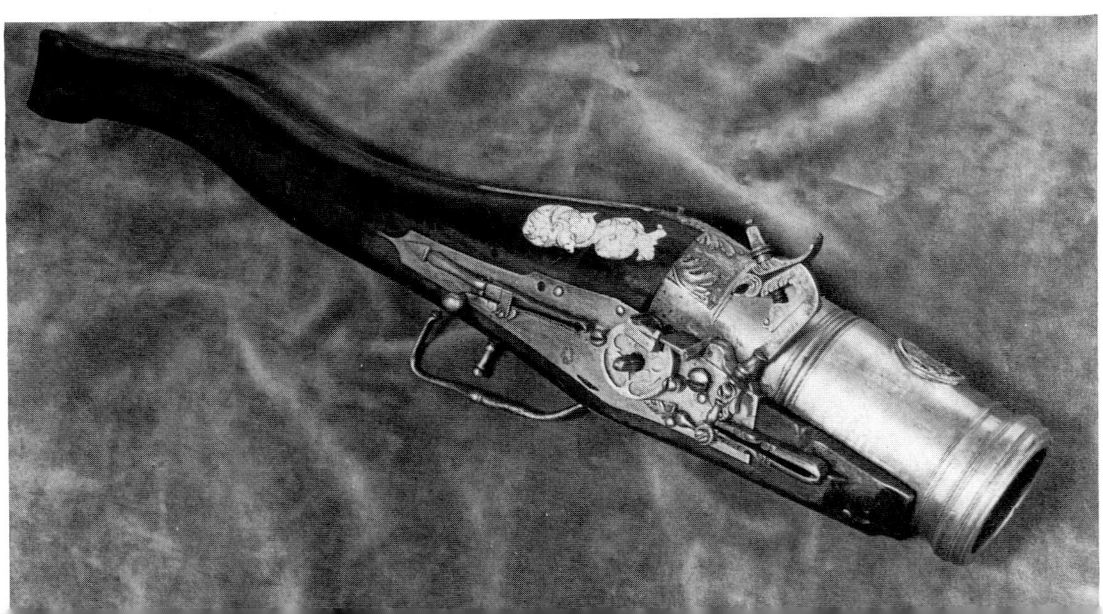

36 *Radschloßkarabiner.* Suhl. Mitte 17. Jahrhundert. Mit sogenanntem Paddelkolben. Lauf bezeichnet: «SVL». Länge 1030 mm, Kaliber 15 mm. *Eiserner Ladestock* mit Zündkrautfläschchen und Radschloßschlüssel. 17. Jahrhundert. Länge 605 mm

37 *Ein Paar Radschloßpistolen.* Deutsch. Um 1600. Länge 555 mm, Kaliber 13 mm

38 *Radschloß-Handmörser.* Mit dem Wappen von Württemberg. Um 1580. Auf dem Bronzelauf das Wappen von Württemberg und die Buchstaben «LHZW» (Ludwig Herzog zu Württemberg, 1568 bis 1593). Der Fischschwanzkolben (Teile der «Schwanzflosse» abgebrochen) ist mit zum Teil torsohaften Beineinlagen – Büchsenmeister mit drei Geschützrohren, die auf eine Stadt gerichtet sind und groteske Fabelwesen darstellend – belegt. Länge 600 mm, Mündungsweite 58 mm Handmörser oder Granatbüchsen dienten zum Verschießen von Hagelgeschossen oder kugelförmigen Hohlgranaten, in denen Pulver nach dem Schuß durch eine brennende Lunte zur Explosion gebracht und die Granate dadurch in Stücke gerissen wurde.

39 *Radschloßbüchse* mit Einstecklauf. Von Johann Marquart, Augsburg? Anfang 18. Jahrhundert. Länge 1165 mm, Kaliber 14 mm. Länge des Einstecklaufes 845 mm, Kaliber 7 mm

40 *Radschloßgewehr*. Nürnberg. Um 1580. Auf geschwärzten Metallteilen reiche vergoldete Eisenschnittarbeiten; den Lauf zieren männliche und weibliche Ganzfiguren und ein plastischer Drache. An der Unterseite des Laufes Nürnberger Beschauzeichen (Stadtwappen und «N») sowie Buchstabe «R». Länge 935 mm, Kaliber 10 mm

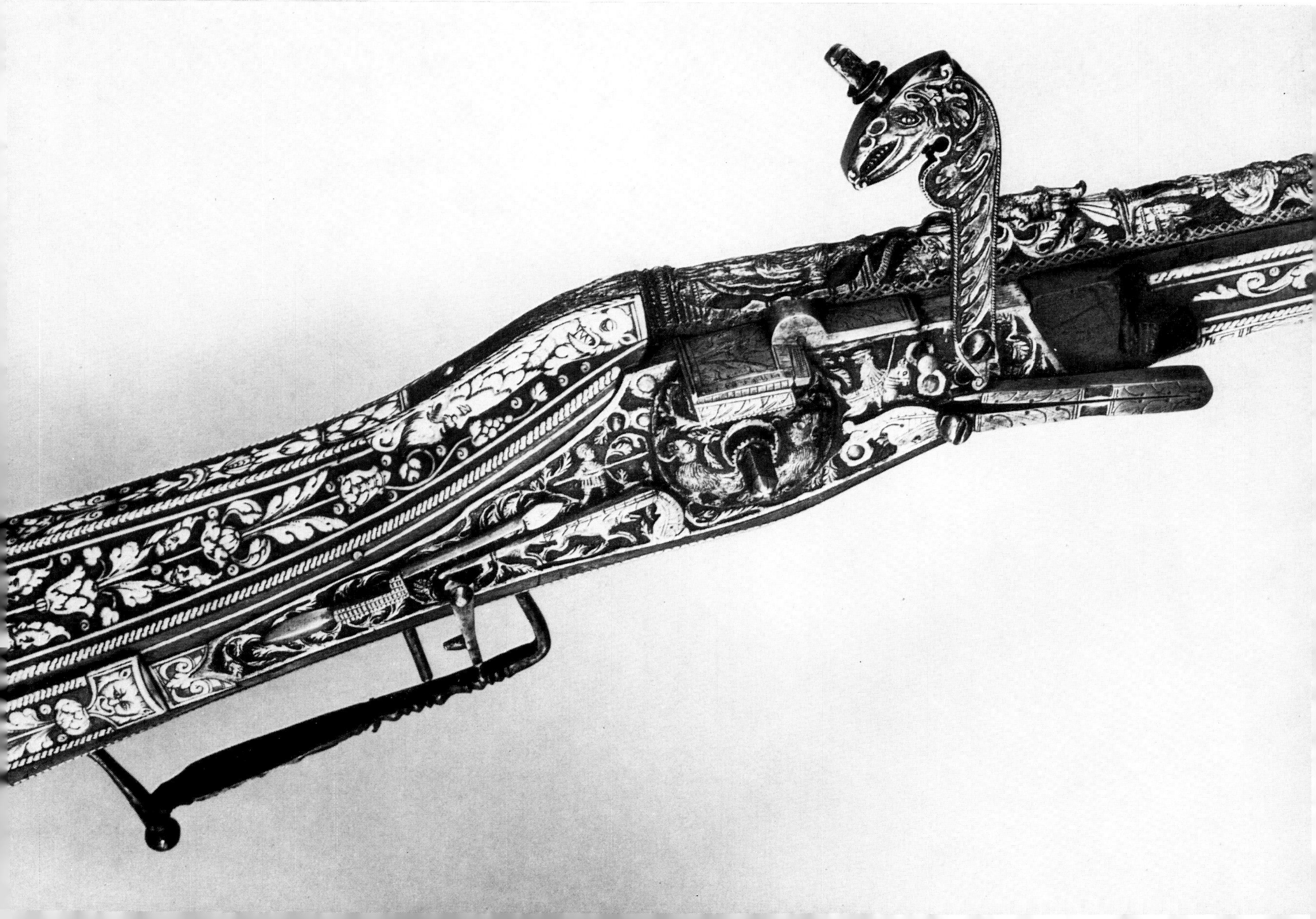

41 *Mündungsverzierungen* von Gewehren. 1. Antwerpen? 1573; 2. französisch, um 1580 (vergl. Abb. 31); 3. französisch, um 1600. 1. und 2. Gewehre aus dem Cabinet d'Armes König Ludwigs XIII. von Frankreich

42 *Radschloßbüchse* des Erzherzogs Matthias, des späteren Kaisers (1612–1619). Süddeutsch. Um 1600. In den Dekor einer Handfeuerwaffe sind häufig Motive, Symbole und Kennzeichnungen, die sich auf die Person des Eigentümers beziehen, eingefügt. Die Schäftung der Büchse enthält an der Unterseite den in Bein gravierten gekrönten Namenszug des Erzherzogs; in gleichem Material sind mehrfach das burgundische Astkreuz, Feuerstahl und Feuerstein (Symbole des Ordens zum Goldenen Vlies) eingelegt. Der Schaft endet in virtuos schneckenförmig eingerolltem Kolben, in dessen Gängen kleine Flämmchen sich spielerisch zu bewegen scheinen. Der Lauf enthält die Meisterbezeichnung «DB». Länge 1150 mm, Kaliber 15 mm

43 *Beineinlagen am Schaft einer Radschloßpistole.* Französisch oder flämisch. Um 1580–1590

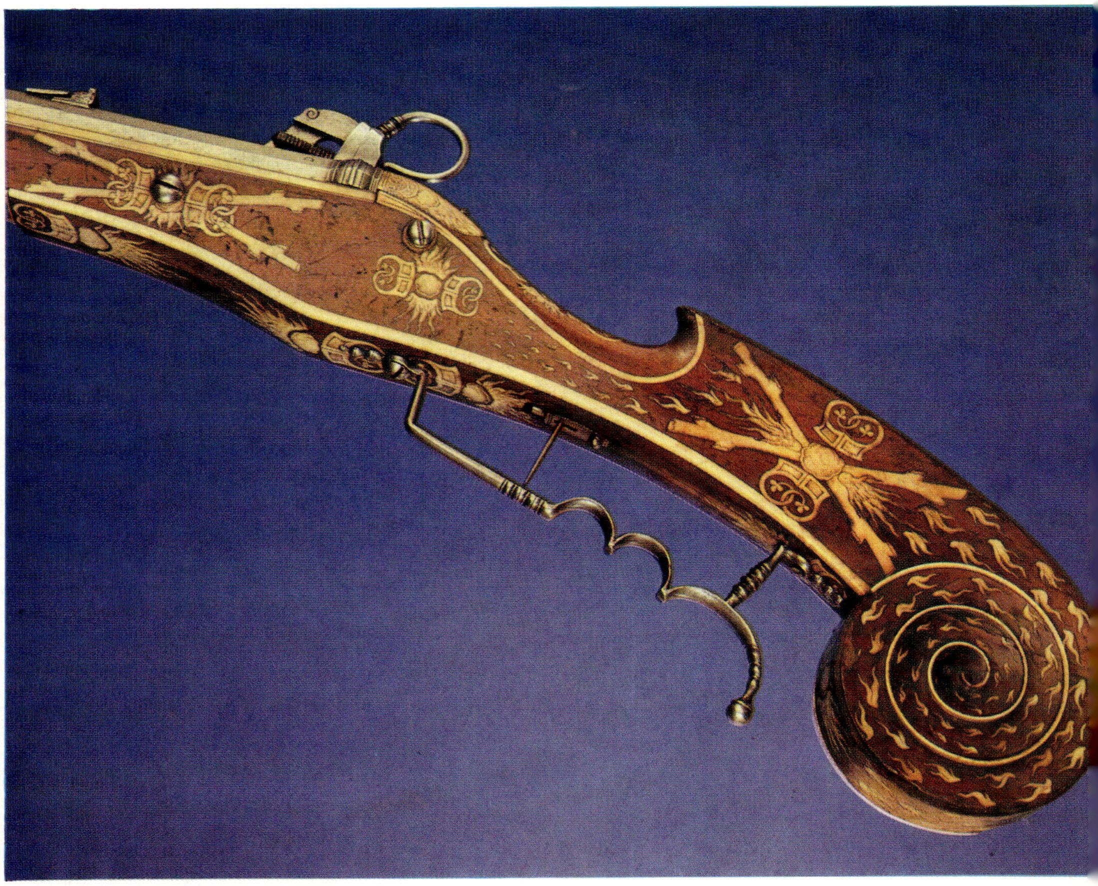

44 *Kolben der Radschloßpistole* Nr. 43

45 *Radschloßpistole* des Kriegsobersten Andreas Teuffel von Gundersdorf. Süddeutsch, 1556. Die älteste völlig mit geschnittenen Hirschhornplatten belegte Radschloßpistole. Länge 750 mm, Kaliber 12 mm

46 *Knaufkappe.* Detail von Abb. 45

47 *Detail* von Abb. 45

48 *Radschloßbüchse und Radschloßpistole* aus der Rüstkammer des Herzogs Julius von Braunschweig. Um 1570. An Stelle der völligen «Verbeinung» des Holzschaftes konnte auch eine Einkleidung mit Eisen-, Silber- oder Messingplatten erfolgen. Die Flächen der Eisenbeschläge wurden vorwiegend durch Ätzungen mit Schwarzloteinreibung, die der Silber- oder Messingplatten durch Treibarbeiten verziert. Herzog Julius von Braunschweig (1568–1589) ließ eine größere Anzahl von Radschloßbüchsen und -pistolen völlig mit getriebenen Messingbeschlägen ausstatten. Zwischen Rankenwerk stehen vor allem Fruchtgehänge, Engelsköpfe und Gestalten in antikisierenden Gewändern. Innerhalb des Dekors befindet sich bei manchen Waffen das Monogramm des Herzogs. Dieser soll durch derartige Aufträge unter anderem die Absicht verfolgt haben, das Gewerbe der Messinghersteller zu fördern.
Länge des Gewehrs 1310 mm, Kaliber 14 mm.
Länge der Pistole 550 mm, Kaliber 13 mm

49 *Steinschloßpistole.* Brescia/Italien, 1660–1680. Lauf bezeichnet: «LAZARINO COMINAZZO»; Schloß von Francesco Garatto aus Brescia. Länge 460 mm, Kaliber 13 mm

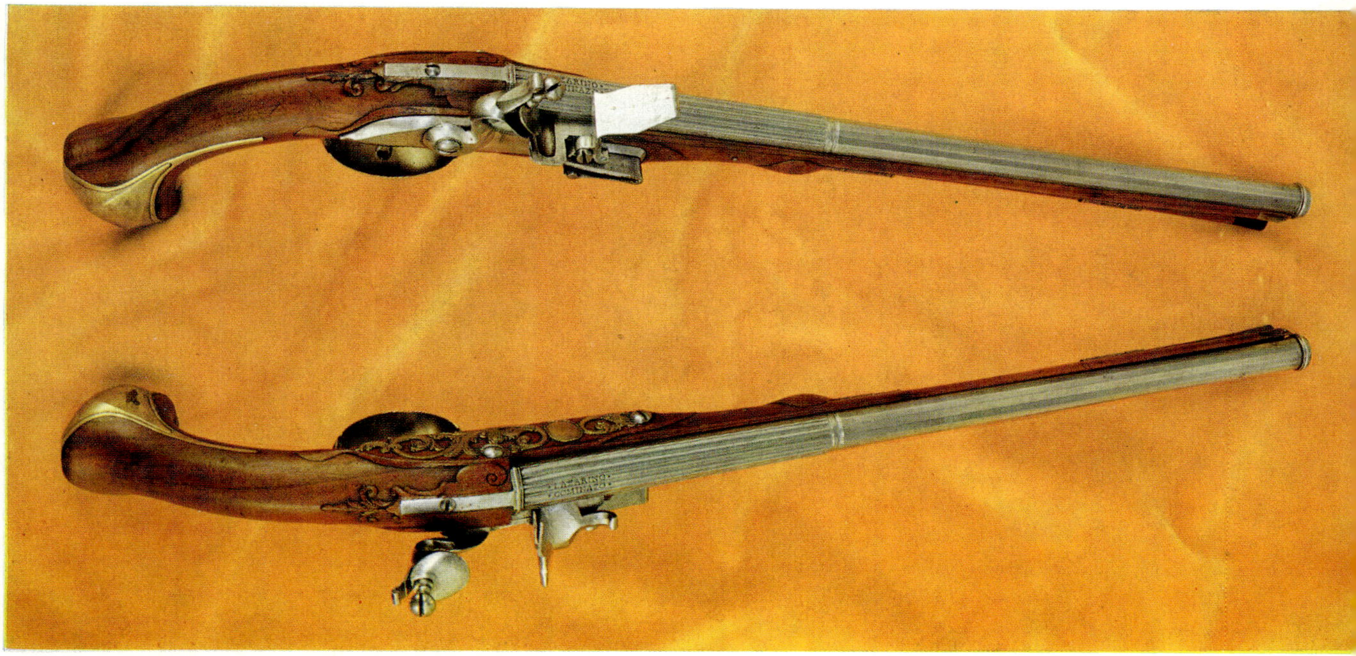

50 *Radschloßkarabiner.* Niederländisch? Um 1650. Der Schaft ist völlig mit Elfenbein belegt, läuft am Kolben in einen Delphinkopf mit aufgerissenem Maul aus. Die Ränder des Maules sind mit dunklem geschnittenem Holz belegt. An der rechten Kolbenseite ist eine Szene eingeschnitten, in der ein reich gekleidetes Paar einen Reiter mit Spießläufer verabschiedet und der Mann einen Brief überreicht. Die linke Schaftseite gegenüber dem Schloß ziert die Darstellung eines festlichen Gelages mit Musikanten. Auf dem glatten Lauf eingraviert: «E. Schäfter» (Name des Eigentümers?). Länge 870 mm, Kaliber 9 mm

51 *Ein Paar Steinschloßpistolen.* Läufe von Lazarino Cominazzo II., Gardone/Norditalien, alle anderen Teile in Deutschland gefertigt, Ende 17. Jahrhundert. Länge 565 mm, Kaliber 14 mm

52 *Ein Paar Radschloßpistolen.* Von Isaak Cordier, Fontenay/Frankreich. Um 1630. Bei diesem vorzüglichen Pistolenpaar kontrastiert das Schwarz des Ebenholzes mit fein gravierten eingelegten Silberplättchen und den vergoldeten Läufen. Konturenreich modellierte Miniaturfiguren, wie reizvolle Äffchen, Hasen und Eichhörnchen, oder winzige Szenen mit einem Sänger und Musikanten, einem Reiter auf einem Eber sowie Leda mit dem Schwan zieren Schloßteile und beleben Schraubenköpfe. Diese Pistolen besitzen auch eine phantasievolle technische Besonderheit. Ein Kettenglied des Schlosses zeigt an einer Öffnung im Abzugsblech an, ob die Waffe gespannt ist. Der Künstler umkleidete die Öffnung mit einem Maskaron, bei dem ein Stift des Kettengliedes als herausgestreckte Zunge erscheint. Mit dem Schloßdekor verwandte Vorlageblätter sind mit «Philipp Daubigny Fecit 1665» (spätere Ausgabe) gekennzeichnet. Länge 615 mm, Kaliber 12 mm

53 *Detail* von Abb. 52

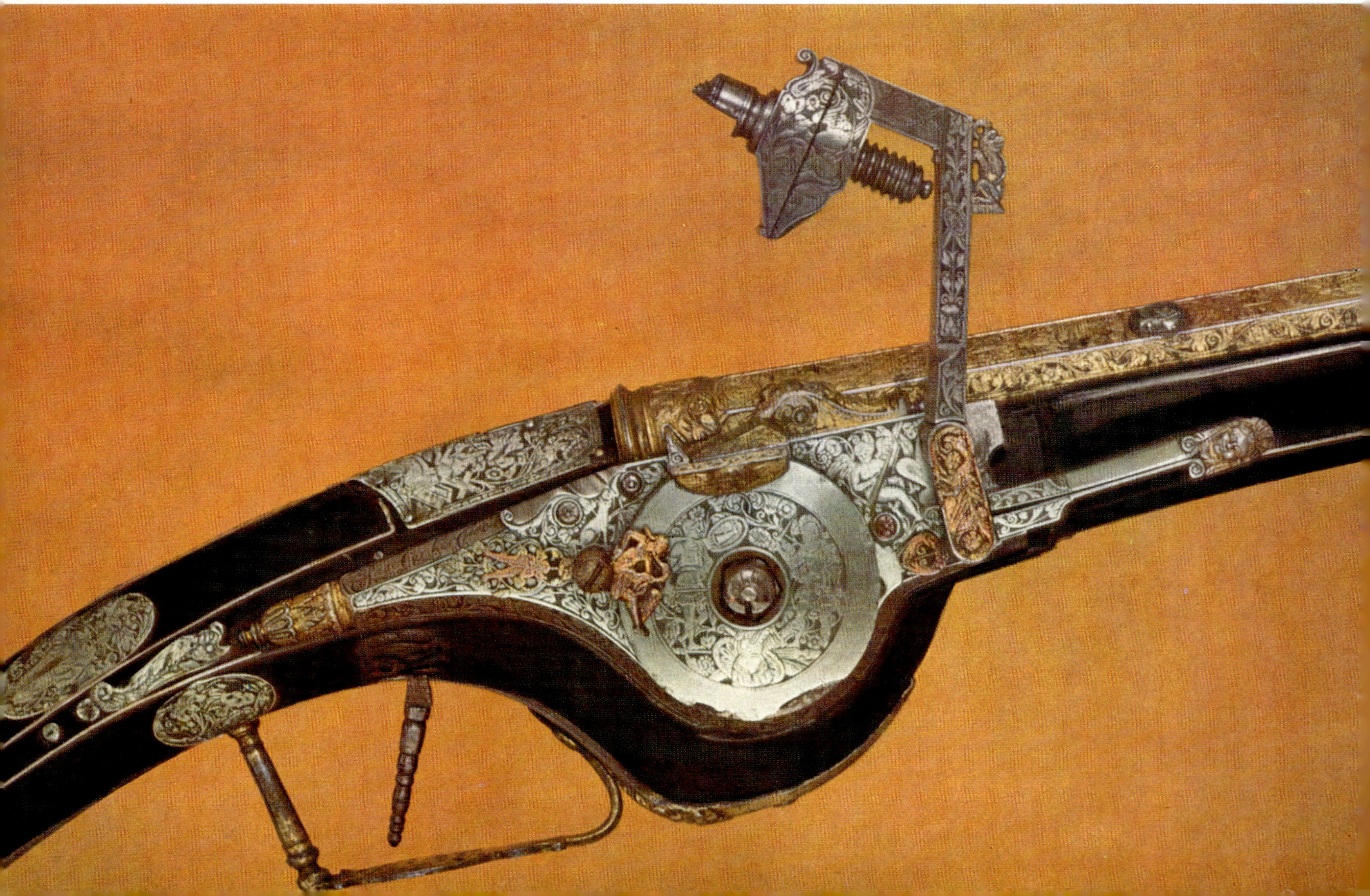

54 *Detail* von Abb. 52

55 *Zwei Steinschloßpistolen.* Deutsch. Um 1680. Schäfte mit Schildpatt belegt

56 *Ein Paar Steinschloßpistolen.* Von Piraube, Paris. Um 1700. Schloßblech bezeichnet: «PIRAVBE AVX GALERIES A PARIS»

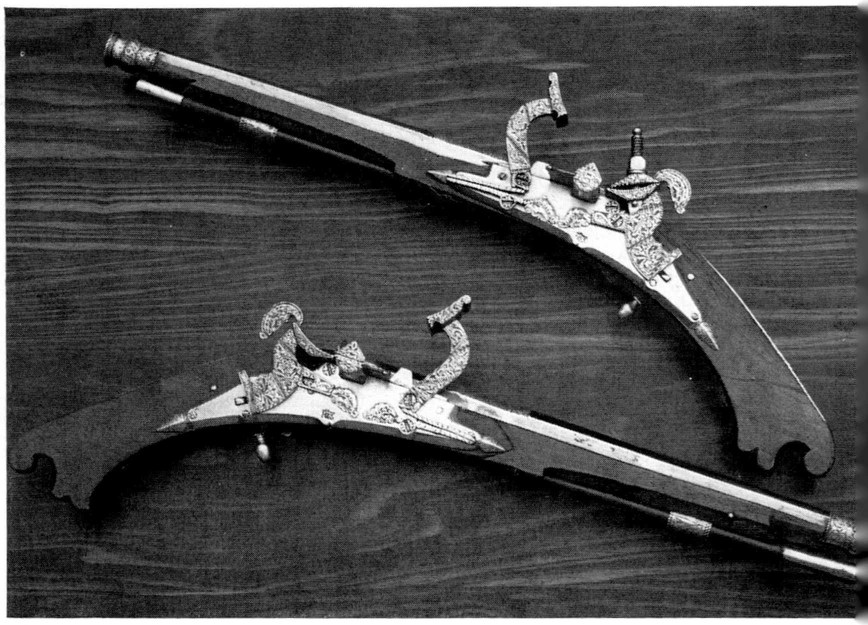

57 *Radschloßbüchse* zum Scheibenschießen. Von Caspar Zellner, Wien. Um 1700. Gebläuter Lauf, graviertes Schloß und vergoldete Messingbeschläge. Länge 1120 mm, Kaliber 13 mm.
Caspar Zellner (1661 bis etwa 1730) stammte aus Salzburg, übersiedelte nach Wien und wurde hier 1690 in die Büchsenmacherzunft aufgenommen. 1695 erwarb er den Meisterbrief. Er erhielt unter anderem zahlreiche Aufträge von den Kaisern Joseph I. und Karl VI.

58 *Schloßgegenblech* von der Radschloßbüchse Abb. 57

59 *Ein Paar Pistolen mit schottischem Schnappschloß.* Schottland. 1598. Länge 400 mm

Handfeuerwaffen in kostbarem Gewande

Es ist ein Charakteristikum besonders der Fernwaffen, daß sie über lange Zeiträume hinweg nicht nennenswert künstlerisch gestaltet und verziert wurden. Sie blieben zunächst Gebrauchswaffen der Kriegsknechte, die zu Fuß kämpften. Sie gehörten nicht zu den leicht am Körper zu tragenden Waffen, die zum Teil Standesabzeichen waren. Sie verkörperten auch nicht im herkömmlichen Sinne symbolhaft Macht, Recht oder Gerichtsbarkeit, wie beispielsweise das Schwert oder die Lanze. Es bedurfte erst einer zunehmenden Bedeutung als Kriegs- und Zivilwaffe, bis Gewehre und Pistolen als persönliche Waffen für den hohen und niederen Adel und für das wohlhabende Bürgertum an Interesse gewannen.

Die Personifizierung von Geschützrohren nach lebenden Wesen hatte in den ersten Jahrzehnten des 16. Jahrhunderts bei diesen Waffen zu mannigfaltigen reizvollen plastischen und Reliefgestaltungen geführt. Mündungen ragten aus einem aufgerissenen Drachenkopf heraus; alles Getier, das groß, stark, listig, flink oder zu fürchten war, gossen und ziselierten die Bronzegießer auf ihre Rohre. Reizvolle Verse sagten es jedem Zweifler, daß dieses Rohr entsprechend dem Namensvorbild hervorragende Eigenschaften besaß. Darstellungen und Verse dienten wohl auch vor allem dazu, die Bedienungsmannschaft des Geschützes moralisch zu beeinflussen. Fürsten und Städte steigerten ihr Selbstgefühl durch den Besitz einer Fülle derartiger gefürchteter metallener «Wesen». Bronzegießer demonstrierten durch den Schmuck ihr hervorragendes Können und warben damit um Aufträge.

Die Handfeuerwaffe hatte als Einzelobjekt keine so exponierte gesellschaftliche Bezogenheit als Machtinstrument wie das Geschütz. Sie blieb Waffe des Einzelkämpfers. Durch Schießwettkämpfe und das jagdliche Schießen mit Handfeuerwaffen wuchs jedoch das Interesse finanzstarker Auftraggeber an qualitätvollen und dekorativen Stücken. Eine wesentliche Voraussetzung hierfür war die Erfindung des Radschlosses. Hinzu kam, daß technische Instrumente vorzüglichster Qualität aufgrund des wachsenden Könnens der Handwerker für den Reichen als Gebrauchs- und Sammelobjekte erstrebenswert wurden. Zu ihnen zählten auch technisch interessante Handfeuerwaffen. Sie fanden Aufnahme in Kunst- und Rüstkammern. Könige und Fürsten sammelten, ähnlich wie Gemälde, Gold- und Silberwaren, prachtvolle und kuriose Handfeuerwaffen. Auf diese Weise entstanden beispielsweise in der Dresdener Rüstkammer und im «Cabinet d'Armes» des französischen Königs Ludwig XIII. Handfeuerwaffensammlungen von einzigartigem Wert. Als kostbare Geschenke, bewunderte Kunstwerke, als Neuheiten von höchster technischer Perfektion mit Überraschungseffekten konnte der Besitzer sie seinen Gästen vorzeigen, sie damit unterhalten und wohl oft auch ihren Neid herausfordern. Auf diese Atmosphäre eines übersteigerten, selbstgefälligen Besitzdenkens stellten sich die spezialisierten Handwerker mit ihren Erzeugnissen sehr schnell ein. Sie fanden und erfanden immer neue Spielarten an Formen und technischen Details, die dem Geschmack und den Wünschen ihrer Auftraggeber entsprachen.

Das Radschloß eignete sich besonders für immer neue Spielarten der Konstruktion und Verzierung. Jagdbüchsen und andere zivile Handfeuerwaffen mit diesem Schloß wurden besonders in Süddeutschland produziert. Im Fernhandel gelangten sie in viele europäische Länder, bis nach Rußland. Die Renaissance hatte nicht nur in der bildenden, sondern auch in der angewandten Kunst einen nie gekannten Aufschwung gebracht. Die Kapitalakkumulation in den Händen des reichen Bürgertums und der Fürsten ermöglichte, zahlreiche Luxuswaffen in Auftrag zu geben. Gestaltung und Verzierung der Waffe wurden, wie andere Gebrauchsgegenstände auch, vom Kunststil geprägt. Die erzeugten Produkte stärkten das Selbstgefühl des Meisters und trieben ihn zu weiteren qualitätvollen Leistungen an, weckten neue Ideen, die in das Werk einflossen. Getragen wurde dieser Schöpfungsprozeß von dem Geist der Renaissance und seinem reichen Schatz an Formen, Motiven und Dekorelementen. Wie verlief der Prozeß der «Aufwertung» zum künstlerisch gestalteten Objekt? Alle Teile der Waffe ließen sich in vielfältiger Weise mit mannigfaltigen Techniken formen und verzieren. Dabei handelt es sich um ein «Gesamtkunstwerk», dessen Einzelteile im «Dekorprogramm» konzeptionell berücksichtigt wurden. Es konnte das Werk eines Mannes, aber auch mehrerer Meister sein. Wie eine Rückschau mit mühseligen Analysen ergeben hat, handelt es sich weitgehend um bestimmte landschaftlich und örtlich gebundene Stilformen, die von anderen Bereichen der angewandten Kunst abhängig oder beeinflußbar waren. Exponierte Zentren mit hohem künstlerischem Niveau wirkten im zeitlichen Wechsel auf die Produktion in anderen Ländern ein. Aus der Kleinarbeit der Laufschmiede, Schloßmacher, Schäfter, Gold- und Silberschmiede, Holzschnitzer und anderer spezialisierter Handwerker erwuchs die Gesamtgestaltung. Hierbei konnten beispielsweise nur einige wenige Form- und Dekorakzente gesetzt werden: der Laufschmied verzierte die Mündung durch einen Kranz von Akanthusblättern; der Schloßmacher steigerte die Wirkung des Hahnes am Schloß durch einen plastischen Delphinkopf, der vom Ätzmaler oder Graveur entsprechend feiner konturiert wurde; ein Beinschnitzer lieferte dem Schäfter – wenn dieser sie nicht selbst fertigte – geschnittene und in der Gravur geschwärzte Plättchen, die in den Schaft eingelegt wurden. Diese Einlagen konnten aus Silber, Perlmutter, Eisen, Elfenbein, Email und vielen anderen Materialien bestehen. Der Anteil des Schäfters und Holzschnitzers an der künstlerischen Wirkung der Handfeuerwaffen ist sehr hoch einzuschätzen, bestimmt doch allein die Form des Schaftes ganz wesentlich das äußere Erscheinungsbild. Die Gewehrschäfte mit den kräftigen geraden deutschen Kolben boten für Verzierungen genügend Raum. Als Material für Einlagen verwendeten deutsche Schäfter insbesondere Hirschhornplatten – zunächst sparsam angewandt – mit gravierten Ranken und Fabelwesen.

Seit der Mitte des 16. Jahrhunderts bis in die erste Hälfte des 17. Jahrhunderts hinein erreichten die Schaftverzierungen bei Luxuswaffen eine sehr hohe künstlerische Qualität, insbesondere durch hervorragende Schnitzereien. Ein ausgezeichnetes Beispiel hierfür ist eine Radschloßpistole, die dem kaiserlichen Kriegsobersten Andreas Teuffel von Gundersdorf vermutlich als Geschenk überreicht wurde. Der Holzschaft ist völlig mit geschnittenen Hirschhornplatten belegt. An der Unterseite hat der Künstler die Jahreszahl 1556, Namen und Wappen des Besitzers angebracht. In den schwungvollen Reigen praller Fruchtgehänge und Ranken sind in dichter Folge groteske Masken, Tierköpfe, Fabelwesen und menschliche Halbfiguren eingeordnet. Eingebettet in diese phantasievolle Komposition ist ein halb liegendes nacktes Liebespaar. Rechts vor dem Schloß sitzt ein blasender Dudelsackpfeifer. Er scheint durch sein Spiel die grotesken Figuren beleben zu wollen. An der Oberseite richtet die nackte Lukretia den Dolch auf ihren Leib, und den Knauf schmückt ein ausdrucksstarker bärtiger Männerkopf. Die Metallteile der Pistole sind geätzt und feuervergoldet.

Szenen aus der antiken Mythologie, Jagdmotive und Darstellungen aus anderen Bereichen des menschlichen Lebens überziehen die Schäfte der Waffen. Die Handwerker bleiben meist anonym, ihre Namen sind selten bekannt. Auch alle Metallteile der luxuriösen Handfeuerwaffen wurden völlig mit Verzierungen überzogen.

Die süddeutschen Meister bevorzugten zunächst den Ätzdekor mit Schwarzlot oder Feuervergoldung. Dabei übernahmen sie Motive von zeitgenössischen Ornamentstichen – Mauresken, Arabesken und stilisiertes Blattwerk – aber auch Darstellungen mit beliebten Renaissancemotiven – Götter, Helden der Antike, biblische Gestalten und Szenen, Tugenden und Laster, Frauen und Männer in zeitgenössischen Kostümen sowie mannigfaltige Darstellungen zur Jagd. Die Vorlagen stammten auch hierfür von bekannten Künstlern, wie Hans Sebald Beham, Heinrich Aldegrever, Virgil Solis, Peter Flötner, Augustin Hirschvogel, Jost Amman und anderen.

Zu den herausragenden Leistungen der Verzierung der Metallteile an Handfeuerwaffen gehören Eisenschnittarbeiten aus den Werkstätten der Familie Sadeler und des Caspar Spät

aus München. Der berühmteste unter ihnen war Daniel Sadeler, zunächst am Hofe Kaiser Rudolfs II. in Prag, ab 1610 in München tätig. Als typische Merkmale der Münchener Eisenschnittarbeiten der genannten Werkstätten haben sich herausgestellt: Der Dekor wurde in Eisen und nicht in Edelmetall geschnitten, nur der Hintergrund vergoldet. Die bläulich schimmernden Dekorelemente zeichnen sich vom Goldhintergrund deutlich ab. Auf manchen gebläuten Eisenteilen befinden sich auch kleine goldene Punkte. Bei manchen Gewehrläufen ist die gesamte Oberfläche mit einer Folge von in Eisen geschnittenen Szenen überzogen. Eingekleidet in ornamentalen Dekor präsentieren sich hier Pallas Athene neben Aphrodite und anderen Göttinnen oder die personifizierten Tugenden Fides (Glaube), Spes (Hoffnung), Caritas (Liebe), Prudentia (Klugheit), Temperantia (Mäßigkeit), Fortitudo (Tapferkeit oder Stärke) und Justitia (Gerechtigkeit).
Allmählich entwickelten sich Jagdszenen zu den bevorzugten Dekormotiven, was der Zweckbestimmung der zivilen Pulverwaffen entsprach. Neben klischeehafter Flächen- und Streifendekoration mit fliehendem Wild, schießenden Jägern und hetzenden Hunden enthielten die Mustervorlagen aber auch Darstellungen der Artemis oder Diana. Beliebt war das Motiv der Verwandlung des Aktaion, der die Göttin der Jagd beim Bade belauscht hatte, in einen Hirsch.
Die Radschloßbüchse hatte sich seit der zweiten Hälfte des 16. Jahrhunderts allmählich den städtischen Schießplatz erobert, und es entsprach den Wünschen der Auftraggeber, wenn als Verzierung an der Waffe entsprechende Szenen gestaltet wurden. Keine geringeren als die österreichischen Meister Caspar und Marcus Zellner, die am Ende des 17. und in den ersten Jahrzehnten des 18. Jahrhunderts auch für den kaiserlichen Hof arbeiteten, verwendeten an ihren Scheibenbüchsen wiederholt instruktive Darstellungen mit Schießplatzszenen. Nicht nur die Schloßplatte, sondern auch der Hahn, die Schloßgegenplatte und andere Beschläge enthalten derartige Motive. Dabei ist das Schloß graviert und in Eisen geschnitten, die kräftig vergoldeten Beschlagteile bestehen aus Messingguß. Deutlich sind interessante Einzelheiten der Schießplätze und des Schießablaufes zu erkennen: Schießstände, Schreiber, Schießscheiben, Anzeiger, mit Fernrohr beobachtende Pritschenmeister und Ehrengäste.
Die kunstvolle Gestaltung der Handfeuerwaffe ist vom 16. bis 18. Jahrhundert so reich an nationalen und lokalen Stilen und individuellen Schöpfungen, daß hier nur bruchstückhaft einige Beispiele angeführt werden können.
Sehr eigenständig und beeindruckend wirken schottische Schnappschloßpistolen vom Ende des 16. und aus den ersten Jahrzehnten des 17. Jahrhunderts. Die breitflächigen Schloßteile eignen sich vorzüglich für Ätzarbeiten und Gravierungen. Durch sparsamen Eisenschnitt wirkte der Hahn mit seinem hohen Kamm oft wie ein kauerndes, zum Zuschlagen bereites Tier. Die Läufe aus Eisen oder Messing haben schön profilierte Mündungsköpfe und weitere Quergliederungen. Sie tragen häufig das Jahr der Herstellung. Sehr dekorativ wirken die flachen Pistolenkolben mit Fischschwanzenden zweier Exemplare aus dem Historischen Museum Dresden.
Unter den italienischen Handfeuerwaffen stehen die in der Gegend von Brescia gefertigten in technischer und künstlerischer Qualität an erster Stelle. Die Laufschmiede-Dynastie der Cominazzo aus Gardone erreichte durch ihre ausgezeichneten dünnwandigen Läufe mit kleinem Kaliber legendären Ruhm. Die Laufoberfläche ist in der hinteren Hälfte gewöhnlich achteckig und kanneliert und trägt hier den Namen des Laufschmiedes, begrenzt von kleinen kleeblattartigen Punzeneinschlägen. Die vordere Hälfte ist meist rund, manchmal auch schraubenförmig mit Zierbändern geschmückt. So schlank und elegant wie die Läufe wirken auch die Nußbaumschäfte italienischer Waffen. Sie enthalten seit dem zweiten Viertel des 17. Jahrhunderts filigranartig wirkende, geschnittene und eingelegte Ornamentplättchen aus Eisen. Schloßteile und Beschläge wurden in der zweiten Hälfte des 17. Jahrhunderts oft meisterhaft in Eisen geschnitten. Abzüge oder Hähne haben die Gestalt von grotesken Figuren, von Tieren und Menschen. Sehr häufig lieferten die Cominazzi auch nur Läufe

ins Ausland. Die Ausstattung mit Schloß und Schaft erfolgte dann nach dem Geschmack des Bestellers im eigenen Lande.
Während in den Werkstätten deutscher Schäfter als Material für Verzierungen Hirschhorn bevorzugt wurde, verarbeiteten niederländische Meister im 17. Jahrhundert weitgehend Elfenbein. Insbesondere die Elfenbeinschnitzer aus der Gegend um Maastricht fertigten Pistolenschäfte von hoher Qualität, die als typisches Kennzeichen einen behelmten Männerkopf am Knauf tragen.
Wohl unter dem Eindruck und dem Zwang chaotischer wirtschaftlicher Verhältnisse im Dreißigjährigen Krieg verzichteten einige Auftraggeber, insbesondere in Deutschland und Frankreich, auf prachtvoll gestaltete Handfeuerwaffen. Dadurch kommen bei den zweckbetonten Schaftformen die schöne Maserung und Farbe der verwendeten Hölzer, gekehlte Flächen, Kanten und Linien zur Wirkung. Helle Birnbaum- oder tiefschwarze Ebenholzschäfte verleihen den Waffen ein leichtes, elegantes Aussehen.
Französische Büchsenmacher eroberten im 17. Jahrhundert die führende Stellung bei der Produktion kostbarer Handfeuerwaffen in Europa. König Heinrich IV. hatte nach Erbauung der Großen Galerie des Louvre neben vielen anderen Künstlern und Handwerkern seit 1608 hier auch einen Büchsenmacher beschäftigt. Eine besondere Förderung erfuhr das Büchsenmacherhandwerk unter Ludwig XIII., und die Erfindung des Steinschlosses, vermutlich durch Marin le Bourgeois aus Lisieux vor 1610, steigerte auch die französische Führungsposition in technischer Hinsicht.
Während viele Luxuswaffen am Ende des 16. Jahrhunderts noch reich in Eisen geschnitten waren, wurde der französische Stil im folgenden Jahrhundert durch Schlankheit und Eleganz in der Ausführung bestimmt. So sind beispielsweise die Pistolenläufe von kleinem Kaliber, sehr lang und mit einem profilierten Mündungskopf versehen. Die Schäfte schließen nicht – wie bei deutschen Puffern – mit einer Kugel, sondern mit ei- oder pflaumenförmigen Knäufen ab. Metall und Perlmutter dienten als Einlegematerial. Die flache Gravur trat zunächst an die Stelle des fülligen Eisenschnitts. In floraler Ornamentik sind Vögel, andere Lebewesen und Fabeltiere eingebettet. Zur Zeit Ludwigs XIV. herrschten mythologische und Motive aus dem klassischen Altertum vor. Auch in Frankreich stammten die Vorlagen für den Dekor der Luxuswaffen nicht von den Büchsenmachern selbst, sondern fast ausnahmslos von profilierten Stechern. Nach phantasievollen Entwürfen – als Einzelblätter oder in Musterbüchern verbreitet – von Jean Bérain, Phillip Cordier Daubigny, C. Jaquinet, François Marcou, Claude Simonin und anderen gestalteten Gold- und Silberschmiede, Graveure, Eisenschneider und auch Büchsenmacher Läufe, Schloßteile und Beschläge.
Wenn auch Paris mit so bedeutenden Namen wie Thuraine, Le Hollandois und Piraube stets das führende Zentrum französischer Büchsenmacherkunst war, so errangen doch auch zahlreiche Meister aus Provinzstädten einen anerkannten Ruf. Marin le Bourgeois und sein ebenso fähiger Bruder Jean stammten aus Lisieux in der Normandie. Ein einzigartiges Pistolenpaar mit feinsten Metallverzierungen und Ebenholzschäften – heute im Museum für Deutsche Geschichte Berlin – zeugt vom großen Können des Isaac Cordier aus Fontenay. Auch aus Anger, Metz, Sedan und Tours stammen exquisite Handfeuerwaffen. In der zweiten Hälfte des 17. Jahrhunderts und in der ersten Hälfte des 18. beeinflußten französische Büchsenmacher weitgehend auch den Stil und Dekor in anderen europäischen Ländern, insbesondere in Deutschland. Bei gezogenen Handfeuerwaffen behielten deutsche, österreichische und böhmische Meister weiterhin die Führung.

Schnappschloß und Miqueletschloß

Höchstwahrscheinlich bereits im zweiten Viertel des 16. Jahrhunderts entstand ein weiteres neuartiges Schloß für Handfeuerwaffen, das Schnapphahnschloß oder Schnappschloß. Ähnlich wie beim Luntenschnappschloß traf (schnappt) auch hier ein Hahn schlagartig auf die Zündpfanne. Dieser Vorgang führte vermutlich zu der Schloßbezeichnung. Im Prinzip handelt es sich bei der Konstruktion um ein Schlagfeuerzeug. Das manuelle Funkenschlagen mit einem Stein geht in die Urgeschichte der Menschheit zurück. Mechanische Einrichtungen zur Funkenerzeugung dürfte es jedoch vor diesem Gewehrschloß nicht gegeben haben.

Wie bei den bisher bekannten Gewehrschlössern sind beim Schnappschloß an einem Schloßblech die Funktionsteile montiert. Ein Hahn, in dessen Lippen ein Feuerstein festgeschraubt wird, ist auf einer im rechten Winkel durch die Schloßplatte geführten Achse gelagert. Beim Zurückziehen des Hahnes mit der Hand spannt sich eine Schlagfeder, auf der der Hahnfuß gleitet. Dieser drückt bei der Bewegung eine durch die Schloßplatte ragende Nase nach innen. Ist der Hahnfuß über die Nase hinweg, so springt diese durch Federdruck wieder nach außen, kommt unter dem Hahnfuß zu liegen und hält den Hahn trotz starken Druckes der Schlagfeder fest. Ein Abzugsmechanismus zieht, wenn es der Schütze will, die Nase nach innen, und die Schlagfeder wirft den Hahn mit Feuerstein gegen den Feuerstahl. Die Kraft des Hahnes muß hierbei so groß sein, daß sie den Gegendruck, den die Feuerstahlfeder verursacht, überwindet und den Stahl wegdrückt. Der Widerstand muß jedoch so stark sein, daß auch Funken geschlagen werden. Die Zündpfanne konnte nach dem Einfüllen von Zündpulver durch einen Pfannenschieber verschlossen werden. Vor dem Schuß wurde er mit dem Daumen zurückgeschoben, später funktionierte das mechanisch (siehe holländisches Schnappschloß).

Der Schütze konnte die Waffe ohne Gefahr geladen mitführen, er brauchte nur den Feuerstahl von der Pfanne wegzudrücken. Durch die unterschiedliche Art von Hähnen, Schlagfedern, Pfannendeckeln, Feuerstählen und anderen Einzelteilen lassen

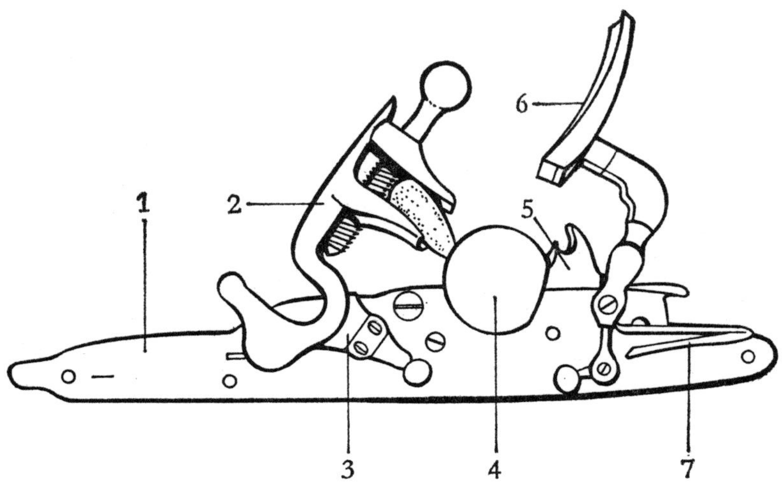

Holländisches Schnappschloß.
1. Schloßblech, 2. Hahn, 3. Hahnstütz, 4. Feuerschirm, 5. Pfannenschieberdeckel, 6. Feuerstahl, 7. Feuerstahlfeder

sich mehrere Haupttypen von Schnappschlössern abgrenzen. Das auffälligste Merkmal des holländischen Schnappschlosses ist ein kreisrunder, an der rechten Seite der Zündpfanne sitzender Feuerschirm. Der Hahn verläuft S-förmig, über seinen hinteren Sporn setzt sich nach dem Spannen die Nase der Abzugsstange. Eine auf der Schloßplatte außen verschraubte Hahnstütze fängt den Hahn beim Niederschlagen ab. Feuerstahl und Pfannenschieber sind bei dem Schloß voneinander getrennt. Die Schlagfeder ist an der Innenseite montiert. Eine Besonderheit ist die mit der Hahnachse fest verbundene Nuß. In einer Einkerbung dieser kleinen Scheibe lagert ein krallenförmiges Ende der Schlagfeder, die bei zurückgezogenem Hahn kräftig auf die Nuß drückt. Abzugsstange und Nase gleiten beim Ziehen des Abzuges horizontal zurück. Die durch die Feder verursachte Drehung der Nuß bedeutet zugleich das Vorschnellen des Hahnes, da beide starr miteinander verbunden sind. Von der Nuß führt in der Regel außerdem eine Stange zum Pfannenschieber, die zugleich bei der Bewegung von Nuß und Hahn den Pfannenschieber von der Zündpfanne wegschiebt und das Pulver für die Funken freigibt.

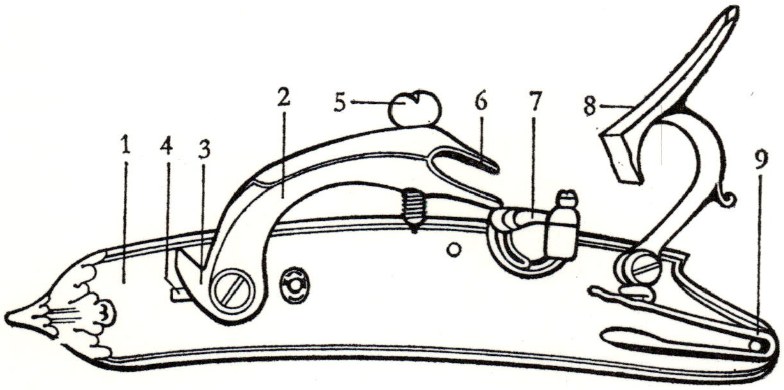

Schwedisches Schnappschloß, Außenansicht:
1. Schloßblech, 2. Hahn, 3. Hahnferse, 4. Nase der Stange, 5. Hahnschraube, 6. Hahnlippen, 7. Pfannendeckel, 8. Feuerstahl, 9. Feuerstahlfeder

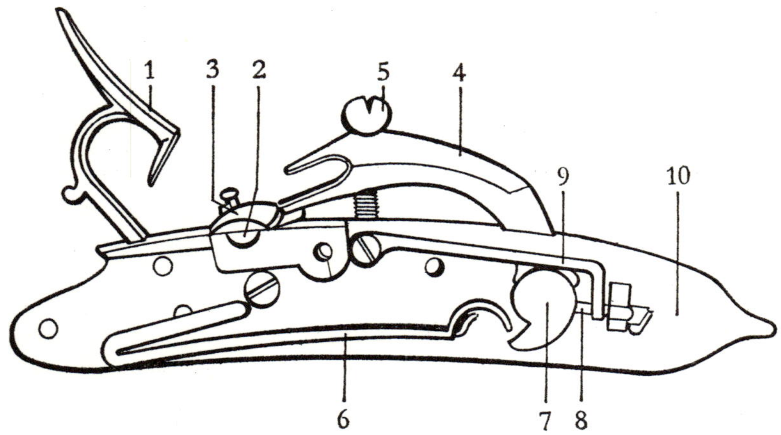

Schwedisches Schnappschloß, Innenansicht:
1. Feuerstahl, 2. Zündpfanne, 3. Pfannendeckel, 4. Hahn, 5. Hahnschraube, 6. Schlagfeder, 7. Nuß, 8. Stange, 9. Stangenfeder, 10. Schloßblech

Der ausgedehnte Handel der Generalstaaten der Niederlande führte zu einer weiten Verbreitung des holländischen Schnappschlosses. Bis in das 19. Jahrhundert hielt sich dieser Typ in Nordafrika. In Rußland hergestellte Handfeuerwaffen mit holländischem Schnappschloß führten die Schlagfeder oft außen, und die obere Klemmbacke des Hahnes hat zum besseren Ergreifen beim Spannen des Hahnes einen Ring.

Ein typisches äußeres Erkennungsmerkmal für das schwedische Schnappschloß ist der langgestreckte, bogenförmig verlaufende Hahn mit einer sehr langen, fast bis zum Hahnfuß reichenden oberen Klemmbacke, die in den ausgeschnittenen Hahnkörper eingesetzt und der Rundung angepaßt ist. Bei frühen schwedischen Schnappschlössern lag die Schlagfeder außen, Feuerstahl und Zündpfannenschieber waren getrennt. Im 17. Jahrhundert verlegten die Schloßmacher die Feder nach innen, und bei einigen Typen diente eine Nuß zur Kraftübertragung von der Feder zum Hahn. Feuerstahlkörper und Pfannenschieber bildeten ein Funktionsteil. Als Sicherung gegen unbeabsichtigtes Losgehen konnte der Feuerstahl durch Lockerung einer Schraube seitlich weggedreht werden.

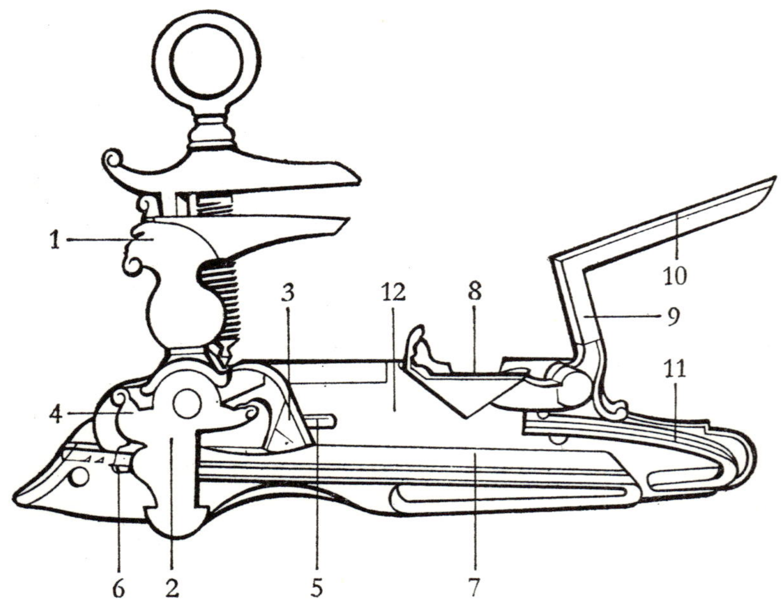

Spanisches Miqueletschloß, Außenansicht:
1. Hahn, 2. Hahnfuß, 3. Hahnzeh, 4. Hahnferse, 5. Nase für den Hahnzeh (Ruhraststellung, Schloß gesichert), 6. Nase für die Hahnferse, 7. Schlagfeder, 8. Pfanne, 9. Pfannendeckel, 10. Feuerstahl, 11. Deckelfeder, 12. Schloßblech

Unter dem Begriff «Miqueletschloß» oder «Mittelmeerisches Schloß» werden Typen zusammengefaßt, bei denen Feuerstahl und Pfannendeckel vereinigt sind. Am bedeutendsten waren italienische und spanische Miqueletschlösser. Zur klaren Unterscheidung beider Typen muß auf die Wirkungsweise der Schlagfeder auf den Hahn geachtet werden. Beim italienischen Typ, auch «alla Romana» genannt, greift die Kralle der Schlagfeder von oben auf den Hahnzeh des Hahnfußes und wird beim Zurückziehen des Hahnes gehoben. Der spanische Typ, auch als «alla catalana» bezeichnet, besitzt eine Schlagfeder, die beim Zurückziehen des Hahnes nach unten gepreßt wird und dann von unten auf die Hahnferse drückt. Dieses spanische Schloß ist im allgemeinen relativ klein, überdimensioniert wirken oft nur die einem Entenschnabel ähnlichen Hahnlippen, verkümmert dagegen der Hahnkörper. Verhältnismäßig klein erscheinen auch Feuerstahl und Pfannendeckel. Die

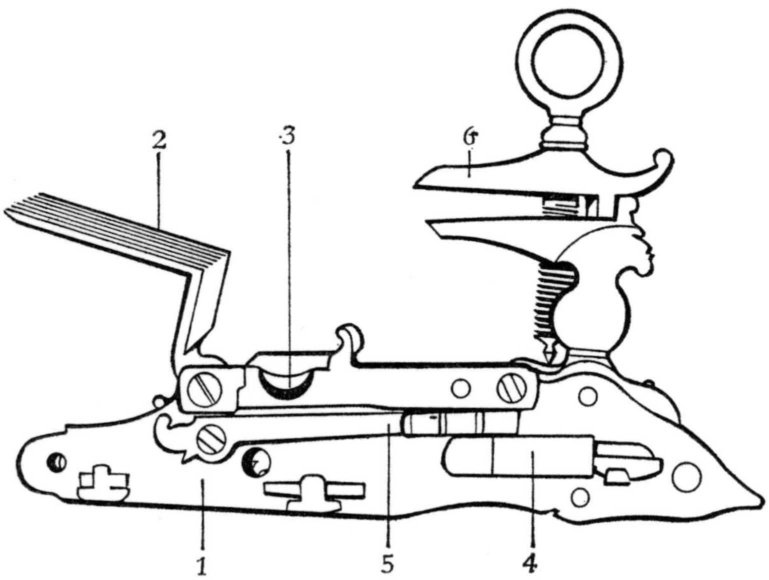

Spanisches Miqueletschloß, Innenansicht:
1. Schloßblech, 2. Feuerstahl, 3. Pfanne, 4. Stange, 5. Stangenfeder, 6. Hahn

Schlagfläche des Stahles ist vertikal tief gefurcht. Die Hahnlippenschraube trägt, wie auch gelegentlich der italienische Typ, oben einen großen Ring zur Handhabung. Neben dem Typ «alla Romana», der dem spanischen sehr verwandt ist, gab es in Italien noch das Schnappschloß «alla fiorentina», das in einigen Details der holländischen Konstruktion mit innenliegender Schlagfeder und Hahnstütze gleicht. Beide italienischen Varianten vereinen Feuerstahl und Pfannendeckel in einem Stück.

Beim schottischen Schnappschloß werden die beiden Klemmbacken des Hahnes von einer Mutter, die auf einer Gewindestange läuft, zusammengepreßt. Zum Festziehen benötigte der Schütze einen besonderen Schlüssel. An der oberen Klemmbacke sitzt hinten ein großer bogenförmiger Kamm. Die frühen schottischen Schnappschloßwaffen hatten keinen Abzugsbügel, sondern nur einen baluster-, später knopfförmigen Abzug. Gerade für das Schnappschloß trifft es zu, daß Konstruktionselemente und Einzelteile in vielfältiger Form variiert wurden und zur genaueren Herkunftsbestimmung einer Waffe auch die anderen Teile eines Gewehrs oder einer Pistole beachtet werden müssen. So lassen sich beispielsweise schottische Schnappschloßpistolen des 17. Jahrhunderts eindeutig durch charakteristische Kolbenformen, wie sie nur in diesem Lande gefertigt wurden, und den Knopfabzug leicht identifizieren.

In England bildete sich um die Mitte des 17. Jahrhunderts eine charakteristische Sicherung heraus, wonach die Konstruktion «Hakenschloß» (im Englischen: dog-lock) benannt wurde. Das Sicherungsproblem lösten die Schloßmacher nach der Zusammenlegung von Feuerstahl und Pfannendeckel durch Anbringen eines Hakens hinter dem Hahnfuß außen am Schloßblech. Am Rücken des Hahnfußes saß ein spitzer Einschnitt, in den der bewegliche Haken einschnappte, wenn der Hahn ein Stück zurückgezogen wurde. Bei voller Zurücknahme des Hahnes klinkte der Hahn wieder aus. Diese Sicherungsform wurde später auch für andere Schnapp- und Steinschloßfeuerwaffen auf dem Kontinent übernommen.

Schnappschloß und Miqueletschloß fanden über die Grenzen der Entstehungsländer hinaus weite Verbreitung, insbesondere der spanische, italienische und niederländische Typ. Das niederländische Schloß gelangte auch nach Schottland, Dänemark und Schweden sowie in arabische Länder. Türkische Schloßmacher übernahmen und modifizierten insbesondere italienische und spanische Miqueletschlösser, und bis ins 19. Jahrhundert gehörten diese auch in den Balkanländern zu den vorherrschenden Typen. Die Hahnschraube erhielt zur besseren Handhabung oft zwei flügelartige Ansätze oder eine kleine Ringöse. Türkische Prunkwaffen besitzen häufig damaszierte Läufe, sind goldtauschiert und ihre Schäfte mit getriebenem, vergoldetem Silberblech belegt. Der Silberblechmantel enthält häufig gefaßte Edelsteine.
Kaukasische Schnappschloßpistolen mit dem Typ des spanischen Miqueletschlosses, reizvollen Silberbeschlägen und Niellodekor gehören heute noch zu den beliebten Sammelobjekten.
In deutschen Territorien kamen sowohl Schnapp- als auch Miqueletschloß vor, jedoch im Vergleich zu Lunten- und Radschloß nur in ganz geringer Anzahl.

Pirschbüchse und Jagdflinte

Innenansicht des Radschlosses von der Pirschbüchse des Kurfürsten Friedrich Wilhelm von Brandenburg, gefertigt von Jacob Zimmermann, Berlin 1646

Auf der Jagd nach Tieren hatte der Mensch die Wahl, sich mühsam an das Wild heranzupirschen und es dann mit einer Stichwaffe zu töten oder, mit weniger Schwierigkeiten verbunden, es mit einer Fernwaffe zur Strecke zu bringen. Weiterhin konnte er Hunde, Falken, Fallen oder andere Helfer und Hilfsmittel einsetzen. Verschiedene Typen von Spießen, Jagdschwerter und seit dem 17. Jahrhundert Hirschfänger waren die wichtigsten blanken Waffen für die Jagd, Bogen und Armbrust die geeignetsten Fernwaffen. Es wurde bereits darauf hingewiesen, daß sich die Armbrust als Jagdwaffe gegenüber der Handbüchse länger behaupten konnte als im Wettstreit mit der Kriegswaffe. Pulver- und Luntengeruch, Mündungsknall und Feuergefahr waren negative Begleiterscheinungen des Schießens mit Feuerwaffen bei der Jagd. Die glimmende Lunte scheint der wesentlichste Störfaktor gewesen zu sein, denn mit dem Radschloß setzte sich allmählich seit dem beginnenden 16. Jahrhundert die Pulverwaffe auch für jagdliche Zwecke durch.

Eine frühe Nachricht über ein spezielles Jagdgewehr stammt aus Nürnberg. Im Jahre 1519 schenkte der bekannte Patrizier Anton Tucher dem böhmischen Adligen Christoph von Schwanberg eine verzierte Pirschbüchse (J. Willers). Eine der ältesten Darstellungen, die einen Jäger mit einer Feuerwaffe auf der Entenjagd zeigt, dürfte ein Stich von Augustin Hirschvogel aus der Zeit um 1545 sein.

Zu diesem Zeitpunkt war in den meisten europäischen Ländern das Jagen ein Vorrecht des Adels, in Deutschland insbesondere der Landesherren, die sich dieses Recht angeeignet hatten, indem sie das Volk von der Nutzung des Waldes und von der Jagd ausschlossen. Der Bauer hatte auf seinen Feldern schwer unter Wildschäden zu leiden, durfte aber nicht mit Waffen gegen das Wild vorgehen.

Oft mußte er auf herrschaftliche Anordnung auch noch Zäune, die die Jagd behindern konnten, von Feldern und Gärten entfernen. Wegen dieses Notstandes kam es immer wieder zu Übertretungen und Auseinandersetzungen mit den Forstbediensteten des Adels. Waffenverbote zeugen davon, daß insgeheim auch Handfeuerwaffen von den Nichtprivilegierten zur Jagd benutzt wurden. Eine Polizei- und Landesordnung der mecklenburgischen Herzöge Johann Albrecht und Ulrich aus dem Jahre 1562 verbot – weil heimlich Wild geschossen worden war –, daß Bauern, Schäfer, Müller und andere Personen Pirschrohre oder selbstzündende Büchsen (Radschloßwaffen) besitzen. Auch Räte und Städte wurden verpflichtet, darauf zu achten, daß Bürger und Handwerksgesellen nicht Hasen und Wildbret schießen.

In allen Ländern wurden die Bauern, neben vielen anderen feudalen Belastungen, auch zu Diensten für die herrschaftliche Jagd herangezogen. Dazu gehörten vor allem Treiber- und Gespanndienste. Zu den höfischen Jagden, die mit ungeheurem Aufwand durchgeführt wurden, zog man oft ein Heer von ein- bis zweitausend Lohnjägern, Treibern, Hunde- und Gespannführern heran. Dieses Jagdspektakel war meist eingekleidet in ein repräsentatives, prunkvolles Erscheinungsbild, das sich im einzelnen aus prächtigen Kostümen, Luxuswagen, reich ausgestatteten Pferden, aufwendigem Zubehör und kostbaren Jagdwaffen zusammensetzte. Bei dieser Einstellung zum Jagen überrascht es nicht, zu vernehmen, daß oft massenweise Wild aus großen Jagdrevieren zusammengetrieben und aus nächster Nähe abgeschossen wurde. Jagdregister vermelden, daß beispielsweise Kurfürst Johann I. von Sachsen während der Zeit von 1611 bis 1650 persönlich 113 627 Stück Wild (ohne Flugwild) zur Strecke brachte. Sein Nachfolger, Johann Georg II., übertraf seinen Vater noch bei weitem, denn er erlegte innerhalb von nur 11 Jahren insgesamt 96 862 Stück Wild, das sind durchschnittlich 8 806 in einem Jahr (E. Haenel).

Neben diesen oft Wochen andauernden Hetz- und Treibjagden pflegten die Weidherren auch die Pirschjagd. Hierbei verfolgten sie das Wild allein oder mit nur kleinem Gefolge. Für diese Jagdart auf Hochwild verwendeten sie die Pirschbüchse, ein gezogenes Gewehr. Es hatte bis weit ins 17. Jahrhundert hinein vorwiegend ein Radschloß und den gestreckten deutschen Kolben mit Kolbenkasten, in der der Schütze Zubehörteile, aber auch Kugeln und Pflaster (Leinenläppchen zur besseren Abdichtung des Geschosses) unterbringen konnte. Während für die Pirsch auf Hochwild der Kugelschuß aus der schweren Büchse angewendet wurde, zogen die Jäger bei der Jagd auf Niederwild (Hasen, Rebhühner, Fasanen, Enten usw.) die Flinte vor. Sie hatte einen dünnwandigen glatten Lauf und oft nur eine halbe Schäftung. Deshalb ließ sie sich bei schnell laufendem oder fliegendem Wild reaktionsschnell handhaben. Der Schrotschuß aus der Flinte hatte bei Niederwild auch größere Trefferchancen. Qualitätvolle Steinschloßflinten drängten die Falkenjagd weitgehend zurück.

Ein Inventar der Rüstkammer zu Dresden von 1606 differenziert bereits die Jagdwaffen nach Zweck und Herkunft genau. Es werden dort erwähnt: dänische Pirschbüchse, große dänische Schrotbüchse, alte bayerische gezogene Pirschbüchse, lange bayerische Schrotbüchse, dessauische Büchse, geschmeidige französische Büchse, alt braunschweigisches Rohr, klein geschmeidig Chemnitzer Büchslein, niederländischer Karabiner, englische Pistole, französische Pistole, alte Nürnbergische Büchse, Salzburger, schlesische, holsteinische, augsburgische und gezogene brandenburgische Büchse (E. Haenel). Diese Übersicht vermittelt ein eindrucksvolles Bild, aus wie vielen Ländern und Städten Handfeuerwaffen für eine fürstliche Rüst- und Jagdkammer bezogen wurden. Zwischen Büchse und Flinte wird in dieser Zeit im Hinblick auf gezogenen und glatten Lauf noch nicht streng unterschieden. «Schrotbüchsen zum Entenschießen» (gemeint sind Schrotflinten) werden auch in Dresdener Rechnungsbüchern 1610/1611 erwähnt (D. Schaal).

Auch die Pistole kam in der Zeit vom 16. bis 18. Jahrhundert auf der Jagd zum Einsatz, wie zeitgenössische Darstellungen beweisen. Finanzkräftige Auftraggeber bestellten Jagdwaffengarnituren, zu denen eine Büchse, Flinte und zwei Pistolen gehörten. Häufig wurden die genannten Jagdgewehrtypen paarweise von gleicher Konstruktion mit übereinstimmendem Dekor geliefert. In diesem Fall weisen die Nummern 1 und 2 auf dem Schwanzschraubenblatt auf ein Doppelstück hin. Auf den Dekor der Handfeuerwaffe konnten auch Pulverflasche, Jagdschwert oder Hirschfänger abgestimmt sein.

Die Konstruktion des Schlosses und eine extravagante Schaftform mit für diese Waffe typischem Dekor sind die unverkennbaren Merkmale eines kleinkalibrigen Radschloßgewehres, der Teschinke oder Tschinke. Diese Typenbezeichnung leitet sich von dem Herstellungszentrum ab, dem Ort Teschen (Český Těšin und polnisch Cieszyn). In der Literatur wird auch die Bezeichnung «Kurländische Tschinke» verwendet. Sie geht höchstwahrscheinlich auf Gewehre des Büchsenmachers Georg Kurland aus Teschen zurück. Das auffälligste Kennzeichen des Schlosses ist die außen am Schloßblech liegende Schlagfeder. Diese Konstruktion erinnert an die frühen italienischen Radschlösser der ersten Jahrzehnte des 16. Jahrhunderts. Die Verlegung nach außen war bei der Tschinke wegen des schlanken, nach unten geneigten Halses der Schäftung notwendig. Das schmale Schloßblech folgte in seiner Form dieser Biegung. Die hintere Fläche des kantigen, schmalflächigen Kolbens ist stark abgeschrägt, und der Kolben läuft deshalb sehr spitz aus, wodurch er einem Tierhuf gleicht. Der Dekor ist meist einfache handwerkliche Arbeit ohne anspruchsvolle künstlerische Qualität. Nach dem verwendeten Einlegematerial lassen sich drei Gruppen abgrenzen. Bei der ersten sind nur gravierte Hirschhornplättchen verwendet, bei der zweiten zusätzlich Perlmuttereinlagen, bei der dritten nur Perlmutter und gravierte Messingplättchen. Auch Fadenornamente und kleinste scheibenförmige Einlagen sind bei der dritten Gruppe in Messing ausgeführt.

Die leichte grazile Schaftform war bei dieser Waffe möglich, weil das kleine Kaliber keinen nennenswerten Rückstoß hinterließ. Tschinken sollen vorwiegend zum Schießen auf sitzende Vögel verwendet worden sein. Die ältesten Gewehre dieser Art stammen aus der Zeit um 1580; sie wurden in fast unveränderter Form bis um 1720 hergestellt.

Jeder Schütze benötigte für das Schießpulver einen Pulverbehälter. Anfangs dürften es Lederbeutel gewesen sein. Sie waren aber nicht wetterbeständig genug, deshalb verwendeten die Schützen seit der ersten Hälfte des 15. Jahrhunderts Pulverbehälter aus Tierhörnern und aus Geweihstücken. Als zweckmäßig erwies sich in der Folgezeit zum Füllen und Ausschütten eine lange Tülle aus Metall. Sie diente zugleich als Maß für eine Ladung. Die Tüllen ließen sich vorn durch einen Stöpsel oder Schraubverschluß abdichten. Seit der ersten Hälfte des 16. Jahrhunderts bedeckte den Tüllenmund vorwiegend eine gefederte Klappe. Das untere Tüllenende ließ sich durch einen Schieber mit Druckfeder wieder sperren, wenn die Tülle Pulver für einen Schuß aufgenommen hatte. Dieser praktische Verschluß blieb bis ins 19. Jahrhundert im Gebrauch. Die kleinen Zündkrautfläschchen hatten oft gleiche Form und gleichen Verschlußmechanismus wie die großen Pulverflaschen. Zum Laden stellte der Schütze den Pulverbehälter auf den Kopf, öffnete den hinteren Schieber, ließ Pulver in die Tülle laufen und danach den Drücker des Schiebers los. Nun öffnete er den Tüllenmund und schüttete das Pulver in den Lauf. Bei manchen Pulverflaschen wurde zugleich mit dem Öffnen des Tüllenmundes die Tülle hinten verschlossen.

In der zweiten Hälfte des 16. Jahrhunderts ahmten Metallhandwerker die natürliche Form einer Geweihverästelung im Metall nach. Die Oberflächen verzierten sie durch Ätzarbeiten, Vergoldungen, durch Eisenschnitt oder Emaillierung. Bevorzugte Formen waren auch scheiben- oder trapezförmige Pulverbüchsen aus Holz. Die zuerst genannten entsprachen im Dekor den Gewehrschaftverzierungen mit Beineinlagen und Schnitzarbeiten. Den Holzkörper der trapezförmigen Pulverflaschen bedeckte häufig ein Samt- oder anderer Stoffüberzug. Die Kanten waren mit Metallstegen und Bändern eingefaßt, und die Breitseiten der Flasche trugen Metalldurchbrucharbeiten mit Wappen, bildlichen oder ornamentalen Verzierungen. Durch den Dekor gehörte die Pulverflasche, wie andere Jagdutensilien, oft zu einer Garnitur.

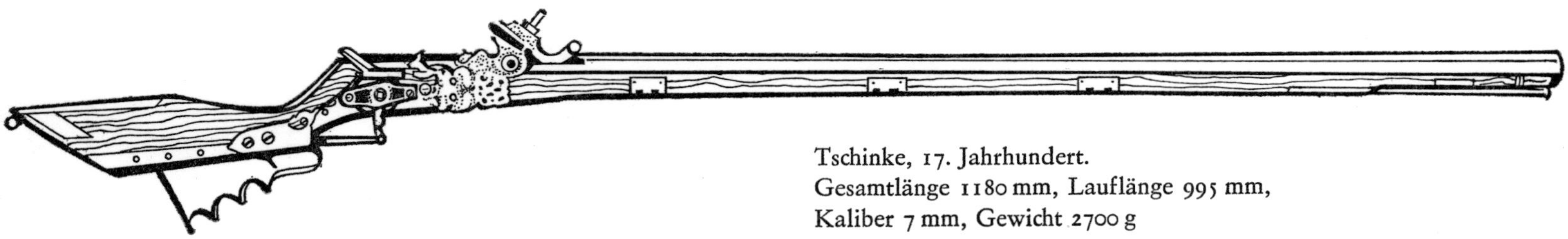

Tschinke, 17. Jahrhundert.
Gesamtlänge 1180 mm, Lauflänge 995 mm,
Kaliber 7 mm, Gewicht 2700 g

Aberglaube – Schützenzauber

Angst vor Tod und Gefahr, vor Seuchen und Krankheit, vor Hunger und Armut waren stets ein guter Nährboden für Aberglauben, Zauberei und Scharlatanerie. Kriege wie der schreckliche Dreißigjährige von 1618 bis 1648, verstärkten die Neigungen der gepeinigten, verängstigten, auf Überleben und bessere Tage hoffenden Bevölkerung auf Beistand und Glück durch übernatürliche, geheimnisvolle Kräfte. In diesem Getriebe von Selbstbetrug und Betrogenwerden, von einfältiger Hoffnung auf Glück und Gier nach oft widerlichen Perversitäten, spielte insbesondere der Soldat eine unrühmliche Rolle. Das «Kriegshandwerk» hatte ihn besonders roh und sittenlos gemacht, aber auch aufnahmefähig für jeden Hoffnungsschimmer auf Überleben. Mehr als jede andere Waffe war die Feuerwaffe unberechenbar. Die surrenden Kugeln konnte der Soldat durch Parieren nicht abwehren. Wie von unsichtbarer Hand, von Teufelshand gelenkt, trafen sie ihn oder streckten seinen Nebenmann zu Boden. Die zunehmende Durchschlagskraft der Musketenkugeln zwang auch zur Aufgabe der Plattenpanzerung, da eine weitere Verstärkung des Metalls die Rüstung zu schwer gemacht hätte. Es lag nahe, daß der Soldat auf geheime Kräfte hoffte, die ihn vor den feindlichen Geschossen bewahrten. Die Vorstellung von der «Unverwundbarkeit» durch den Schutz der Götter und Heiligen und durch zauberkräftige Mittel geht bis in die Urzeit der Menschheitsgeschichte zurück. Das Fünkchen Hoffnung, beschützt und behütet zu sein, hat sich bis in die Gegenwart erhalten.

Erfolgreiche Feldherren, wie Wallenstein, Tilly, König Gustav II. Adolf von Schweden, Zar Peter der Große, König Friedrich II. von Preußen und Kaiser Napoleon I. galten den Soldaten als unverwundbar. Dieser Zweckoptimismus war für den Erfolg des Heerführers sehr nützlich, stärkte er doch das Vertrauen der Soldaten. Als Gustav Adolf von Schweden in der Schlacht bei Lützen 1632 fiel, hatte ihn angeblich eine silberne Kugel getroffen. Sogenannte «Unverwundbare», die als «fest» oder als «Erstarrte» galten und von denen jede normale Kugel angeblich abprallte, waren nach Meinung abergläubischer Soldaten nur durch silberne oder goldene Kugeln zu töten. Die Silberkugel mußte aber aus ererbtem Silber oder aus geweihten Marientalern gegossen werden. Gegen dieses Geschoß waren auch Unverwundbare und Hexen nicht geschützt. Aus diesem Aberglauben zogen andere, die die Leichtgläubigkeit ausnutzten, Gewinn. Sie präsentierten beispielsweise einen «Unverwundbaren» mit vielen blauen Flecken an Körperstellen, die von Kugeln getroffen worden waren, und versprachen, für die Entrichtung eines Geldbetrages den Zahlenden ebenfalls unverwundbar zu machen. Dabei wandten sie den Trick an, den geringsten Teil des Pulvers hinter und den größten vor der Kugel zu laden. Dadurch war der Anprall des Geschosses auf den menschlichen Körper von sehr geringer Wirkung, und der Getroffene blieb unverwundet. Nur blaue Flecken zeichneten sich ab.

Auch Zauberhemden sollten angeblich gegen Geschosse schützen. Diese Hemden mußten aber an einem Weihnachtstag von «unschuldigen Mädchen» fertiggestellt werden. Auf die Hemdbrust nähten sie zwei Bilder, einen Männerkopf mit langem Bart und Helm sowie die Gestalt des Teufels mit Krone. Als kugelabweisend und kugelauffangend galt auch der Mansfelder Taler mit der Darstellung des reitenden hl. Georg im Kampf mit dem Drachen. Unter diesen Talern waren die mit bestimmten Jahreszahlen – 1521, 1522, 1523, 1609, 1610, 1611, 1613 u. a. – besonders begehrt und natürlich hoch im Kurs. Auch hier dürften Geschäftemacher Einfluß auf die Festlegung der Jahre als kabbalistische Zahlen gehabt haben. Im Dreißigjährigen Krieg trugen Offiziere vorwiegend Mansfelder Goldtaler. Besondere Beliebtheit erlangte dieses Amulett auch in den Kämpfen gegen die Türken in Ungarn.

Vor Kugeln und vor Verletzungen durch Hieb und Stich sollten auch Zettel mit Sprüchen aus der Heiligen Schrift oder mit magischen Zeichen, die man verschluckte, und eine Vielzahl von Kräutern und Wurzeln schützen. Zu den überzüchteten Phantasieprodukten, die Schutz gewähren sollten, gehörte das «Gehirn aus den Schädeln Hingerichteter», eine Nabelschnur oder ein Stückchen Mutterkuchen, die in die Kleidung einzunähen waren.

So wie man sich mit Hilfe der Zauberei und Magie vor den gefürchteten Feuerwaffen schützen konnte, so glaubte man auch, daß bestimmte Mittel geeignet seien, die Treffsicherheit eines Gewehres oder einer Pistole zu erhöhen. Selbstverständlich bedurfte es dazu wiederum besonderer, außergewöhnlicher Mittel. Nicht nur Soldaten, sondern auch Jäger versprachen sich davon einen treffsicheren Schuß. Der Beruf des Jägers war ohnehin geheimnisumwittert. Der Weidmann zog durch den finsteren, von unheimlichen Wesen belebten Wald, tauchte plötzlich wie ein Geist aus dem Gebüsch auf und hatte oft einen sicheren Schuß. Allein dadurch war der gemeine Mann ihm gegenüber skeptisch und geneigt, ihn für einen Bundesgenossen des Teufels zu halten.

Doch auch das höfische Jagdzeremoniell, in der Zeit des Absolutismus zur Hochblüte entwickelt, trug zur Ausbreitung des geheimnisvollen Jagdzaubers bei. Der sicher treffende Jagdherr besaß geheime Kräfte und gefiel sich in dieser Rolle. Zum Teil nutzten die Jäger die Skepsis und Furcht ihnen gegenüber aus und verbreiteten selbst noch mit großem Vergnügen unheimliche Geschichten über ihr eigenes Gewerbe, um auch Wilderer und Holzfrevler abzuschrecken. Geachtete Autoren, die selbst Jäger waren, wie beispielsweise Heinrich Wilhelm Döbel, Verfasser des hervorragenden Buches «Neueröffnete Jäger-Practica» aus dem Jahre 1754, berichteten ausführlich über Jagdzauberei.

So grausam wie die Jagdmethoden dieser Zeit beim Abschießen des Wildes in Zwingern, beim Fuchsprellen und ähnlichem, so brutal waren auch die Riten, bei denen kleine Tiere zur «Verzauberung» von Gewehren benutzt wurden. Kleines Getier warf man in schmelzendes Blei, stach ihm vorher die Augen aus und schnitt ihm die Zunge heraus. Döbel nennt folgende Mittel zur Verzauberung einer Flinte: «Schieß einen Spatzen, aber so, daß ihn die Schrotkörner nur umwerfen und du ihn fangen kannst. Der Kopf des Spatzen wird am Ende des Ladestockes befestigt, er wird in den Lauf eingeführt und das Laufinnere damit bestrichen. Anschließend nimmt man weißes Knoblauch, bestreicht mit demselben einen Leinenlappen, und damit wird der Lauf gründlich ausgewischt. Der Kopf des Spatzen wird zusammen mit dem Knoblauch in den Lappen gewickelt und in den Schornstein gehängt. Die Flinte wird bald besser. Nach einigen Tagen wird der Lappen aus dem Rauch genommen und mit der Flinte wird der erste Vogel, der in den Schuß kommt, abgeschossen. Der Lauf wird anschließend entweder mit dem ganzen Vogel oder einem Stückchen desselben und mit Pulver geladen, worauf der Schuß in die Luft abgefeuert wird.» Auch junge Schlangen dienten zur Verzauberung der Flinte. Ferner waren begehrte Mittel, die Einfluß auf Treffsicherheit haben sollten, Speichel, Harn und Kot, Körperteile eines Toten und alle Dinge, die zur Totenbestattung gehörten: das Totenhemd, Nadel und Faden, mit denen es genäht wurde, der Strick eines Gehängten, der Ast oder das Astloch eines Sargbrettes, das Herz eines Toten, Haare oder Zähne einer Leiche und viele andere ausgefallene Requisiten (Lugs, 1968).

So wie das Gewehr, konnte auch die Kugel verzaubert werden. Sie mußte dann beispielsweise am Heiligen Abend, wenn der Teufel erscheint, im Walde an einer Kreuzung gegossen werden. Diese Handlung muß in der Oper «Freischütz» von Carl Maria von Weber – Libretto von Friedrich Kind – auch der Jäger Kaspar in der Wolfsschlucht ausführen. Der Aberglaube an Freischützen, die mit dem Teufel im Bunde stehen und kein Ziel verfehlen, war vorwiegend in den deutschsprachigen Ländern, aber auch bei den Tschechen, Slowaken und Ukrainern verbreitet.

Über Freischützen mit Armbrüsten berichtet bereits das umfangreiche Werk in lateinischer Sprache zum Aberglauben, über Zauberei und Ketzerei «MALLEVS MALEFICARVM: DE LAMIIS ET STRIGIBVS, ET SAGIS ALIISQUE MAGIS & DAEMONIACIS, CORUMQUE ARTE, & POTESTATE, & POENA...» (Titel der Ausgabe: Frankfurt 1600). Das Werk soll im Jahre 1487 in Köln fertiggestellt worden sein. In deutscher Sprache liegt es in dreibändiger Übersetzung mit dem Titel «Hexenhammer» (Berlin 1922/1923) vor. Der Aberglaube verlangte von einem Jäger, wollte er

Freischütz werden, daß er in den Besitz einer Hostie kam. Diese mußte er an einem Baum befestigen und, mit dem Rükken zum Baum stehend, das Gewehr auf der Schulter liegend, durchschießen. Sah er auf die Hostie, würde er Christus am Kreuz erblicken. Nach dem Schuß mußte er die Blutstropfen, die aus der Hostie flossen, auffangen und damit seinen Gewehrlauf und Hahn bestreichen oder das Blut dem schmelzenden Blei beim Kugelgießen hinzufügen. Die Phantasie bereicherte den Freischützen-Aberglauben durch viele andere Bräuche. Das Wichtigste war jedoch immer das Kugelgießen im Bunde mit dem Teufel. Gute Schützen kamen nicht selten in den Verdacht, Freischützen zu sein. Als Bundesgenossen des Teufels konnten sie dann der Ketzerei angeklagt werden.

Kombinationswaffen

Mit Fernwaffen ausgerüstete Krieger trugen in der Regel eine Zweitwaffe für den Nahkampf: ein Schwert, einen Degen oder Säbel, auch eine Streitaxt oder eine andere Schlagwaffe. Beim Gebrauch dieser Waffen mußte der Krieger die Schußwaffe meist mit der linken Hand halten, wodurch er im Kampfgetümmel stark behindert war. Das mag ein Grund für die Konstruktion sogenannter Kombinationswaffen gewesen sein. Ein Lauf aus Bronze oder Schmiedeeisen ließ sich zwar auch als Schlagwaffe benutzen, durchdrang jedoch wohl selten Helm oder Harnisch. Ein an der Handbüchse angebrachtes Axteisen oder der zum Streitkolbenkopf ausgearbeitete Mündungsteil erhöhten die Schlagwirkung. Diese beiden Formen von Kombinationswaffen sind bereits aus dem 15. Jahrhundert bekannt.

Im folgenden Jahrhundert gab es kaum einen Kaltwaffentyp, der nicht mit einer Feuerwaffe kombiniert wurde. Wie bereits erwähnt, gehörten Kombinationswaffen mit Radschloß zu den frühesten Erzeugnissen mit dieser Schloßkonstruktion. Jede Hieb- und Stichwaffe ließ sich durch ein Pulverrohr ergänzen. Auf die Klingen von Schwert, Degen oder Dolch montierte der Büchsenmacher einen kurzen Lauf und ein Schloß. Die Blankwaffe übernahm die Funktion des Schaftes, wenn auch nur unvollkommen. Gerade verlaufende Griffe eigneten sich denkbar ungünstig für die Handhabung und ein Abfangen des Rückstoßes. Sehr vorteilhaft ließen sich eiserne hohle Schäfte von Streithämmern, -äxten und -kolben als Läufe verwenden. An derartige Waffen brauchte nur ein Radschloß montiert und ein Zündloch gebohrt zu werden. Bei einigen erhaltenen, kostbar in Ätzarbeit verzierten Exemplaren dieses Typs aus Augsburg läßt sich der Lauf mit einem Mündungsschoner verschließen – vermutlich mehr ein dekoratives als ein praktisches Detail. Auch mehrere Typen von Stangenwaffen – unter ihnen Spieße, Helmbarten und Sauspieße – waren mit Schußwaffen kombiniert. Kurze Läufe und kleine Schlösser befanden sich auf den Klingen dieser Waffen. Bei einem Sauspieß saß auf zwei Seiten des Spießeisens eine Feuerwaffe, eine «doppelte Sicherung» gegenüber dem Wild. Auch Hirschfänger besaßen Schießvorrichtungen. Eine dreifache Waffenwirkung erreichte ein Jäger, der nach Abgabe eines Schusses in die Mündung des Gewehres ein Spundbajonett, kombiniert mit Radschloßpistole, steckte. Das Kombinieren führte zu mancher Übertreibung. Eine Streitaxt – im Besitz des Museums für Deutsche Geschichte Berlin – erhielt beispielsweise nicht nur ein Rad-, sondern zusätzlich auch noch ein Luntenschnappschloß. Sie besteht völlig aus Eisen und ist dadurch als Axt sehr schwer zu handhaben. Die zwiebelartige Kolbenform ließ kein Abfangen des Rückstoßes mit dem Körper des Schützen zu. Diese unzweckmäßige Waffe mit reicher getriebener und geätzter Dekoration gehört in die Kategorie der Kuriosa.

Der Gebrauchswert der meisten Kombinationswaffen ist äußerst gering einzuschätzen. Die Freude finanzkräftiger Auftraggeber am Besitz und der Reiz für den Büchsenmacher an der Konstruktion waren wesentliche Motive der Herstellung dieser Waffen. Makaber wirkt es, wenn ein Eßbesteck mit Schießvorrichtung ausgestattet wird. Den Gästen des sadistischen Besitzers dieses gefährlichen «Speise-Spielzeuges» mag der Bissen im Halse steckengeblieben sein. Auch kostbare Ausrüstungsstücke für die höfische Jagd erhielten gelegentlich Schießvorrichtungen. Ein Weidmesser aus dem Jahre 1546 – die Klinge von Ambrosius Gemlich aus München – ist mit einer Radschloßpistole kombiniert.

Söldnerführer trugen im 16. Jahrhundert oft als Zeichen der Befehlsgewalt Streitkolben und Streithämmer. Kombinierte Waffen könnten von ihnen durch Abgabe eines Schusses zum Zeichengeben verwendet worden sein. Kombinationswaffen eigneten sich auch als Geräuschinstrumente bei Festlichkeiten und Turnieren. Wendelin Boeheim weist darauf hin, daß auf einer Abbildung im «Turnierbuch» des Hans Francolin jun. – 1560 in Wien erschienen – ein Turnierreiter während des Kampfes sein Schießschwert abfeuert.

Eine Kombinationswaffe war gelegentlich auch für weitere Funktionen geeignet. So ließ sich beispielsweise eine Kombination Degen und Radschloßpistole – um 1580 in Nürnberg gefertigt – auch als Musketengabel verwenden.

Mehrschüssige Handfeuerwaffen und Hinterlader

Seitdem das Gewehr sich einen gesicherten Platz als Jagdwaffe und auf den Schießplätzen erobert hatte, richteten sich der Erfindergeist und das Bemühen der Büchsenmacher um bessere Konstruktionen weitgehend auf diese Zivilwaffen. Qualitätvolle Jagdgewehre für finanzkräftige Käufer hatten beispielsweise eher Aussicht verkauft zu werden als Modelle für Militärwaffen mit hoher technischer Perfektion, die wegen erheblicher Kosten für eine allgemeine Bewaffnung von vornherein abgelehnt wurden.

Das Radschloß hatte zwar wesentliche Vorteile für das jagdliche Schießen gebracht, der Jäger war jedoch oft, wenn er vorbeigeschossen hatte, verärgert, weil innerhalb der langen Ladephase das Wild inzwischen verschwand. Zwar besaßen Jagdherren des hohen Adels meist Büchsenspanner, die ihnen nach Abgabe eines Schusses umgehend ein neues geladenes Gewehr reichten, aber andere Jäger mußten die Büchse oder Flinte selbst laden und spannen. Der Wunsch, eine Jagdwaffe zu besitzen, mit der man unmittelbar hintereinander mehrere Schüsse abgeben konnte, war deshalb sehr verbreitet. Im Prinzip bestand das gleiche Bedürfnis für Kriegswaffen.

Konstruktionen mit mehrläufigen Waffen gab es zwar schon früher, jedoch mußten sie für die Jagd leicht und handlich sein, und es waren ferner Systeme für Gewehrschlösser zu entwikkeln. Im 16. Jahrhundert entstanden zwei-, drei- und vierläufige Waffen für Lunten-, Rad- und Schnappschloß. Bei Radschloßwaffen mit zwei Läufen besaß in der Regel jeder Lauf sein eigenes Schloß. Die Schlösser waren hierbei entweder in unterschiedlicher Höhe hintereinander oder an der rechten und linken Seite der Waffe angeordnet. Bockpistolen mit übereinanderliegenden Läufen und gestrecktem Kolben, sogenannten Dolchgriffen, drehte der Schütze nach Abgabe des ersten Schusses der Länge nach um 180 Grad. Das jeweils unten liegende Schloß stand auf dem Kopf. Süddeutsche und italienische Büchsenmacher fertigten bereits um 1540 bis 1550 zweischüssige Pistolen.

Zu den mehrschüssigen Waffen gehörten auch die sogenannten «Wender». Zwei drehbar am Hinterschaft gelagerte Läufe hatten jeweils ein Zündloch bzw. auch eine Pfanne, die nach dem Wenden am Schloßmechanismus mit Hahn zu liegen kam. Bei anderen hatte jeder Lauf sein eigenes Schloß. Besondere Verbreitung erlangten Wender mit zwei übereinanderliegenden Läufen seit der Mitte des 17. Jahrhunderts in Frankreich. Beim Steinschloß besaß jeder Lauf in der Regel eine Zündpfanne mit Pfannendeckel und Batterie, das Gewehr jedoch nur einen Hahn.

Zu den attraktivsten mehrschüssigen Handfeuerwaffen gehören die Revolver. Es mag manchen nicht eingeweihten Leser überraschen, daß auch diese durch den legendären «Colt» des 19. Jahrhunderts so bekannt gewordene Waffe bereits ihre Vorläufer im 16. Jahrhundert hat. Das Wort «Revolver» leitet sich von lateinisch revolvere = zurückrollen ab und bedeutet im übertragenen Sinne «sich um eine Achse drehen». Es werden zwei Systeme unterschieden: 1. Handfeuerwaffen mit sich drehenden Laufbündeln und 2. mit einer hinter dem Lauf angebrachten drehbaren Trommel. Bei beiden Systemen hatte der Schütze nach Abgabe eines Schusses weitere Ladungen in seiner Waffe und konnte deshalb wesentlich schneller feuern als beim Einlader. Ähnlich wie beim Wender wurde beim Laufbündel eine Sperre gelöst und der nächste Lauf mit der Hand zum Schloß oder zum Hahn gedreht.

Eine Radschloßpistole mit drei Läufen, vermutlich in Augsburg oder Nürnberg um 1540 für Kaiser Karl V. gefertigt – heute in der Armeria Reale in Turin aufbewahrt – ist vermutlich der älteste erhaltene Revolver («Drehling») mit Radschloß. Auch bei den ersten Handfeuerwaffen mit Trommeln drehte nach Lösen einer Sperre die Hand diese Mehrladeeinrichtung weiter. Dabei gelangten jeweils eine Kammer mit Pulver und Geschoß unmittelbar hinter den Lauf. Eine äußerst präzise Arbeit war notwendig, damit die Bohrung der Kammer mit der Laufbohrung übereinstimmte, sonst wäre die Waffe beim Schuß zersprungen. Eine weitere technische Schwierigkeit, die über Jahrhunderte in Handarbeit schwer zu lösen war, bestand in dem gasdichten Abschluß zwischen Lauf und Trommel.

60 *Büchse mit schwedischem Schnappschloß.* Von Samuel Riddersporе, Norrköping, Schweden. Letztes Viertel 17. Jahrhundert. Länge 1280 mm, Kaliber 13 mm

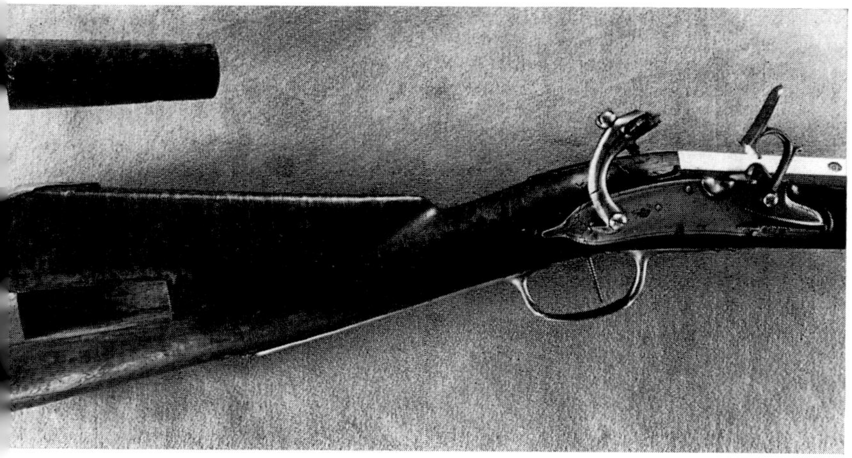

61 *Schnappschloßpistole.* Italien (Bargi bei Bologna?). 1. Hälfte 18. Jahrhundert. Die vorherrschenden Verzierungsmotive sind in Eisen geschnittene Masken (auch am Abzugsbügel und an der Knaufkappe). Der Pfannendeckel muß mit der Hand vor- und zurückgeschoben werden. Beschläge und Ladestock sind aus Eisen. Länge 290 mm, Kaliber 14 mm

Pistole mit Miqueletschloß. Ripoll in Katalonien. Mitte 17. Jahrhundert. Bei diesem Stück drückt die außenliegende Schlagfeder mit der Kralle auf den vorderen Zeh des Hahnfußes. Beim Zurückziehen des Hahnes wird die Feder in Spannung versetzt. Gleichzeitig gleitet ein Schenkel einer im Scharnier beweglichen Stange von innen durch die Schloßplatte hindurch, schiebt sich über den hinteren Zeh und hält den Hahn in Spannstellung. Beim gleichen Vorgang gleitet ein zweiter Schenkel in eine Kerbe der innen quer zur Schloßplatte liegenden Abzugsstange. Eine Blattfeder drückt den Schenkel nach außen, eine zweite mit Hilfe des Druckes von der Abzugsstange nach innen. Das Schloß besitzt ferner eine Hakensicherung. Der Haken wird mit der Hand in eine Kerbe des Hahnfußes eingelegt, springt beim Zurückziehen des Hahnes in die Spannstellung selbsttätig durch Federdruck zurück. Die Schlagfläche ist mit dem Pfannendeckel verbunden und geriefelt. Der Knopfabzug besitzt keinen Abzugsbügel; die Beschläge sind aus Eisen. Länge 235 mm, Kaliber 11 mm

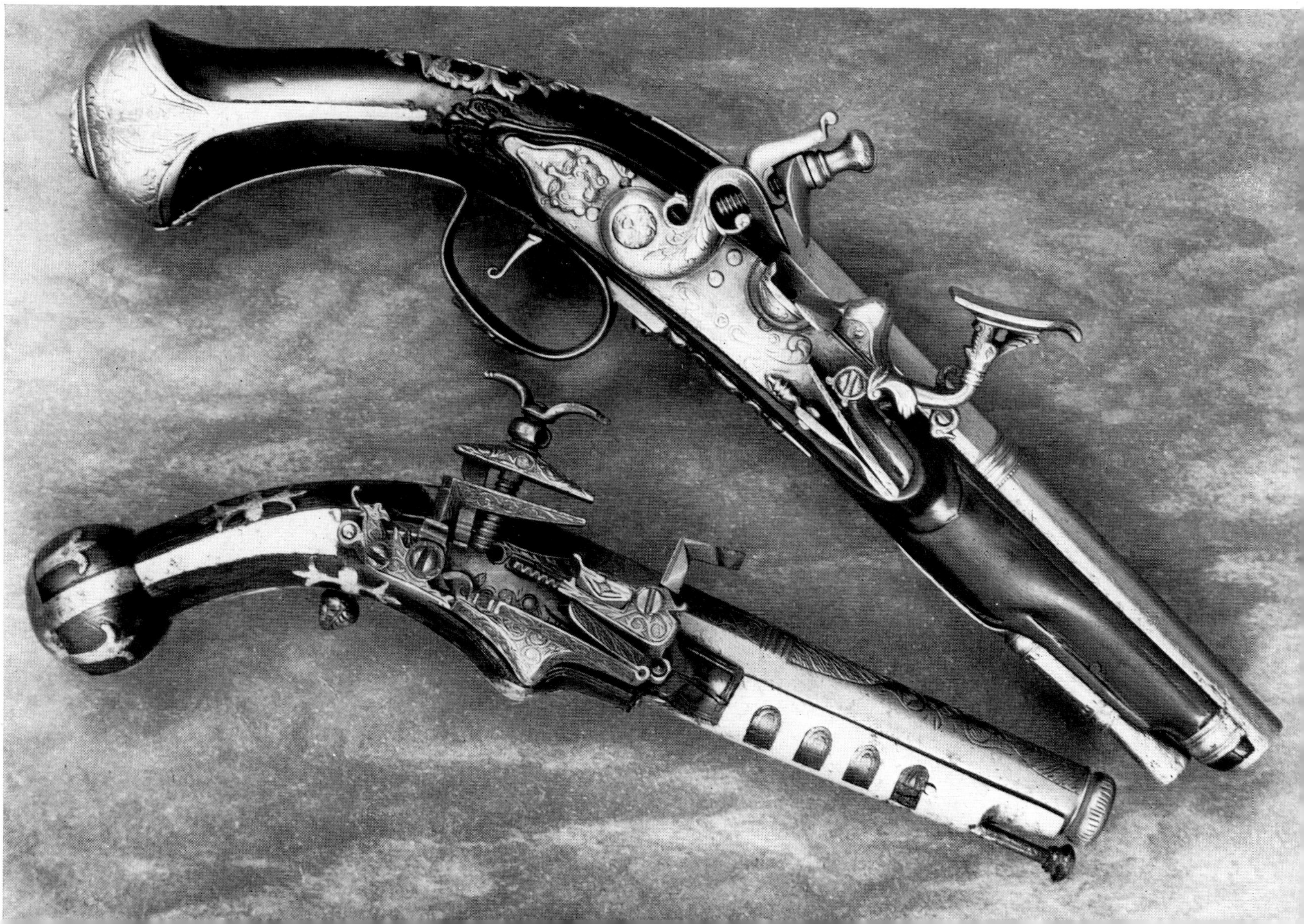

62 *Schnappschloßbüchse.* Türkisch. 18. Jahrhundert. Damaszierter Lauf, aufgeschlagene Goldtausia; Schaft mit Silberblech beschlagen, in den Fassungen Türkise. Länge 1230 mm, Kaliber 16 mm

63 *Schnappschloßbüchse.* Türkisch, 18. Jahrhundert. Damaszierter Lauf; Goldtausia am Schloß; Korallen als Knopfabzug und Dekor am Schloß; Schaft mit Silberblech überzogen, in den Fassungen rote Steine. Länge 1150 mm, Kaliber 14 mm

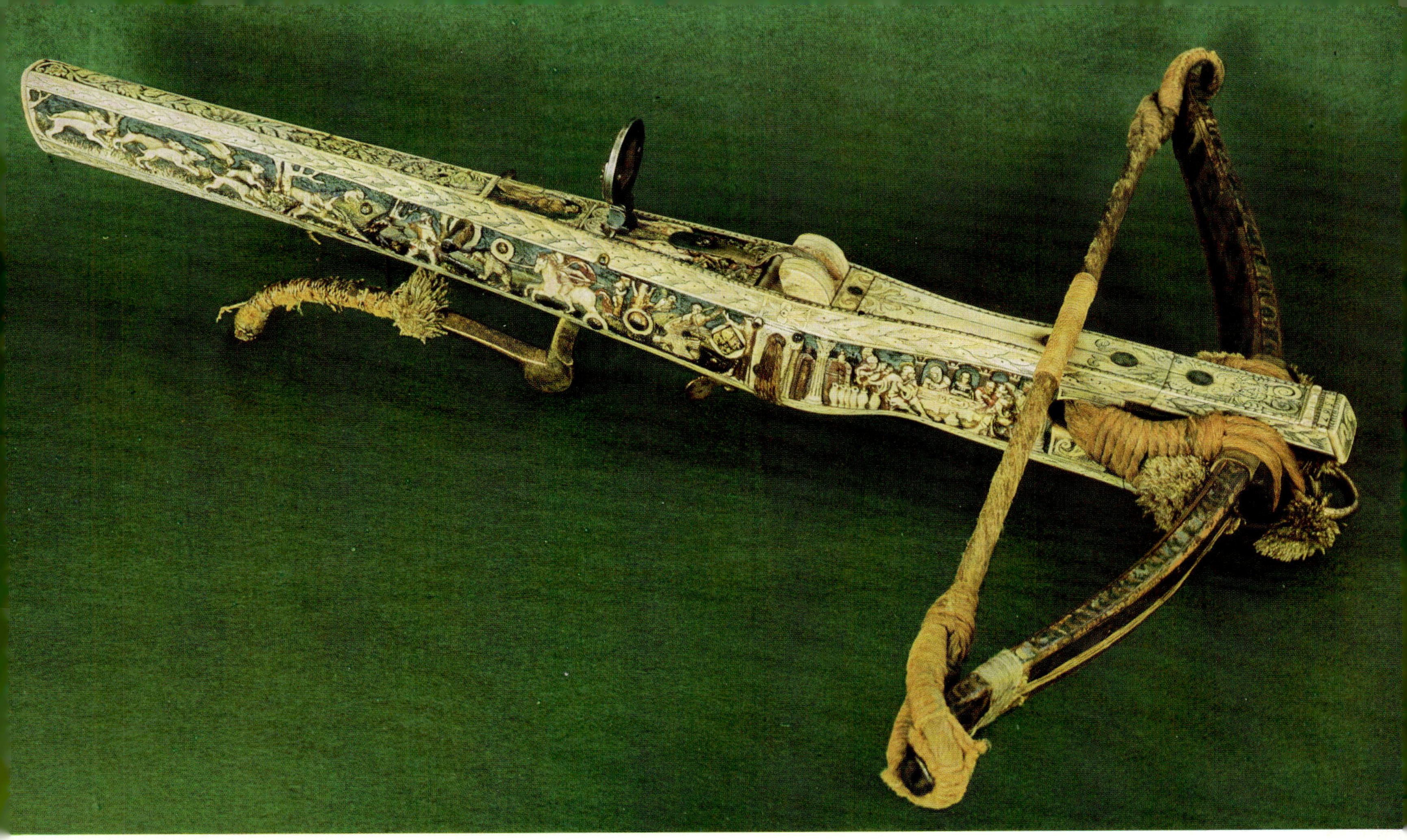

64 *Jagdarmbrust.* Deutsch. 1567. Neben den Handfeuerwaffen gehörten zur höfischen Jagd auch weiterhin kostbar verzierte Armbrüste. Auf dem Goldgrund des Stahlbogens befindet sich eine farbige Darstellung einer Hirsch- und Bärenjagd. Die völlig verbeinte und zum Teil bemalte Säule enthält in Relief Jagdszenen, aber auch Darstellungen zur biblischen Geschichte: Adam und Eva, die Hochzeit zu Kana und Bathseba im Bade. Länge 660 mm, Bogenweite 590 mm

65 und 66 *Detail* von Abb. 64

67 *Radschloßbüchse.* Von Hans Keiner, Eger in Böhmen. Um 1680.
Die Verzierungen sind direkt in das Holz der Schäftung eingeschnitten.

68 *Radschloßbüchse.* Nürnberg. Zwischen 1583–1602.
Der Lauf trägt die Schlangenmarke und die Buchstaben «P D» des bedeutenden Büchsenmachers Peter Danner und die Schloßplatte die Marke des Schloßmachers L. Strauß (L S). Beide Teile enthalten die eingeschlagene Nürnberger Beschaumarke. Die einfachen Beinintarsien am Schaft zeigen Schützen auf der Jagd nach Flugwild. Die grob konturierten Darstellungen können auf Vorlagen von Jagdszenen des aus Nürnberg stammenden Künstlers Augustin Hirschvogel (1503 bis 1553) zurückgehen. Länge 1020 mm, Kaliber 14 mm

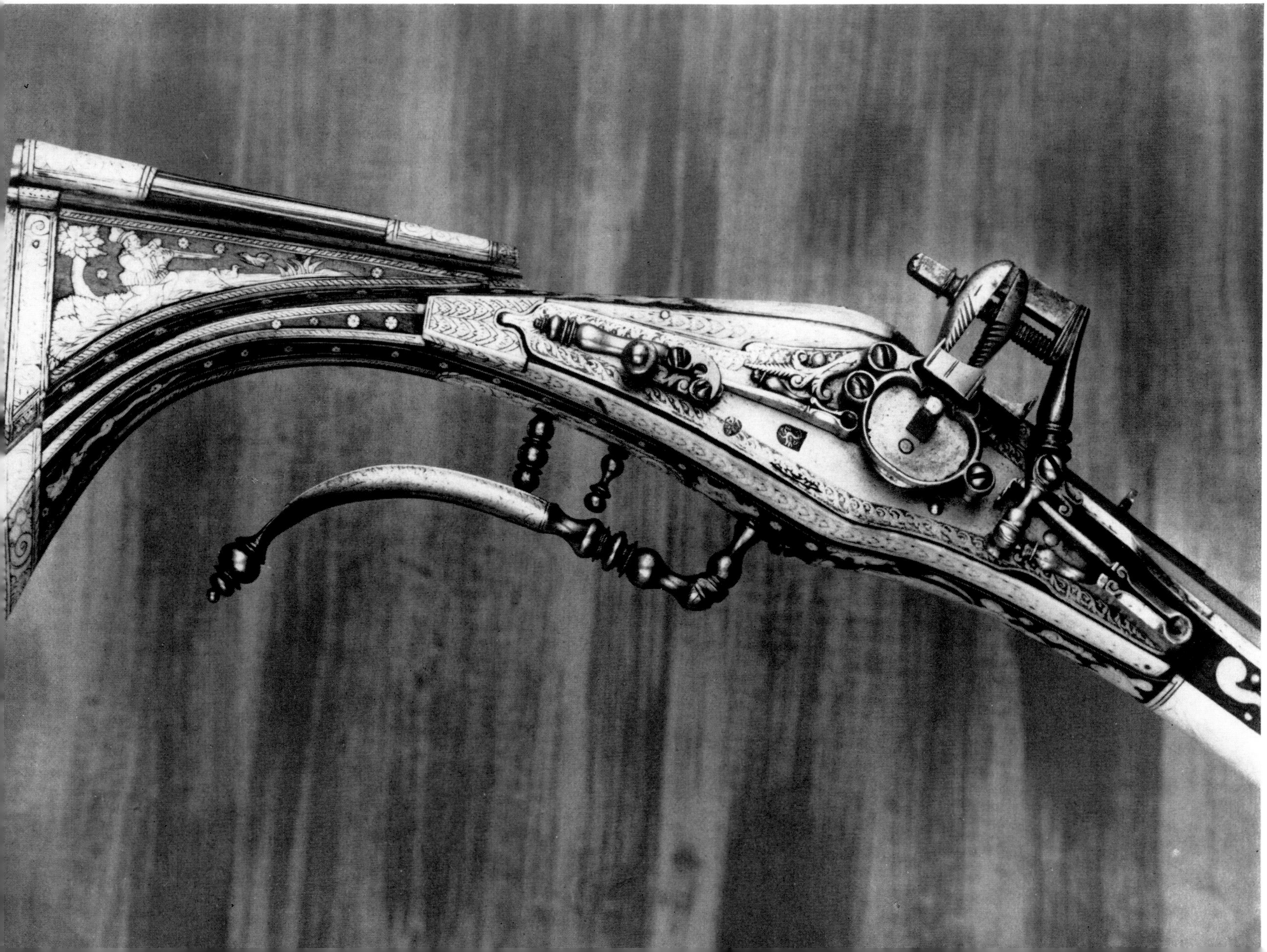

69 *Radschloßbüchse* des Kurfürsten Friedrich Wilhelm von Brandenburg. Von Jacob Zimmermann, Berlin. 1646. Zu den Sonderanfertigungen mit interessantem technischem Raffinement, die als Kuriosa den Betrachter beeindrucken sollten, zählt auch eine Pirschbüchse des Kurfürsten Friedrich Wilhelm von Brandenburg. Am Schloßblech innen steht die Meisterbezeichnung des Berliner Büchsenmachers «JACOB ZIMMERMANN 1646». Der Radschloßmechanismus ist von einem ruhenden Hirsch aus vergoldetem Messingguß verdeckt, und Körperteile des Tieres sind in den Funktionsmechanismus einbezogen. Der längsgeteilte Kopf läßt sich mit der hinteren Hälfte auf das Rad in der Pfanne herabdrücken. Im Äser (Maul) des Hirsches steckt ein kleines Stück Schwefelkies. Das Schloß ist ein Selbstspanner, beim Abwärtsdrücken des rechten Vorderlaufes bewegt sich eine Zahnstange, und das Schloß wird gespannt. Wedel und Brunftrute dienen als Stecherabzug. Am Kolben sind die Buchstaben F W C (Friedrich Wilhelm Churfürst) eingeschnitten. Länge 1010 mm, Kaliber 18 mm

70 *Weinbehälter aus Silber* in Form einer Luntenschloßmuskete, aus dem Besitz des Kurfürsten Georg Wilhelm von Brandenburg, 1627. Das Gefäß ist vorn durch eine imitierte Kugel verschlossen, der hintere Schraubverschluß fehlt. Einfache gravierte Jagdszenen auf beiden Seiten, unten am Kolben Name, Titel und vollständiges Wappen des Kurfürsten. Kurfürst Friedrich III. von Brandenburg ließ 1693 auf einer Seite des Kolbens seine Intitulatio und auf der anderen Seite den brandenburgischen Adler, umgeben von Monogrammen des Kurfürsten und der Devise des Hosenbandordens «HONY SOIT QVI MALY PENSE» eingravieren. Länge 1170 mm. *Weidbesteck*. Deutsch. 2. Hälfte 17. Jahrhundert. Bestehend aus Weidblatt mit Scheide, drei Messern, Gabel und Spickdorn (auch als Feile zu verwenden). Griffe und Scheidenbeschläge feuervergoldet. Länge des Weidblattes 560 mm

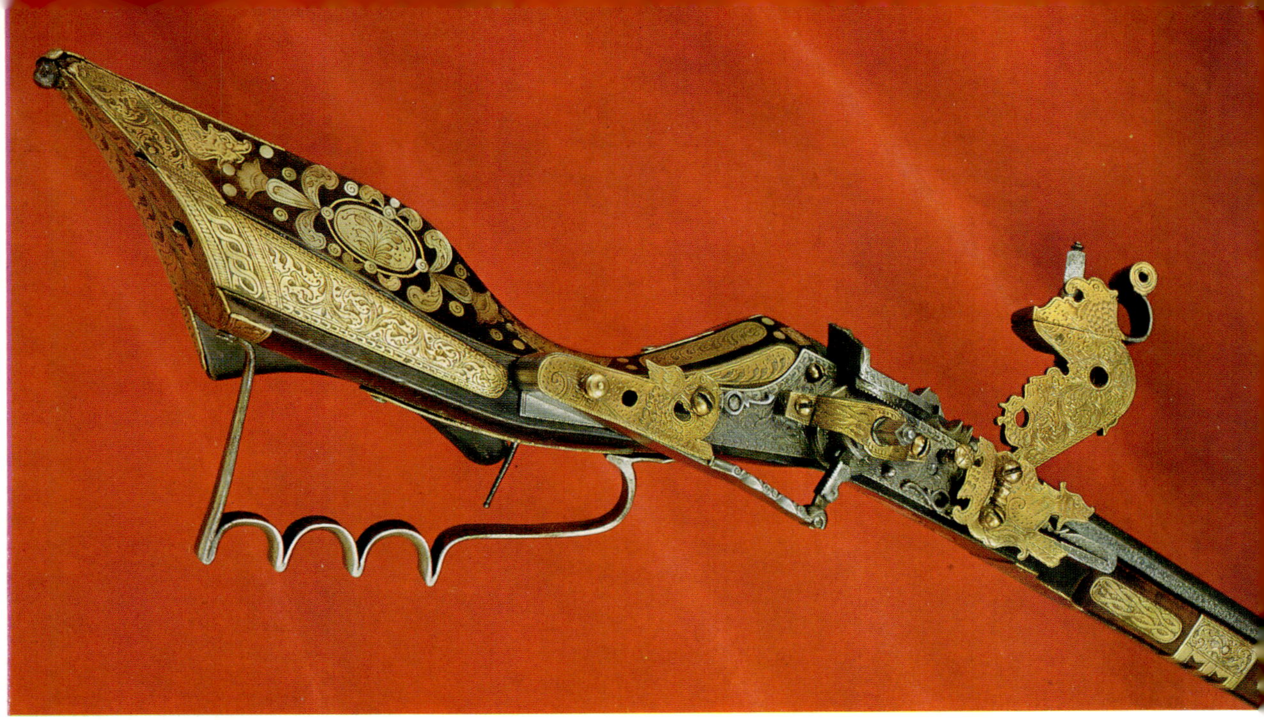

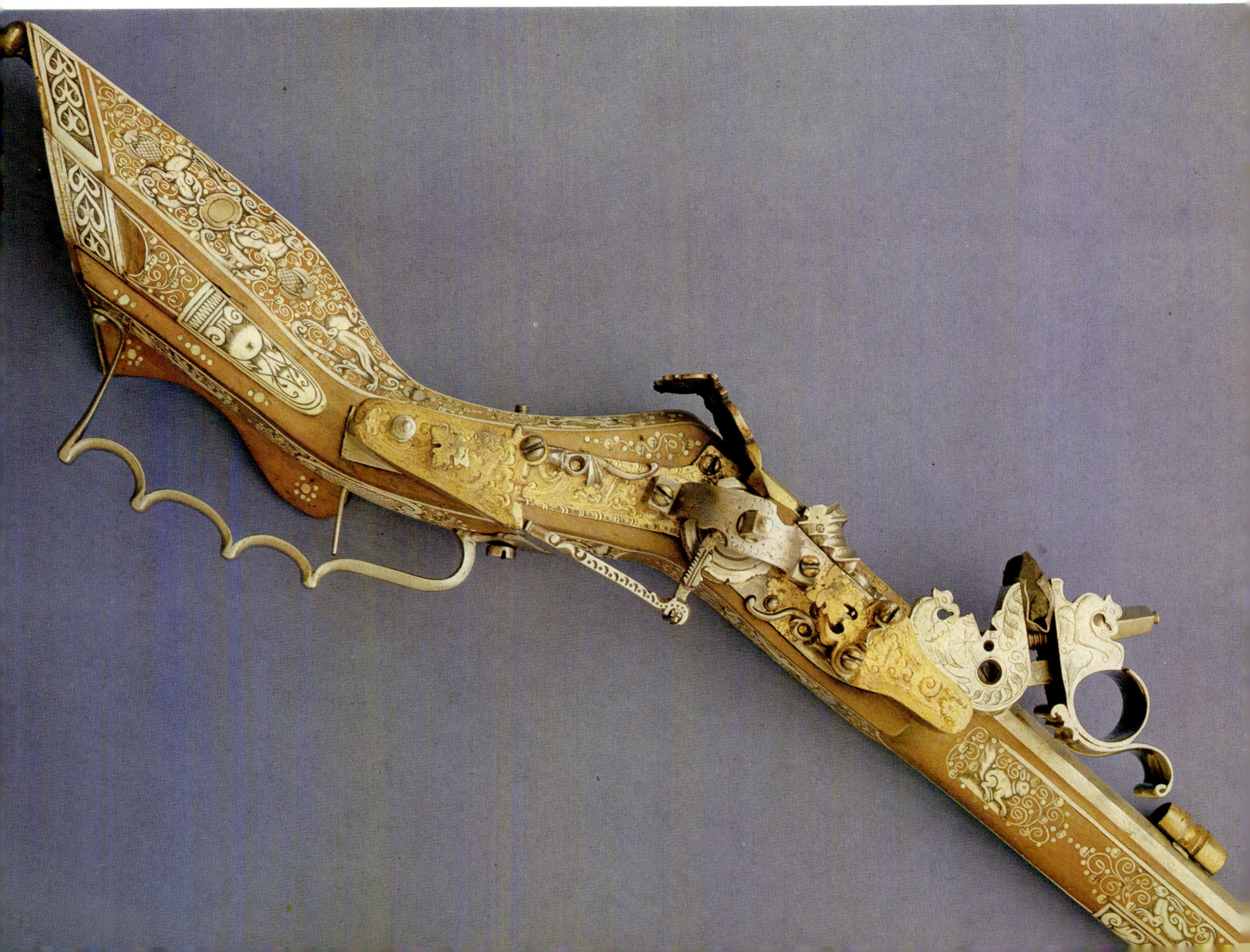

71 *Tschinke,* Teschen. 1681. Einige Schloßteile mit gravierten Messingplatten belegt, der Schaft ebenfalls mit auf- und eingelegten Messingplättchen, von Perlmuttereinlagen unterbrochen.
Länge 1165 mm, Kaliber 12 mm

72 *Tschinke.* Teschen. Anfang 17. Jahrhundert. Länge 1145 mm

73 *Pulverflasche.* Deutsch? Um 1590. Holzkörper mit grünem Samt überzogen, vergoldete Messingbeschläge. Auf der Vorderseite dargestellt das Parisurteil. Grüne Bänder und Quasten. Höhe 270 mm

74 *Radschloßbüchse.* Deutsch. 1586. Gebläuter Lauf mit feinen gold- und silbertauschierten Ornamenten. Schaft völlig mit Bein ausgelegt, dargestellt Herkules-Szenen. Länge 1245 mm, Kaliber 17 mm
Pulverflasche. Deutsch. 1. Hälfte 17. Jahrhundert. In Holz geschnitzt eine nackte Frau mit Fuchs, auf der Rückseite Marcus Curtius.
Höhe 195 mm

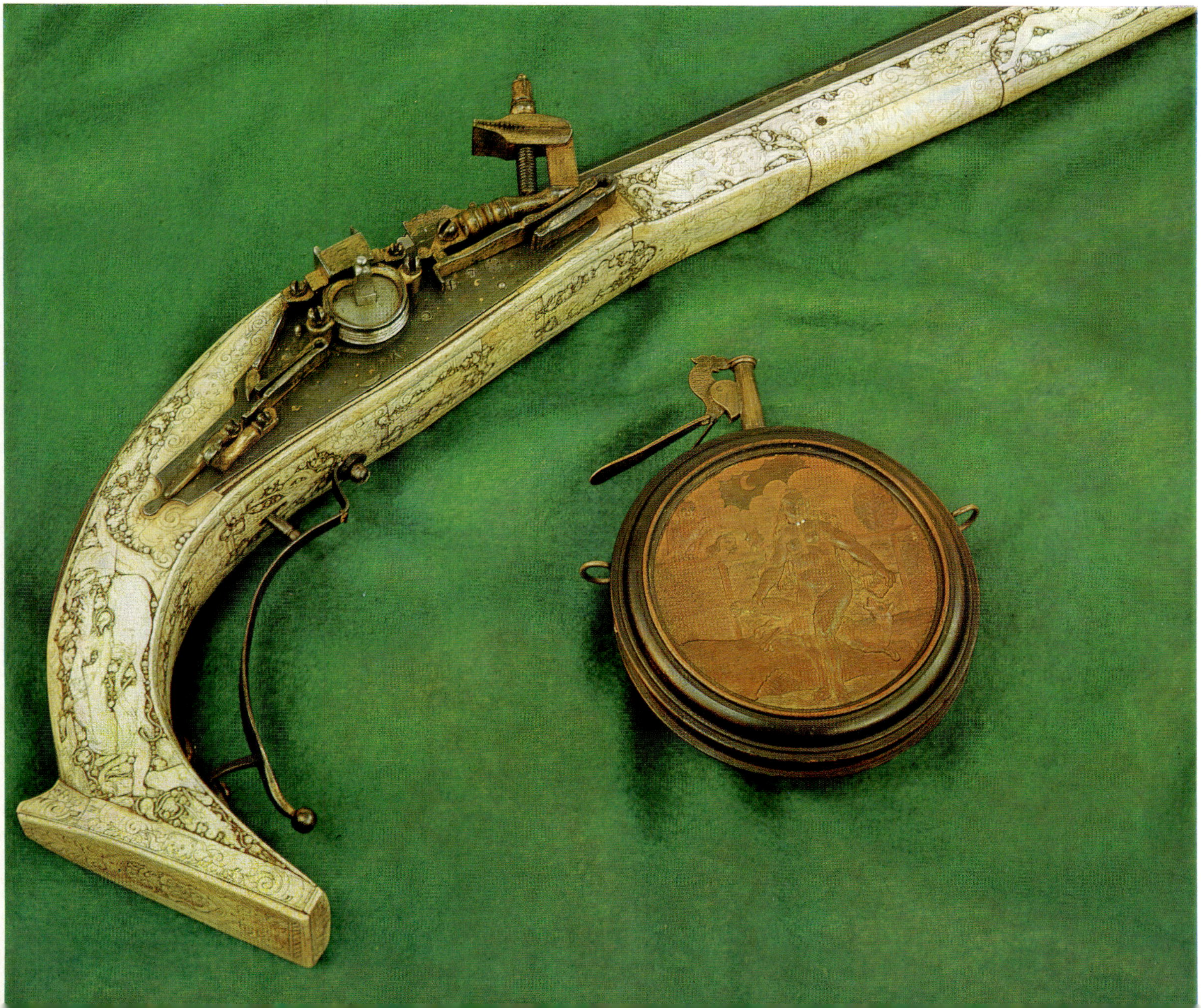

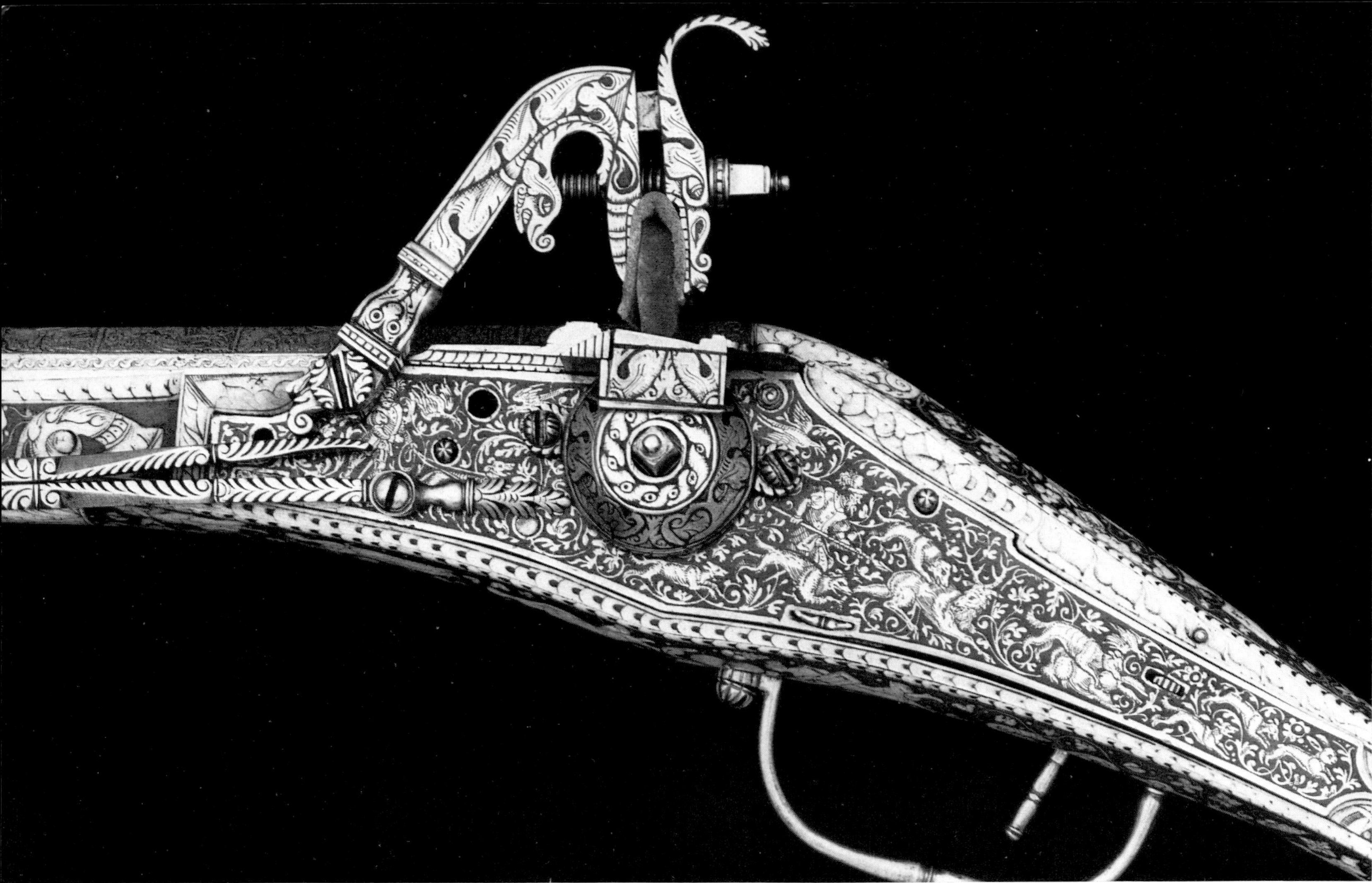

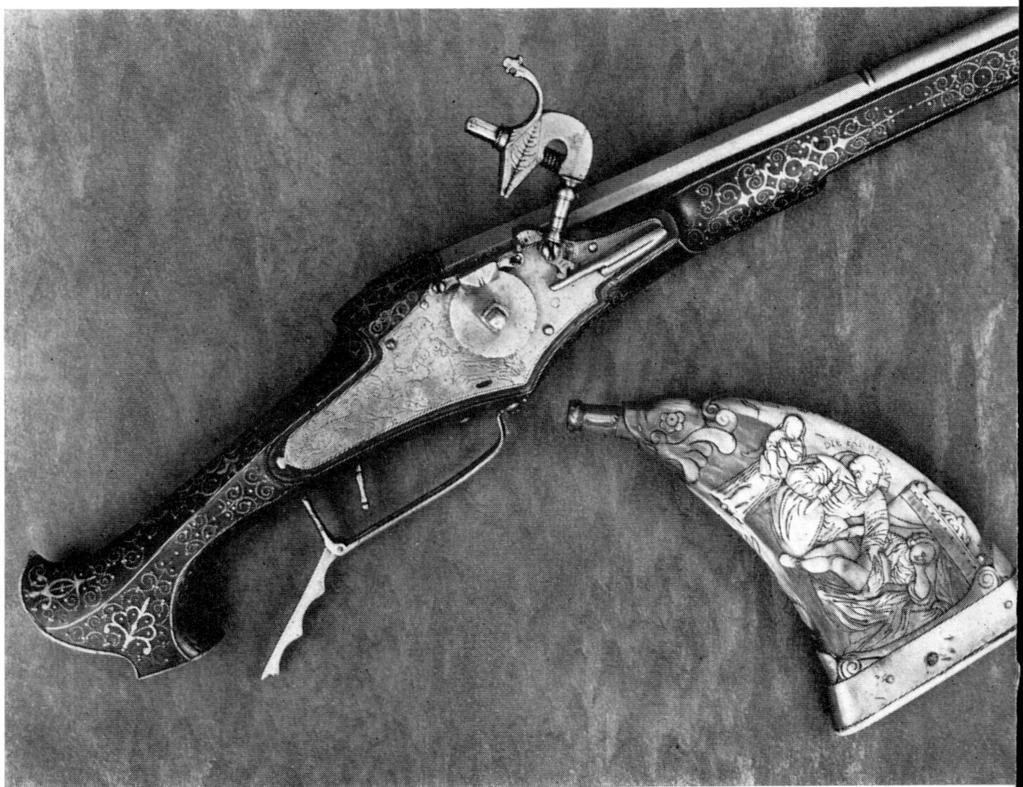

75 *Radschloßpistole.* Augsburg. Um 1580. Das Schloß befindet sich an der linken Seite der Waffe. Die Szenen an der Schloßplatte lassen den Schluß zu, daß die Pistole auch zur Jagd verwendet wurde, was nicht allgemein üblich war.

76 *Patronenbüchsen.* Deutsch. 1580–1600. Für papierumhüllte Pulverladungen oder Papierpatronen mit eingebundener Kugel. Höhe 135 und 140 mm

77 *Radschloßpistole.* Nürnberg. Um 1590. Lauf mit Nürnberger Beschaumarke, Schloß mit Scherenmarke und Buchstaben «CS». In den Schaft eingelegte Eisenfäden. Auf dem Abzugsbügel läßt sich eine Fingerstütze ausklappen. Länge 793 mm, Kaliber 11,5 mm
Pulverflasche. Deutsch. 17. Jahrhundert. Flachgedrücktes Horn mit frivoler Darstellung und Inschrift: «DIE FARD IST GVT«. Auf der Rückseite Liebespaar vor einer Burg. Höhe 180 mm

78 *Degen kombiniert mit Radschloßfeuerwaffe.* Augsburg. Ende 16. Jahrhundert. Länge 1230 mm

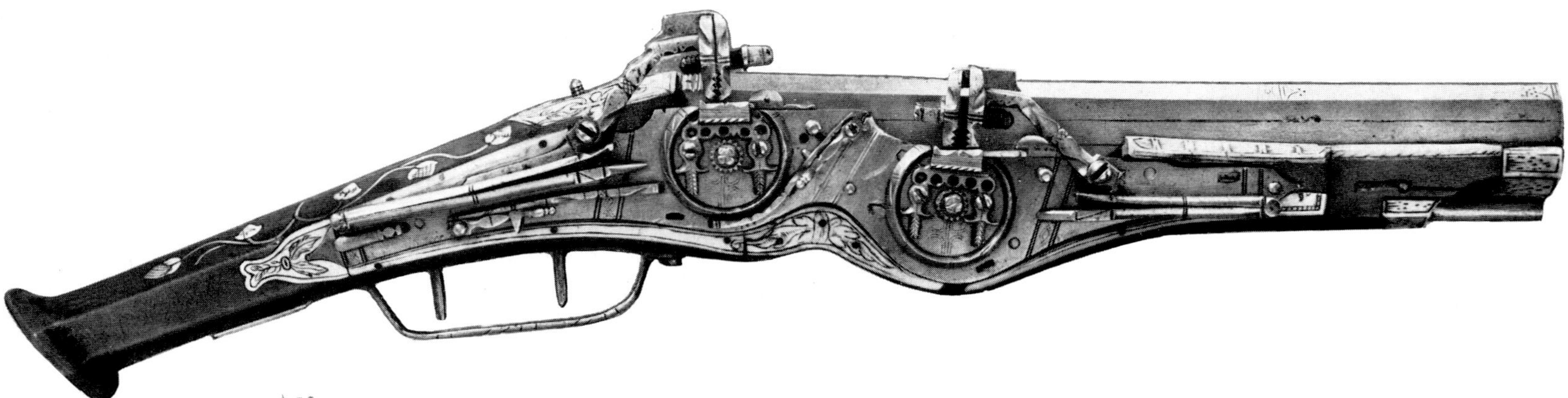

79 *Bockflinte* (Wender), mit Steinschloß. Von Bertrand Piraube, Paris 1686. Läufe und Schloßblech bezeichnet: «PIRAVBE AVX GALERIES A PARIS»; Läufe mit Jahreszahl 1686. Das Schloß hat nur einen Hahn, aber zwei Batterien. Am Kolbenhals des Nußbaumschaftes eine silberne Porträtbüste König Ludwigs XIV. in Kartusche, darüber Lilienkrone, darunter eine Konsole in Maskenform.
Länge 1505 mm, Kaliber 14 mm

80 *Detail* von Abb. 79

81 *Bockpistole* mit zwei Radschlössern. Deutsch. 1553. Lauf datiert 1553, Schaft links «MDXXXXXIII»; Lauf mit Meisterbezeichnung «TS»; zwei Abzüge. Länge 545 mm, Kaliber 10 mm

82 *Revolvergewehr mit Luntenschloß.* Nürnberg. Um 1580.
Länge 1675 mm, Kaliber 17,5 mm

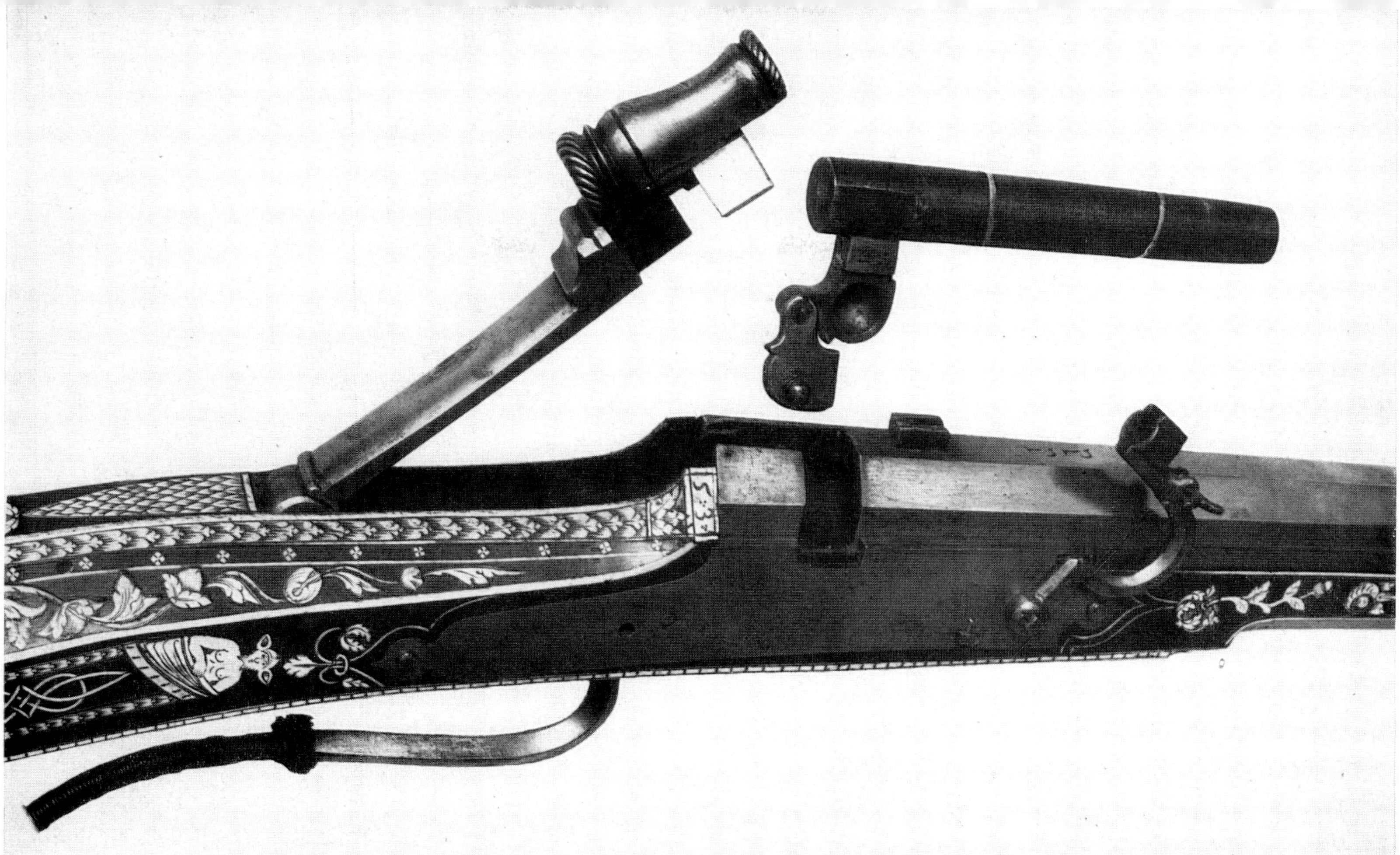

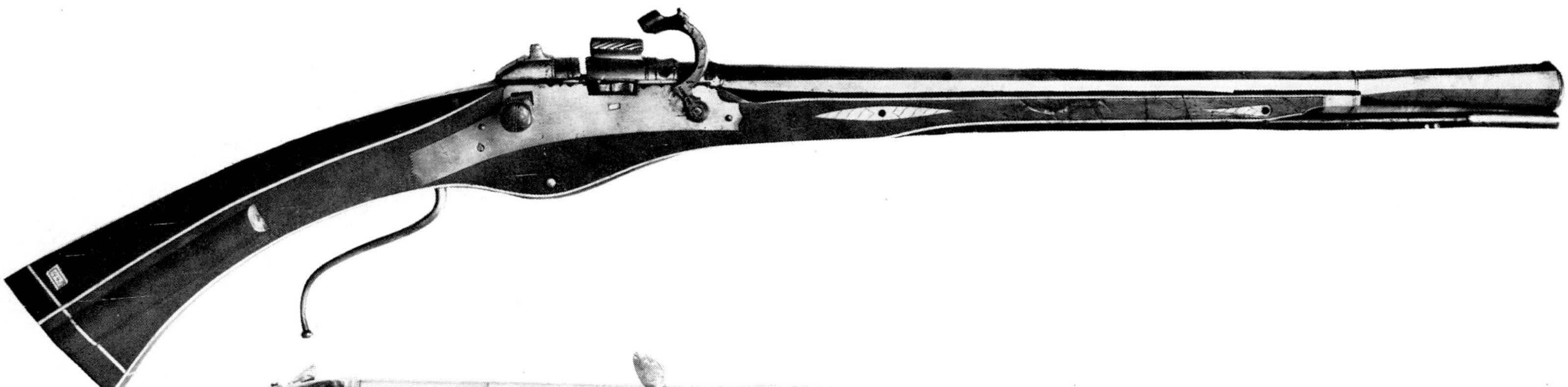

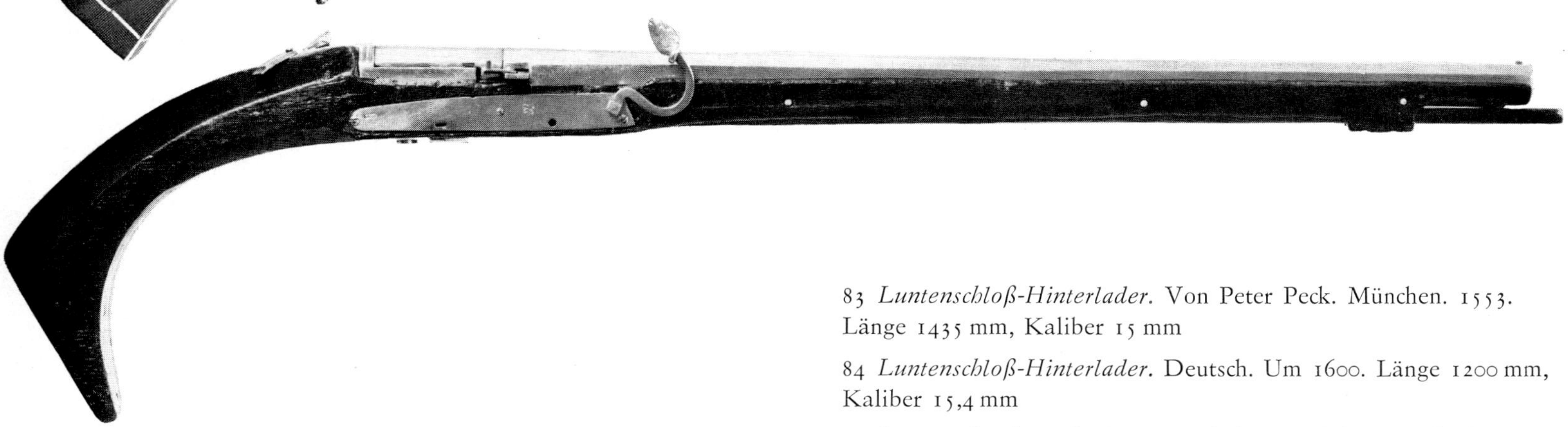

83 *Luntenschloß-Hinterlader.* Von Peter Peck. München. 1553. Länge 1435 mm, Kaliber 15 mm

84 *Luntenschloß-Hinterlader.* Deutsch. Um 1600. Länge 1200 mm, Kaliber 15,4 mm

85 *Luntenschloßgewehr* für Hinterladung. Mit herausnehmbarer Kammer. Letztes Viertel 16. Jahrhundert. Länge 1100 mm, Kaliber 16,2 mm

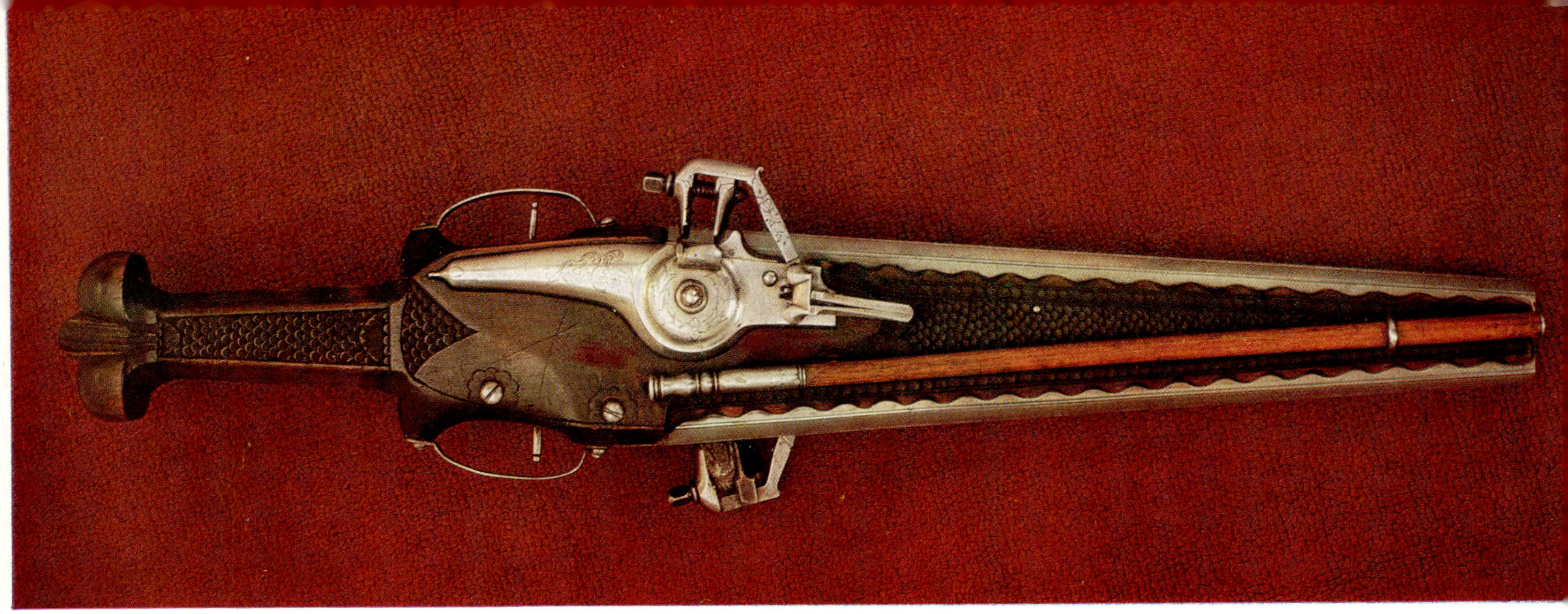

86 *Bockpistole* mit zwei Radschlössern. Frankreich? Um 1600. Nach Abgabe des Schusses mit dem oben liegenden Lauf wurde die Pistole um 180 Grad gedreht und die zweite Ladung abgefeuert. An einer Längsseite befindet sich der Ladestock (hinten an einer querstehenden Scheibe festgeschraubt, vorn in einem Ring steckend), an der anderen ein Tragehaken. Länge 580 mm, Kaliber 15 mm

87 *Streitaxt kombiniert mit Radschloßfeuerwaffe.* Augsburg. Um 1560. Die Ätzungen sind mit Schwarzlot eingerieben. Der Vorderschaft ist hohl, dient als Lauf und hat einen Mündungsverschluß mit zwei Blattfedern. Ein Tragehaken befindet sich an der linken Seite. Länge 605 mm, Kaliber 13 mm

Pulverflasche aus Eisen. Süddeutsch, 1567. Die gesamte Oberfläche ist geätzt und teils feuervergoldet, teils mit Schwarzlot verziert. Auf der Vorderseite ist die «Astrologia» dargestellt, datiert 1567. Einfüllstutzen mit Federverschluß befindet sich unten rechts, der Tragehaken auf der Rückseite. Höhe 220 mm

88 *Kombinationswaffe,* Streitaxt und Gewehr mit Luntenschnapp- und Radschloß. Deutsch? Mitte 17. Jahrhundert. Ganzmetallwaffe. Orientalisierender Ornamentdekor; gegenüber dem Schloß Drache, an der Unterseite des Schaftes Krieger im Harnisch mit Streitkolben und Schild. Länge 1110 mm, Kaliber 17 mm. Mündung trichterförmig erweitert

89 *Bockpistole* mit zwei Radschlössern. Augsburg. Um 1580. Alle äußeren Teile dieser Waffe sind meisterhaft in verschiedenen Techniken verziert: Gravierungen beleben die Hähne, feinste Gold- und Silber-Ornamente überziehen in aufgeschlagener Tausia Lauf und Schloßblech, aus Messing geschnittene Raddecken liegen auf den gebläuten Radscheiben, Abzug und Abzugsbügel sind feuervergoldet, der Schaft ist geschnitten und graviert.

90 *Werkstück mit Arbeitsstufen der Herstellung eines Damastlaufes.* Suhl. 19. Jahrhundert. Von rechts nach links:

1. Zahlreiche feine verschweißte Drähte von quadratischem Querschnitt aus unterschiedlicher Stahlqualität sind zu Stahlstäben von quadratischem Querschnitt verschweißt,
2. die Stäbe sind um ihre Achse gedreht,
3. sie sind zu einem Band (Flachstahl) verschweißt,
4. der Flachstahl ist nun um einen Dorn oder um ein Rohr gewunden,
5. die Kanten der Windungen sind miteinander verschweißt.

Nach dem Schleifen werden durch Ätzen mit Säure die verschiedenen Stähle unterschiedlich angegriffen, und dadurch entsteht eine reich gemusterte Oberfläche.

Damaszierter Zwillingslauf. 19. Jahrhundert

91 *Flinte mit Doppelschloß* für Lunte und Feuerstein. Suhl. Um 1680. Der Pfannendeckel ist für die Luntenzündung durchbrochen. Ein Abzug dient für beide Schlösser. Beim Gebrauch des Luntenhahnes konnte der Hahn für den Feuerstein durch einen Haken gesperrt werden. Am Lauf Suhler Beschaumarken und Meistermarke «SK», am Schloßblech «ID». Länge 1430 mm, Kaliber 19 mm

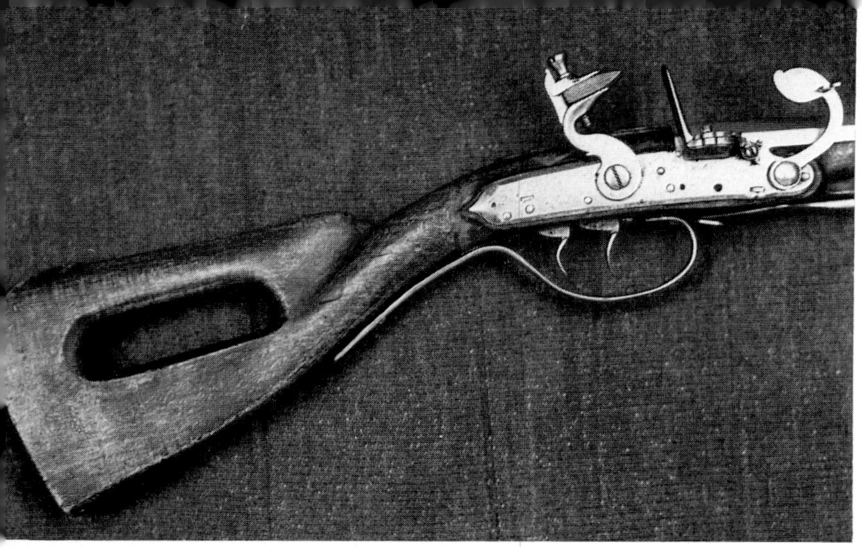

92 *Flinte mit Doppelschloß* für Lunte und Feuerstein. Deutsch. Um 1680. Unten am Vorderschaft liegt ein langes spießartiges Klappbajonett, das sich durch Hebel feststellen läßt. Jeder Hahn wird durch einen gesonderten Abzug betätigt. Der Durchbruch im Kolben dient zur besseren Handhabung beim Stoß mit der Spießklinge. Länge 1550 mm, Kaliber 19 mm

93 *Pulverproben.* Links 17. Jahrhundert, oben und rechts 18. Jahrhundert

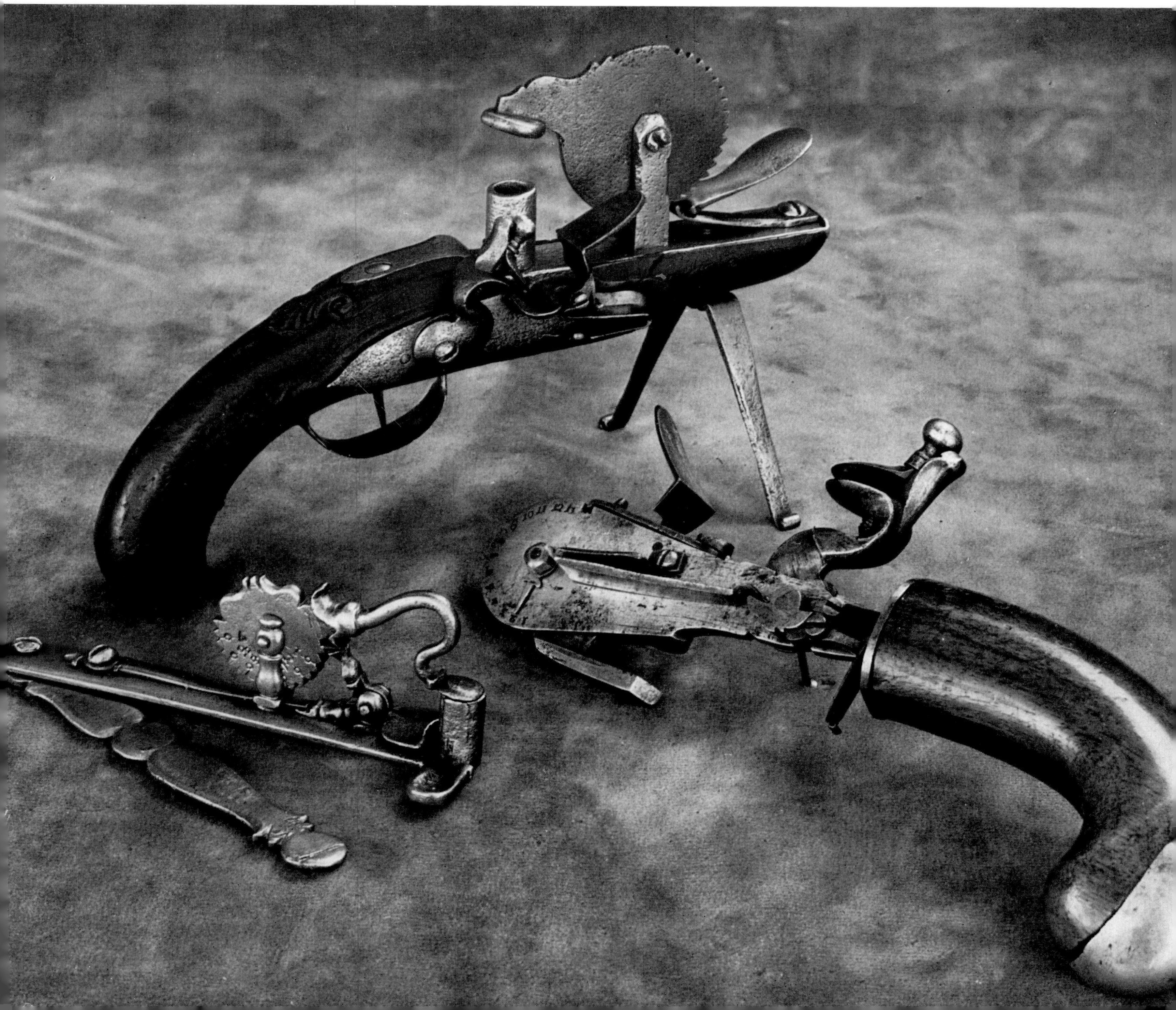

94 *Kombinationswaffe zwischen Klappmesser und Perkussionspistole.* Englisch? Um 1850. Der oben auf dem Messer montierte damaszierte Lauf hat ein zentral angeordnetes Piston für das Zündhütchen. Beim Spannen des Hahnes springt der im Messergriff eingeklappte Abzug – der auch als Bohrer verwendet werden kann – heraus. Die feststehende Klinge läßt sich durch Lösen einer Sperre umklappen und wird in dieser Lage durch den unten in zwei Ösen eingesetzten Ladestock gesperrt. Die Klinge trägt den Firmennamen «SOMMEINK»(?). Die Griffschalen bestehen aus Perlmutter. Länge bei eingeklapptem Messer 135 mm, Kaliber 7 mm. *Messer mit Steinschloßpistole.* 18. Jahrhundert. Die Laufbohrung befindet sich in dem Messergriff aus Messing, der Schloßmechanismus ist außen an beiden Seiten montiert. Länge 230 mm, Kaliber 7 mm

95 *Magazingewehr mit Steinschloß.* Von Jan Flock. Utrecht. Um 1675. Länge 1498 mm, Kaliber 12,8 mm

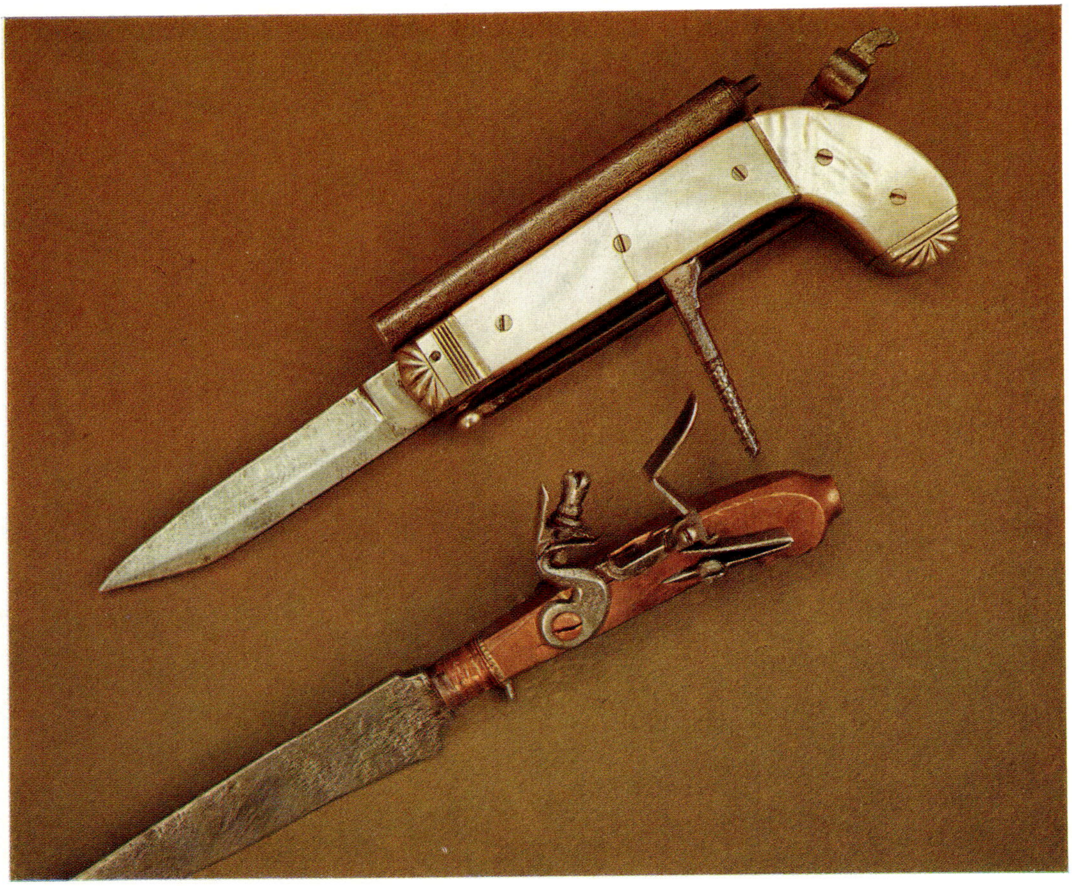

Bei Lunten- und Schnappschloßwaffen hatte jede Kammer eine besondere Pfanne für das Zündpulver mit Pfannendeckelschieber. In kleinen Aussparungen hielt ein gefederter Haken die meist fünf bis acht Ladungen aufnehmende und auf einer Achse sitzende Trommel nach jeder Drehung bis zur nächsten Kammer fest. Bei Trommelgewehren mit Radschloß wurden die Ladungen in den Kammern von hinten durch einen Zündkanal gezündet. Nach jedem Schuß mußte die Pfanne neu mit Pulver gefüllt werden, während beim Lunten- und Schnappschloß alle Pfannen vorher damit versehen waren und nur der Pfannenschieber zurückzuschieben war. Für viele erhaltene Revolverwaffen läßt sich süddeutsche Provenienz, vorwiegend Nürnberg und Augsburg, nachweisen. Italienische, russische und englische Büchsenmacher fertigten meist Revolverwaffen mit Schnappschloß und Steinschloß.

Ein Revolvergewehr mit Luntenschloß von etwa 1580 aus Nürnberg – Besitz des Germanischen Nationalmuseums Nürnberg – hat eine Trommel mit acht Kammern. Die Kammern sind nicht aus einem Stück gebohrt, sondern die acht Zylinder mit Mantelstücken verlötet. Um das Ganze ist ein Ring gelegt, in dem sich die Löcher für den Federschnapper befinden. Die Pfannen mit Pfannenschiebern und Zündlöchern liegen nicht unmittelbar über den Kammern, sondern jeweils zwischen diesen. Dadurch wurde die Metallstärke des Mantels nicht an den am meisten beanspruchten Stellen geschwächt.

Die Waffensammlung der Ermitage Leningrad besitzt ein ähnliches kostbar verziertes achtschüssiges deutsches Revolvergewehr mit Luntenschloß und zwei gleiche Waffentypen mit Schnappschloß. Der Hahn sitzt bei diesen Gewehren hinter der Trommel, die Schlagfläche ist mit einem langen Arm vor ihr montiert und wird auf die jeweilige Pfanne niedergeklappt.

Mit einem weiteren Typ ließ sich die Feuergeschwindigkeit durch mehrere hintereinander in einen Lauf gestopfte Ladungen erhöhen. Dicht abschließende Pfropfen isolierten sie voneinander. Zur Zündung war eine entsprechende Anzahl von hintereinanderliegenden Schlössern erforderlich. Die Pulverladungen mußten genau in Höhe der einzelnen Zündlöcher liegen. Zwei, drei und vier Schüsse konnten auf diese Weise aus einem Lauf abgefeuert werden. Derartige Konstruktionen gab es für Gewehre und Pistolen. Mit einer Radschloßpistole von 1550, heute in der Waffensammlung des Tower in London, konnte dreimal hintereinander geschossen werden.

Eine andere Variante des Mehrladers enthielt als Ladung eine sogenannte «Römische Kerze». Auch hier folgte in nur einem Lauf eine Ladung hinter der anderen, jedoch waren die Kugeln durchbohrt. Die Bohrungen lagen in Längsrichtung des Laufes und enthielten jeweils ein Zündmittel. Das Gewehrschloß befand sich sehr weit vorn am Schaft. In Höhe seines Zündloches mußte die erste Pulverladung liegen, was eine präzise Ladung erforderte. Das Feuer der ersten Ladung entfachte das Zündmittel in der folgenden Kugel und dieses wiederum die nächste Pulverladung und so fort bis zur letzten Ladung. Acht bis zehn Kugeln konnten auf diese Weise aus einem Gewehrlauf abgefeuert werden. Manche Typen besaßen neben dem vorderen Gewehrschloß für den letzten Schuß ein zweites Schloß. Die letzte Kugel war dann nicht durchbohrt. Der Schütze hatte auf diese Weise auch noch die Möglichkeit, im Notfall einen Einzelschuß abgeben zu können. Die «Römischen Kerzen» kamen im 16. Jahrhundert auf und wurden bis ins 19. Jahrhundert immer wieder vereinzelt gefertigt. Allgemeine Bedeutung konnten sie nicht erlangen, da das Laden zu kompliziert war.

Neben den mehrschüssigen Waffen sind auch die Hinterlader des 16. Jahrhunderts einer Betrachtung wert. Ausgangspunkt für verschiedene neue Konstruktionen bildeten die Kammerbüchsen des 15. Jahrhunderts. Der Verschlußmechanismus wurde vervollkommnet und für den Schützen handlicher hergerichtet. Ohne Zweifel erlangten Hinterlader als militärische Waffen im Bereich der langen Wallbüchsen und Bockbüchsen größere Bedeutung als unter den Handfeuerwaffen für Soldaten. Block-, Schraub-, Keil-, Klapp- und Fallblockverschlüsse kamen im 16./17. Jahrhundert bei den genannten leichten Geschützen häufig vor. Handfeuerwaffen-Hinterlader jeder Konstruktion lassen sich vorwiegend für Zivilwaffen nachweisen. Eine interessante Lösung für einen Luntenschloß-Hinterlader entwickelte der Münchener Büchsenmacher Peter Peck. Die heute im Bayerischen Nationalmuseum München aufbewahrte Waffe – 1553 datiert – gehörte Erzherzog Ferdinand II. von Österreich. In den Lauf läßt sich von hinten ein Kammerstück – zur Aufnahme des Pulvers und der Kugel bestimmt – einschieben. Dabei muß die an der Kammer befindliche und zugleich als Handgriff dienende Pulverpfanne senkrecht nach oben gestellt werden. Ist die Kammer eingeführt, läßt sich die Pfanne nach rechts in einen Ausschnitt des Laufes einlegen, wodurch das Kammerstück verriegelt wird. Diese Konstruktion hat hierin ein wesentliches Element des Zylinderverschlusses aus dem 19. Jahrhundert vorweggenommen. Eine zweite Arretierung erfolgt mit Hilfe eines im Scharnier beweglichen Hebelarmes, der unten einen Zapfen besitzt und der sich hinter das Kammerstück legt. Eine zusätzliche Verschluß-Sicherung erfolgt durch das Röhrenvisier, das sich nach vorn über die unten verjüngte Kimme schieben läßt.

Ein zweiter deutscher Luntenschloß-Hinterlader des Bayerischen Nationalmuseums München aus der Zeit um 1600 besitzt ebenfalls ein Kammerstück mit Pulverpfanne und rechts Ausschnitte in Lauf und Schloßblech für die Aufnahme der Pfanne. Das Kammermundstück ragt vorn in den Lauf hinein; von hinten wird ein Verschlußstück über einen Ansatz des Kammerstückes geschoben. Die Verriegelung erfolgt mit Hilfe eines sich nach vorn verjüngenden, quer durch Schloßblech und Schaft geführten Schiebers. Beim Hineinschieben drückt er das Verschlußstück nach vorn. Das Röhrenvisier auf dem Kammerstück dient als Handgriff.

Zu den technischen Höchstleistungen des Büchsenmacherhandwerks des 17. Jahrhunderts zählen Magazingewehre. Bei ihnen befanden sich die Elemente einer Ladung innerhalb der Waffe und wurden mit einem Repetiermechanismus in den Lauf befördert. Die bedeutendsten Büchsenmacher derartiger Sonderkonstruktionen stammen aus der Solinger Familie Kalthoff. Mitglieder dieser Familie waren begehrte Meister und arbeiteten in mehreren europäischen Ländern wie Dänemark, England, Frankreich, den Niederlanden und Rußland. Kalthoff-Magazingewehre und -pistolen besitzen gesonderte Magazine für Pulver und Kugeln. Das Pulver lagerte in einem Magazin im Kolben, die Kugeln in einer Röhre im Schaft unterhalb des Laufes. Am Laufende befand sich eine drehbare vertikale Verschlußwalze oder ein kantiger Ladeverschlußblock, die entsprechend dem Laufkaliber durchbohrt waren. Damit die Öffnung des Pulvermagazins nicht unmittelbar an die Ladewalze angrenzte – wodurch eine ungewollte erhöhte Explosionsgefahr bestanden hätte –, erfolgte der Transport des Pulvers für einen Schuß über einen Behälter am Abzugsbügel zu einem Kanal, der zur Ladewalze führte. Dieser Bügel war zugleich Ladehebel und ließ sich horizontal nach vorn drehen. Am vorderen Ende des Schloßbleches befand sich eine Öffnung mit Schließdeckel, in die beim Senkrechthalten des Gewehres das Pulver hineinfiel. Ein Teil des Pulvers gelangte durch einen besonderen Kanal auf die Zündpfanne. Der Hebelmechanismus bewirkte das Drehen der Ladeverschlußwalze, das Einführen der Kugel in die Walze und in den Lauf, das Spannen des Schlosses und das Schließen des Pfannendeckels. Es gab Gewehre, die Ladungen bis zu 30 Schuß in den Magazinen aufnahmen.

Das Kalthoff-System wurde in leicht modifizierter Form von anderen Büchsenmachern angewendet. Ein Magazingewehr von Jan Flock aus Utrecht im Staatlichen Museum Schwerin besitzt die beschriebene Ladewalze und einen veränderten Ladehebel. Dieser ist leicht abgefedert, wird in der Ausgangsstellung von einem Stift gehalten und läßt sich erst durch leichten Druck nach unten seitlich ausschwenken. Das Pulvermagazin liegt im Schaft unterhalb des Schloßbleches. Das Pulver wird, nach automatischem Öffnen einer Schließklappe, am hinteren Ende des Magazins vom Pulverbehälter aufgenommen. Am vorderen Ende des Schloßbleches befindet sich – wie bei den Kalthoff-Gewehren – die Öffnung mit Schließklappe, durch die das Pulver aus dem Transportbehälter in die Ladeverschlußwalze gelangt.

Gewehrläufe aus Hufeisen und Damastläufe

Im letzten Viertel des 17. Jahrhunderts wurden Gewehrläufe auch aus Hufeisen gefertigt, und im 18. Jahrhundert bevorzugten manche Laufschmiede als Material Hufnägel. Der Grund lag darin, daß der Hufschmied das Eisen mit dem Hammer sowohl in warmem als auch in kaltem Zustande sehr lange bearbeitete und dadurch von Unreinheiten befreite. Einen besonders guten Ruf besaßen spanische Flintenläufe aus Hufeisen. Sie waren zum Teil durch die in Gold eingelegte Bezeichnung «de herraduras» gekennzeichnet. In England wurden die Nägel in einer Trommel mit rotierender Welle vom Rost gereinigt und mit Stahl aus zerkleinerten Kutschenfedern – etwa im Verhältnis von 25 Pfund Hufnägeln und 15 Pfund Stahl – vermischt. Beides wurde zum Glühen gebracht und verband sich durch Adhäsion miteinander. Diese Eisen-Stahl-Mischung hatte eine für die Laufherstellung besonders gefragte vorzügliche Härte und Zähigkeit. Auch alte Sensenklingen wurden als Material für Gewehrläufe verwendet.

Die aus einer Platine hergestellten Läufe mit längsgerichteter Schweißnaht rissen durch den Gasdruck gelegentlich auf. Eine höhere Stabilität erzielten Laufschmiede, wenn sie einen derartigen Lauf noch einmal glühend machten, mit einem Ende in einen Schraubstock spannten und so lange drehten, bis die Schweißnaht schraubenförmig verlief. Sollte der Lauf in seiner gesamten Länge gedreht sein, spannte man das andere Ende in den Schraubstock. Durch die Drehung war die Schweißnaht widerstandsfähiger gegen den Gasdruck.

Bei einem anderen Verfahren entstand die schraubenförmig verlaufende Schweißnaht dadurch, daß ein schmales Eisenband schräg um einen Eisendorn oder um ein Eisenrohr gewunden und die Ränder miteinander unter dem Hammer verschweißt wurden. Von französischen Laufschmieden in dieser Technik gefertigte Läufe trugen die in Gold eingelegte Kennzeichnung «canon a ruban» oder «canon tordu».

Eine geradezu virtuose Technik der Metallbearbeitung lassen damaszierte Läufe erkennen. Das Verfahren des Windens und Verschweißens von Stahl und Eisenstäben, die unterschiedlichen Kohlenstoffgehalt besaßen, wandten Klingenschmiede bereits im 5./6. Jahrhundert an. Sie erhielten hierdurch widerstandsfähige Blankwaffen, die außerdem eine vielgestaltige reizvolle Oberflächenmusterung besaßen. Berühmt waren auch die damaszierten Klingen, die über Damaskus gehandelt wurden – von dieser Stadt leitet sich die Bezeichnung Damaszierung ab. Orientalische Schmiede stellten neben Klingen bereits im 16. Jahrhundert damaszierte Gewehrläufe her. Sie gelangten im Handel auch nach Europa. Erhaltene Originalläufe sind zum Teil mit Schlössern und Schäften europäischer Herkunft versehen. Damastläufe von europäischen Handwerkern erfreuten sich seit dem beginnenden 19. Jahrhundert einer großen Nachfrage. Durch unterschiedliche Herstellungstechniken erzielten die Laufschmiede vielgestaltige Musterungen in hellen und dunklen Tönen, die durch Ätzen mit Säure noch kräftiger hervortraten. Eine Methode, wie sie auch in den berühmten Suhler Werkstätten angewandt wurde, soll hier als Beispiel angeführt werden. Etwa 100 feine Drähte von quadratischem Querschnitt aus teilweise kohlenstoffarmem und kohlenstoffreichem Material wurden zu einem quadratischen Stab verschweißt, daß die Querschnittmusterung schachbrettartig aussah. Der Schmied drehte diesen Stab nun in glühendem Zustand um die Längsachse und verschweißte mehrere derartige Stäbe miteinander zu einem Flachstahl. Dieser wurde nun um einen Dorn oder um ein Rohr gewunden, dann verschweißt, gedreht und geschliffen. Der Damaststahl hielt hervorragend dem Gasdruck stand, und durch seine Elastizität verhinderte er eine Verformung des Laufes. Die Damastmusterung mit ihren Hell-Dunkel-Tönen verhinderte auch die Sonnenspiegelung, die bei einem blanken Lauf oft das Zielen erschwerte.

Manche Läufe erhielten durch Bläuen oder Brünieren eine getönte Oberfläche. Sie waren hierdurch auch besser gegen Rost geschützt, und die dunkle Tönung verhinderte ebenfalls das Reflektieren der Sonnenstrahlen. Gebläute Läufe kamen seit der Mitte des 16. Jahrhunderts besonders aus spanischen und französischen Werkstätten. Das Verfahren fand zur gleichen Zeit auch bei der Oberflächenbehandlung von Harnischteilen und Helmen Anwendung.

Spund- und Tüllenbajonette

Handfeuerwaffen verdrängten in der zweiten Hälfte des 17. Jahrhunderts allmählich den Langspieß, die Pike, ganz aus der Bewaffnung der Infanterie. Im Nahkampf mit Reitern benötigte der Fußkämpfer jedoch eine längere Stichwaffe. Im Handgemenge mit der gegnerischen Infanterie war der Gebrauch einer zweiten Waffe, einer Griffwaffe für Hieb und Stich, bei gleichzeitigem Tragen des Gewehrs, außerordentlich beschwerlich und hinderlich. Deshalb trug die Einführung des Bajonetts in den letzten Jahrzehnten des 17. Jahrhunderts wesentlich zur Veränderung der Kampfweise bei.

Der Name «Bajonett» leitet sich vermutlich von der französischen Stadt Bayonne ab, wo diese Waffenart zuerst hergestellt worden sein könnte. Die ersten Bajonettformen hatten dolchartige Klingen. Diese kräftigen, vorn zugespitzten Klingen mit stumpfem Rücken waren am Ende des 17. Jahrhunderts oft 45 bis 50 Zentimeter lang. Das Bajonett besaß kurze Parierstangen und einen sich konisch nach hinten verjüngenden Griff aus Holz oder Horn. Diesen Griff steckte der Schütze in die Mündung seines Gewehrs – deshalb die Bezeichnung «Spundbajonett». Beim Stoß erfaßte der Krieger mit der rechten Hand den Kolbenhals und mit der linken den Vorderschaft. Er mußte darauf achten, daß das Spundbajonett nicht zu locker im Lauf saß, sonst konnte er es beim Laufen oder Stechen verlieren. Wollte er wieder schießen, mußte das Bajonett aus dem Lauf entfernt werden.

Es ist möglich, daß die ersten Bajonette für die Jagd benutzt wurden. Diese Bajonette besitzen gelegentlich auch an der Parierstange eine zur Klinge hin gebogene verzierte Muschel. Über den ersten militärischen Einsatz im 17. Jahrhundert liegen folgende Nachrichten vor: In England waren 1663 einige Regimenter mit Spundbajonetten ausgerüstet. Akten des Dresdener Hauptzeughauses aus dem Jahre 1669 erwähnen 125 Musketen mit Feuerschlössern und zugehörigen «Messern». 1687 werden diese Messer «Bajonetts» genannt. In Frankreich erhielten 1671 die Füsilier- und Grenadierregimenter diese Waffe. Von den kaiserlichen Truppen wurden «Einsteckdolche», wie sie in Quellen genannt werden, in größerer Zahl bei der Belagerung der Stadt Ofen 1686 eingesetzt. Ein Spundbajonett im Museum für Deutsche Geschichte Berlin trägt auf der Klinge die Jahreszahl «1683» und eine nur noch zum Teil lesbare Inschrift, die sich auf die Belagerung Wiens durch die Türken bezieht. Im steiermärkischen Landeszeughaus in Graz

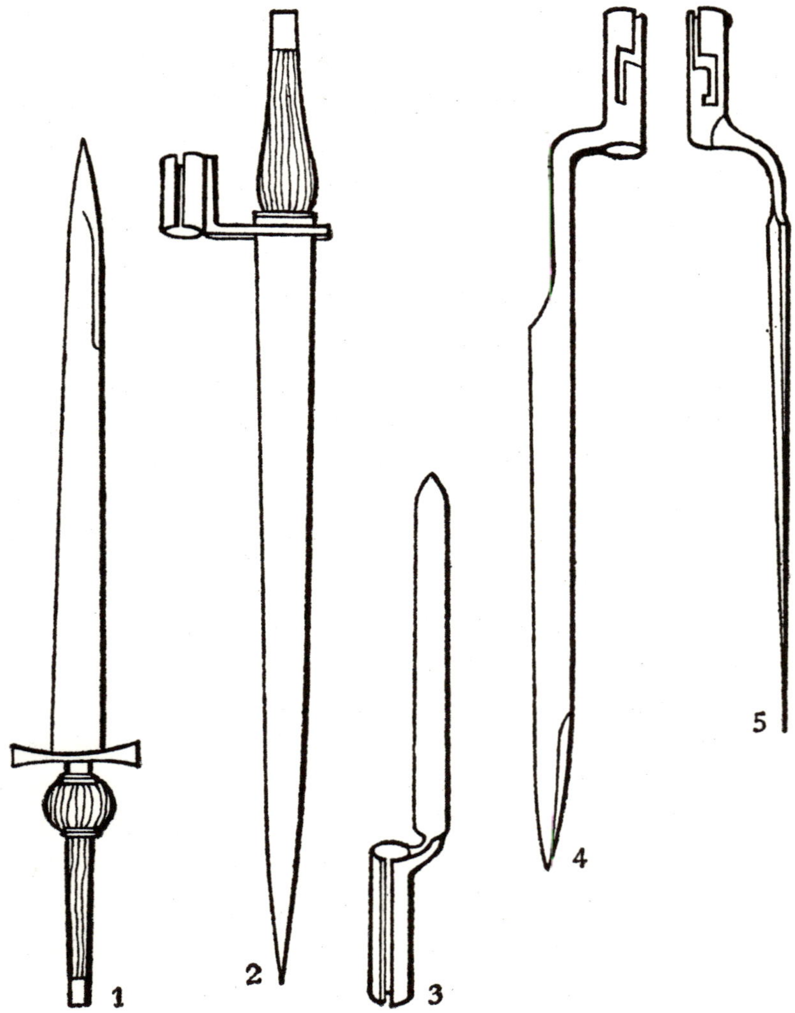

Bajonette:
1. Spundbajonett, um 1680
2. Frühe Form eines Tüllenbajonetts, Ende 17. Jahrhundert
3. bis 5. Tüllenbajonette, Anfang 18. Jahrhundert

befinden sich noch heute 259 Spundbajonette aus den Jahren 1704/1705. Bei diesen Exemplaren ist die Parierstange als Schraubenzieher verwendbar. Ähnliche Kombinationen gab es auch bei Jagdmessern, um lockere Schrauben am Gewehr festziehen zu können. Bei sehr festem Einstecken und gewaltsamem Herausziehen des Bajonetts konnten dünnwandige Läufe sehr leicht verzogen und beschädigt werden.

Das Bajonett ermöglichte die Aufgabe des langen hinderlichen Degens für den Fußkämpfer. An seine Stelle trat meist ein kurzer Infanteriesäbel. Die österreichische Infanterie verzichtete in der Zeit von 1705 bis 1765 ganz auf eine zusätzliche Hieb- und Stichwaffe.

Den entscheidenden Nachteil des Spundbajonetts, daß bei aufgesteckter Stichwaffe nicht geschossen werden konnte, versuchte man schon am Ende des 17. Jahrhunderts auszuschalten. Um das zu erreichen, mußte das Bajonett außerhalb des Laufes befestigt werden. Eine frühe Form des Bajonetts besitzt deshalb zwei bewegliche Ringe, die durch den Holzgriff geführt sind und über die Laufwandung geschoben werden können, so daß die Waffe seitlich oder unterhalb des Laufes saß. Das Bajonett konnte in diesem Falle rechtzeitig aufgesetzt und aus dem Gewehr ohne Beeinträchtigung geschossen werden. Eine noch bessere Montierung ermöglichte das Tüllenbajonett. Eine längere Eisenröhre schob sich über das vordere Laufstück, wurde durch eine Feder oder durch einen Zapfen, über den ein gewinkelter Schlitz griff, festgehalten. Von der Tülle verlief ein seitwärts gebogener kurzer Hals, an den sich die Stoßklinge – parallel zur Tülle verlaufend – anschloß. Die ersten Tüllenbajonette hatten meist zweischneidige, kurze, messerförmige Klingen. In der Folgezeit wurden letztere länger, schmaler und hatten oft einen dreikantigen Querschnitt.

Im 17. Jahrhundert wurden auch andere Versuche gemacht, den Schützen mit einer zweckmäßigen Stichwaffe auszurüsten. So kombinierte man beispielsweise einen Kurzspieß mit der Gewehrgabel. Zur Auflage für die Muskete diente dabei ein seitlich am Spießschaft angebrachter gebogener Haken. In einem anderen Fall lief das Ende eines Gabeleisens der Gewehrgabel in ein Spießeisen aus, oder es ließ sich aus einem hohlen eisernen Schaft der Gabel eine lange Spießklinge herausschütteln und feststellen. Um die Mitte des 17. Jahrhunderts gab es in der Kaiserlichen Armee auch Musketen, die unterhalb des Vorderschaftes im Scharnier befestigte lange Klappspieße besaßen. Ausgeklappt, ließen sie sich durch einen Hebel feststellen. Diese Musketen besaßen am Ende des Jahrhunderts manchmal auch Doppelschlösser – Lunten- und Steinschloß –, und der Kolben war der Länge nach durchbrochen, um für die rechte Hand einen besseren sicheren Griff zu erhalten.

Pulverprüfgeräte

Zusammensetzung und Beschaffenheit des Pulvers entschieden wesentlich über die Schußleistungen einer Handfeuerwaffe. Ursprünglich waren ein oder mehrere Schüsse selbst die Qualitätsprobe. Für Entfernung und Wirkung hatten die Schützen ihre Erfahrungen mit einer bestimmten Waffe gesammelt. Leistungssteigerung oder Rückgang mußten in erster Linie als Qualitätsunterschied des Pulvers gewertet werden. Für den Ernstfall war es jedoch wichtig, vor dem Einsatz die Qualität des Pulvers überprüft zu haben. Bestimmte Feuchtigkeit und Entmischung des mehlförmigen Pulvers beim Transport verringerten die Explosivkraft. Lienhard Fronsperger erwähnt in seinem «Kriegsbuch» aus dem Jahre 1566 zwei Methoden der direkten Pulverüberprüfung. Die erste richtet sich nach der Art und dem Verhalten der Verbrennungsrückstände – hatte der Rest zu viel schwarze Rückstände, so war beispielsweise der Kohleanteil zu hoch. Bei der zweiten Methode lagen vier Pulverkörner jeweils drei bis vier Finger weit auseinander. Explodierten beim Anzünden des einen alle vier, so war das Pulver in Ordnung.

Am Ende des 16. und im 17. Jahrhundert entwickelten Gelehrte und Praktiker zahlreiche bewundernswerte mechanische Instrumente, wie beispielsweise Schrittzähler, Laufmeßräder, astronomische Geräte, Rechenmaschinen, Mikroskope, Thermometer, Barometer und andere Geräte der «Meßkunst». Zu ihnen gehört auch die «Pulverprobe». Der schwäbische Gelehrte Joseph Furttenbach – bei Studien in Italien auch mit Galilei bekannt geworden – erwähnt in seinem Büchsenmeisterbuch von 1627 ein Pulverprüfgerät, das folgendermaßen beschaffen war: Auf einem mit Pulver gefüllten kleinen Behälter saß ein Deckel, der nach der Explosion an einem Gestänge hochgetrieben und am höchsten Punkt arretiert wurde. Die Messung erfolgte nach Zoll. Je höher der Deckel stieg, desto qualitätsvoller war das Pulver. Es wurde üblich, diese Geräte mit Gewehrschlössern zu versehen. Die Lunte fiel auf eine Pfanne, das in einem Röhrchen explodierte Pulver trieb einen Deckel nach oben. Der Deckelarm saß am anderen Ende mit einer Nase in einem Zahnrad, das durch eine Blattfeder leicht arretiert war. Der Druck der Pulvergase wirkte durch den Deckelarm auf das Rad, überwand den Widerstand der Feder und drehte das Rad. An einer Skale konnte der Pulverdruck abgelesen werden. Pulverproben mit Steinschloß sind heute noch in größerer Zahl erhalten. Das beweist ihre weite Verbreitung. Im allgemeinen hatten auch bei diesen Pulverproben Skalenräder mit gezähntem Rand den Widerstand einer Blattfeder zu überwinden. Der Zeiger war bei manchen Konstruktionen starr. Bei einem anderen Typ stand die Skale fest, und der Zeiger – mit dem Deckel fest verbunden – bewegte sich nach der Explosion. Da diese Instrumente nicht nach einer Norm hergestellt wurden, gab es auch keine absoluten Werte für die Pulverqualität. Das Pulverprüfgerät war je nach Federdruck speziell zu erproben, und es mußten Richtwerte festgelegt werden.

Manufaktur und Technologie der Waffenherstellung

Am Anfang des 18. Jahrhunderts erwuchs dem Büchsenmacherhandwerk bei Aufträgen für militärische Handfeuerwaffen durch die Gründung zentralisierter Manufakturen eine echte Konkurrenz. Waffenmanufakturen waren in der Lage, den Massenbedarf für die stehenden Heere der feudalabsolutistischen Staaten schneller und zu niedrigeren Preisen zu dekken als Handwerksmeister. Sie erreichten das vor allem durch die innerhalb eines Produktionsprozesses erfolgte Arbeitsteilung. Jeder Arbeiter war in ein festes System des Arbeitsprozesses eingeordnet und stellte nur ein ganz bestimmtes Teil für die Waffe her oder bearbeitete es. Das führte zu einer wesentlichen Produktionssteigerung und ermöglichte den Einsatz vieler ungelernter Arbeiter, die für geringen Lohn arbeiten mußten. Die Handarbeit blieb weiterhin vorherrschend, jedoch wurden für bestimmte Fertigungsstufen – insbesondere bei der Laufherstellung – durch Wasserkraft angetriebene Hammerwerke und Schleifsteine sowie Bohr- und Laufziehmaschinen eingesetzt. Zu den spezialisierten Lohnarbeitern der Gewehrmanufakturen gehörten: Hammerschmiede, Rohrschmiede, Bohrmacher (fertigten Bohrer), Laufbohrer, Schleifer, Klingenschmiede (fertigten auch Ladestöcke), Bajonettschmiede, Arbeiter für Beschußproben, Garniseure (fertigten Schwanzschrauben, bohrten Zündlöcher, löteten das Korn auf), Schäfter, Messingfeiler, Ekipagenschmiede (schnitten alle Schrauben), Bügelmacher, Gelbgießer, Schloßmacher, Ekipeurs (setzten die Waffe zusammen) und Bajonettaufpasser (probierten Tülle und schnitten sie ein). Bei Büchsen waren zusätzlich Arbeiter für das Einschneiden der Züge tätig. Daß auch hochqualifizierte Büchsenmacher in Manufakturen arbeiteten, beweisen die in manchen Betrieben hergestellten Luxuswaffen.

In einigen Produktionszentren für Handfeuerwaffen, wie beispielsweise in Suhl, hatten sich dezentralisierte Manufakturen entwickelt. Kapitalkräftige Gewehrhändler, die oft zugleich Besitzer von Hammerwerken zum Laufschmieden waren, traten nicht mehr nur als Käufer, sondern als Verleger auf. Sie vergaben Arbeiten an Handwerksmeister, streckten diesen Rohstoffe vor, wenn ihnen das Kapital zum Ankauf fehlte, nahmen Einfluß auf Fertigung und Qualität und schlossen Verträge zur Herstellung von Waffen mit in- und ausländischen Auftraggebern ab. Auf diese Weise gewannen die Verleger unmittelbaren Einfluß auf Lohn und Warenpreis und konnten ihre Gewinne auf Kosten des Büchsenmacherhandwerks wesentlich erhöhen. Die Form der dezentralisierten Manufaktur steigerte in Suhl die Waffenproduktion wesentlich. Laut Dresdener Zeughausrechnungen lieferten die Suhler Büchsenmacher in der Zeit von 1700 bis 1771 allein für Sachsen und Polen 73 547 Flinten, 4000 Karabiner und 6400 Paar Pistolen (ZHWK. III.).

Staatliche oder unter staatlicher Kontrolle stehende Manufakturen lieferten Waffen, Uniform- und Ausrüstungsstücke nach vorgeschriebenen Mustern. Dadurch konnte die Bewaffnung und Bekleidung der einzelnen Waffengattungen der stehenden Heere vereinheitlicht werden. Manufakturbetriebe im eigenen Lande sicherten die Unabhängigkeit von Einfuhren an Waffen und Uniformen für den Heeresbedarf. Die unmittelbare Einflußnahme des Staates auf die Waffenproduktion und die Beschaffung der Handfeuerwaffen durch Armeeangehörige der stehenden Heere oder Beamte des Staates führten teilweise zu Veränderungen beim Beschuß der Waffen. Die Qualitätskontrolle durch städtische Beschaumeister genügte den Auftraggebern nicht mehr. So kontrollierten sächsische Beamte in Suhl selbst den Beschuß. Gewehre und Pistolen erhielten den Abnahmestempel des Hauptzeughauses in Dresden (gekreuzte Kurschwerter in einem gekrönten Oval), der meist auf dem Lauf eingeschlagen wurde. Das gleiche Verfahren bezeugen der stilisierte preußische Adler oder der doppelköpfige Reichsadler für Österreich. In Sachsen wurde im Jahre 1729 die Stempelung der Läufe mit dem Namenszug «A R» (Augustus Rex) angewiesen. Häufig sind alle Metallteile der Waffen mit einem amtlichen Zeichen versehen. Zu Beginn der Herausbildung stehender Heere gab es in manchen Staaten noch keine Waffenmanufakturen. Gewehre und Pistolen wurden zum Teil aus dem Ausland angekauft. Noch in den ersten Jahren

1
2
3
B A
4
B P C
5
V
6
C
7
5
8
4
9
10
11
12
13
K
14
15
E L G
16
17
V
18
G
19
F
20
21
22
N
23
EP
24

25

26

27

28

29

30

Beschau- oder Kontrollmarken bedeutender Zentren der Handfeuerwaffen-Herstellung

1. Amsterdam, 2. Antwerpen, 3. Augsburg, 4. Barcelona, 5. Birmingham (Gunmakers' proof mark, nach 1813), 6. Birmingham (Gunmakers' view mark), 7. Dänemark und Norwegen, Regierungszeit Christians IV., 8. Dänemark und Norwegen, Regierungszeit Christians V., 9. Dänemark und Norwegen, Regierungszeit Fredericks IV., 10. Dänemark und Norwegen, Regierungszeit Christians VI., 11. Dänemark und Norwegen, Regierungszeit Fredericks V., 12. Eibar, 13. Essen, 14. Kronborg, 15. Leyden, 16. Liège, 17. Liège, 18. London (Gunmakers' Company, view mark), 19. London (Gunmakers' Company, proof mark), 20. London (Foreigners mark), 21. London (Board of Ordnance), 22. Maastricht, 23. Nürnberg, 24. Paris, 25. St. Étienne, 26. St. Étienne, 27. Suhl, 28. Suhl, 29. Utrecht, 30. Wien

der Regierungszeit Friedrich Wilhelms I. bezog Preußen Handfeuerwaffen aus den Niederlanden. Die ersten Facharbeiter der 1722 gegründeten Gewehrmanufaktur in Potsdam stammten zum größten Teil aus Lüttich. Auch König August II. von Polen und Kurfürst von Sachsen holte im Jahre 1703 zahlreiche Handwerker aus anderen Territorien nach Olbernhau.

In Manufakturen hergestellte Waffen tragen in der Regel auf dem Schloßblech den Ortsnamen. Die bedeutendsten Produktionszentren für Armeewaffen waren: in Böhmen Nižbor, Spálené Poříči, Vejprty und Vernéřov, in Dänemark Kronborg und Helsingør, in deutschen Territorien Amberg, Essen, Herzberg, Kassel, Ludwigsburg, Oberndorf, Olbernhau, Potsdam und Spandau, Suhl und Zella-Mehlis, in Frankreich Charleville, St. Étienne, Maubeuge, Mutzig, Tulle und Versailles, in Großbritannien London und Birmingham, in Italien Brescia und Turin, in Österreich Ferlach, Steyr und Wien, in Polen Kozienice, in Rußland Sestrorezk (Süsterbeck) und Tula, in Schweden Jönköping und Uppsala, in Spanien Barcelona, Eibar und Toledo und in den Vereinigten Niederlanden Lüttich.

Die Manufakturproduktion durchbrach das Monopol des städtischen Handwerks in der Herstellung bestimmter Produkte. Die Folge war, daß manches Meistergeheimnis über verwendetes Material und über Fertigungstechniken gelüftet wurde. Bücher und Artikel in Enzyklopädien vermittelten instruktive Kenntnisse über Produktionsverfahren. Johann Samuel Halle teilt beispielsweise im 3. Band seiner «Werkstätte der heutigen Künste oder die neue Kunsthistorie» vom Jahre 1764 viele Einzelheiten über die Herstellung von Handfeuerwaffen mit.

Die Lauffabrikation verlief auch im 18. Jahrhundert ähnlich wie in den vorangegangenen Jahrhunderten, wenn sich auch die Arbeitsorganisation bei der Herstellung von Militärgewehren durch die Manufakturen geändert hatte. Flache Eisenstangen von zweizölliger Stärke wurden unter dem Wasserhammer zu einer Platine von einem halben Zoll Dicke geschmiedet. In der Schmiede kam die Rohrplatte ins Feuer, und Arbeiter schlugen sie um einen zylindrischen Dorn, rundeten im hohlen Senker des Ambosses das Eisen und verschweißten es. Hierzu waren wenigstens drei Personen notwendig. Das Schleifen der schmiedefertigen Läufe war eine mörderische Arbeit. Die Schleifer lagen in manchen Schleifmühlen ausgestreckt auf einer Bank am höchsten Punkt des sich drehenden Schleifsteines und hielten mit beiden Händen den Lauf gegen den Stein. Bei diesem Trockenschleifen atmeten die Schleifer den Steinstaub und feine Eisenspäne ein. Das Naßschleifen wurde von den Schleifmühlenbesitzern wegen zusätzlicher Ausgaben für die mechanische Einrichtung auf Kosten der Gesundheit der Arbeiter oft nicht eingeführt. Masken oder nasse Tücher vor dem Mund waren nur ein notdürftiger, unbequemer Schutz. In anderen Gewerken hatte der Schleifer seinen Platz neben dem Schleifstein, um beim möglichen Zerspringen des Steins gesichert zu sein. Der Lauf wurde in diesem Fall durch einen Hebel an den Stein gedrückt. Manche Werkstätten bauten auch Schutzvorrichtungen. Der Stein lief hierbei in einem Kasten, der oben einen Abzug und vorn zum Schleifer hin lederne Vorhänge hatte. Die durch Wasserkraft angetriebenen Schleifsteine machten 80 bis 120 Umdrehungen in der Minute. 24 bis 30 Flintenläufe konnte ein geübter Schleifer an einem neuen großen Stein täglich schleifen. Beim Naßschleifen wurden die fertigen Läufe am Ofen getrocknet.

Der schmiedefertige und abgeschliffene Lauf kam nun auf eine Bohrbank und wurde nachgebohrt. Hierbei sollten innen «die Gruben und Schmiedeflecken weggeschafft werden». Die so vorgebohrten Läufe erhielt der Büchsenmacher, der sie nochmals präziser ausbohrte, «welches wohl zehn und mehrmale mit immer dickeren Bohrern wiederholt werden muß». Der Bohrer saß bei der Bohrbank an der eisernen Welle eines großen Rades und drehte sich gleichzeitig mit dem Rad, das durch ein Räderwerk mittels Wasserkraft angetrieben wurde. Den schnell heiß werdenden Lauf kühlte ein Arbeiter mit Wasser. Beim ersten Rauhbohren bohrte man von beiden Enden zur Mitte hin, damit sich nicht zuviel Bohrspäne ansammelten. Der fest auf einen Schlitten montierte Lauf wurde gegen den Bohrer gedrückt. Zur Überprüfung der Kaliberstärke diente die vorgesehene Bleikugel, die mit dem Hammer in die Bohrung geschlagen wurde.

Für das Einschneiden von Zügen in Büchsenläufe gab es eine besondere Ziehbank. Sie wird von Johann Samuel Halle in seinem genannten Werk abgebildet und beschrieben. In einem fest montierten Zugrohr war der gleiche Drall eingeschnitten,

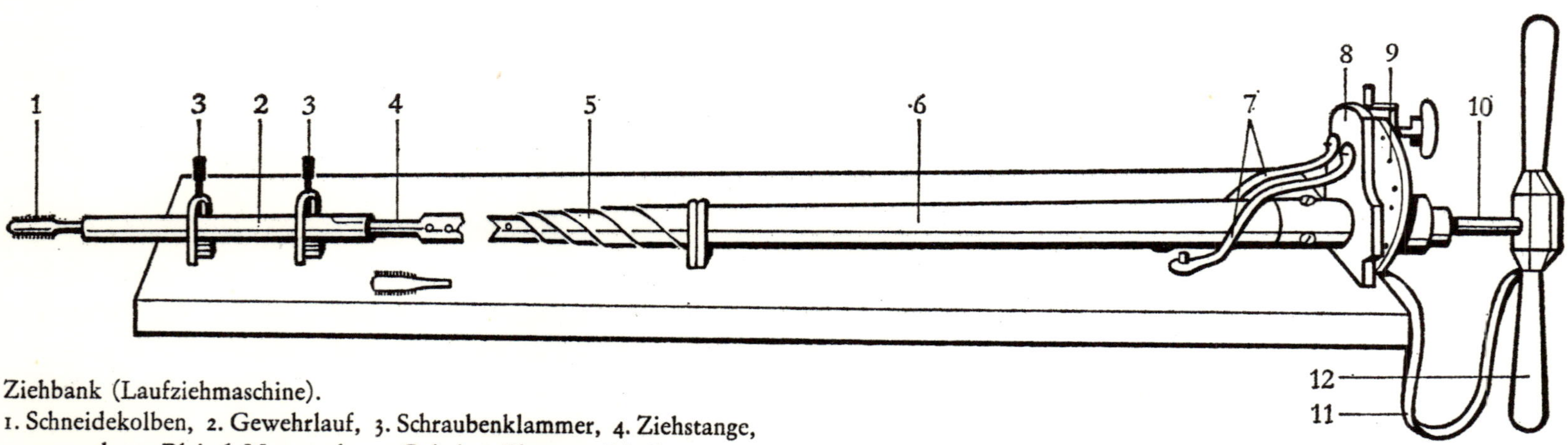

Ziehbank (Laufziehmaschine).
1. Schneidekolben, 2. Gewehrlauf, 3. Schraubenklammer, 4. Ziehstange, 5. gewundenes Blei, 6. Mutterrohr, 7. Gabel, 8. Platte, 9. Scheibe, 10. Ziehstange, 11. lederner Riemen, 12. Knebel.
(Nach J. S. Halle, Werkstäte der heutigen Künste, 1764)

den der neue, ebenfalls starr befestigte Lauf der Handfeuerwaffe erhalten sollte. Die Übertragung der Windungen der Züge vom «Mutterlauf» auf den Gewehrlauf erfolgte über einen Bleikolben, der sich in den Zügen des Mutterlaufes drehte, wenn eine Zugstange mit Handgriff bewegt wurde. Im Kopf des Bleikolbens war eine eiserne Ziehstange befestigt, die durch den Gewehrlauf hindurchlief. Vorn steckte auf dieser Stange «ein kleines Hölzchen, welches mit gefeiltem Drahte ausgelegt ist... Diese kurzen Zähne des hölzernen Kolbens sind es eben, die die Furchen in die Seele einfeilen müssen». Die Schneideisen waren so breit, wie die Züge sein sollten. Beim Ziehen lag der Gewehrlauf in Verlängerung der Achse des Mutterrohres. Wurde nun die Zugstange zurückgezogen, folgte der Schneidkopf der Drehbewegung des Bleikolbens und schnitt die gewundenen Züge in den Lauf ein. Der Kolben schnitt anfangs nur einen einzigen Zug. Mit einer Einstellscheibe ließ sich der Mutterlauf mit seiner Ziehvorrichtung um jeweils bestimmte Grade drehen und wieder festlegen. Dadurch konnte die Anzahl der Züge bestimmt und ein genauer Abstand von Zug zu Zug eingehalten werden. Am häufigsten schnitt man sieben oder acht Züge ein. Der Drall hatte $^2/_3$, $^3/_4$ oder bis zu $1^1/_2$Umgang. Die Laufwandung war bei Büchsen wegen der Züge, trotz kleineren Kalibers, wesentlich dicker als bei Flinten.

Die fertigen Läufe wurden einer Beschußprobe unterzogen. In manchen Werkstätten erfolgte zunächst eine Probe mit gewöhnlicher, dann mit doppelter Ladung, in anderen war die Pulverladung bei Läufen für Militärgewehre meist kugel-, für Jagdgewehre halbkugelschwer. Beim Beschuß lagen zahlreiche Stücke nebeneinander, und ein Arbeiter zündete durch ein Lauffeuer alle Ladungen gleichzeitig. Die «Technologische Encyklopädie...» von Johann Joseph Prechtl, Stuttgart 1835, gibt in einem ausführlichen Artikel von Moritz Meyer über die Gewehrfabrikation an, daß bei diesen Proben im allgemeinen bei Militärgewehren der Ausschuß zwei bis vier, bei schlechtem Material jedoch bis zu 40 Prozent betrug. Manche Produzenten lagerten die beschossenen Läufe anschließend noch 14 Tage lang in einem feuchten Keller, dem Schweißkeller. Jeder kleine Riß und andere Materialfehler wurden hierbei durch Roststellen sichtbar. Weitere Arbeitsgänge zur Fertigstellung des Laufes waren das Nachschneiden des Gewindes für die Schwanzschraube, die Ausarbeitung des Zündloches, das Anlöten von Visier und Korn, der Schaft- und Bajonetthalterungen. Während die Klinge des Bajonetts aus Stahl bestand, waren Tülle und Hals aus Eisen.

Die einzelnen Schloßteile entstanden aus gutem zähem Stabeisen bei Bearbeitung mit dem Schmiedehammer unter Verwendung verschiedener Gesenke. Die Schmiedestücke wurden durch Ausglühen weich gemacht und mit einer groben Feile vom Zunder gereinigt, danach gefeilt und mit Lehren überprüft, abermals ausgeglüht und mit feineren Feilen wiederum nach Lehren bearbeitet, zusammengesetzt, wenn sie paßgerecht waren, gehärtet. Krünitz berichtet, daß ein Schmied mit seinem Gesellen, «wenn er nur Schloßblech, Batterie, Hahn, Studel und Stange schmiedet, täglich zu 8 Schlössern die genannten Bestandteile (also 40 Stück) liefern» kann. Auf die Schlagfläche der Batterie wurde eine Stahlschicht aufgeschweißt. Schlag-, Batterie- und Stangenfeder bestanden ebenfalls aus Stahl.

Halle gibt auch einige technische Hinweise für Härteverfahren. Die Schloßfedern sollten aus Stahl «mit dem Elefanten- oder Krebsstempel» geschmiedet, gebogen und gefeilt, danach rotwarm in kaltem Wasser abgekühlt, mit Talg bestrichen und auf Kohlen abgebrannt werden. Die erneute Abkühlung erfolgte an der Luft. Die anderen Schloßteile durchliefen folgende Härteverfahren: Die fertigen Teile kamen in eine eiserne Pfanne, wurden mit Ochsenklauen, «die im Ofen gedörrt und gepulvert worden, überschichtet, Salz dazwischen gemengt, der besseren Härtung wegen». Dieses «eiserne Gebäcknis» ließ man ohne Blasen auf den Kohlen rotwarm werden und schüttete es dann ins kalte Wasser. Nach Krünitz (Bd. 232, Stichwort «Waffen» S. 361) taucht man die Federn «in Lehmbrei und macht sie kirschroth glühend; taucht sie schnell ins kalte Wasser, bestreicht sie mit Talg, welches man auf dem Feuer abbrennen läßt, und löscht sie in Oel, zuletzt aber in kaltem Wasser ab». Für die Härtung der aus Eisen geschmiedeten Schloßteile berichtet er, daß «man 12 bis 25 Schlösser in einem Kasten von Eisenblech mit gepulverten verkohlten Lederabgängen eingepackt, den Kasten oben mit nassem Lehm bedeckt, 1 bis 2 Stunden lang rothglüht, den Lehm abräumt und den ganzen Kasten ins Wasser wirft. Statt dieses Verfahrens kann vorteilhaft das Bestreuen mit blausaurem Eisenkali angewendet werden». Danach erfolgte das Polieren der Schloßteile entweder auf Scheiben von Eichenholz mit Schmirgel und Öl, zuletzt mit Kohlepulver oder aber «aus freier Hand mit Schmirgelhölzern und dann mit Kalk oder Zinnasche». Als Material für Garnituren der Militärgewehre kam neben Messing und Eisen auch ein Gemisch von Messing, Bronze und Eisen zur Anwendung, bei Jagdgewehren auch Weißkupfer oder Silber, Horn oder Holz. Die Messingteile der Steinschloß-Militärwaffen wurden anfangs aus geschlagenem Metall gestanzt und dann gebogen, später goß man in Manufakturen gerade Stücke in Sand- oder Lehmformen. Anschließend wurden sie über einem Dorn gebogen und dann gelötet. Der Ladestock für Militärgewehre des 19. Jahrhunderts war aus Stahl, nur der untere Teil mit Schraubenloch für den Krätzer aus Eisen, bei Büchsen aus Messing, um die Felder zwischen den Zügen nicht zu beschädigen. Damit die Kugel beim Eintreiben nicht plattgeschlagen wurde, war die obere Fläche des Ladestocks der Kugelform entsprechend ausgehöhlt.

Der Büchsenschäfter erhielt zur Bearbeitung bereits grob zugehauene Schäfte. Sie mußten ohne Äste, Höhlungen und Risse sein. Die Meister bevorzugten junges weißes Holz. Es war zäher und ließ sich besser beizen. Nußbaumholz hatte für Schäfte den absoluten Vorrang und von diesem wiederum das Wurzelmaserholz mit schöner Aderung, insbesondere für Jagdgewehre. Auch Buche und Ahorn eigneten sich für die Verarbeitung. Zuerst legte der Schäfter den Lauf auf den grob zugehauenen Schaft und ritzte die Laufkonturen ein. Nun hob er für die Laufbettung das Holz heraus, schlug das Lager für das Schloß, bohrte die Schraubenlöcher und paßte das Schloßgegenblech in eine flache Vertiefung ein. Es folgte der Zuschnitt des Kolbens, das Einhauen für das Abzugsblech, die Bohrung für den Abzug, «so daß er eine freie Spielung behält». Die Führung für den Ladestock wurde mit einem Hohlbohrer gebohrt. Zum Schluß folgte die Schnitzarbeit nach einer Zeichnung mit Laubwerk und anderem Dekor. Für bestimmte Laufgrößen und Schloßformen besaßen die Schäfter Modelle, und nach diesen Vorlagen wurden die bestellten Schäfte gearbeitet. Von besonderem Interesse sind die Erörterungen zur Oberflächenbehandlung der Schäfte. Sie werden mit englischen Feilen geglättet und die Feilenzähne mit der Ziehklinge beseitigt, danach mit Schafthalm abgerieben und mit feingepulvertem Bimsstein übergeschliffen. «Wenn man eine Jagdflinte poliren will, so lässet man Leinöl mit der schwarz-roten wilden Ochsenzungenwurzel (radix alcannae, anchusae, buglossi) zusammen klein geschnitten kochen, bis sich der Leinöl schön rot färbt. Die Wurzel färbt an sich karminartig, und ist in den Apotheken zu haben. Man bestreicht mit diesem roten Öle den Schaft zwei bis dreimal. Wenn das Öl trocken geworden, wird es mit Tripel abgerieben, wovon der Schaft einen spiegelnden Glanz an sich nimmt. Die Kommisgewehre bekommen mit einiger Veränderung einerlei Politur, und welche sich von der letztgedachten wenig unterscheidet. Man ziehet nämlich ihre Schäfte mit der Ziehklinge gleich, man beizet sie mit Scheidewasser über dem Feuer, man reibt sie mit Schafthalm und Bimsstein glatt, man überzieht sie mit dem roten Alkannenöle und der letzte Glanz wird von Bimsstein und Tripel aufgerieben. Wenn man den Schaft schwarz beizen will, so vermischt man Scheidewasser mit Eisenfeile, man trägt den reinen Auszug davon einige male nacheinander auf.» Ein Büchsenschäftermeister mußte nicht nur diese handwerklichen Fähigkeiten und Kenntnisse besitzen. Von ihm verlangten die

Büchsenmacher. Im Vordergrund eine Bohrmaschine, im Hintergrund eine Laufziehbank. Aus: Christoph Weigels Ständebuch, 1698

Ordnungen, daß er auch Zeichnungen von einem Paar Pistolen und von einer Büchse anfertigen sowie die Schäfte mit Einlegearbeiten und Schnitzwerk versehen kann. Der Arbeitstag eines Gesellen im Büchsenschäfterhandwerk dauerte von fünf Uhr morgens bis sieben Uhr abends.

Auch offene Fragen zur Verbrennung des Schießpulvers konnten im 18. Jahrhundert von namhaften Gelehrten beantwortet werden. Friedrich von Fleming, Verfasser von bedeutenden Werken zum Kriegswesen und zur Jagd, fand noch 1719 für die angebliche Erfindung des Schießpulvers durch den «vorwitzigen Mönch» Berthold Schwarz nur die Erklärung, daß sie durch Eingebung des Teufels erdacht wurde. Die inneren, nicht sichtbaren Zusammenhänge bei der Pulverexplosion waren für ihn immer noch ein Rätsel, das jedoch im gleichen Jahrhundert gelöst wurde. In der Chemie nahm die Erforschung des Verbrennungsvorganges einen wichtigen Platz ein. Mit der Entdeckung des Sauerstoffs im Jahre 1774 durch den englischen Philosophen und Naturforscher Joseph Priestley und unabhängig von ihm durch den schwedischen Chemiker Carl Wilhelm Scheele war der Grundstein zur Erkenntnis dieses Prozesses gelegt. Es war der Franzose Antoine-Laurent Lavoisier (1743–1794), einer der Begründer der modernen Chemie – er leitete unter anderem auch die französischen Salpeter- und Pulverfabriken –, der die Verbrennung als Verbindung des Sauerstoffs mit dem brennbaren Stoff erkannte. Diese Erkenntnis eröffnete völlig neue theoretische Fragestellungen und praktische Untersuchungen in vielen Bereichen der Chemie und Physik. Frankreich und England blieben lange Zeit auf diesen Forschungsgebieten und in der ökonomischen Nutzung führend. Das zeigen auch die am Anfang des 19. Jahrhunderts entwickelten neuen «chemischen Schlösser» für Handfeuerwaffen.

Stehende Heere und Lineartaktik

In den meisten europäischen Staaten herrschten im 18. Jahrhundert absolutistisch regierende Monarchen. Ihre Hauptstütze war ein stehendes Heer aus «Landeskindern» und im Ausland angeworbenen Söldnern. In allen Staaten wuchs die Stärke der Armee sprunghaft an. Der preußische König Friedrich Wilhelm I. erhöhte beispielsweise die Zahl seiner Truppen von 40 000 Mann im Jahre 1713 auf fast 70 000 Mann im Jahre 1731. Obwohl Preußen mit seiner Bevölkerungszahl an 13. Stelle in Europa lag, besaß es 1740 nach Frankreich, Rußland und Österreich die viertstärkste Armee.

Die Aufstellung der stehenden Heere erfolgte in Preußen seit 1733 mit Hilfe des Kantonsystems. Das Land wurde in Kantone eingeteilt, aus denen jeweils bestimmte Regimenter ihre Mannschaften bezogen. Wenn auch der Grundsatz galt: «Alle Einwohner des Landes werden zu den Waffen geboren», so waren doch viele von der Dienstpflicht entbunden, beispielsweise Beamte, Arbeiter staatlicher Manufakturen, Studenten, gelernte Handwerker und Kaufleute. Der Soldatendienst war somit vor allem Pflicht der Bauern und der männlichen Angehörigen der Stadtarmut. Das Kantonsystem legte eine zeit-

Gliederweises Feuern.
Bei dieser Kampfweise schießen die Glieder einzeln.
Wenn das hinterste Glied feuert, knien die beiden vorderen, danach schießen das zweite und dann das erste Glied. Das dritte hat inzwischen geladen und beginnt von neuem mit dem Feuer.
Aus: H. F. v. Fleming, Der vollkommene Teutsche Soldat, 1726

lich unbegrenzte Dienstpflicht fest. Die «sicheren Kantonisten» wurden jedoch außerhalb der Exerzierzeit oft zur Arbeit auf den Gütern der Junker beurlaubt.
Der Soldatendienst galt im Feudalabsolutismus als Unglück und Schande, und viele versuchten, durch Landflucht oder Desertation sich ihm zu entziehen. Dazu trugen nicht zuletzt der unerbittliche harte Drill, unmenschliche Behandlung und grausame Strafen, wie das Spießrutenlaufen, bei. Mit Hilfe des eisernen Drills sollte das Heer zu einer mechanisch funktionierenden Maschine werden. Die Infanterie übte unter unerbittlicher strenger Aufsicht mit ständiger Wiederholung die Handhabung des Gewehrs. In Preußen wurde angestrebt, auf den Exerzierplätzen das Gewehr beim «Blindladen», das heißt ohne Benutzung von Patronen, fünf- bis sechsmal in einer Minute zu laden und abzufeuern. Im Ernstfall reduzierte sich diese Zahl auf zwei bis zweieinhalb Schuß pro Minute für kurze gefährliche Gefechtssituationen. Wegen der schlechten Einzelschußergebnisse der glatten Infanteriegewehre wurde die Ausbildung auf das Massenfeuer konzentriert. Mit einer linearen dreigliedrigen Aufstellung der Infanterie verfolgten die Heerführer das Ziel, durch Salvenfeuer dem in gleicher Aufstellung kämpfenden Gegner auf nahe Distanzen in relativ kurzem Feuergefecht hohe Verluste zuzufügen. König Friedrich II. gab beispielsweise vor der Schlacht bei Hohenfriedberg am 4. Juni 1745 für die Infanterie den Befehl, beim Angriff erst ab 150 Schritt vor dem Feind zu schießen.
Bei der verbreitetsten Kampfweise waren die einzelnen Bataillone zu vier Kompanien in Feuereinheiten, sogenannte Pelotons, eingeteilt. Jede Kompanie bestand in Preußen aus zwei Pelotons. Sie schossen im Wechsel mit ganz kurzen Abständen beispielsweise in der Reihenfolge 1, 3, 5, 7, 2, 4, 6 und 8 der Pelotons eines Bataillons. Dadurch wurde ein ununterbrochenes Feuer unterhalten. In Österreich bestanden die Kompanien (im Felde Divisions genannt) aus vier Pelotons zu je 24 Mann. Im Feuergefecht konnten jedoch auch größere Einheiten zum Salvenfeuer zusammengefaßt werden. Bei dreigliedriger Aufstellung kniete bei gemeinsamem Feuer das erste Glied nieder, das dritte rückte auf Lücke des zweiten. Bei der nach den Seiten weit ausgedehnten Aufstellung in Linie und den notwendigen Ladephasen durften sich die Pelotons zeitweise nur langsam «im Pelotonschritt» – nur ein fußlanger Schritt – vorwärtsbewegen, damit die Front nicht auseinanderriß. Der Wechsel von Stand-, Normal- und Pelotonschritt sicherte trotz zeitweiliger geringer Tiefenstaffelung den Zusammenhalt der linearen Front. Bei diesem «Avancieren» gaben sich die Pelotons gegenseitig Feuerschutz. Standen sich die Gegner bis auf etwa 20 bis 25 Meter gegenüber, wurde in manchen Heeren vom ersten Gliede ein letzter Schuß aus der Hüfte heraus abgegeben und dann im Laufschritt mit aufgepflanztem Bajonett gestürmt.
Die Kavallerie wurde im allgemeinen an den Flügeln der Infanterie aufgestellt und versuchte von den Flanken aus, die gegnerische Linie aufzurollen. Hierbei kam in erster Linie die blanke Waffe – Degen, Pallasch oder Säbel – zum Einsatz. Karabiner und Pistolen waren nach wie vor zu Pferde beschwerlich zu laden, die Schußleistungen, insbesondere der Pistolen, gering. In Reichweite der Infanteriegewehre des Gegners ging die Kavallerie bei der Attacke vom Trab zum Galopp über. Die Reiter feuerten zunächst eine Salve ab und griffen dann zur Hieb- und Stichwaffe. Der Karabiner hing – wie schon im 17. Jahrhundert üblich – an einem Schulterbandelier, die Pistolen steckte der Kavallerist nach dem Schuß wieder in die Halftertaschen. Andere Reiterformationen griffen mit der Lanze an und wechselten im Handgemenge zur Griffwaffe über. Die Kavallerie versuchte auch, den Gegner zu umgehen und von hinten anzugreifen. Griff die feindliche Reiterei früher an, mußten die Formationen fest wie eine Mauer zusammenstehen, erst den Karabiner, dann die Pistolen abfeuern und blitzschnell die Blankwaffe ziehen und mit ausgestrecktem Arm dem Feind entgegenhalten. Beim Angriff der Kavallerie verzichteten manche Heerführer auch ganz auf den Einsatz von Handfeuerwaffen.
Durch die stehenden Heere hatten die Schützenvereinigungen in den Städten an Bedeutung für die militärische Ausbildung

verloren. Viele ehemals freie Reichsstädte in Deutschland waren in Territorialstaaten eingegliedert worden und besaßen keine selbständigen Truppen mehr. Im Jahre 1657 hatte beispielsweise der Rat der Stadt Magdeburg, um die Bürger im Gebrauch der Handfeuerwaffe zu üben, ein Wochenschießen eingeführt. Wer nicht die vorgeschriebene Anzahl von Schüssen abgab, mußte drei Taler Strafe bezahlen. Im Statut der Schützenbrüderschaft vom 20. August 1729 wird noch von jedem Bürger gefordert, drei Jahre lang am Wochen- oder Montagsschießen teilzunehmen. Im Jahre 1784 beschloß der Rat, das Scheibenschießen einzustellen und berichtete darüber dem König. Als Grund gab er an, der ursprüngliche Zweck, Schießfertigkeiten für die Verteidigung der Stadt zu erlangen, sei durch das Vorhandensein einer starken Armee bedeutungslos geworden. König Friedrich II. von Preußen stimmte dem zu und bemerkte, daß das Scheibenschießen überflüssig und die Vergabe von Preisen «nur Thorheiten» seien. Bei dieser Entscheidung spielte auch die Art der militärischen Taktik der Infanterie eine Rolle, die ja bekanntlich nur in Salven schoß. Ein Zielen auf Scheiben wurde nicht geübt.

Die lange Tradition der Schützenfeste ließ sich jedoch nicht so leicht beenden, zumal diese Veranstaltungen dem Volk fröhliche Feste und Abwechslung im Alltag brachten.

Das Stein- oder Batterieschloß

Trotz hochentwickelter Rad- und Schnappschlösser wurde – wie bereits ausgeführt – das Luntenschloß für Infanteriegewehre bis in die zweite Hälfte des 17. Jahrhunderts bevorzugt. Die mechanische Funkenzündung überflügelte jedoch die glimmende Lunte im Bereich der Zivilwaffen für die Jagd, auf den Schießplätzen sowie an Pistolen. Mit dem Steinschloß ging die Ära des Luntenschloßgewehres zu Ende.

Obwohl bei den Rad- und Schnappschlössern auch Steine zur Zündung verwendet wurden, ist es üblich, nur eine ganz bestimmte Schloßart Stein- oder Batterieschloß (nach dem französischen Wort «battre» = schlagen) zu nennen. Die Batterie ist, wie bereits bei einigen Formen des Schnappschlosses, der mit dem Pfannendeckel kombinierte Feuerstahl, auf den der Hahn mit dem Feuerstein trifft und den Funken schlägt. Vom niederländischen Schnappschloß stammt vermutlich die Nuß, die zwei Einkerbungen besitzt. Das Neuartige des Batterieschlosses ist der Abzugsmechanismus, bei dem nicht mehr ein Zahn der Abzugsstange waagerecht durch die Schloßplatte geführt und in horizontaler Richtung bewegt wird, sondern ein in vertikaler Richtung beweglicher Hebel den Schloßmechanismus auslöst. Der Schnabel dieser Abzugsstange greift direkt in die Rasten der Nuß. Von den zwei Rasten ist eine Lade- oder Ruhrast – der Hahn ist in dieser Stellung gesichert –, die andere Spannrast. Erst das Zurückziehen des Hahnes in die Spannrast ermöglichte das Abfeuern. Die wichtigsten Merkmale des Steinschlosses sind also die senkrecht arbeitende Abzugsstange, die in die Kerben der Nuß eingreift, und die sinnreiche Verbindung von Pfannendeckel und Schlagfläche in einem Stück. Sie vereinigte zwei Arbeitsgänge: Öffnen des Pfannendeckels und Funkenschlagen.

Als Erfinder des Steinschlosses gilt der bereits erwähnte Marin le Bourgeois aus Lisieux, ein vielseitig begabter Künstler und Handwerker, der auch zu den ersten seit 1608 in der Galerie des Louvre tätigen Meistern gehörte. Das älteste mit seinem Namen gekennzeichnete Steinschloßgewehr – vermutlich nicht später als 1610 gefertigt – ist eine Vogelflinte aus dem Cabinet d'Armes Ludwigs XIII., heute in der Ermitage Lenin-

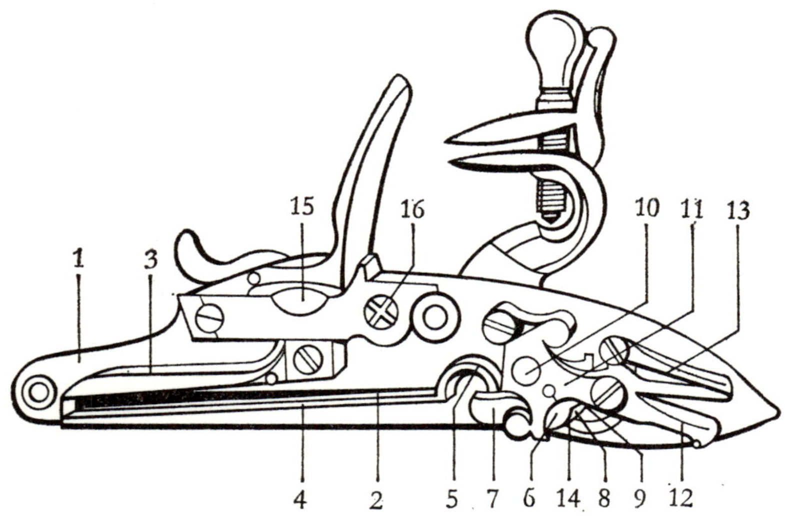

Steinschloß, Innenansicht:
1. Schloßblech, 2. Schlagfeder, 3. kurzer Arm der Schlagfeder, 4. langer Arm der Schlagfeder, 5. Kralle, 6. Nuß, 7. Nußkralle, 8. Ruhrast, 9. Spannrast, 10. Nußstift, 11. Studel, 12. Abzugsstange, 13. Abzugsstangenfeder, 14. Nase der Abzugsstange (Stangenschnabel), 15. Pfanne, 16. Halteschraube der Pfanne

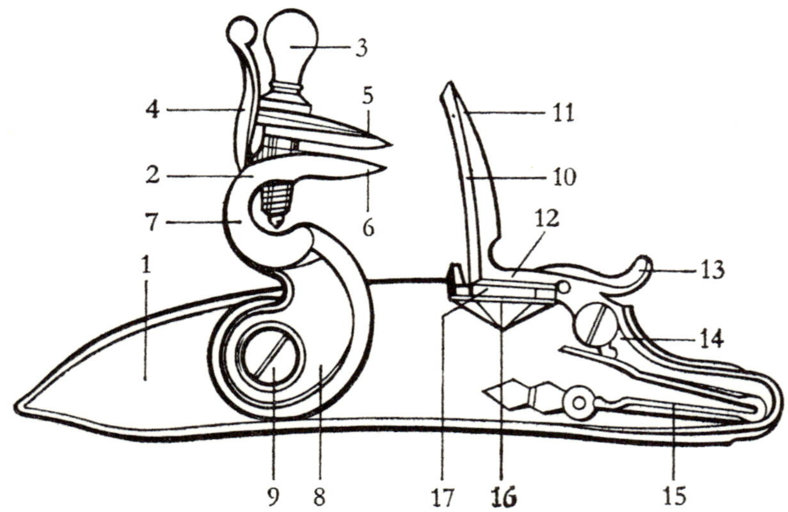

Steinschloß, Außenansicht:
1. Schloßblech, 2. Hahn, 3. Hahnlippenschraube, 4. Sporn des Hahnes, 5. obere Hahnlippe, 6. untere Hahnlippe, 7. Hals, 8. Hahnfuß, 9. Hahnhalteschraube, 10. Schlagfläche, 11. Batterie, 12. Pfannendeckel, 13. Sporn, 14. Deckelschraube, 15. Batteriefeder, 16. Pfanne, 17. Zündloch

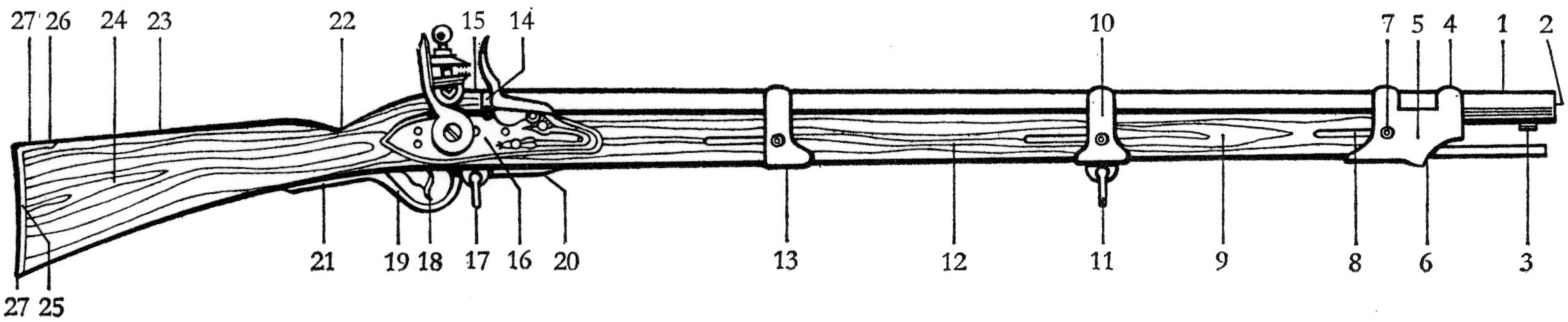

Teile des Steinschloßgewehrs:
1. Lauf, 2. Laufmündung, 3. Bajonettwarze, 4. Korn, 5. Oberring, 6. Röhrchen (erweiterter Oberring, anstelle der früheren Ladestockhülse), 7. Ringfederöse mit Haken der Ringfeder, 8. Ringfeder, 9. Ladestocknut, 10. Mittelring, 11. oberer Riemenbügel und Riemenbügelöse, 12. Schaft, 13. Unterring, 14. Schwanzschraube mit Schwanzschraubenblatt, 15. Visier (Kimme), 16. Schloß (auf der Rückseite = Schloßgegenblech), 17. unterer Riemenbügel, 18. Abzug, 19. Abzugsbügel (Abzugsschutzbügel), 20. Vorderblatt des Abzugsbügels, 21. Hinterblatt des Abzugsbügels, 22. Kolbenhals, 23. Kolbenkamm, 24. Kolben, 25. Kolbenkappe (Kolbenblech), 26. Nase der Kolbenkappe, 27. Kolbenkappenschrauben

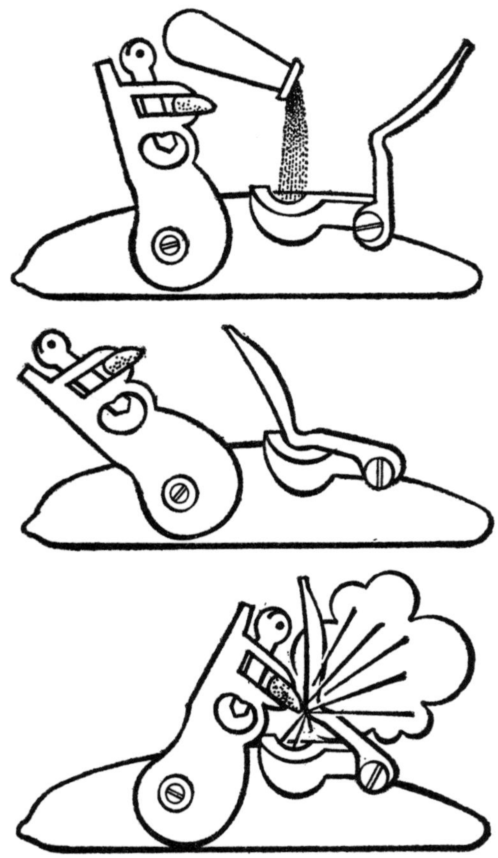

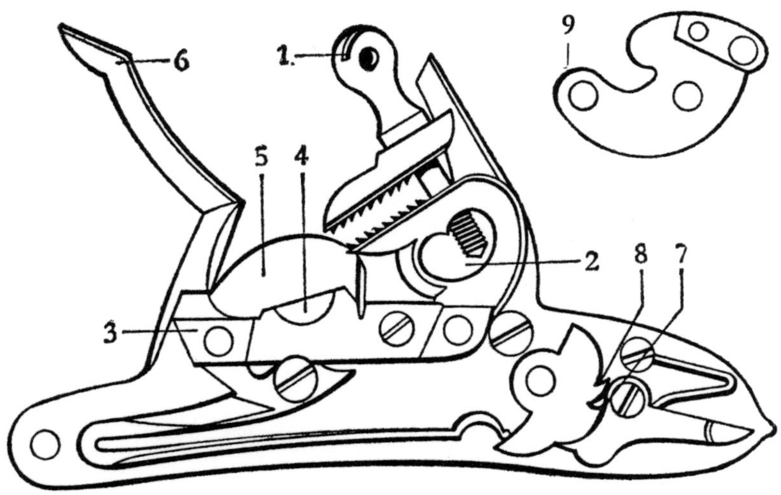

Militär-Steinschloß, französischer Typ.
Innenansicht:
1. Hahnlippenschraube mit Einschnitt und Loch, 2. herzförmiger Durchbruch, 3. Schloßstolpen, 4. Pfanne, 5. Feuerschirm, 6. Lappen, 7. Ruhrast, 8. Spannrast, 9. Studel

Phasen der Funktion des Steinschlosses:
1. Hahn in Ruhrast-Stellung, Pfannendeckel hochgeklappt, Zündpulver wird auf die Pfanne geschüttet.
2. Hahn in Spannstellung, Pfannendeckel mit Batterie heruntergeklappt.
3. Hahn trifft nach dem Druck gegen den Abzug auf die Batterie und schlägt Zündfunken, der Pfannendeckel mit der Batterie klappt zugleich hoch.

grad. Steinschlösser lösten zunächst bei Zivilwaffen und erst seit der zweiten Hälfte des 17. Jahrhunderts allmählich bei Militärwaffen alle anderen Schloßtypen ab.
Die Einzelteile des Steinschlosses mußten sehr präzise gearbeitet, der Druck von Schlag- und Batteriefeder genau aufeinander abgestimmt werden. Der Pfannendeckel durfte das Zündpulver erst freigeben, wenn mit dem auftreffenden Stein ein «Funkenregen» geschlagen wurde. Ein ungenauer Federdruck oder falsch berechnete Abmessungen des Hahnes führten zu Fehlzündungen. Bei Regenwetter mußten das Zündpulver auf der Pfanne und die Ladung vor Nässe geschützt werden. In manchen Armeen deckten die Soldaten das Schloß aus diesem Grunde mit einer Lederkappe ab und verschlossen die Mündung mit einem Pfropfen.
Wegen seiner leichten Handhabung und Stabilität eignete sich das Steinschloß für Handfeuerwaffentypen aller Waffengattungen und ebenso für alle Zivilwaffen. Es blieb deshalb bis um 1830/40 das vorherrschende Schloßsystem.

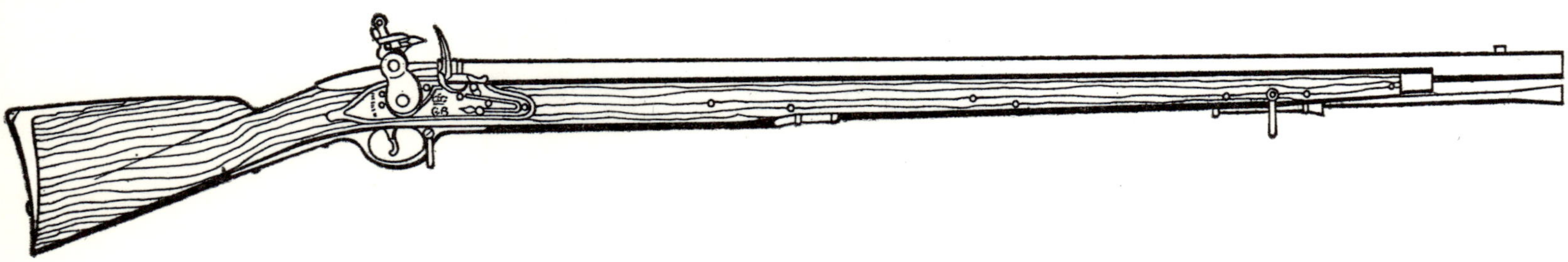

Infanteriegewehr mit Steinschloß, M 1794, Großbritannien.
Gesamtlänge 1397 mm, Lauflänge 990 mm,
Kaliber 19 mm, Gewicht 4840 g

Exerzieren und Schießen mit militärischen Steinschloßwaffen

Durch die Einführung der Steinschloßflinte konnte die Feuergeschwindigkeit bei der Infanterie wesentlich erhöht werden. Gewehrgabel und glimmende Lunte behinderten nicht mehr die Ladebewegungen. Das Anblasen der Glut sowie das Einklemmen und Abnehmen der Lunte fielen als Handhabungsgriffe fort. Nur beim Zerbrechen des Feuersteins mußte während des Gefechtes ein neuer Stein in den Hahn eingesetzt werden. An die Stelle des Bandeliers mit Pulverbüchschen trat eine Ledertasche, in der papierumhüllte Pulverladungen oder Papierpatronen steckten. Bei den ersteren befand sich nur Pulver in der Papierhülle, bei der Patrone war zusätzlich die Kugel eingebunden. Die Bezeichnung Patrone ist nur dann anzuwenden, wenn Pulver, Geschoß und Abdichtungsmittel (in diesem Fall die Papierhülle) in einem Körper vereinigt sind. Später befand sich auch das Zündmittel in der Patrone. Das Gewehr ließ sich wesentlich einfacher mit diesen Patronen als in alter Form aus den Büchschen laden. Der Schütze riß mit den Zähnen das eine Ende der Papierhülle auf, schüttete das Pulver in den Lauf, steckte das Geschoß mit Papierhülle in die Mündung und stampfte beides mit dem Ladestock nieder. Das Zündkraut wurde zunächst wie früher aus einem «Zinthorn» auf die Pfanne geschüttet. Eine weitere Vereinfachung bedeutete schließlich die Entnahme des Zündpulvers aus der Papierpatrone, eine Methode, die in Preußen seit 1726 üblich wurde. Das Reglement für die preußische Infanterie aus diesem Jahre möge als Beispiel für die Ladebewegungen mit der Steinschloßflinte dienen. Die Exerzierzeiten nach Abgabe eines Schusses lauteten (Anmerkungen in Klammern vom Verfasser):

Papierpatrone mit eingebundener Kugel, 17./18. Jahrhundert

1. *Den Hahn in Ruh* (d. h. in Ruhrast stellen)
2. *Wischet die Pfanne aus* (mit dem Daumen der rechten Hand)
3. *Bringet das Gewehr an die rechte Seite*
4. *Ergreifet eure Patron* (aus der Patronentasche)
5. *Öffnet eure Patron* (mit den Zähnen)
6. *Pulver auf die Pfanne*
7. *Schließt die Pfanne* (mit dem Pfannendeckel)
8. *Bringt das Gewehr vor euch*
9. *Links schwenkt euer Gewehr zur Ladung*
10. *Steckt die Patron in den Lauf* (das Pulver fiel dabei heraus, die Kugel blieb eingebunden und wurde mit dem Papier in die Laufmündung gestopft)
11. *Ziehet aus den Ladestock*
12. *Den Ladestock hoch* (anschließend Herumschwenken des Ladestockes um 180 Grad, damit das dicke Ende nach unten gerichtet war)
13. *Verkürzt den Ladestock* (Aufsetzen auf die rechte Hüfte und Heruntergleiten der rechten Hand)
14. *Steckt ihn in den Lauf*

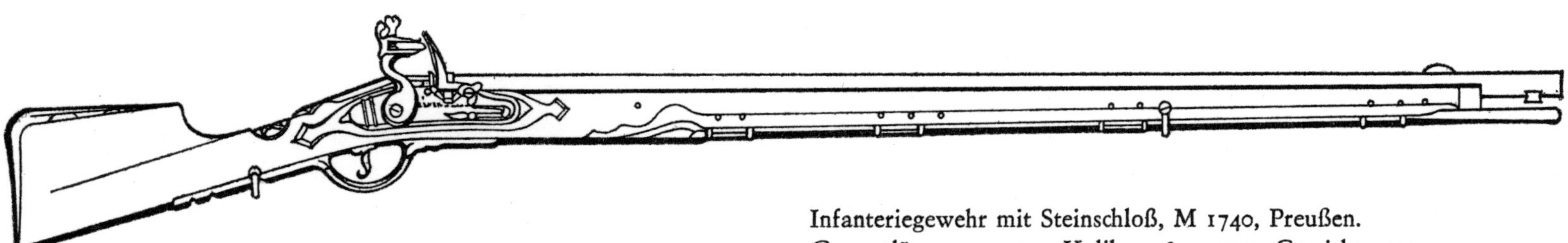

Infanteriegewehr mit Steinschloß, M 1740, Preußen.
Gesamtlänge 1450 mm, Kaliber 18–20 mm, Gewicht 5200 g

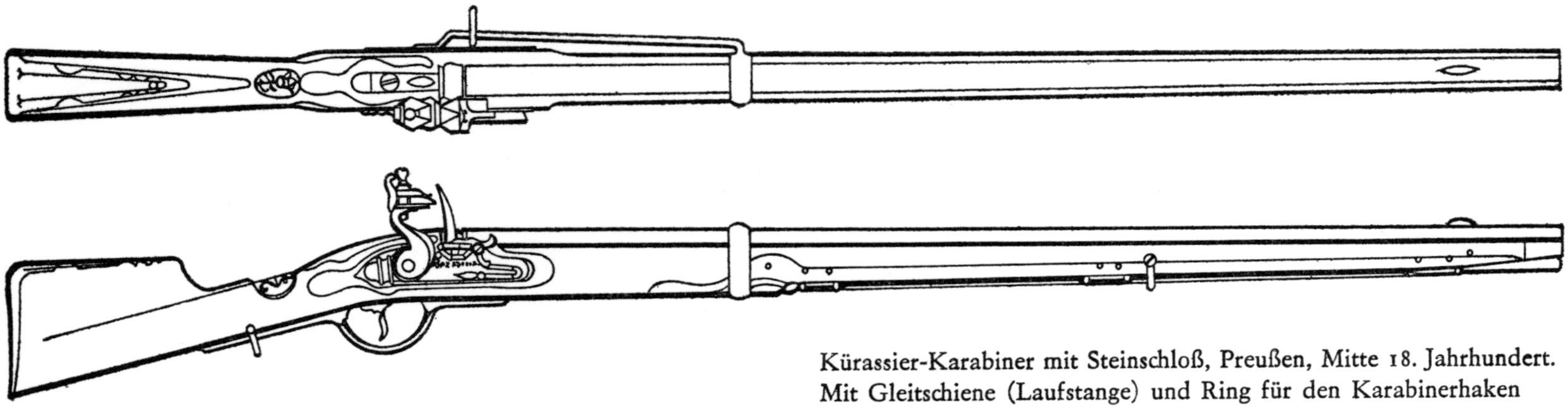

Kürassier-Karabiner mit Steinschloß, Preußen, Mitte 18. Jahrhundert. Mit Gleitschiene (Laufstange) und Ring für den Karabinerhaken an der linken Seite.
Gesamtlänge 1330 mm, Kaliber 17 mm, Gewicht 3700 g

15. *Setzt an die Ladung* (die Ladung wird hinuntergestoßen und festgestampft)
16. *Ziehet aus den Ladestock*
17. *Den Ladestock hoch* (dabei Umwenden des Ladestockes)
18. *Verkürzt den Ladestock*
19. *Bringet ihn an seinen Ort* (in die Schaftnute)
20. *Schultert das Gewehr*
21. *Fertig!* (Herunterreißen des Gewehrs, Hahn spannen, Schießgrundstellung einnehmen: Halbrechtsdrehung und rechten Fuß zurücknehmen)
22. *'tan!* (d. h. Schlagt an! In Anschlag gehen, Kolben an die Schulter)
23. *Feuer!*

Diese Exerzierzeiten konnten im Verlauf des 18. Jahrhunderts in Preußen weiter vereinfacht werden. Durch den zylindrischen Ladestock – 1773 eingeführt – fiel das Umwenden fort. Als weiteres Beispiel für die Handhabung beim Laden der Steinschloßflinte soll hier das Exerzieren nach dem Reglement für die französische Infanterie vom 1. August 1791 angeführt werden. Eine deutsche Übersetzung des Reglements erschien auch für die «Königlich-Westfälischen Regimenter», die hier benutzt wurde.

Das Laden geschah nach 12 Kommandos:

1. *Ladt's – Gewehr!* (Chargez – VOS ARMES.)
   Der Soldat macht eine Halbrechts-Drehung, so daß der linke Fuß gerade, der rechte angewinkelt hinter diesem steht. Das Gewehr wird mit der rechten Hand von der Schulter genommen, in die linke übergeben und liegt nun an der rechten Brustseite, die Mündung in Augenhöhe.
2. *Oeffnet – Pfann!* (Ouvrez – LE BASSINET.)
   Der Daumen der rechten Hand stößt an die Batterie und öffnet die Pfanne. Gleichzeitig greift die rechte Hand an die Patronentasche und öffnet sie.
3. *Ergreift – Patron!* (Prenez – LA CARTOUCHE.)
   Zeige- und Mittelfinger sowie Daumen ergreifen eine Patrone und führen sie zwischen die Zähne.
4. *Oeffnet – Patron!* (Déchirez – LA CARTOUCHE.)
   Nach dem Öffnen der Patrone wird sie senkrecht neben der Pfanne gehalten.
5. *Pulver auf – Pfann!* (AMORCEZ.)
   Pulver auf die Pfanne geschüttet, danach wird die Patrone mit Daumen und Zeigefinger am geöffneten Teil zusammengehalten und die rechte Hand, speziell der kleine und der Ringfinger, greift hinter die Batterie.

Exerzieren mit der Batterieschloßflinte. Nach dem Reglement für die französische Infanterie von 1791, Ausgabe für die Königlich-Westfälischen Regimenter. Braunschweig 1812.

Kommandos:
1. Ladt's – Gewehr! 2. Öffnet – Pfann! 3. Ergreift – Patron! 4. Öffnet – Patron! 5. Pulver auf – Pfann! 6. Schließt – Pfann! 7./8. Zur Ladung's – Gewehr! 9. Patron in – Lauf! 10. Zieht aus den – Ladstock! 11. Stoßt die – Ladung! 12. Ladstock an – Ort! 13. Schultert's – Gewehr!

6. *Schließt – Pfann!* (Fermez – LE BASSINET.)
Die zwei Finger schließen die Pfanne, Daumen und Zeigefinger halten weiterhin die Patrone.

7. *Zur Ladung's – Gewehr!* (L'arme – A GAUCHE.)
Das Gewehr wird senkrecht aufgerichtet, in der linken Hand rutscht das Gewehr bis zum zweiten Ring herunter; zugleich macht der Schütze wieder Front. Die linke Hand bringt das Gewehr dicht am

Leib herunter, der Kolben wird ohne Stoß auf die Erde gesetzt; die rechte Hand bringt die Patrone an die Mündung.

8. *Patron in – Lauf!* (Cartouche – DANS LE CANON.)
Die Patrone wird ein wenig geschüttelt und in den Lauf gestoßen.

9. *Ziehet aus den – Ladstock!* (Tirez – LA BAGUETTE.)
Der Ladestock wird mit Daumen und Zeigefinger ergriffen, herausgerissen, dabei schnell etwa bis zur Mitte des Stockes «mit verkehrter Hand» (Handrücken nach links gedreht) nachgegriffen und vollends herausgezogen, mit ausgestrecktem Arm in der Luft um 180 Grad gedreht, so daß das dickere Ende nach unten gerichtet war. Nun wurde der Ladestock bis zur Faust in den Lauf gesteckt.

10. *Stoßet die – Ladung!* (BOURREZ.)
Die rechte Hand gleitet nach oben, der ausgestreckte Daumen und der gekrümmte Zeigefinger stoßen den Ladestock zweimal mit Gewalt in den Lauf.

11. *Ladstock an – Ort!* (Remettez – LA BAGUETTE.)
Herausziehen des Ladestockes, Drehen in der Luft und wieder in die Schaftnute einführen.

12. *Schultert's – Gewehr!* (Portez – VOS ARMES.)
Das Gewehr wird mit der linken Hand hochgehoben, die rechte erfaßt den Kolbenhals und hebt das Gewehr an die linke Schulter, die linke Hand ergreift es unter dem Kolben, die rechte wird nun an den rechten Oberschenkel gelegt.

Das Exerzieren nach diesem Reglement erfolgte in drei Variationen. Zunächst übte der französische Soldat ohne Patrone, dann mit Patronen «von Kleyen oder Sägespänen, damit er je mehr und mehr angewöhnet werde, geschwind, aber regelmäßig, Pulver auf die Pfann zu schütten, die Patron in den Lauf zu bringen, ohne Pulver zu verschütten, und die Ladung wohl zu stoßen». Die weiteren Übungen wurden mit richtigen Patronen ausgeführt. Aus den Kommandos und Erläuterungen (die hier in den Beispielen gekürzt und zusammengefaßt wurden) geht hervor, daß die nach dem Reglement verwendeten Gewehre keinen zylindrischen Ladestock und keine konischen Zündlöcher besaßen. Der Ladestock mußte deshalb gewendet und aus der Patrone Zündpulver auf die Pfanne aufgeschüttet werden.

Beim Schießen in drei Gliedern führten auf das Kommando «Macht euch – fertig!» (Apprêtez – VOS ARMES.) oder nur «Fertig!» die einzelnen Glieder folgende Bewegungen und Handhabungen des Gewehrs durch: Die Soldaten des ersten Gliedes stellen den rechten Fuß zurück und setzen das rechte Knie auf die Erde; die linke Hand hält das senkrecht am linken Oberschenkel auf der Erde stehende Gewehr; Daumen und Zeigefinger der rechten Hand spannen den Hahn. Die Infanteristen des zweiten und dritten Gliedes, die im Stehen schießen, nehmen das Gewehr von der Schulter, halten es senkrecht vor den Leib; die rechte Hand spannt den Hahn. Auf das Kommando «Schlagt – an!» (JOUE.) setzen die Infanteristen aller drei Glieder den Kolben an die rechte Schulter, die Mündung des Gewehrs wird etwas geneigt, der Zeigefinger an den Abzug gelegt. Das dritte Glied setzt den rechten Fuß acht Zoll rechts zur Seite – dadurch steht es auf Lücke. Es folgen die Kommandos «Feuer!» (FEU.) und danach «Lad't!» (CHARGEZ.) Beim Exerzieren wird zuvor noch das Kommando «Hahn in die – Ruh!» (Le chien – AU REPOS.) gegeben.

Beim sogenannten «Glieder-Feuer» schießen nach dem französischen Reglement nur die ersten beiden Glieder – das erste Glied auch im Stehen. Das dritte Glied feuert nicht, die Infanteristen laden nur die Gewehre, übergeben sie den Vordermännern des zweiten Gliedes und laden dann deren Gewehre neu. Nach dem Schuß lädt auch das zweite Glied. Eine wichtige Instruktion an den Soldaten beim Exerzieren war auch, darauf zu achten, «ob Rauch aus dem Zündloche fahre, welches ein sicheres Zeichen ist, daß der Schuß losgegangen». Bei Ausbleiben des Rauches sollte der Mann sofort hinter das Glied

96 *Laufziehbank.* Suhl. 18. Jahrhundert

97 *Gesenkamboß, Zange und Gesenkhammer* für das Schmieden von Läufen. Suhl. 18./19. Jahrhundert

Comando von Feüern und Laden.
Das Gewehr hoch.
Ziehet den hahn aüf.
Das Gewehr hoch.
schlagt an. gebt Feüer.
Setzt ab.
Wischt und blaset die Pfanne aüs.
bringt den hahn in die rühe.
Das Gewehr hoch.
Schwenckt eüch. zür ladtüng.
Pülver aüf die Pfane.
Ergreifft die Patron.
halt sie hoch.
Propffer von Münde.
bringt sie in laüff.
ergreifft den ladestock.
Ziehet ihn heraüs.
verkürtzt ihn an der brüst.
bringt ihn in laüff.
Zieht ihn raüs.
bringt ihn an seinen Orth.
bringt das Gewehr für eüch.
Schüldert eüer Gewehr.
Præsentirt das Gewehr.
Das Gewehr hoch.
Das Gewehr unter den linck en arm.
verkehrt das Gewehr unter den lincken Arm.

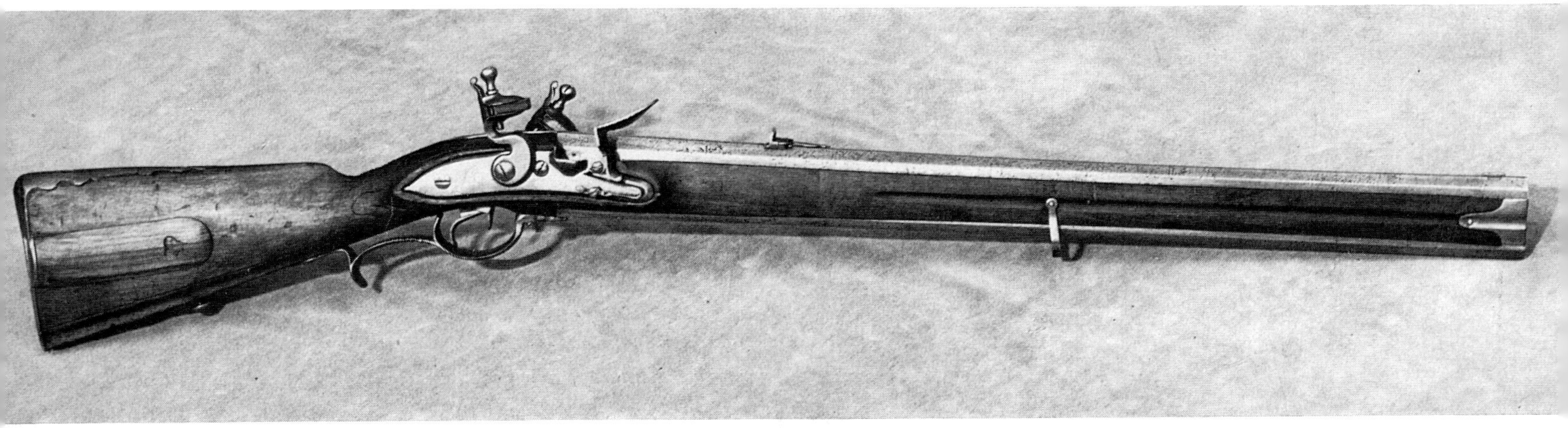

98 *Feuern und Laden mit dem Steinschloßgewehr.*
Aus: H. F. v. Fleming, Der vollkommene Teutsche Soldat, 1726

99 *Österreichischer Doppelstutzen* für Grenzscharfschützen. Modell 1768. Bockbüchsflinte – oberer Lauf gezogen, der untere glatt. Klappvisier mit zwei Einstellungen, Messinggarnitur. Lauf bezeichnet: «I. SCHINDLER IN BRYNN» (Brünn)

100 *Schützenpokal* der Hauptschützengesellschaft Nürnberg.
Meister C. H. Um 1705–1708. Silber, getrieben, graviert und teils vergoldet

101 *Figurenscheibe zum Scheibenschießen.*
18. Jahrhundert

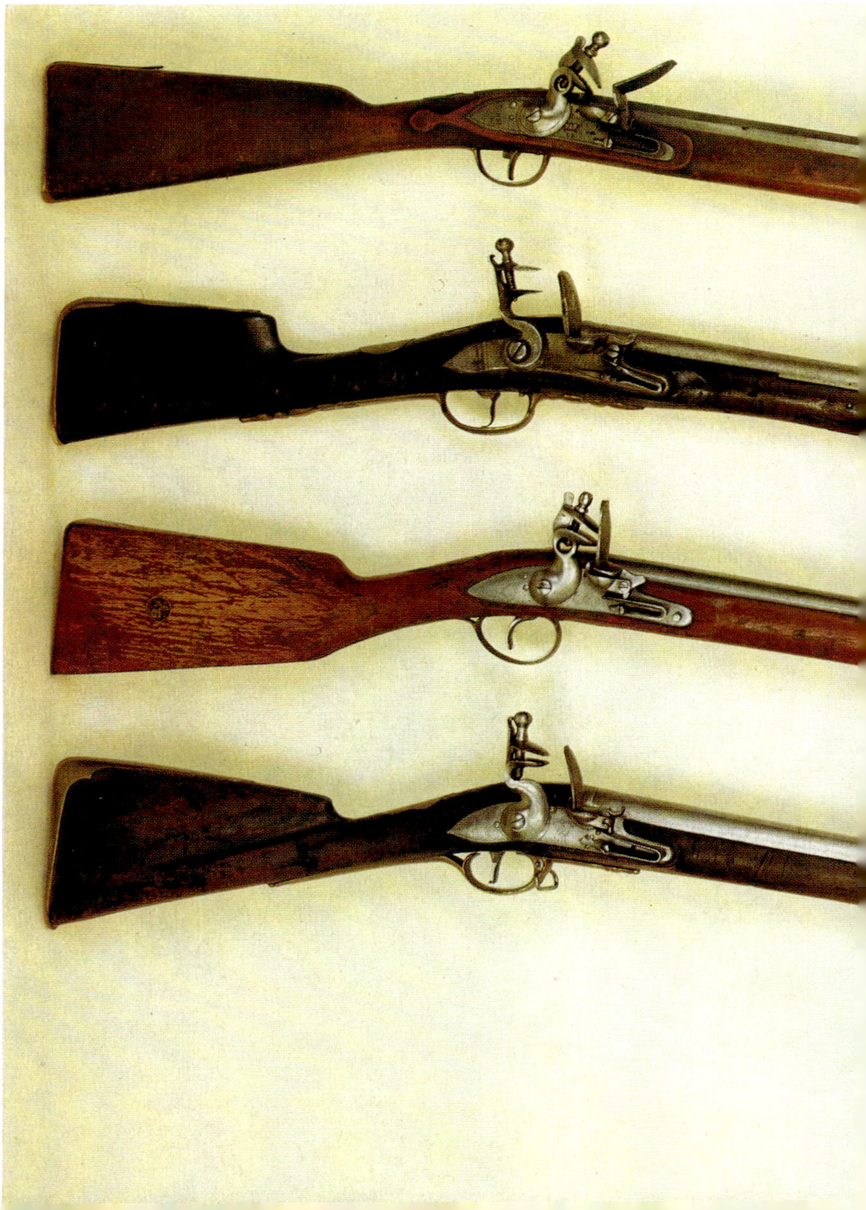

102 *Ein Paar Steinschloßpistolen.* Von Jacob la Mort de La Marre. Wien. Um 1700. Schloß bezeichnet: «LA MARRE A VIENNE». Länge 540 mm, Kaliber 14 mm

103 *Ein Paar Steinschloßpistolen.* Von Daniel Thiermay. Lüttich. Um 1730. Länge 520 mm, Kaliber 15 mm

104 Von oben nach unten:

1. *Brown-Bess-Muskete.* «Long Land Musquet», Großbritannien, 1747. Lauf bezeichnet: «COLDSTREAM», Schloßblech bezeichnet: «1747 FARMER» (James Farmer, Birmingham) mit gekröntem «GR». Abnahmestempel. Nußbaumschaft und Messinggarnitur. Länge 1565 mm, Kaliber 19 mm
2. *Infanteriegewehr mit Steinschloß.* 1. Hälfte 18. Jahrhundert. Schaft und Ladestock rot gestrichen. Messinggarnitur. Länge 1760 mm, Kaliber 19 mm
3. *Infanteriegewehr mit Steinschloß.* Preußen. 1722–1740. Schloßblech bezeichnet: «POTZDAM MAGAZ. S & D.», Daumenblech mit gekröntem «FWR». Nußbaumschaft und Messinggarnitur. Länge 1565 mm, Kaliber 19,8 mm
4. *Infanteriegewehr mit Steinschloß.* Großbritannien. 2. Hälfte 18. Jahrhundert. Schloßblech bezeichnet: «Tower» und gekröntes «GR». Auf dem Lauf mehrere englische und ein belgisches Beschußzeichen. Rötlich gestrichener Schaft, Messinggarnitur und hölzerner Ladestock. Länge 1720 mm, Kaliber 16 mm

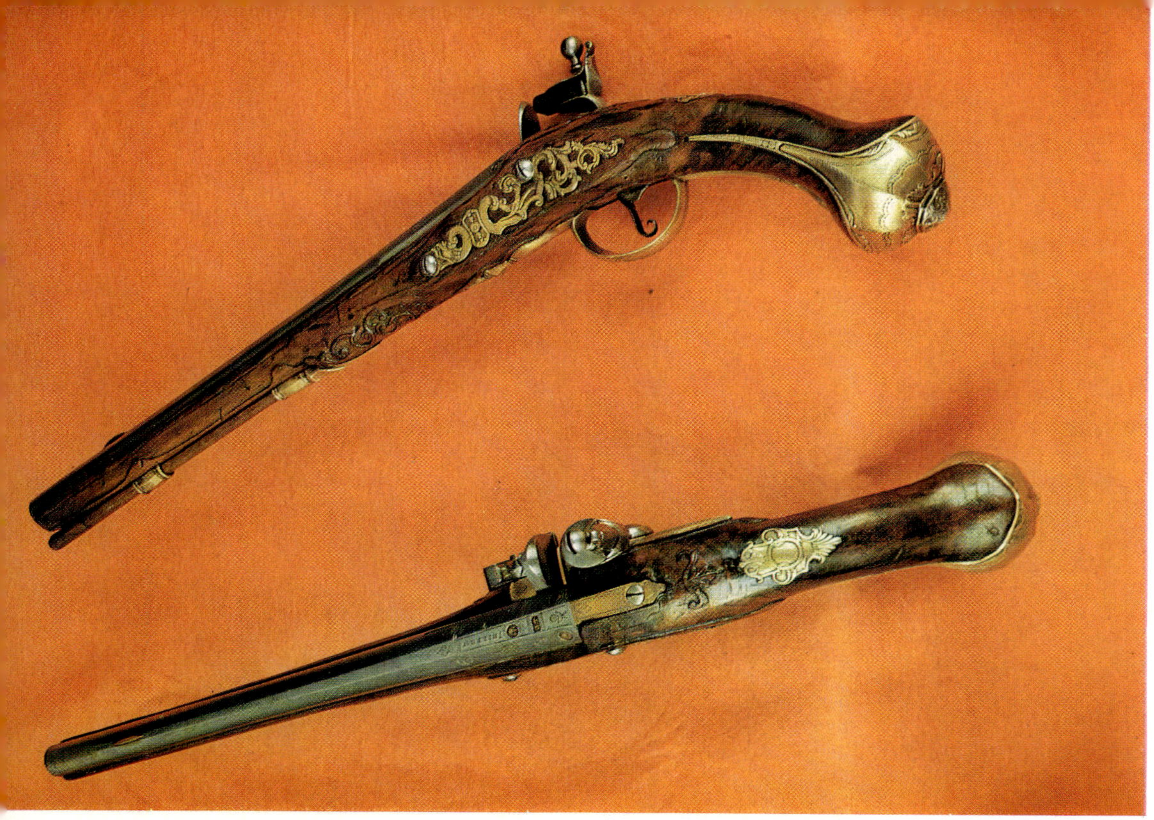

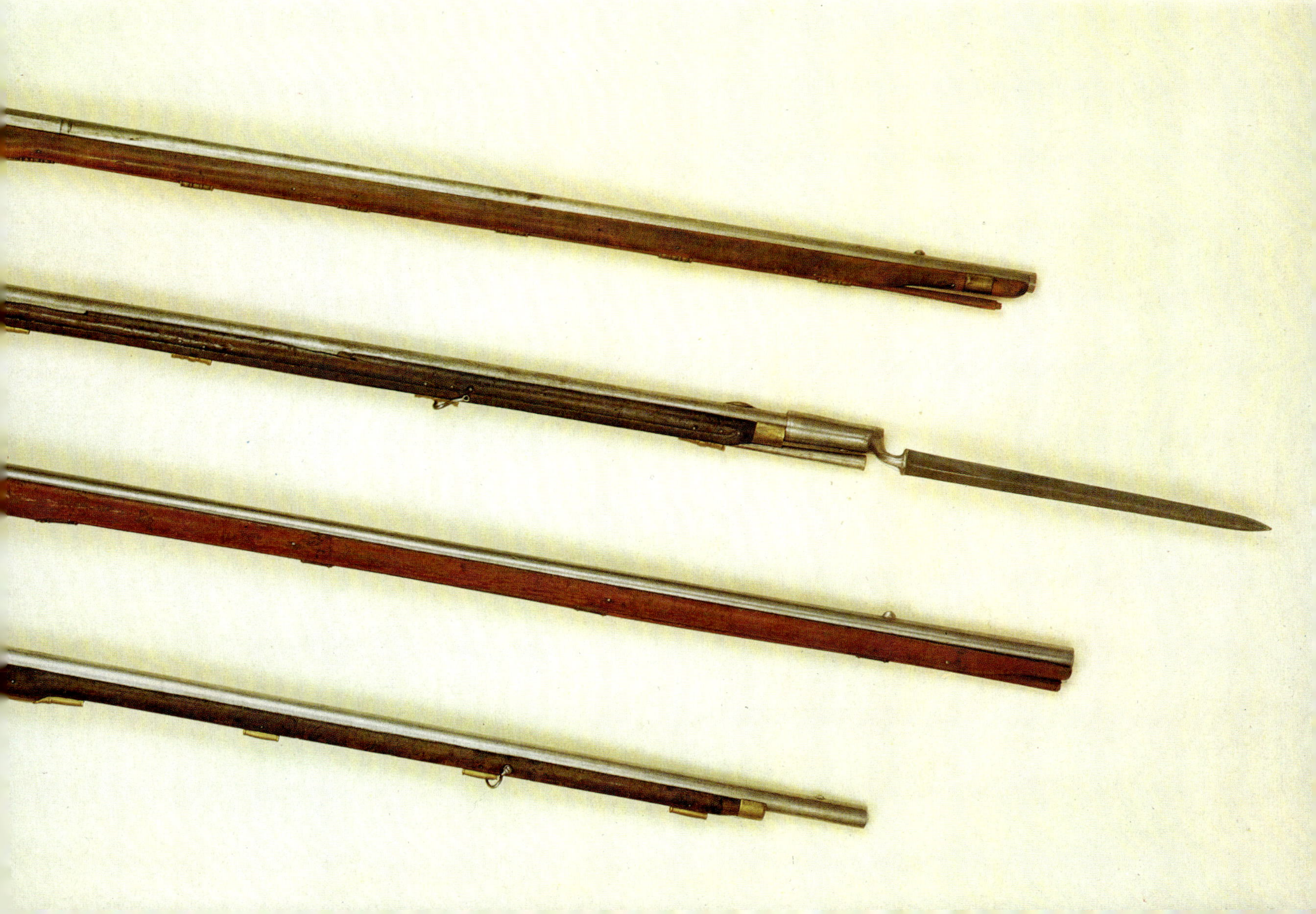

105 *Steinschloß-Militärpistolen.* Von oben nach unten:
Französische Kavalleriepistole. M 1777. Hergestellt in Charleville. Länge 342 mm, Kaliber 18 mm
Russische Kavalleriepistole. Süsterbeck (Sestrorjezk). 1801. Messinggarnitur. Daumenblech mit dem Namenszug A I in kyrillischen Buchstaben (Alexander I., 1801–1825).
Länge 455 mm, Kaliber 17 mm
Englische Steinschloßpistole. London. Um 1800. Messinggarnitur. Schloßblech bezeichnet mit «TOWER» und gekröntem «GR» (Georgus Rex). Länge 386 mm, Kaliber 17 mm
Preußische Kavalleriepistole. M 1742. Schloßblech bezeichnet: «POTZDAM MAGAZ. (IN)» und S & D (Splittgerber & Daum, Waffenfabrikanten). Messinggarnitur. Auf dem Daumenblech gekröntes «FR» (Fridericus Rex). Länge 568 mm, Kaliber 18 mm

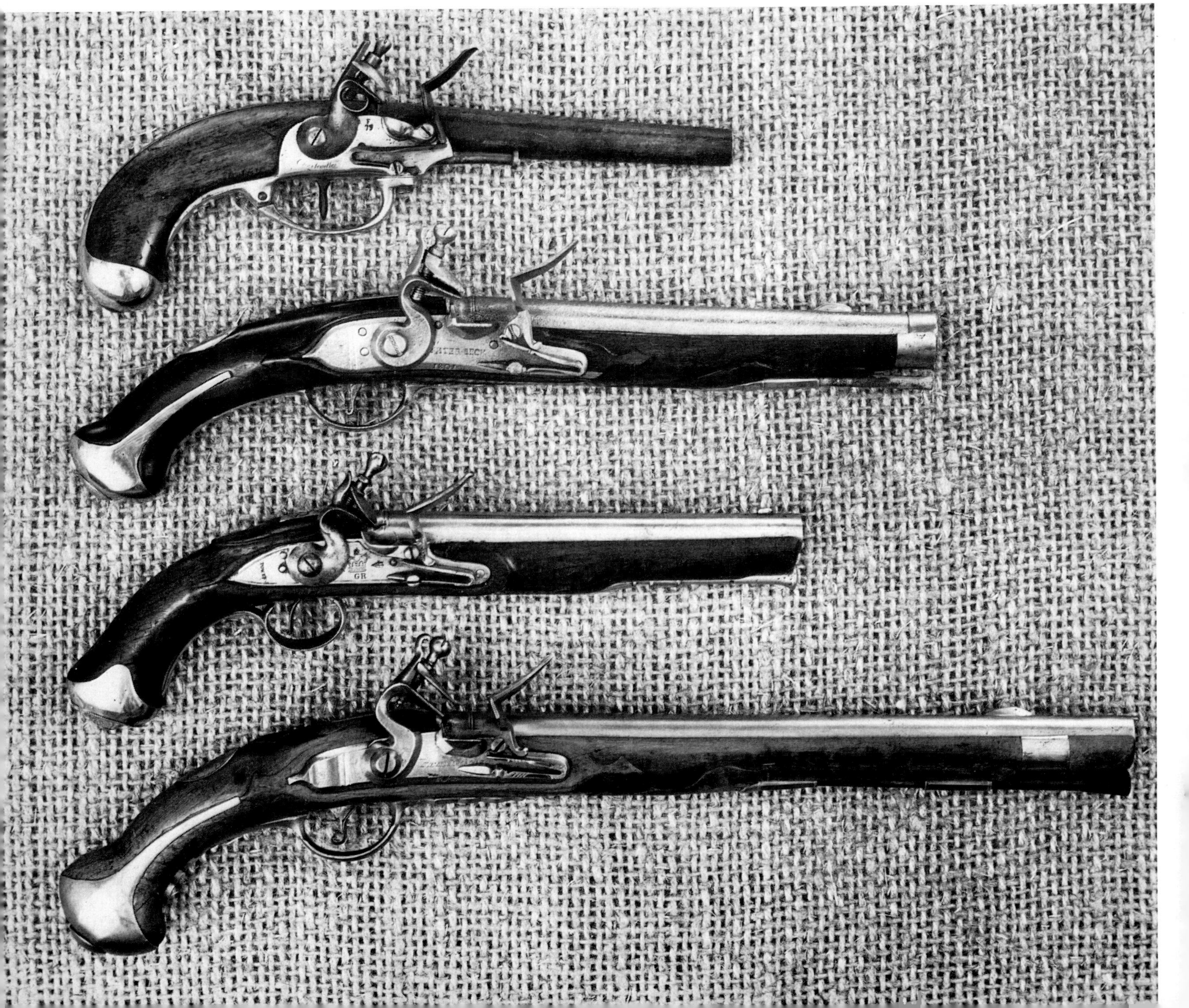

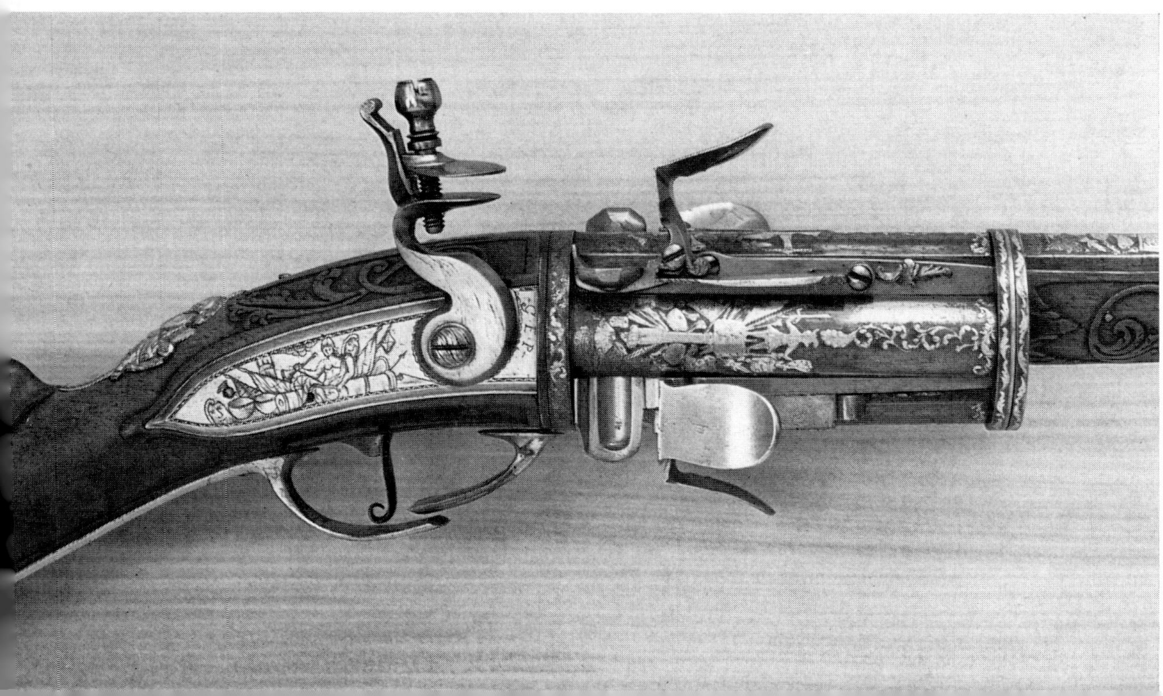

106 *Steinschloßpistole.* Von James A. Michie, Doune/Schottland. Um 1750. Ganzmetallpistole. Knopfabzug und Kugel am Fischschwanzkolben in Form einer Schelle. Langer Tragehaken an der linken Seite

107 *Doppelläufige Ganzmetall-Steinschloßpistole.* Lüttich. Um 1750. «Kanonenläufe» mit acht Zügen; Kastenschlösser; eine Seite des Schloßkastens bezeichnet: «SEGALLAS», die andere «LONDON» (originalgetreuer Lütticher Nachbau). Länge 150 mm, Kaliber 9 mm

108 *Revolverflinte.* Von Georg Ernst Peter. Karlsbad. Um 1723. Die um eine Achse drehbare Trommel mit vier von vorn zu ladenden Kammern kann mit der Hand gedreht werden, wenn das vordere Stück des quergeteilten Abzugsbügels gegen den Schaft gedrückt wird. Die Gravierungen des gebläuten Laufes und anderer Metallteile sowie die Messinggarnitur sind vergoldet.
Länge 1505 mm, Kaliber 14 mm

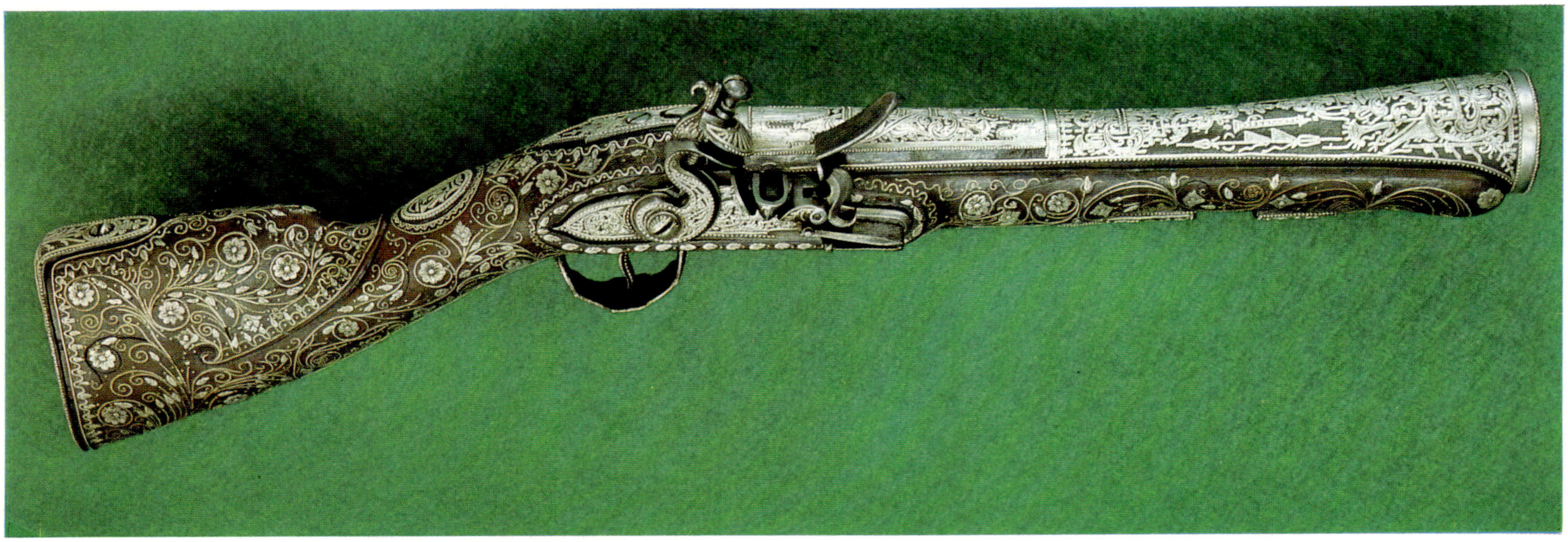

109 *Tromblonpistole mit Steinschloß.* Türkisch. 18./19. Jahrhundert. Lauf und Schloßteile silbertauschiert; im Schaft eingelegter Silberdraht. Länge 517 mm, Mündungsweite 37 mm

110 *Zwei Kolbenkappen von Steinschloßpistolen.*
1. Schloßblech bezeichnet: «G. DE COLOGNE». Lüttich. Um 1730.
2. Schloßblech bezeichnet: «I. HEINRICH FRANCK». Frankenhausen. Um 1740

111 *Ein Paar Steinschloßpistolen.* Türkisch. 19. Jahrhundert. Läufe goldtauschiert; Schäfte mit getriebenem, vergoldetem Messingblech belegt, glatter und verdrillter Silberdraht am Kolbenhals. Länge 520 mm, Kaliber 16 mm

112 *Steinschloßpistolen.* Balkan. 19. Jahrhundert.
1. Silberdraht und Messingstifte eingelegt. Länge 412 mm, Kaliber 15 mm
2. Perlmutter, Silberdraht und Messingstifte im Schaft eingelegt. Länge 405 mm, Kaliber 15 mm.

113 *Steinschloß-Bockpistole* mit Kastenschloß. Lüttich. Um 1800. Messingläufe; mit seitlichem Hebel verstellbarer Zündkanal und Schiebersicherung oben auf dem Schloßkasten. Der Hahn ist nicht mehr an einem Schloßblech montiert, sondern befindet sich auf der Oberseite (Kastenschloß). Das Schloß besitzt keine Nuß, sondern die Abzugsstange greift in zwei Kerben des Hahnfußes. Zündpfanne und Zündloch liegen hinter den Läufen. Länge 215 mm, Kaliber 11 mm
Steinschloßpistole mit Kastenschloß. England. Um 1800. Messinglauf; Sicherungsschieber sperrt Hahn und Batterie. Länge 220 mm, Kaliber 12 mm
Steinschloß-Tromblonpistole. Lüttich. Um 1800. Messinglauf, Kastenschloß graviert, darin bezeichnet: «H:S». Länge 200 mm, Mündungsweite 25 mm

114 *Tromblon-Karabiner* mit Stein- und Perkussionsschlössern.
Von links nach rechts:
Frankreich. Charleville. Um 1800. Länge 715 mm, Mündungsdurchmesser 50 mm
England. Mitte 19. Jahrhundert. Mit dreikantigem Klappbajonett, Lauf bezeichnet: «LONDON», Schloß bezeichnet: «MOORE». Länge 835 mm, Mündungsdurchmesser 34 mm
England? Um 1840/50. Länge 855 mm, Mündungsdurchmesser 75 mm
England. 2. Hälfte 18. Jahrhundert. Mit diesem Tromblon-Karabiner war der englische Postdienst ausgerüstet. Schloßplatte bezeichnet: «MEWIS & Co». Länge 795 mm, Mündungsdurchmesser 37 mm

115 *Bildnis des Regensburger Hofbüchsenmachers* Johann Jacob Kuchenreuter (1709–1783). Von Joseph Ries. 1766. Öl auf Leinwand, 885 x 635 mm

116 *Bockbüchsflinte* (Wender) mit Steinschlössern. Von Johann Andreas II. Kuchenreuter. Regensburg. Um 1800. Länge 1200 mm, Kaliber der Flinte 14 mm, Büchse 13 mm

117 *Steinschloßflinte* mit Trommelmagazin für sechs Schuß. Von W. Kalesnikow. Tula. Um 1780. Pfannendeckel mit automatischem Zündpulvermagazin. Nußbaumschaft mit Einlagen aus Silberdraht

118 *Zwillingsflinte* mit verdeckten Steinschlössern. Augsburg. 2. Viertel 18. Jahrhundert. Aufsicht mit eingeklappten, Seitenansicht mit nach dem Schuß aufgeschlagenen Batterien. Gebläute Läufe mit Silbereinlagen, Schaft mit rot untermaltem Schildpatt, belegt mit eingelegten Fäden und Plättchen aus Silber

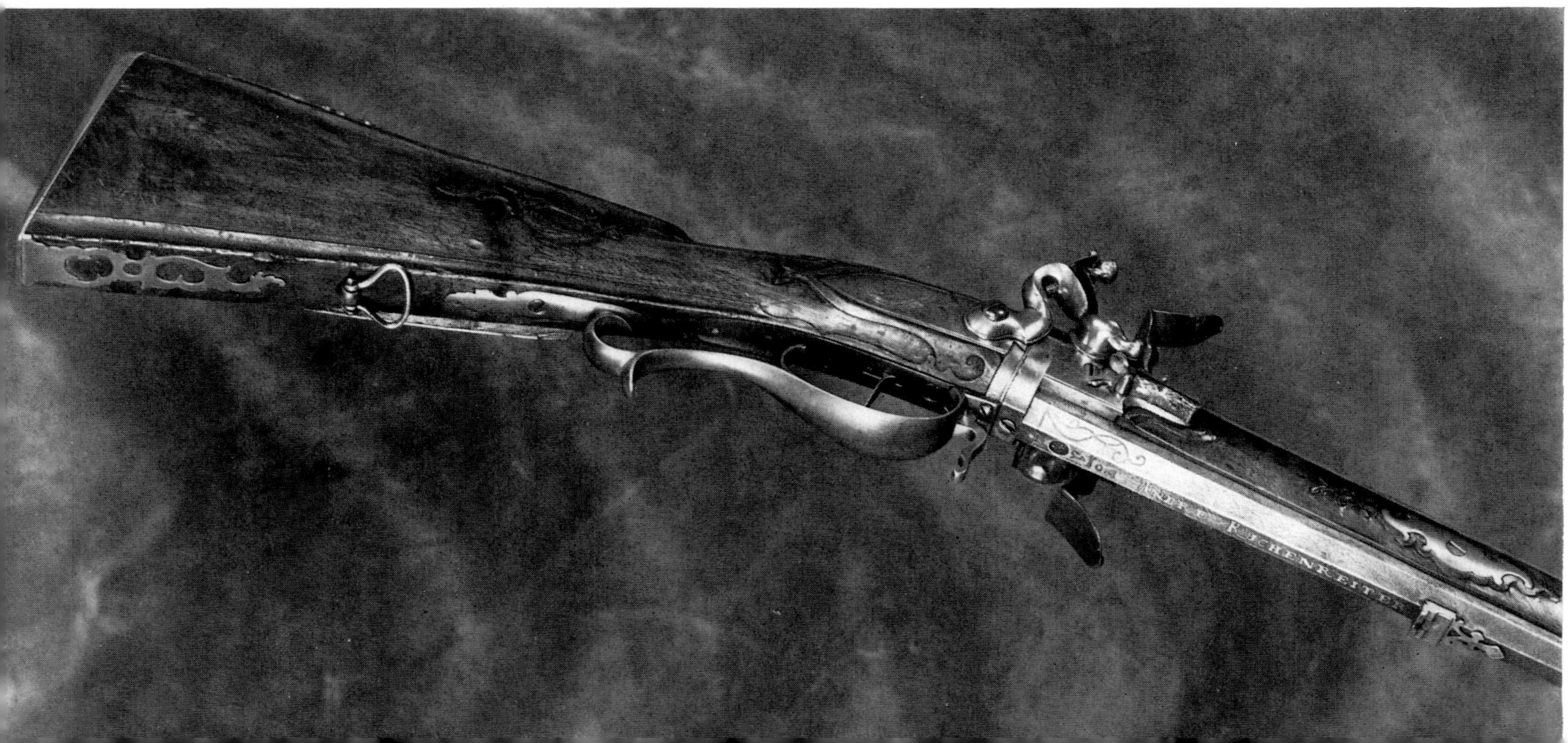

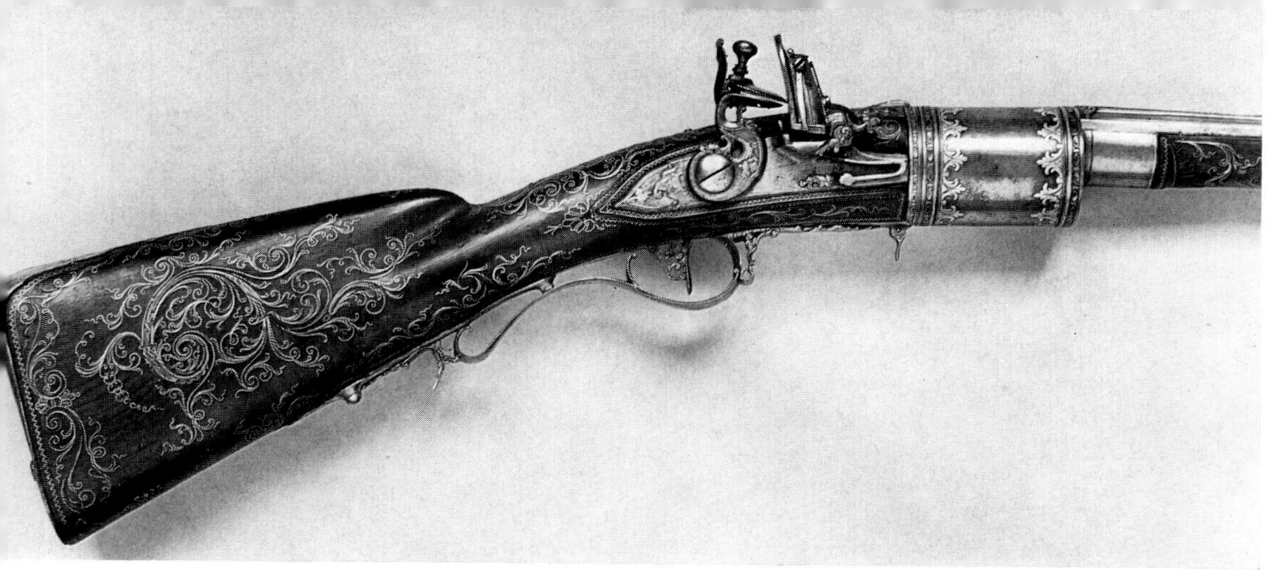

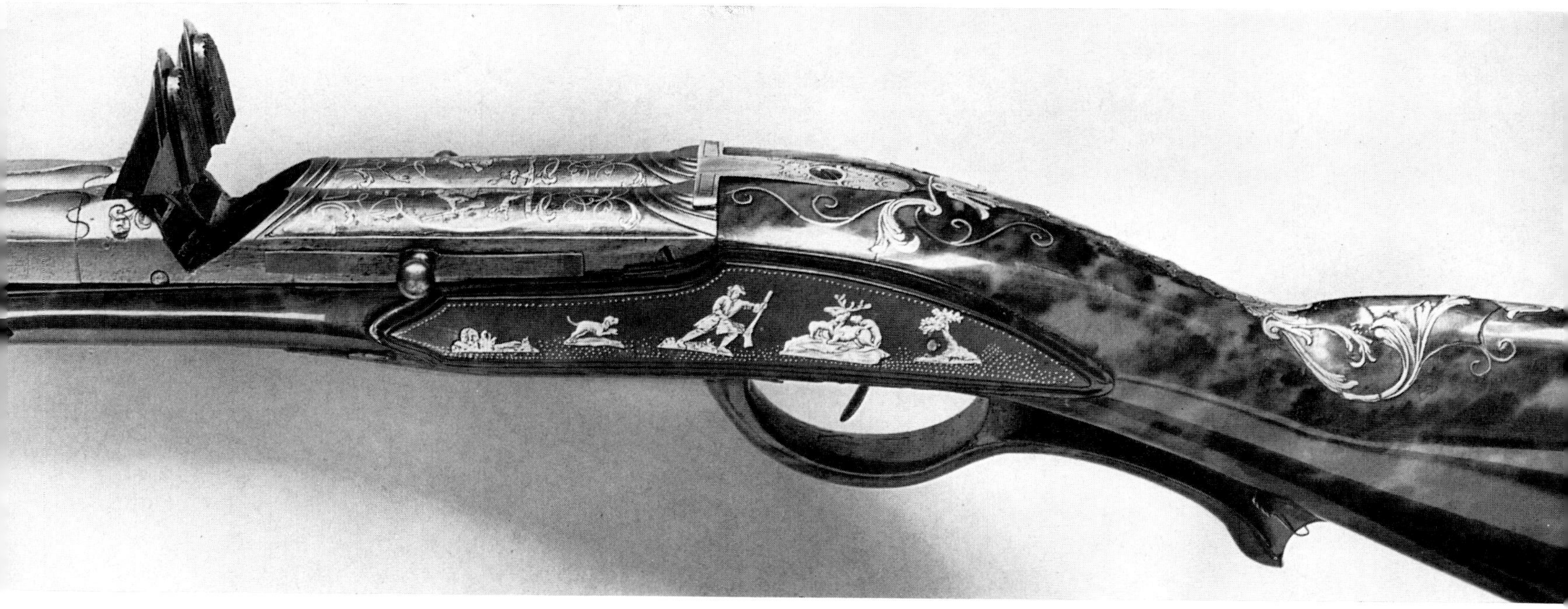

119 *Steinschloß-Kipplaufgewehr* für Hinterladung mit Kammerstück. Von Ludwig Mollenbeck. Braunfels/Lahn. Deutschland. 1717.
Bei diesem Hinterlader – im zeitgenössischen Sprachgebrauch auch «Gewehr zum Abbrechen» genannt – wird die geladene Kammer mit Batterie und Pfanne in den Lauf eingeschoben. Danach klappt der Schütze den Kolben hoch, ein oben am Laufende sitzender Zapfen gleitet in eine Aussparung in der eisernen Stirnfläche des Hinterschaftes und wird hier durch eine gefederte Sperre gehalten. Länge 1530 mm, Kaliber 16 mm

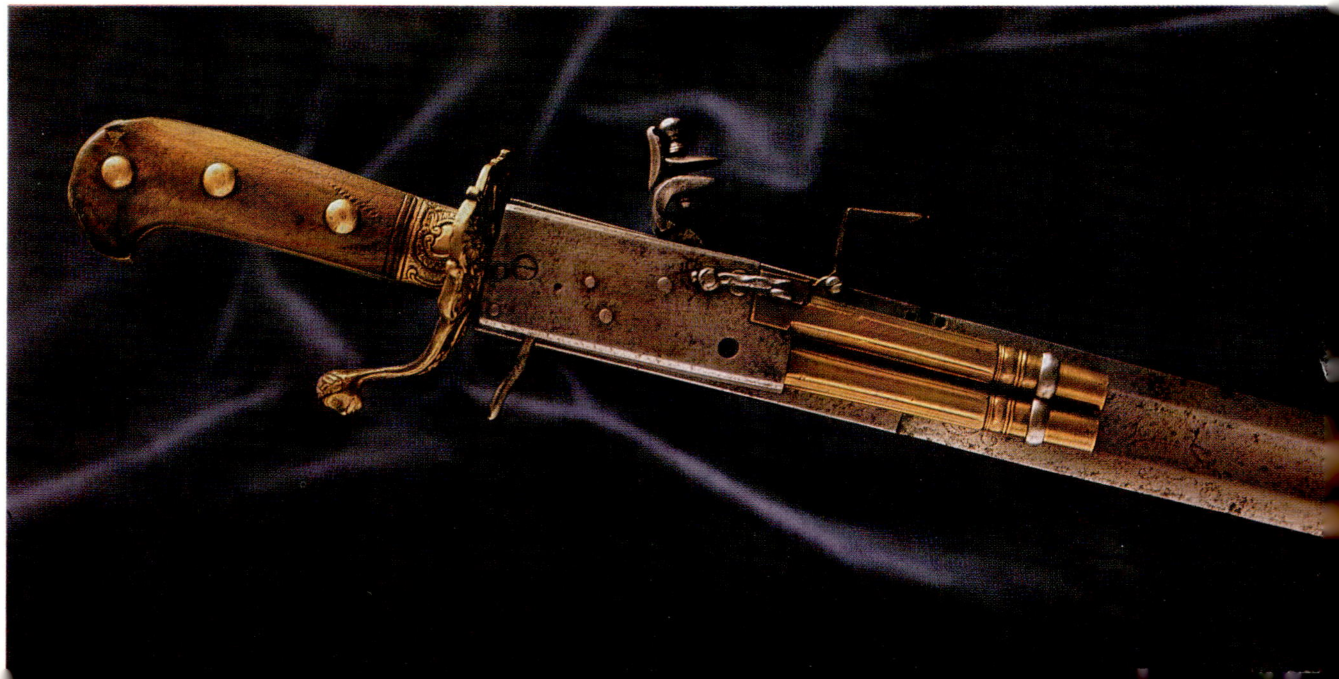

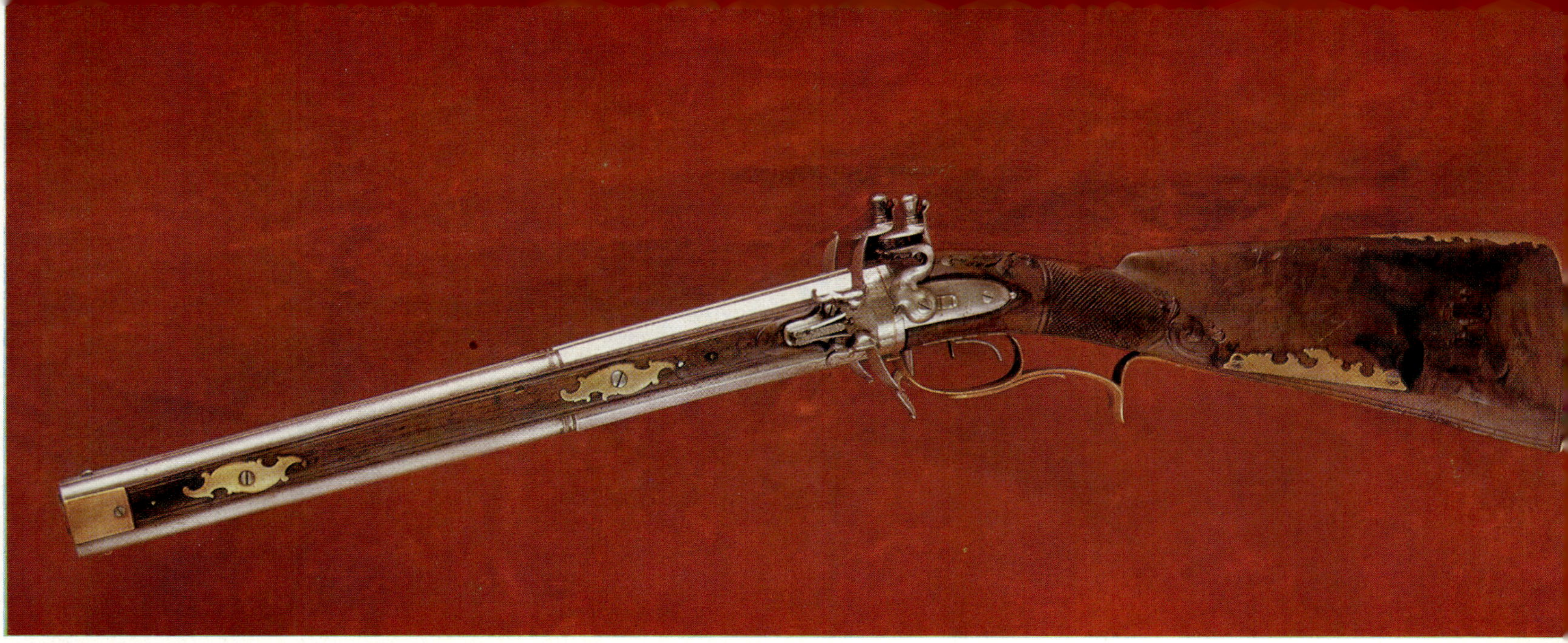

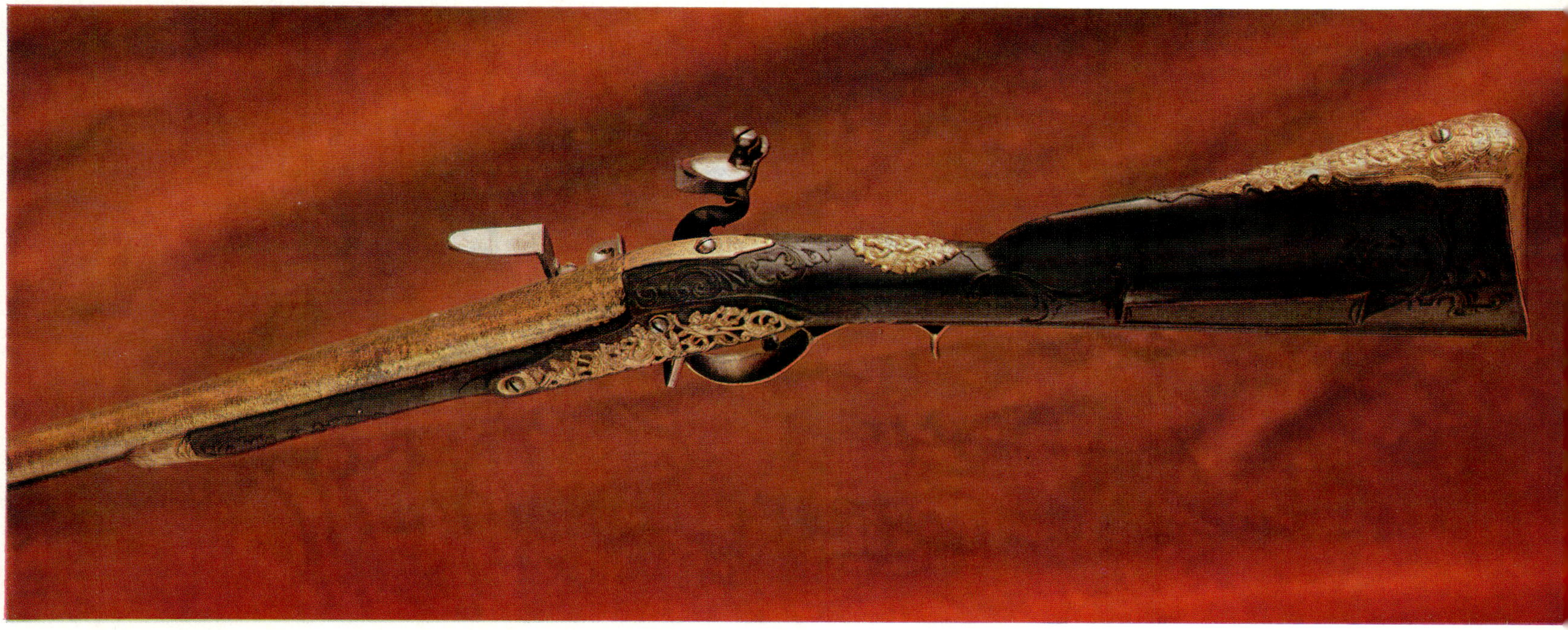

120 *Kaukasische Schnappschloßpistole.* 18./19. Jahrhundert. Silberbeschläge mit Niello. Länge 430 mm, Kaliber 12 mm

121 *Kombinationswaffe* zwischen Hirschfänger und Steinschloß-Bockpistolen. Deutsch. Um 1750. Die Messingläufe sind vorn durch eine Zwinge an der Hirschfängerklinge befestigt. Eisernes Kastenschloß mit nur einem Zündloch in der Pfanne. Länge 690 mm

122 *Vierlingskarabiner* (Drehling) mit zwei Steinschlössern. Von Johann Andreas II. Kuchenreuter. Regensburg. Um 1800. Die beiden Schlösser besitzen je einen Hahn und je zwei Batterien und Pulverpfannen. Länge 816 mm, Kaliber 12,6 mm

123 *Jagdflinte* mit Steinschloß. Tula/Rußland. 1743. Damaszierung auf dem Lauf in Vergoldung imitiert; Messinggarnitur ebenfalls vergoldet. Schloßblech und Schwanzschraubenblatt in kyrillischen Buchstaben mit «TULA 1743» bezeichnet. Länge 1405 mm, Kaliber 16 mm

124 *Windbüchse.* Von J. C. Hofmann. Schwerin. Um 1750. Lauf und lederüberzogener Kolben vom Schloß abschraubbar. Schloß bezeichnet: «I. C. HOFMAN. A. SUERIN». Länge 1355 mm, Kaliber 9,3 mm

125 *Teile und Funktionsweise* von Handfeuerwaffen mit elektrischer Zündung nach der Erfindung von Matthias Wißhofer. 1780

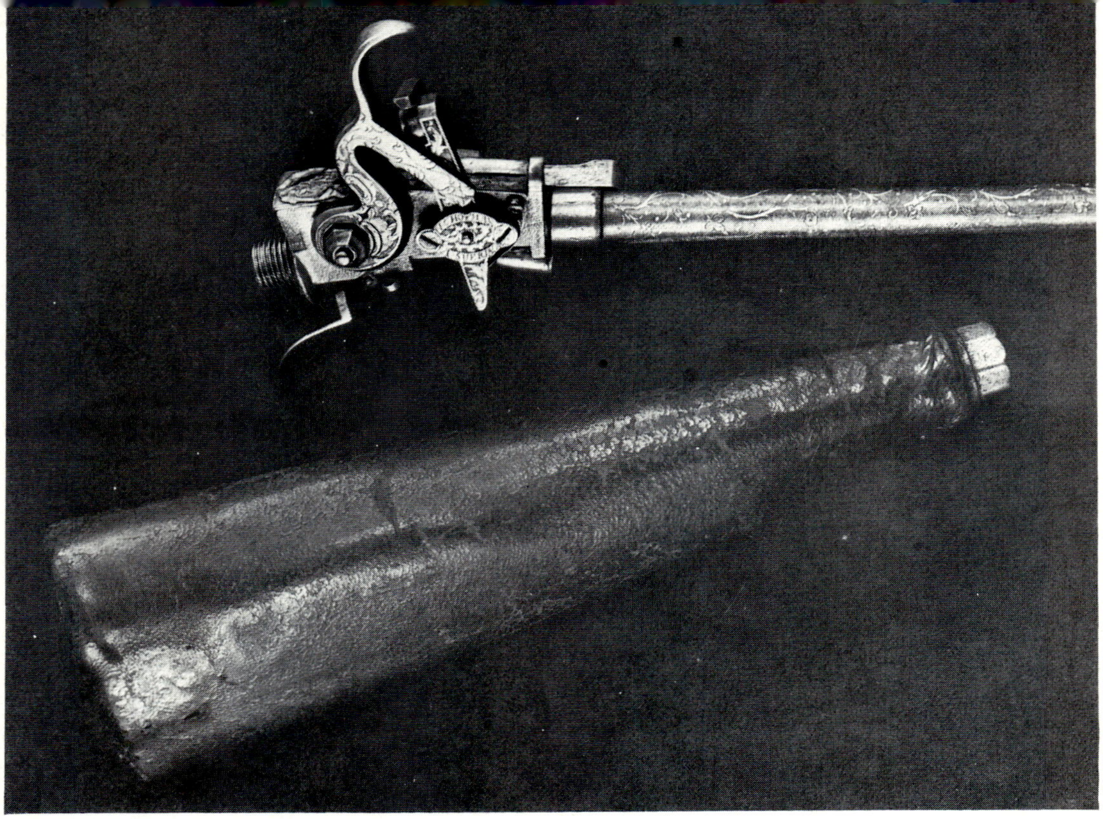

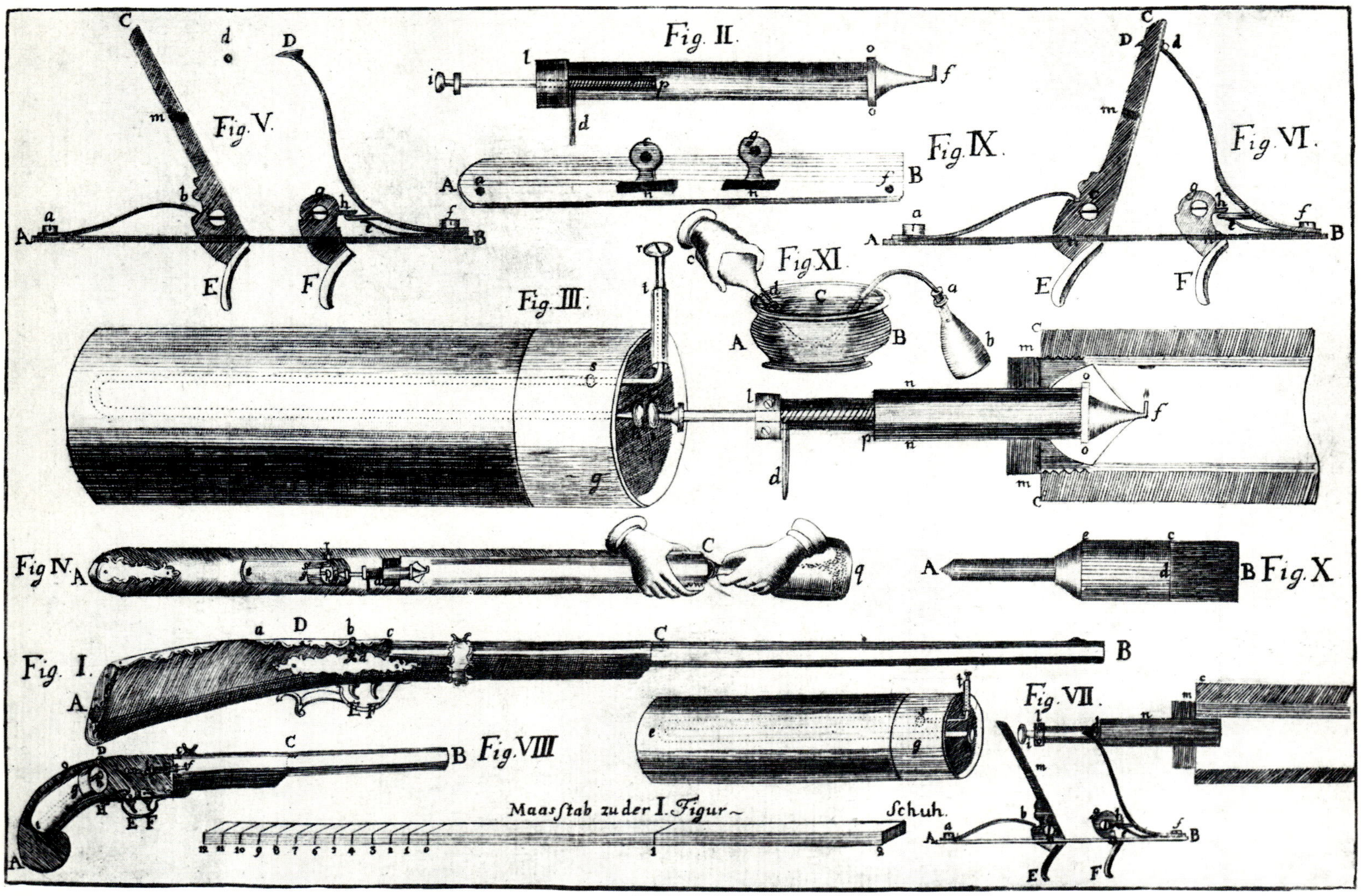

treten und das Zündloch mit der Räumnadel reinigen und von neuem Pulver aufschütten. Hatte die Kugel den Lauf nicht verlassen, merkte es der Soldat beim zweiten Laden an dem höher herausragenden Ladestock.

Der bedeutende Militärreformer in Preußen, Gerhard Johann David von Scharnhorst, gab als Hauptmann und Lehrer an der Militärschule in Hannover ein «Militairisches Taschenbuch, zum Gebrauch im Felde» heraus, in dem er auch Grundsätzliches über das Gewehrfeuer sagte und Angaben über Schußleistungen machte. Einige allgemeine Regeln, die Scharnhorst aufstellte, geben wichtige Aufschlüsse über den Einsatz der Flinten bei der Infanterie: «1) Man sucht dem Feind im Feuern zuvorzukommen, wenn man nahe bey einander ist. 2) Ist man auf 80 Schritt nahe bey einander gekommen, ohne zu feuern, so giebt man ein Bataillonfeuer, und gehet mit gefälltem Bajonet auf den Feind. 3) Hat man schon eine Zeitlang gefeuert und kommt bis zu 40 Schritt einander nahe: so gehet man mit gefälltem Bajonet auf den Feind, nachdem man gefeuert. 4) Nie bricht man mit geladenen Gewehren ein. Die Leute feuern dann einzeln, verlassen sich nicht aufs Bajonet, und der Einbruch gehet nicht rasch. 5) Man feuert nie gegen Infanterie anders, als Bataillonsweise, wenn man angegriffen wird oder selbst angreift. Dies Feuer ist 2 bis 3mal würksamer, als das Ploton- und Gliederfeuer, indem Bataillonsweise in jeder Minute das Bataillon 5mal, Plotonsweise aber nur 2mal durchfeuert.»

Wie viele Militärschriftsteller vor ihm, forderte Scharnhorst, nur auf nahe Distanz zu schießen, denn

«Auf 150 Schritt trifft die 2te Kugel.

Auf 200 Schritt trifft die 5te Kugel.

Auf 300 Schritt trifft die 7te Kugel.

Auf 400 Schritt trifft die 15te in ein Bataillon, wenn alle zielen». Da dies aber nicht der Fall ist, so trafen noch viel weniger Kugeln, als allgemein angenommen wird. Durch zu frühes Feuern verloren die Preußen die Schlacht bei Jägerndorf (1741) gegen die Österreicher. Viele schossen auch, ohne das Gewehr richtig anzuhalten; die hinteren Glieder standen zu weit zurück und hielten zu hoch an; der Rauch verbarg den Feind, die Läufe verschmutzten, die Steine wurden stumpf, die schlechten Schießergebnisse senkten das Vertrauen auf den Erfolg. Beim Angriff feindlicher Kavallerie auf ein Infanterie-Bataillon empfiehlt Scharnhorst, die Gewehre mit zwei Kugeln zu laden und frühestens auf 40 Schritt zu feuern. Dadurch erreichte man doppelte Wirkung. «Auf diese Art schlugen 3 Bataillon Hannoveraner die französische Cavalerie bey Crefeld, die sie umringte.» Auch beim Angriff feindlicher Infanterie sollen die Soldaten zwei Kugeln für den ersten Schuß geladen haben und erst auf 75 Schritt feuern, wenn der Feind nicht früher feuert.

Sehr detaillierte Angaben über Schießversuche mit preußischen Handfeuerwaffen enthielt eine «Waffenlehre» (Berlin 1828). Auf einem Probeschießen feuerten Soldaten aus 10 Infanteriegewehren 200 Schuß ab. Jedes Gewehr war jeweils mit einer Pulverladung von $^{2}/_{3}$ Lot und einer Kugel, wovon 17 auf ein Pfund (in Preußen = 467,404 g) kamen, geladen. Die Schützen schossen auf eine sechs Fuß hohe (ein preußischer Fuß = 0,314 Meter) und 40 Schritt breite Bretterwand und erzielten folgende Ergebnisse:

Entfernung in Schritten	Von 200 Schuß	
	trafen	schlugen durch
100	$^{3}/_{4}$	$^{3}/_{4}$
200	$^{3}/_{5}$	$^{3}/_{5}$
300	$^{1}/_{3}$	$^{1}/_{3}$
400	$^{1}/_{5}$	$^{1}/_{6}$
500	$^{1}/_{7}$	$^{1}/_{20}$

Mit einer *Büchse* traf der Schütze auf 400 Schritt Entfernung mit jedem Schuß eine Wandbreite, die der Eskadrons-Front entsprach. Weiter wird zu den Treffergebnissen der Büchsen als Beispiel erwähnt, daß nach den neuesten Versuchen auf 600 Schritt in eine 24 Fuß breite und sechs Fuß hohe Wand noch ein Drittel der Kugeln trafen. Ein Treffervergleich zwischen Steinschloßflinten und -büchsen – ausgeführt auf eine

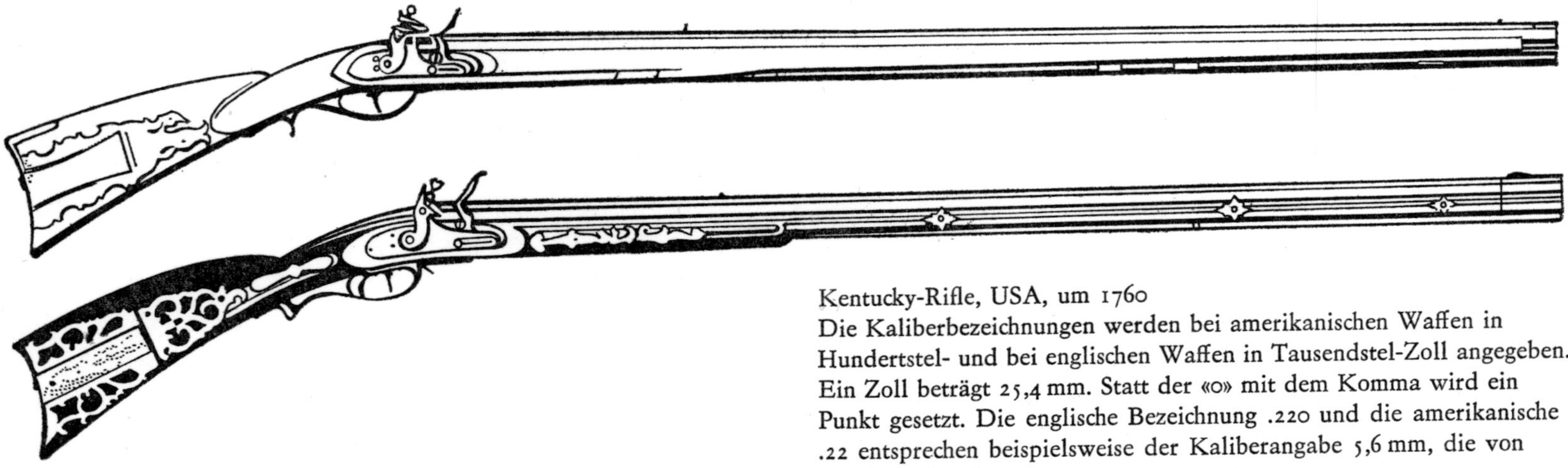

Kentucky-Rifle, USA, um 1760
Die Kaliberbezeichnungen werden bei amerikanischen Waffen in Hundertstel- und bei englischen Waffen in Tausendstel-Zoll angegeben. Ein Zoll beträgt 25,4 mm. Statt der «0» mit dem Komma wird ein Punkt gesetzt. Die englische Bezeichnung .220 und die amerikanische .22 entsprechen beispielsweise der Kaliberangabe 5,6 mm, die von .450 bzw. .45 der von 11,5 mm.

sechs Fuß hohe und vier Fuß breite Scheibe – zeigte folgende Ergebnisse bei 100 abgefeuerten Kugeln:

Treffer durch die Infanterie	Treffer durch Jäger und Schützen
auf 50 Schritt 90 bis 97	
auf 100 Schritt 76 bis 90	97
auf 150 Schritt 66 bis 80	96
auf 200 Schritt 55 bis 76	94
auf 300 Schritt 41 bis 45	84
beim Tiraillieren 65	82
auf 350 Schritt	72

Einschränkend werden jedoch für ein Gefecht als wesentliche Fakten, die die Trefferergebnisse erheblich senken, genannt: «Fehler im Schätzen der Entfernung, Rauch, Dampf, Staub, der vorzüglich beim Massenfeuer meist immer nur das Schießen gerade vor sich hin gestattet; heftige körperliche und Gemütsbewegungen; gedrängtes Stehen, das besonders dem zweiten Glied hinderlich ist; die Zwischenräume von Mann zu Mann in der feindlichen Aufstellung und Deckung durch das Terrain, so daß man die Wahrscheinlichkeit des Treffens beim Gefecht mindestens auf ein Viertel der angegebenen Treffer reduciren muß, und sie dennoch gegen alle Erfahrung zu groß hält.» Die Verfasser der «Waffenlehre» ziehen daraus die Schlußfolgerung, daß man auf 300 Schritt nur die zweihundertste Kugel aus dem Gewehr mit glattem Lauf als Treffer annehmen darf. Sie meinen ferner, daß «eine Annahme, welche der von Gassendi angeführten Berechnung, daß die Franzosen in 20 Kriegsjahren ungefähr 200 000 Menschen getödtet haben, wozu so viel Blei auf jeden Mann verschossen wurde, als er selbst wiegt, noch bei weitem nicht gleich kommt».

Die Schießversuche mit der Steinschloßpistole ergaben bei einer sechs Fuß hohen und vier Fuß breiten Wand mit 100 Kugeln auf 25 bis 40 Schritt zu Fuß abgeschossen 60 bis 80 Treffer, zu Pferde abgefeuert 65 bis 78 Treffer. Beim Karabiner erzielten die Schützen zu Fuß bei gleicher Wandgröße auf 80 bis 150 Schritt 87, zu Pferde 83 Treffer. Als Zeitmaß werden für den Infanteristen für 10 gezielte Schüsse sechs, für den Jäger oder Schützen 10 Minuten angesetzt.

Besondere Aufmerksamkeit verdient die amerikanische Steinschloßbüchse, die unter dem Namen «Kentucky Rifle» legendären Ruhm erlangte. «Rifle» ist ein gezogenes Gewehr. In einer Ballade wird der Sieg Andrew Jacksons in der Schlacht bei New Orleans 1815 den «riflemen» aus Kentucky und Tennessee zugeschrieben. Hierin liegt die Ursache der Benennung der amerikanischen Büchse als «Kentucky Rifle». In Kentucky wurden jedoch – wie oft fälschlich angenommen wurde – keine Gewehre produziert, sie stammten vorwiegend aus den Gebieten Lancaster, York und Berkshire in Pennsylvanien. Deshalb ist auch die Bezeichnung «Pennsylvania rifle» im Gebrauch. In diese Gebiete waren bereits in der ersten Hälfte des 18. Jahrhunderts vorwiegend deutschsprachige Siedler eingewandert. Einige besaßen Kenntnisse über die Herstellung gezogener Läufe. Wurden anfangs die gleichen Gewehrtypen wie in Europa verwendet, so entstand um die Mitte des Jahrhunderts eine spezifisch amerikanische Büchse. Man darf sie als eine Mischung der deutschen Pirschbüchse und der englischen langen Jagdflinte ansehen. Besonders charakteristisch für die Zeit um 1750 sind der etwa 110 Zentimeter lange achtkantige gezogene Lauf mit sieben Zügen und einem Kaliber von nur 11,5 bis 15,2 Millimeter, ein Ahornschaft (in Europa wurde vorwiegend Walnußholz verwendet) sowie eine Kolbenlade. Letztere hatte zunächst einen hölzernen Schubdeckel, seit den siebziger Jahren einen etwa rechteckigen, im Scharnier beweglichen Klappdeckel aus Messing. Diese alten Büchsen wurden auch «long rifle» und «American rifle» genannt. Sie waren vortrefflich den gefährlichen Lebensbedingungen in den amerikanischen Siedlungsgebieten angepaßt. Mit dem langen kleinkalibrigen gezogenen Lauf erzielten die Siedler gute Schußergebnisse. Aus einem Pfund Blei ließen sich wesentlich mehr Kugeln gießen als für die weitgebohrten gezogenen Pirschbüchsen des europäischen Kontinents. Pulver- und Bleiknappheit waren wesentliche Gründe für die Wahl eines kleinen Kalibers. An einem langen Lauf konnte der Gasdruck der geringeren Pulvermenge länger auf das kleine Geschoß einwirken. Während die Läufe in amerikanischen Werkstätten hergestellt wurden, bezogen die Büchsenmacher Gewehrschlösser weitgehend aus Deutschland und England. Nach dem Unabhängigkeitskrieg kamen für den zivilen Gebrauch auch sehr dekorative Gewehre in den Handel, zum Beispiel solche mit gemasertem Ahornschaft und geschnitztem Kolben. Nach den Umrissen des Kolbens unterschied man typische «Römernasen», «gerade Kämme» und «Schwalbenschwänze». Die Klappdeckel aus Messing erhielten ornamentale Einfassungen und an der Scharnierseite bestimmte Muster, wie beispielsweise Rocaillen, Vogel- oder Pferdeköpfe. Auch Stifte und Schrauben besaßen dekorativ geschnittene Unterlegscheiben aus Messing. Die Schloßplatten der aus England eingeführten Schlösser waren graviert. Ein typisches Merkmal sind auch die runden oder elliptischen Deckel der Kolbenlade.

Ein Jahrhundert lang beherrschte die Kentucky-Büchse den amerikanischen Markt. In Legenden, Westernstories und unzähligen Filmen über den wilden Westen wird sie als wahre Wunderwaffe gepriesen. Der Filmheld feuert in ununterbrochener Folge und trifft mit jedem Schuß. Man muß jedoch bedenken, daß es sich beim Kentucky-Rifle um ein Vorderlader-Gewehr mit gezogenem Lauf handelt, bei dem der Ladevorgang geraume Zeit erfordert, und das demzufolge in seiner Leistung nicht mit einem modernen Schnellfeuergewehr gleichzusetzen ist.

Militär- und Zivilpistolen

Die bewährte Grundform einer Waffe bleibt oft über Jahrhunderte, ja sogar über Jahrtausende hinweg relativ konstant. Es soll nur an das Schwert und den Spieß erinnert werden. Auch die Hauptbestandteile einer Vorderladerpistole – Lauf, Schloß und Schaft – veränderten sich nicht wesentlich durch neue Schloßsysteme. Schnapphahn- und Batterieschloß waren zunächst in fast gleicher Weise wie das Radschloß am Schaft montiert. Jene ermöglichten jedoch die Höhe der Schloßplatte zu reduzieren, weil die Gliederkette des Radschlosses durch weniger Raum beanspruchende Teile ersetzt wurde. Hierdurch konnte die Kröpfung am Schaft unterhalb des Schlosses wegfallen oder die gesamte Schafthöhe verringert werden. Steinschloßpistolen wirken dadurch langgestreckt und schlank. Verbessertes Material und vervollkommnete Produktionstechnik ermöglichten dünnere Laufwandungen, wodurch die Pistolen leichter wurden. Trotz der gleichbleibenden Grundformen sind weitere Details erwähnenswert, da sie die Funktionstüchtigkeit erhöhten, die Handhabung erleichterten oder die Schußergebnisse verbesserten. Ein Bund aus Messing oder Eisen hielt bei manchen Militärpistolen zusätzlich zur Verschraubung am Schwanzschraubenblatt den Lauf im Schaft fest. Jedoch wurden Haltestifte auch weiterhin verwendet. Der Bund trug bei einigen Pistolenmodellen auch das Korn. An die Stelle der kleinen Unterlegscheiben für die Schloßverschraubung trat immer häufiger das Schloßgegenblech in unterschiedlichster Gestalt. Knaufkappen aus Messing oder Eisen, zum Teil mit kurzen oder langen Sporen, auch mit Rückenschiene, setzten sich bei Militärwaffen allgemein durch. Diese hatten auf dem Kolbenrücken oft ein Messingschild – auch Daumenblech genannt –, in das der Namenszug des Königs oder Landesfürsten eingraviert war. Bei einigen Modellen von Kavalleriepistolen – beispielsweise in Sachsen, Frankreich, Schweden, Preußen und England – saß an der Knaufkappe ein beweglicher Tragering.

Da das Laden der Pistole durch die Bewegung des Pferdes sehr erschwert war und der Ladestock dabei verlorengehen konnte, befestigten die Reiter ihn mit einem Band am Bandelier. Ein längerer Ladestock diente zugleich für das Laden des Karabiners. Bei der Pistole fiel dadurch die Ladestocknut mit den Röhrchen weg. Andere Modelle erhielten Gelenk- oder Scharnierladestöcke. Diese blieben nach dem Herausziehen aus der Ladestocknut beweglich im Gelenk hängen. Derartige Vorrichtungen besaßen beispielsweise Typen von Kavalleriepistolen in England, Spanien, Bayern, Sachsen und den Niederlanden. Noch bis in das 19. Jahrhundert hinein waren nicht alle Ladestöcke aus Eisen. Die preußische Kavalleriepistole M 1742 hatte beispielsweise einen hölzernen mit Stoßfläche aus Messing, französische Offizierspistolen des Modells 1816 unter anderen auch Ladestöcke aus Walfischbein mit Messingkappen an den Enden. Bei dem relativ großen Kaliber der Militärpistolen wären zylindrische Ladestöcke zu schwer gewesen, und eine Unterbringung im Schaft hätte diesen zu sehr geschwächt. Deshalb erhielten viele Ladestöcke tellerartig erweiterte Stoßflächen, wodurch sie wie große Nägel wirkten.

Der Reiter trug die Pistolen meistens in Halftertaschen; an manchen Waffen war auch ein Gürtelhaken montiert. Diese Pistolen gelten allgemein als Marinewaffen, waren in einigen Ländern jedoch auch für andere Waffengattungen bestimmt, wie die französische Kavalleriepistole M 1777 beweist. Auch spanische und russische Pistolentypen besitzen diesen Gürtelhaken. Das genannte französische Modell 1777 soll als Beispiel für Militärpistolen mit halbem Schaft dienen. Der eiserne Ladestock dieser Waffe wird durch eine Feder in einem Schloßkasten aus Messing gehalten. Bei anderen Konstruktionen ließ sich der Schaft durch einen Ansatzkolben verlängern. Hierdurch konnte die Pistole wie ein Karabiner in Anschlag gebracht werden. Anschlagkolben für Armeepistolen gab es – Perkussionspistolen eingeschlossen – unter anderem in England, Dänemark, Preußen, Schweden und den USA. Auch die Zündnadelpistole von Dreyse und der Smith & Wesson-Revolver No. 3 besaßen noch eine derartige Verlängerung der Schäftung.

Zu den typischen Merkmalen militärischer Steinschloßwaffen gehört die variantenreiche Stempelung und Kennzeichnung der Waffenteile. Erfreulich für den Waffensammler, wenn eine Pistole, wie die oben erwähnte französische, auf der Schwanzschraube die Modellbezeichnung «M 1777» trägt. In anderen Fällen steht auf der Schwanzschraube bei französischen Pistolen nicht die Modellbezeichnung, sondern das Baujahr. Dieses kann jedoch auch auf dem Lauf eingeschlagen sein. Über die Verwendung einer Waffe in einem bestimmten Truppenteil geben manchmal Kennzeichnungen ebenfalls Auskunft.

Die Pistole eroberte sich im Laufe des 18. Jahrhunderts einen immer festeren Platz als Selbstschutzwaffe. Die krassen sozialen Gegensätze zwischen den reichen und armen Schichten des Volkes waren Anlaß für eine Zunahme von Überfällen und Straßenraub. Die wachsende Unsicherheit der Begüterten veranlaßte diese, sich gegen Gewaltakte, auch gegen Intrigen und Mordanschläge durch ihre eigenen Standesgenossen, zu bewaffnen. Dazu boten sich unauffällig am Körper versteckte und griffbereit getragene Pistolen an. Für die Selbstverteidigung gedachte, zweckvoll konstruierte, leicht in einer Jacken- oder Manteltasche unterzubringende Faustfeuerwaffen von kleiner Abmessung überflügelten in ihrer Bedeutung die noch bis zum dritten Viertel des 18. Jahrhunderts vorherrschenden langen, oft kostbar verzierten Zivilpistolen. An Stelle der mit reichem Dekor versehenen Waffen wurden immer mehr auf technische Perfektion und praktische Verwendbarkeit ausgerichtete Waffenmodelle bevorzugt. Die Hochkonjunktur entstand nicht wie bisher aus dem Lebensstil und dem Luxusbedürfnis des herrschenden Feudaladels, sondern aus dem Wunsch der Interessenten, praktische und qualitätvolle Waffen zu besitzen. Deshalb bedurfte es vor allem einer erweiterten produktionstechnischen Basis, bei der neben handwerklicher Arbeit immer mehr Maschinen zum Einsatz kamen. Die Produktion konnte wesentlich gesteigert werden. Das wirtschaftlich führende Land in Europa mit dem höchsten Stand in der Entwicklung der Technik war am Ende des 18. Jahrhunderts England. Pistolen aus diesem Lande eroberten die Märkte in Europa.

Der seitlich am Schloßblech einer Steinschloßpistole montierte Hahn erschwerte die Unterbringung einer Pistole in der Mantel- oder Jackentasche. Deshalb bevorzugte man in England seit der Mitte des 18. Jahrhunderts für diesen Pistolentyp das Kastenschloß (englisch «box-lock»). Die inneren Schloßteile waren in einem Kasten zwischen Lauf und Kolben untergebracht, Hahn, Batterie und Pulverpfanne mit Zündloch lagen auf der Oberseite. Im Schloßmechanismus fällt hierbei die Nuß fort. Die Einschnitte für Ruh- und Spannrast sind in den Hahnfuß eingefeilt. Bei den kurzen Distanzen, auf die derartige Pistolen eingesetzt wurden, behinderte der in der Visierlinie liegende Hahn das Zielen nicht wesentlich.

Noch bequemer waren in der Tasche die flach gearbeiteten Miniaturpistolen mit einklappbarem Abzug ohne Abzugbügel unterzubringen. Der Abzug dieser Waffen ließ sich in eine Vertiefung der Unterseite des Kastenschlosses einlegen. Beim Spannen des Hahnes sprang er automatisch heraus. Diese ursprünglich englische Pistolenkonstruktion kam später in großen Mengen als Nachbau auch aus Lütticher Werkstätten. Eine weitere Vereinfachung und Reduzierung der Schloßmechanik war beim Steinschloß kaum noch möglich. Die kleinsten Steinschloßpistolen besitzen vorwiegend Griffschalen aus Holz, Bein oder Elfenbein.

Auch Ganzmetallpistolen mit Kastenschloß, die in London und anderen englischen Büchsenmacherzentren gefertigt wurden, kopierte man in Lüttich. Einfache, dunkel getönte Gravierungen in Rankenmustern belebten die hellen Metallflächen. Beliebt und verbreitet waren auch die Bockpistolen mit Kastenschloß. Bei diesen ließ sich der Zündkanal durch eine drehbare Walze unterhalb der Pfanne verstellen. Lauf und Schloß solcher und anderer Taschenpistolen waren häufig aus Messing.

Zu den vorwiegend in England seit dem 17. Jahrhundert gefertigten Faustfeuerwaffen gehören auch Pistolen mit abschraubbarem Lauf. Ein typisches Merkmal dieser Waffen ist der halbe Schaft, der die Handgriffe zum Ab- und Aufschrauben erleichtern sollte. Die Läufe gleichen durch Mündungsverstärkung und äußere Gliederung Kanonenrohren mit sogenanntem Schiffskopf und werden deshalb «cannon-barrels» genannt. Der abschraubbare Lauf ermöglichte die Hinterladung, so daß der Ladestock entfiel. Das Geschoßkaliber konnte unter diesen Umständen etwas größer als beim Vorderlader sein, weil sich die Kugel leichter in die Kammer einführen ließ. Dadurch erhöhten sich, insbesondere bei gezogenen Läufen, die Schußleistungen. Wie bei vielen anderen englischen Pistolentypen ist die Knaufkappe meist in Form einer reliefierten Maske verziert.

Eine verbreitete Sicherung für Kastenschlösser bestand aus einem Schieber, der als Rahmen den Hahn unten umgab und diesen am Hahnfuß durch Einklinken in einen Ausschnitt sperrte, wenn er mit dem Daumen nach vorn gedrückt wurde. Manchmal griff auch zusätzlich eine kleine, vorn am Schieber sitzende Nase in eine Öffnung der Batterie und hielt diese ebenfalls fest.

Im nächtlichen Zweikampf auf dunklen Straßen wollte sich der Pistolenträger nicht allein auf *einen* Schuß aus seiner Pistole verlassen. Deshalb entwickelten die Büchsenmacher viele Varianten von mehrschüssigen kleinen Pistolen: Bockpistolen mit vier Läufen, Zwillingspistolen, Drehlinge mit vier, fünf, sechs und mehr Läufen in einem Block – manche zusätzlich mit hintereinander im Lauf liegenden Ladungen.

Die bereits früher erwähnte Kombination von Handfeuerwaffe und Stichwaffe blieb bis ins 19. Jahrhundert hinein beliebt, denn der Ladevorgang war noch so zeitaufwendig wie in vergangenen Jahrhunderten. Wesentlich schneller als ein zweiter Schuß ließ sich bei einer einschüssigen Pistole ein blitzschnell durch Federmechanismus herausschnellendes Klappbajonett einsetzen. Der verbreitetste Typ der kleinen, schlanken Klappbajonette war an einem Scharnier kurz hinter der Mündung an der Innenseite des Laufes montiert. Bei unter dem Lauf liegenden Bajonetten hielt in eingeklapptem Zustand der bewegliche Abzugsbügel die Spitze des Bajonetts fest. Zog der Schütze diesen Bügel zurück, schnellte das Bajonett nach vorn und wurde arretiert.

Tromblons, Zündpulvermagazine und verdeckte Steinschlösser

Das Laden einer Handfeuerwaffe zu Pferde, in fahrenden Reisewagen oder auf Schiffen bei bewegter See war beim Vorderlader nicht ganz einfach – vor allem der Gebrauch des Ladestockes. Diese Schwierigkeiten bei der Handhabung mögen der wesentliche Grund für die Verbreitung von Pulverwaffen mit erweiterter Mündung gewesen sein. Das Mündungsstück eines solchen Laufes glich oft dem Schalltrichter einer Trompete und Posaune (englisch und französisch trombone, italienisch tromba), weshalb eine derartige Waffe auch Tromblon oder Trombon genannt wurde. In England erhielt sie die Bezeichnung «blunder-buss» – wohl abgeleitet vom holländischen «donder-buse», englisch «thunder gun» (Donnerbüchse) – in Frankreich «mousqueton», was Karabiner bedeutet.

Mit der Konstruktion trichterförmiger Mündungen war zugleich die Absicht verbunden, unter Verwendung mehrerer Geschosse eine größere Streuung und damit eine erhöhte Feuerwirkung zu erreichen. Diese Absicht äußerte bereits Lienhard Fronsperger – im Kaiserlichen Heer Zeugmeister und später Feldgerichtsschultheiß – in seinem «Kriegsbuch» aus dem Jahre 1566. Die von ihm erwähnte kurze Büchse von 1½ Fuß Länge mit einem Kaliber von Hühnereigröße wurde mit 12 bis 15 Handbüchsenkugeln geladen. «Die Büchse», so meint Fronsperger, «trägt zwar nicht weit, ist aber in der Nähe von außerordentlicher Wirksamkeit, weil sie die Ladung sehr ausbreitet. Man bedient sich dieser Waffe in verschanzten Plätzen, besonders in Streichwehren gegen feindlichen Sturm.« Fronsperger erwähnt als Geschosse Handbüchsenkugeln. Gelegentlich wird nämlich die Meinung vertreten, aus den Streu- oder Kegelbüchsen seien alle möglichen Materialien, wie beispielsweise Glassplitter, Eisenstücke und Steine, verschossen worden. Das dürfte höchstens in besonderen Notsituationen, wenn Bleikugeln fehlten, geschehen sein. Die genannten Materialien hätten die innere Laufwandung stark beschädigt. Manche Tromblons zeigen im Mündungsstück starke Dellen, die vermutlich durch Geschosse, welche noch im Lauf gegeneinandertrafen, entstanden sind. Die Büchsenmacher waren zum Teil der Meinung, daß die Streuung der Geschosse zunehme, wenn die Laufmündung einen besonders großen Durchmesser erhalte.

Schießversuche ergaben, «daß der Streubereich fast aller Donnerbüchsen ziemlich gleichbleibend, unabhängig von der Größe oder Form der Mündung ist. Bei 12 Meter Abstand ergibt sich ein Trefferbild (Streumuster) von 50 bis 90 Zentimeter, bei 18 Meter von ungefähr 1,00 bis 1,30 Meter». (H. L. Peterson, Alte Feuerwaffen) Das Gewehr mit dem größten inneren Durchmesser der Pulverkammer und dem kleinsten Mündungsdurchmesser erreichte bei Schießversuchen die größte Streuung. Bei manchen Typen erweiterte sich der Lauf innen vom Pulverlager aus konisch nach vorn, bei anderen nur im vorderen Drittel, während der hintere Teil zylindrisch war, manchmal auch eine verengte Kammer besaß. Neben runden gab es auch querovale Mündungen, durch die offensichtlich eine Streuung in mehr waagerechter Ausdehnung erreicht werden sollte.

Zu den frühesten erhaltenen Originalen zählte ein Tromblon mit Luntenschloß – um 1585 in Augsburg hergestellt und zum Bestand des ehemaligen Berliner Zeughauses gehörend –, das leider zu den Kriegsverlusten zählt. Die Gewehrschlösser der Tromblons entsprachen den jeweils an Handfeuerwaffen üblichen Typen. In der Zeit des Steinschlosses waren Tromblons am weitesten verbreitet. Sie hielten sich – auch noch mit Perkussionsschloß – bis zur Mitte des 19. Jahrhunderts. Tromblons wurden in vielen europäischen Ländern, insbesondere in England, auch auf dem Balkan, im Orient sowie in Amerika, hergestellt. Häufiger als bei anderen Waffen kamen Läufe aus Messing vor, ganz besonders in England. Die Verwendung der «Blunderbuss» bei der Marine war die Ursache für die Bevorzugung dieses korrosionsbeständigen Materials. Die zahlreichen Geschosse begünstigten die Abwehr von Enterangriffen und wohl auch das Zerfetzen der Schiffssegel.

Reiter und Begleiter von Kutschen führten bei Überlandfahrten ebenfalls Tromblons. Der englische Postdienst rüstete seine Fahrer und Begleiter mit diesen Waffen aus. Ein Schuß mit der Streuladung setzte auf kurze Entfernung wohl auch manchmal zwei Angreifer zugleich außer Gefecht. Wie Taschenpistolen waren auch Tromblons gelegentlich mit einem Klappbajonett ausgestattet. Der moderne Hinterlader des 19. Jahrhunderts verdrängte auch die Waffe mit Trichtermündung.

Im 18. Jahrhundert fertigten Büchsenmacher – vorwiegend für die Jagd – auch interessante Sonderkonstruktionen, wie Drehlinge, Vierlingsgewehre, Revolverflinten und verschiedenartige Kombinationswaffen. Besonderer Beliebtheit erfreute sich das Kipplaufgewehr – seit etwa der Mitte des 17. Jahrhunderts bekannt. Bei derartigen Waffen läßt sich in Schloßhöhe der Lauf in einem Scharnier nach unten klappen und von hinten laden. Sehr häufig werden für die Ladung in den Lauf einzuführende eiserne Ladekammern verwendet.

Der hohe Leistungsstand eines Büchsenmacherhandwerks läßt sich weitgehend an Sonderkonstruktionen erkennen. Das gilt auch für russische Waffen. 1595 entstand mit der Ansiedlung von 30 Familien von Waffenschmieden das Dorf Tula an dem Flusse Upa, das sich in den folgenden Jahrhunderten zum bedeutendsten Zentrum Rußlands für die Produktion von Militär- und Zivilwaffen entwickelte. Zahllose erhaltene Gewehre und Pistolen zeugen vom Wirken hochqualifizierter Büchsenmacher. Arbeiten des 18. Jahrhunderts zeichnen sich besonders durch wirkungsvolle Farbgebung der Metallteile, durch damaszierte Läufe, herrliche Eisenschnittarbeit mit Vergoldungen und filigranartige Silbereinlagen an den Schäften aus. Dabei kam vor allem einheimisches traditionelles Formengut, aber auch aus anderen europäischen Ländern übernommener Dekor, insbesondere aus Deutschland, Italien und Frankreich, zur Anwendung. Zahlreiche Erzeugnisse sind von vorzüglicher technischer Perfektion, wie beispielsweise verschiedene Revolverwaffen.

Im Bayerischen Nationalmuseum München befindet sich eine Revolverflinte mit einer Trommel für sechs Ladungen aus der Zeit um 1780. Am Schloßblech steht in kyrillischen Buchstaben die Inschrift «W. Kalaschnikow». Bei dieser Waffe wird die durch eine Trommel erhöhte Feuergeschwindigkeit noch durch ein Zündpulvermagazin gesteigert. Es befindet sich an der Vorderseite der Batterie und läßt sich von oben – der Verschluß erfolgt durch einen Scharnierdeckel – füllen. Beim Spannen des Hahnes fällt gleichzeitig die Batterie mit Pfannendeckel auf die Pfanne. An ihrem äußeren Rande steht ein Zapfen mit einer senkrechten und einer schrägen Fläche. Im Boden des Deckels befinden sich ein kleines Loch und ein in eine Schwalbenschwanznut eingelassener Schieber. Beim vollständigen Schließen des Pfannendeckels drückt die schräge Fläche des Zapfens einen Schieber nach außen, wobei ein zweiter Schlitz frei wird, durch den Zündpulver auf die Pfanne fällt. Schlägt der Hahn gegen die Batterie und klappt sie hoch, wird der Schieber durch eine an der rechten Seite des Zündpulvermagazins angebrachte Blattfeder wieder hineingedrückt. Am Fuße des Pfannendeckels sind zwei kleine Rollen befestigt, die auf dem oberen Schenkel der Batteriefeder gleiten. Ein einwandfreier Verschluß der Pfanne wird durch eine bügelförmige Sperre gesichert, die gleichzeitig beim Herunterklappen der Batterie auf den Fuß des Pulvermagazins fällt.

Zu den technischen Meisterleistungen des Büchsenmacherhandwerks des 18. Jahrhunderts zählen die Gewehre und Pistolen mit verdeckten Steinschlössern. Die Funktionsteile des Schlosses sind nach innen in ein Gehäuse, das in Verlängerung des Laufes liegt, verlegt. Handfeuerwaffen dieser Art dürften so manchen Konstrukteur moderner Hinterlader – insbesondere bei hahnlosen Schrotgewehren – angeregt haben. Im Prinzip enthalten die Waffen mit verdeckten Steinschlössern bereits Konstruktionsmerkmale der Vorderlader-Versuchsgewehre mit Zündnadel von Nikolaus Dreyse.

Eine in Form und Farbe außerordentlich beeindruckende Waffe besitzt das Bayerische Nationalmuseum München. Der Schaft dieser Zwillingsflinte des 18. Jahrhunderts ist ganz mit rot untermaltem Schildpatt belegt. In dem changierenden Rot stehen feine eingelegte faden- und bandartige Silberornamente. Die Waffe gehört zu den Sonderkonstruktionen mit verdeckten Steinschlössern. In dem in Verlängerung des Laufes liegenden Gehäuse gleitet eine vierkantige Hahnstange, die von einer kräftigen Spiralfeder umgeben ist. Am vorderen Teil der Stange sitzen zwei Backen, in denen mit einer senkrecht stehenden kurzen Schlitzschraube ein Feuerstein festgeklemmt wird. Zwischen dem Schloßzylinder und dem Laufende ist ein keilförmiger Einschnitt, in den paßgerecht die im Scharnier bewegliche Batterie einklappt. Die Schlagfläche der Batterie ist senkrecht geriffelt. Zum Spannen des Schlosses wird ein Spannhebel zurückgezogen und dabei die Feder zusammengepreßt. An der Unterseite der vierkantigen Hahnstange befindet sich eine Einkerbung, in die eine Nase der Abzugsstange einrastet. Beim Ziehen des Abzuges schnellt die Hahnstange nach vorn, der Feuerstein schlägt gegen die Batterie, diese klappt nach oben, und die Funken treffen auf das Zündpulver.

Windbüchsen und elektrische Zündung

Die Natur war bei der Lösung vieler technischer Probleme Lehrmeister des Menschen. So dürfte auch die Kraft des Windes zu dem Gedanken angeregt haben, eine Kugel mittels Luftdruck aus einem Gewehr zu verschießen. Doch viele Untersuchungen über die Wirkungen komprimierter Luft waren für eine Realisierung dieser Idee notwendig. Der Beginn ihrer praktischen waffentechnischen Nutzung fiel zeitlich zusammen mit grundlegenden Erkenntnissen über die Beschaffenheit und die Eigenschaften der Luft und mit dem Bemühen, ihre physikalischen Eigenschaften auch in anderen Bereichen der Technik zu nutzen. Otto von Guericke (1602–1686), Physiker und zeitweilig Bürgermeister in Magdeburg, untersuchte das Vakuum und erregte mit seinen «Magdeburger Halbkugeln» großes Aufsehen. Er erfand eine Luftpumpe, eine wesentliche Voraussetzung für die Verwendung von Schußwaffen mit komprimierter Luft. Der englische Physiker und Chemiker Robert Boyle (1627–1691) erforschte die Expansion der Luft und verbesserte die Luftpumpe. Auch der Franzose Denis Papin (1647 bis um 1712) arbeitete mit Boyle gemeinsam über Luftdruckprobleme.

Da bei den Windbüchsen das Geschoß nicht durch die Kraft der Pulverexplosion, sondern durch komprimierte Luft aus dem Lauf getrieben wird, gehören diese Waffen eigentlich nicht zu den Feuerwaffen. Sie stimmen jedoch meistens in der äußeren Form mit den Handfeuerwaffen überein.

Bereits im letzten Drittel des 16. Jahrhunderts kamen die ersten Windbüchsen auf. Aus ihrem Lauf wurde durch Zusammenpressen von Luft mittels einer Schlagpumpe das Geschoß herausgetrieben. Bei diesen Waffen – zwei Exemplare befinden sich im Kunsthistorischen Museum in Wien – handelt es sich um Windbüchsen mit einmaliger Drucklufterzeugung für einen Schuß und nicht, wie bei späteren Exemplaren, um Waffen mit komprimierter Luft in Druckluftbehältern für mehrere Schüsse. Ein anderes System besaß im Kolben einen Blasebalg, der nach hinten ausgedreht und beim Ziehen des Abzuges durch einen Federdruck nach vorn schlagartig zusammengepreßt wurde. Bei manchen Gewehren dieser Art ließ sich der Blasebalg mit Hilfe einer außen angesetzten Kurbel auseinanderziehen. Für jeden Schuß mußte dieser Vorgang wiederholt werden. Anders verhielt es sich bei den Windbüchsen, an denen ein Druckluftbehälter (Windkessel) angebracht war. Dieser Waffentyp ist zum erstenmal durch die Zeichnung einer Luftbüchse aus dem Jahre 1606 von dem berühmten Büchsenmacher Marin le Bourgeois überliefert (A. Hoff, Feuerwaffen II.). In der äußeren Form entsprach dieser Apparat nicht der einer Handfeuerwaffe. Zwischen einem langen dünnen Zylinder (Lauf) und einem kürzeren dicken Zylinder (Druckbehälter) lagen Ventil und Abzugsmechanismus.

In der Folgezeit wurden auch die mit Windkesseln ausgestatteten Windbüchsen äußerlich den üblichen Rad- und Stein-

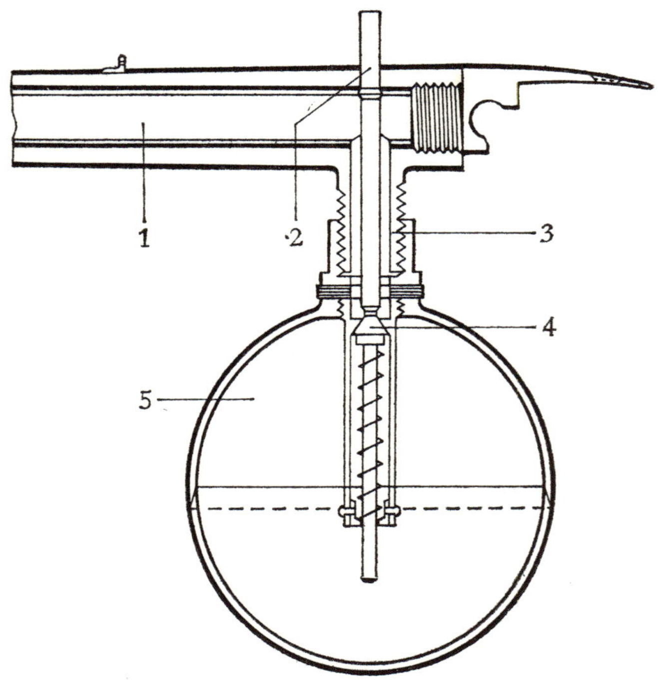

Querschnitt durch den kugelförmigen Luftbehälter einer Windbüchse: 1. Lauf, 2. Stange, 3. Überströmrohr, 4. Rückschlagventil mit Feder, 5. Luftbehälter

schloßwaffen angepaßt. Nur die Schloßfunktion und -konstruktion unterschied sich von der der Feuerwaffen. Im Prinzip gab es drei Typen von Druckluftbehältern, die bei Windbüchsen angewendet wurden. Im ersten Fall befand sich der Behälter im Hohlraum zwischen dem Lauf und einem Laufmantel – meist aus Messing. Im zweiten Fall befand er sich im Kolben, und schließlich wurde er als Kugel in Höhe des Schlosses an der Unterseite des Mittelschaftes, seltener oben oder an der Seite des Gewehres, angeschraubt. Bei allen Varianten gab der mit komprimierter Luft gefüllte Behälter durch ein Ventil eine Luftmenge für jeweils einen Schuß ab. Der Schloßmechanismus war meist sehr einfach. Beim Ziehen des Abzuges öffnete ein Hebel die Ventilklappe, oder ein Stift stieß das Ventil

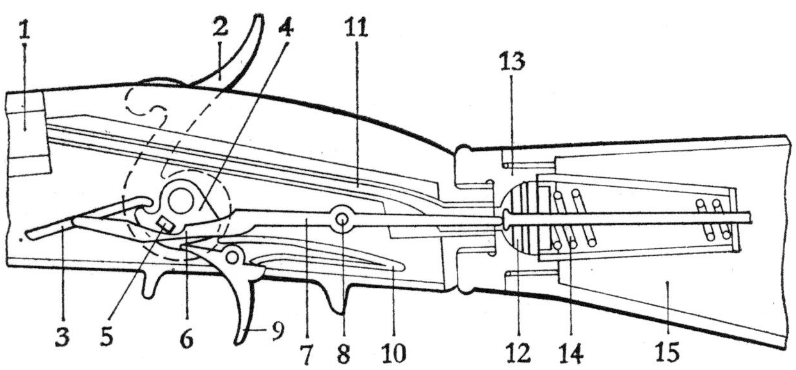

Querschnitt durch eine Windbüchse mit Luftbehälter im Kolben:
1. Lauf, 2. Hahn, 3. Schlagfeder, 4. Nuß, 5. Nase, 6. Ansatz, 7. Stange, 8. Drehpunkt der Stange, 9. Abzug, 10. Stangenfeder, 11. Überströmrohr, 12. Ventilmanschette, 13. Ventil, 14. Ventilfeder, 15. Kolben (Windflasche).
Beim Zurückziehen des Hahnes (1) wird die Schlagfeder (3) durch die Nuß (4) hinten angehoben, die Stangenfeder (10) drückt die Stange (7) nach oben, so daß der Ansatz (6) nun hinter der Nase (5) liegt, gleichzeitig tritt die Nase des Abzugs (9) in die Spannrast der Nuß (4). Beim Druck gegen den Abzug (9) senkt sich dessen vordere Nase und gibt die Nuß frei; durch die Kraft der Feder schnellt der Hahn (1) nach vorn, die Nase (5) drückt die Stange (7) nach hinten gegen das Ventil (13), das sich öffnet. Jetzt strömt Luft durch das Überströmrohr (11) in den Lauf (1). Durch die Kraft der starken Ventilfeder (14) wird die Ventilmanschette (12) nach vorn gepreßt und das Ventil (13) wieder verschlossen.

auf. Für Windbüchsen mit Luftbehälter zwischen Lauf und Laufmantel war die Pumpvorrichtung im Kolben eingebaut. Die metallenen Kolbenluftbehälter waren meist mit Leder überzogen und ließen sich abschrauben. Dadurch konnte ein leerer Kolben sehr schnell durch einen zweiten gefüllten ersetzt werden. Zum Füllen wurde eine Luftpumpe an das vordere Kolbenende angeschraubt. Dieser Typ der Windbüchse war im 18. Jahrhundert weit verbreitet. Es wurden auch Windpistolen mit Kolben-Druckluftbehälter gefertigt. Da mit jedem abgegebenen Schuß sich der Luftdruck im Behälter verringerte, reduzierte sich allmählich die Schußweite, veränderte sich die Flugbahn, und die Durchschlagskraft des Geschosses ließ nach. Windbüchsen eigneten sich wegen des ziemlich lautlosen Schießens besonders gut für die Jagd, jedoch auch für Schüsse aus dem Hinterhalt. Manche Waffen waren zur Täuschung in der Form eines Spazierstockes gearbeitet.

Der berühmte Philosoph Gottfried Wilhelm Leibniz setzte sich gedanklich mit dem Problem der Windbüchse auseinander. Er empfiehlt in seiner Abhandlung über die deutsche Kriegsverfassung von 1670 diese Waffe und gibt den Hinweis, daß man die Gase eines Pulverschusses zur Füllung des Luftdruckbehälters nutzen solle (F. von Schubert-Soldern).

Wegen der Möglichkeit der schnellen Abgabe von Schüssen aus einer Waffe interessierte sich auch das Militär für die Windbüchse. In Österreich kam es im Jahre 1780 zur Einführung einer Militär-Repetierwindbüchse des Büchsenmachers Bartholomäus Girandoni aus Ampezzo. Die Büchse wurde für einige Schützen der Füsilierbataillone zur Ordonnanzwaffe. 1788 standen der österreichischen Armee 1 000 Repetierwindbüchsen zur Verfügung. Die Büchse besaß ein an der rechten Seite des Laufes befestigtes röhrenförmiges Kugelmagazin. Durch einen Querkeil am Laufende, den der Schütze nach rechts herausrückte, wurde eine Kugel aus dem Magazin übernommen. Eine Feder schob den Keil zurück, und dieser transportierte die Kugel in den Lauf. Der Druckluftbehälter befand sich im Kolben. Für diese Windbüchsen gab es Handluftpumpen, aber auch Pumpenmaschinen, die auf Wagen mitgeführt wurden, und Ersatzkolben (W. Hummelberger und L. Scharer).

Für die außerordentliche Experimentierfreudigkeit im 18. Jahrhundert spricht auch der Versuch, die Elektrizität für die Zündung bei Handfeuerwaffen zu nutzen. Im Jahre 1780 erschien in Salzburg von Matthias Wißhofer, «Priester der Chiemseerschen Dióces», eine kleine gedruckte Schrift unter dem Titel: «Entwurf einer elektrischen Flinte». Grundlage der Konstruktion war die 1745 von Kleist in Kammin (Pommern) und 1746 von Cunaeus in Leiden erfundene Verstärkungsflasche (Kleistsche oder Leidener Flasche), eine frühe Form der geladenen Batterie. Diese Erfindung für eine Handfeuerwaffe zu nutzen, erforderte ein beachtliches Konstruktionsvermögen. Es mußte eine Apparatur entwickelt werden, in der durch elektrische Funken ein Gasgemisch entzündet wird, so daß dadurch das Geschoß aus dem Lauf eines Gewehres oder einer Pistole getrieben wird. An die Stelle von Pulver und Feuersteinschloß traten:

«1. Brennbare, oder faule Luft, so den Knall erreget, und den Trieb der Kugel in die Scheibe bewirket.
2. Eine kleine elektrische Verstärkungsflasche, welche diese Luft entzündet.» (siehe Abbildung 125)

Wißhofer beschreibt das Gas wie folgt: «Die brennbare Luft ist ein übelriechender brennbarer Dunst, der durch die Auflösung mit Wasser vermengter Feilspäne (Eisenspäne) entstehet, wenn man Vitriolöl darauf gießt.» Acht bis zehn gefüllte Glasflaschen (Fig. XI) sollten zum Laden des Gewehres bereitstehen. Der Geistliche, der die Elektrizität als eine Lieblingswissenschaft seiner Zeit bezeichnet, hielt sich bei seiner Konstruktion an die um 1780 übliche äußere Form der Flinten und Pistolen. Da der Lauf (Fig. I, C–B) zum Laden (Fig. IV) abgeschraubt werden mußte, bevorzugte er die halbe Schäftung. Aus einer Flasche strömte das Gas in die Kammer, die danach mit einem Stöpsel aus «Pantoffelholz» abgedichtet wurde. Nach dem Füllen wurde der Lauf wieder angeschraubt und mit einer Kugel oder einem Bolzen geladen (Fig. X). Die erwähnte Verstärkungsflasche aus Glas (Fig. III) befand sich im Kolben (Fig. IV). Sie war vier Zoll lang, innen und außen – bis auf ein Vorderstück von einem Zoll Länge – vergoldet und mit Geigenharz verschlossen. «Zum Füllen brauchte ich blos Flitter- und Rauschgold», schreibt Wißhofer. In der Stirnfläche steckte eine Spindel mit einem Messingkopf. Zum Aufladen der Flasche diente ein Röhrchen mit ausziehbarem Stift (r), an den eine geladene Verstärkungsflasche gehalten wurde. Hierbei strömte Elektrizität in die Verstärkungsflasche im Gewehrkolben. Zur Auslösung des Schusses diente ein kleines Röhrchen mit Bolzen (Fig. II und III, i–l) und Feder (d–p). Beim Druck gegen den Spanner (Fig. V, E und Fig. VII) wurde der Bolzen eingedrückt und die Feder gespannt, beim Druck gegen den Auslöser (Fig. V, F) schnellte der Bolzen heraus und traf auf den Messingkopf der Verstärkungsflasche (Fig. III, h), wodurch ein Funke in der Gaskammer (Fig. III, f) entstand, der das Gas zündete.

Der gelehrte Priester wies darauf hin, daß das Gas, wie man es jetzt kenne, die Kraft des Pulvers bei weitem nicht erreiche. Er stellt zugleich die Frage: «Konnte man es aber durch chemische Versuche etwa nicht dahin bringen, daß wir eine brennbare Luft erhielten, die der Gewalt des Pulvers nicht nachgäbe?» Bei seinen Schießversuchen schoß er mit Blei- und Marmorkugeln – eingehüllt in «feines dänisches Hundsleder» – über Entfernungen von 10 bis 20 Schritt auf eine Scheibe. Er traf mit den Bleikugeln genau; die Durchschlagskraft war aber so gering, daß die Kugeln nicht in der hölzernen Scheibe steckenblieben. Freimütig bekennt Wißhofer die Mängel seiner Waffe und empfiehlt sie anderen Fachleuten zur Vervollkommnung.

Industrielle Waffenproduktion

Die Geschichte der Handfeuerwaffen ist reich an Erfindungen und neuen Konstruktionen, wie der bisherige Überblick erkennen läßt. Die Bemühungen richteten sich auf das verwendete Material, zweckentsprechende Formgebung, Handhabung, Leistungsfähigkeit der Waffen und den daraus resultierenden taktischen Einsatz der Militärwaffen bzw. die Brauchbarkeit als Jagd- oder sonstige Zivilwaffe. Der allgemeine Stand der Technik und der Technologie sowie die wissenschaftlichen Erkenntnisse auf den Gebieten der Physik und Chemie waren für Verbesserungen der Handfeuerwaffen sehr entscheidend. Ein beachtlicher Qualitätssprung in der Entwicklung der Waffentechnik und der -herstellung war mit der industriellen Revolution verbunden. An die Stelle von Manufakturen traten im 19. Jahrhundert allmählich Fabriken mit maschineller Großproduktion. Die kapitalistische Produktionsweise mit zunehmendem Einsatz differenzierter Maschinen zur Metallbearbeitung führte in bisher nie gekanntem Ausmaß zum Experimentieren, zur Umsetzung mannigfaltiger Ideen. Die Technik wurde in zunehmendem Maße zur Wissenschaft und revolutionierte die gesamte Wirtschaft. Eine Vielzahl neuer Produktionsinstrumente ermöglichte bessere Herstellungsverfahren, wesentliche Qualitäts- und Quantitätssteigerungen, veränderte zahllose Produktionsprozesse und führte zu neuen Produktionsverhältnissen. Ohne Zweifel hat gerade mit der industriellen Revolution die Produktion von Feuerwaffen auf die Technologie anderer Zweige der Metallverarbeitung Einfluß genommen. Bohrmaschinen für Geschütze und Handfeuerwaffen boten das Vorbild für die Fertigung genauer Zylinder, wie sie beispielsweise für die Dampfmaschinen benötigt wurden. Auch die beeindruckenden Ergebnisse mit Laufziehmaschinen wirkten anregend für manche Produktionsmethoden.

Die für Waffen erforderliche höchste Präzision in der Fertigung verlangte Maschinen und andere Produktionsinstrumente von ebenfalls hoher Qualität. Das trifft auch für Meßinstrumente zu. Die wechselseitige qualitative Beeinflussung zwischen der Produktion für den zivilen und für den militärischen Sektor läßt sich insbesondere an den vielen Spezialdrehbänken feststellen. Nicht geringer war die Beeinflussung bei der Bearbeitung des Werkstoffes, wie die Herstellung von Läufen und Kanonenrohren aus Gußstahl beweist. Die ökonomisch fortgeschrittensten Länder waren in den ersten Jahrzehnten des 19. Jahrhunderts Frankreich, England und die Vereinigten Staaten von Nordamerika. Das zeigte sich auch in der Konstruktion von Spezialmaschinen für die Herstellung von Einzelteilen der Handfeuerwaffen.

Bis zum beginnenden 19. Jahrhundert standen bei Erfindungen und Neukonstruktionen von Handfeuerwaffen und Teilen derselben absolut die zivilen gegenüber den militärischen an der Spitze. In den Armeen wurde – meist aus finanziellen Gründen – zäh an einem einmal eingeführten Modell festgehalten. Die neuen technischen Möglichkeiten und Dimensionen in der kapitalistischen Produktion veränderten weitgehend die Richtung gezielter Forschung und Konstruktionsbemühungen. Die Möglichkeit, in relativ kurzer Zeit eine Überlegenheit in der Kriegstechnik durch eine neue Feuerwaffe zu erreichen, war wesentlich gestiegen. Umrüstungen ließen sich schneller als früher durchführen. Dauerte die Ausrüstung der preußischen Armee mit Zündnadelgewehren noch rund 15 Jahre – bedingt allerdings auch durch bestimmte Widerstände gegen die Einführung –, so konnte die deutsche Armee innerhalb von fünf Jahren mit dem Gewehr M/1871, in drei Jahren mit dem Gewehr M/1871/84 und in nur zwei Jahren mit dem Gewehr 88 bewaffnet werden. Die Anzahl der benötigten Waffen wuchs durch die Vergrößerung der Armeen, und damit stiegen auch die Profite für die kapitalistischen Unternehmer, die den Wettlauf um immer bessere Bewaffnung forcierten. In Preußen erhöhte sich durch die Reorganisation des Heeres am Ende der fünfziger und am Anfang der sechziger Jahre des 19. Jahrhunderts die Armee in Friedenszeiten um 60000 und im Kriege um 100000 Mann.

Die individuelle handwerkliche Produktion hatte – selbst wenn gelegentlich Mustergewehre oder -pistolen vorlagen – zu Abweichungen in Form und Größe der Einzelteile der Waffen geführt. Das Austauschen von Teilen, insbesondere beim Schloßmechanismus, war deshalb sehr erschwert und oft unmöglich. Es war aber notwendig, bei Beschädigungen Einzelteile auszuwechseln. Versuche zur Einführung auswechselbarer Teile wurden bereits in den achtziger Jahren des 18. Jahrhunderts in Frankreich durchgeführt. Sie fanden auch im Ausland Beachtung. Die Handwerker fertigten die Teile nach Schablonen und überprüften sie wiederholt mit präzisen Meßgeräten. Der Amerikaner Eli Whitney aus den Vereinigten Staaten ging in der Technologie über die französischen Versuche hinaus, indem er zahlreiche Maschinen zur Herstellung der Einzelteile konstruierte und einsetzte. Sie dienten zum Schmieden, Bohren, Fräsen, Schleifen sowie Polieren und wurden durch Wasserkraft angetrieben. Whitney konnte in seinem Betrieb Whitneyville bei New Haven zahlreiche ungelernte Arbeitskräfte hierfür einsetzen. 1798 erhielt er einen Regierungsauftrag zur Fertigung von 10 000 Infanteriegewehren.

Auch in der staatlichen Waffenfabrik in Harper's Ferry wurde ab 1824 die maschinelle Massenproduktion aufgenommen. Den Betrieb leitete der bekannte Konstrukteur des nach ihm benannten Hinterladers John H. Hall. Von Amerika gelangte die Fertigungsmethode in die verschiedensten europäischen Länder, und mehrere europäische Waffenkonstrukteure und Unternehmer gingen bald zu ihren amerikanischen Kollegen in die Lehre, so unter anderen Ludwig Loewe aus Berlin, Josef Werndl aus Österreich und der Tscheche Karel Holub. Sie vervollständigten ihr Wissen in den amerikanischen Waffenfabriken von Colt und Remington. Die Massenfertigung wurde in den Fabriken von Samuel Colt seit der Jahrhundertmitte weiter vorangetrieben. Der eigentliche technische Leiter und Chefkonstrukteur in der Waffenfabrik Colts in Hartford war Elisha K. Root. Er konstruierte neuartige Maschinen für die einzelnen Fertigungsstufen, beispielsweise auch für die Herstellung von Schäften und Patronen. Zu Roots Schülern gehörten unter anderen die bekannten Waffenkonstrukteure Christian Sharps und Christopher M. Spencer. Gegen starken Widerstand englischer Büchsenmacher errichtete Colt 1852/53 in London einen Zweigbetrieb mit aus Amerika eingeführten Maschinen und erregte mit seinem Maschinenpark und durch die Arbeitsorganisation großes Aufsehen in Fachkreisen.

In England förderte Joseph Whitworth durch den Bau von Drehbänken zur Metallbearbeitung und von Spezialdrehbänken zur Gewehrlaufherstellung die maschinelle Produktion. Eine Drehbank zur Bearbeitung von Gewehrläufen konstruierte auch der Generaldirektor der K. u. K. Gewehrfabrik in Wien, Natalis de Beroaldo Bianchini. Für die Überprüfung der Funktionstüchtigkeit und der Wirkungsweise der Waffen entstanden ebenfalls neue Einrichtungen und Apparate, wie beispielsweise Dinometer, um die Kraft der Schloßfedern oder den Rückstoß der Waffe zu messen.

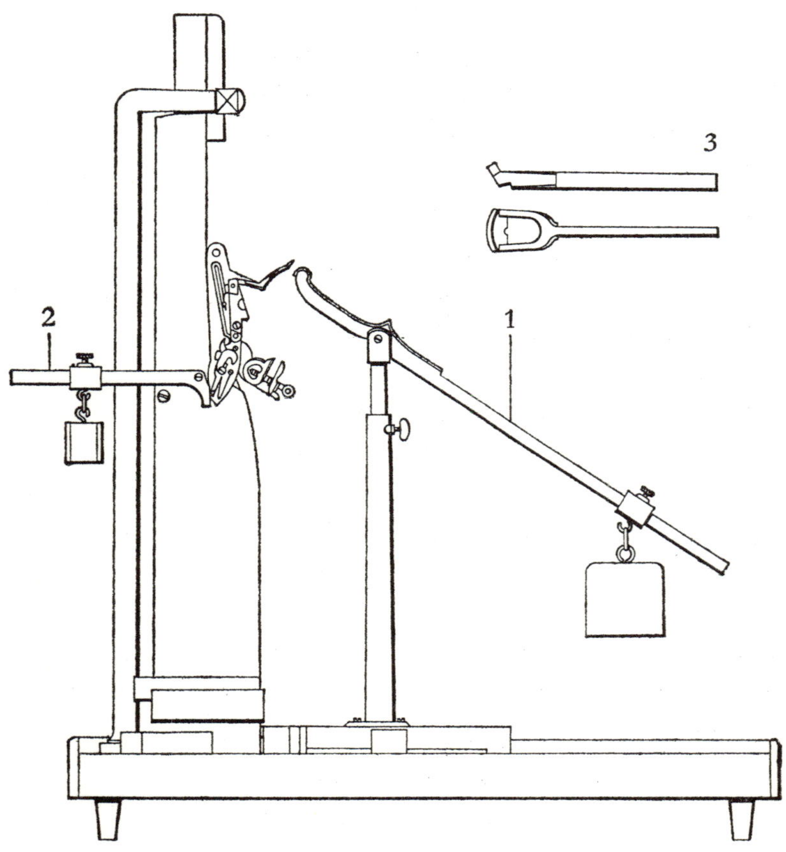

Die maschinelle Gewehrherstellung wurde auch in den Waffenfabriken in Tula und Sestrorezk und in vielen anderen europäischen Produktionszentren eingeführt. In Deutschland entstanden in Berlin unter Ludwig Loewe und in Oberndorf am Neckar durch die Gebrüder Wilhelm und Paul Mauser moderne Gewehrfabriken. Die Fortschritte in der maschinellen Waffenherstellung stießen auf den Widerstand der Büchsenmachermeister, die ihre berufliche Existenz bedroht sahen. Ihre auf langer Tradition beruhende Kunst der Waffenherstellung wurde durch die modernen Maschinen in vielen Orten überflügelt. Gegen die Einrichtung von Gewehrfabriken konnten die selbständigen Handwerker keine gesetzlichen Maßnahmen erwirken. Sie versuchten aber, über ihre Innungsrechte den Fabrikanten Hindernisse in den Weg zu legen.

Zu einem zähen Kleinkrieg kam es beispielsweise im Jahre 1827 in Olbernhau in Sachsen zwischen dem Gewehrfabrikanten Carl Philipp Crause und den Innungsmeistern, der damit endete, daß Crause Olbernhau verließ und die Meister sich untereinander verpflichteten, «alle neuen Erfindungen fernzuhalten, und nur Gewehre nach den bisherigen Systemen herzustellen, die reichlich erprobt und leistungsfähig genug seien». (Diener-Schönberg) Noch etwa 30 Jahre konnten sich die Büchsenmacher behaupten, dann mußte das Gewerbe in Olbernhau aufgegeben werden. Die Spielzeugherstellung trat an seine Stelle, und lediglich Kinderflinten erinnerten noch an das alte Handwerk. Im allgemeinen endeten jedoch derartige Auseinandersetzungen damit, daß nicht der Fabrikant, sondern das Gewerbe der Büchsenmeister zugrunde ging.

Dinometer, um die Kraft der Schloßfedern zu messen:

1. Hebel zur Messung der Schlagfeder und der Deckelfeder
2. Hebel zur Messung der Abzugsstangenfeder
3. Dieser Arm wird zur Messung der Schlagfeder zwischen den Hahnlippen festgeschraubt.

Nach Beroaldo Bianchini, Abhandlung über die Feuer- und Seitengewehre, Wien 1829

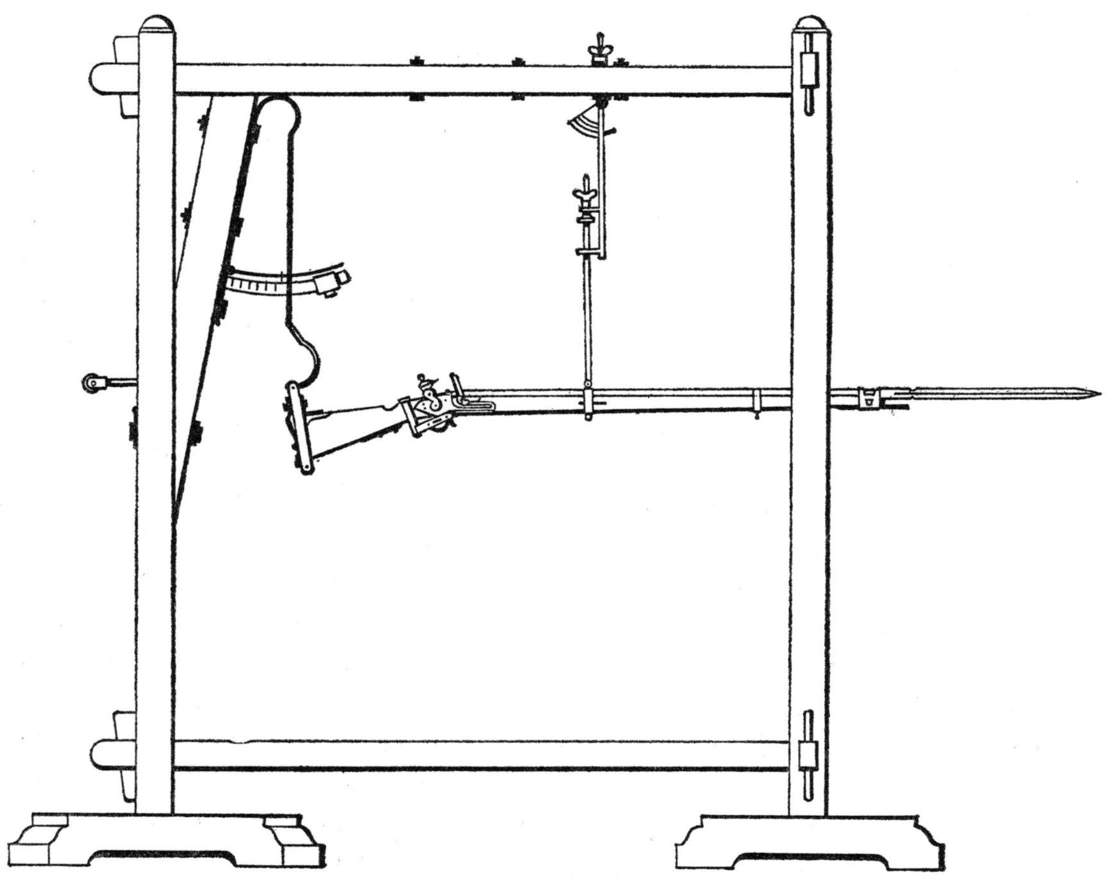

Rückstoß-Dinometer. Nach Beroaldo Bianchini, 1829

Auch in Suhl entstanden Gewehrfabriken: 1838 Spangenberg & Sauer, 1841 Haenel, 1856 Simson & Luck, 1864 Schilling & Krämer (diese Firma stellte Spezialmaschinen für die Gewehrindustrie her). Die Anzahl der selbständigen Handwerksmeister verringerte sich, insbesondere zu der Zeit, als auch Jagdbüchsen industriemäßig hergestellt wurden (ab 1880 bei Sauer & Sohn). Handwerksmeister wurden auch von diesen Firmen weiterhin für bestimmte Arbeitsprozesse und für die Verzierung der Waffen herangezogen. Im Jahre 1896 befanden sich unter den 720 in der Waffenproduktion tätigen Personen nur noch 61 Handwerksmeister.

Wie bereits angedeutet, erbrachten Waffenproduktion und Waffenhandel vielen kapitalistischen Unternehmen hohe Gewinne. Durch die wachsende Mannschaftsstärke der Armeen und durch häufige Umrüstungen nahmen die Aufträge ständig zu. «Zum Beispiel erhielt 1887, als die türkische Armee mit Mehrladegewehren ausgerüstet wurde, die Waffenfabrik Mauser in Oberndorf einen Auftrag über 500000 Gewehre und 50000 Karabiner. Täglich mußten 500 Gewehre geliefert werden. Die Waffenfabrik von Werndl in Steyr erhielt 1889 einen Auftrag über 800000 Mehrladegewehre und 500000 Gewehrteile. Mit der steigenden Produktion wuchs auch die Zahl der Arbeiter sehr schnell; Unternehmen, die anfangs 50 Arbeiter hatten, beschäftigten bald Tausende. In den neunziger Jahren des 19. Jahrhunderts arbeiteten zeitweise 8000 bis 10000 Arbeiter in großen Waffenfabriken.» (Lugs, Handfeuerwaffen) Bei den neuen Herstellungsmethoden mit Maschinen konnten für viele Arbeitsgänge ungelernte Kräfte eingesetzt werden. Kleinere Firmen waren gegenüber den großen Waffenfabriken in der Auftragserteilung für Militärwaffen proportional gesehen meist benachteiligt. Nur wenn die großen Firmen ausgelastet waren und noch Bedarf bestand, erhielten auch sie Bestellungen. Die Hochkonjunktur in der Waffenproduktion läßt sich unter anderem deshalb auch an der Auftragslage der Kleinindustrie ablesen. In Suhl beispielsweise erbrachte die Umrüstung auf Perkussionsgewehre zwischen 1830 und 1840 große Aufträge, die in den folgenden Jahren zurückgingen. 1848 stieg die Produktion aufgrund der revolutionären Ereignisse wieder leicht an. In der Zeit von 1849 bis 1854 herrschte wieder Auftragsmangel, und die Not der Arbeiter war besonders groß. Von 1872 bis 1876 erhielten die kapitalistischen Unternehmer einen Großauftrag über 150000 Gewehre des neuen Modells 71, anschließend folgte 1876 bis 1880 wiederum eine Krise mit Arbeitslosigkeit.

Die Waffenindustrie trat auch mit wissenschaftlichen Einrichtungen auf dem Gebiet der Chemie in enge Beziehungen, insbesondere wegen der Herstellung wirkungsvoller Pulversorten für Patronen. Auf diese wird im folgenden noch näher eingegangen.

In militärischen Schriften der ersten Jahrzehnte des 19. Jahrhunderts, in denen theoretische und praktische Fragen des Schießpulvers behandelt werden, hat endgültig der Teufel als Urheber der gefährlichen Explosion nichts mehr verloren. Die Wissenschaft allein wird zur Klärung der Ursachen bemüht. So meint der nicht genannte Verfasser einer «Ernstfeuerwerkerei für die Königlich Preußische Artillerie», Berlin 1818, zu dieser Frage: «Die neuesten Entdeckungen in der Chemie lehren, daß die heftige Wirkung des Pulvers aus einer unglaublich großen Menge elastisch flüssiger, (luftartiger) Materie entsteht, die sich bei dem Entzünden des Pulvers durch die schnelle Auflösung der Bestandteile desselben plötzlich erzeugt, und sich nach allen Seiten ausbreitet, wobei die Erhitzung und die dadurch vergrößerte Ausdehnung, so wie die Verwandlung des bei der Auflösung entstehenden Wassers in Dämpfe zur Vermehrung der Kraftäußerung sehr viel beiträgt.» In einer «Waffenlehre» – erschienen in der «Handbibliothek für Offiziere, oder: Populaire Kriegslehre für Eingeweihte und Laien», Berlin 1828 – wird in einem Abschnitt über «Die Kraft des Pulvers» vermerkt, daß der absolute Druck des Pulvers «4000–10000 mal größer, als der Druck der Atmosphäre» sei. Einige Zeilen weiter heißt es: «Die Atmosphäre drückt auf einen Quadratzoll mit etwa 15 Pfund, folglich die absolute Pulverkraft in einem durchaus gesperrten Raum, der ganz von dem entzündeten Pulver erfüllt war, auf jeden Quadratzoll innerer Fläche desselben mit mindestens 550 Centner.» Den Erkenntnissen von Priestley, Scheele und Lavoisier über die chemisch-physikalischen Vorgänge bei der Verbrennung folgten, wie die angeführten Beispiele zeigen, sehr bald Experimente, die für Material und Technologie der Herstellung von Feuerwaffen sehr wichtig waren.

Für das 19. Jahrhundert lassen sich folgende Haupt-Entwicklungstendenzen zur Verbesserung der Handfeuerwaffen, die vor allem durch die Entwicklung der Produktivkräfte möglich wurden, feststellen:

- Nutzung von Erkenntnissen auf dem Gebiet der Chemie für die Zündung der Pulverladungen (Perkussionsschlösser);
- Verbesserungen der Schußleistungen durch Übergang zu gezogenen Vorderladern mit neuen Geschossen (Kompressions- und Expansionsgeschossen);
- Ablösung der Rund- durch Langgeschosse;
- Lösung des alten Problems der Hinterladung durch Konstruktion neuer Verschlußsysteme in Verbindung mit der Verwendung einer Einheitspatrone, um leichter laden und schneller schießen zu können;
- Einführung von Metallpatronen, die gegenüber den Papierpatronen sicherer waren und den gasdichten Abschluß des Laufes nach hinten verbessern halfen;
- Verkleinerung des Kalibers, um das Patronengewicht zu verringern, damit die Patronenanzahl für den Schützen vergrößert und die Reichweite erhöht werden konnte;
- Herstellung von Mehrladewaffen, durch die eine noch schnellere Schußfolge ermöglicht wurde;
- Einführung des rauchschwachen Nitrozellulosepulvers, das in seiner Wirkung das Schwarzpulver weit übertraf und die weitere Verkleinerung des Kalibers ermöglichte;
- Konstruktion der ersten Selbstladewaffen.

Bürgerliche Nationalarmee und neue Taktik

Die wachsende militärische Bedeutung der Handfeuerwaffe im 19. Jahrhundert hing jedoch nicht allein von Wissenschaft und Technik ab. Wie in den vorangegangenen Geschichtsepochen, so folgten auch jetzt einschneidenden gesellschaftlichen Veränderungen tiefgreifende Wandlungen im Militärwesen.

Im Amerikanischen Unabhängigkeitskrieg von 1775 bis 1783 hatte es sich deutlich gezeigt, daß unter anderen gesellschaftlichen Bedingungen und bei einer höheren Kampfmoral auch eine andere Gefechtstaktik als die Lineartaktik bei der Infanterie sich erfolgreich anwenden ließ. Harte Lebensbedingungen der Siedler – Beschaffung der Lebensmittel vorwiegend durch die Jagd, Kampf gegen Räuber, Banditen und Wegelagerer – setzten die Beherrschung der Handfeuerwaffen voraus. Bereits Kinder und Jugendliche waren gute Schützen. Das tausendfach in der Praxis geübte Zielen mit der Büchse bewährte sich auch im Kampf gegen die englischen Soldtruppen. Dabei nutzten die um ihre Befreiung von England kämpfenden Kolonisten geschickt das ihnen vertraute Gelände aus, suchten beim Schießen Deckung hinter Bäumen und Häusern. Auf diese Weise wurden dem Gegner bereits auf dem Marsch und während der langen Phase der Aufstellung zum Gefecht Verluste beigebracht, während die eigenen Ausfälle gering blieben. In größeren Schlachten wurde von den Kolonisten jedoch auch die Lineartaktik angewendet. Die Taktik der geöffneten Ordnung beeinflußte auch die Kampfweise in europäischen Heeren, hatten doch einflußreiche Offiziere, wie beispielsweise der Marquis de La Fayette aus Frankreich und der polnische Freiheitskämpfer und Nationalheld Tadeusz Kościuszko, am Unabhängigkeitskrieg teilgenommen. Auch Neithardt Graf von Gneisenau, einer der bedeutendsten preußischen Militärreformer, hielt sich in den Jahren 1782/83 in Amerika auf.

Mit der Eroberung der Macht durch die Bourgeoisie in der Französischen Revolution von 1789 bis 1794 setzten auch einschneidende Veränderungen im Militärwesen ein. Mit dem Sturz der Feudalgewalten verschwand auch das alte stehende Söldnerheer. An seine Stelle trat eine bürgerliche Nationalarmee, die das stehende Heer der absolutistisch regierten Feudalstaaten an Stärke weit übertraf. Als ausländische Heere zur Niederschlagung der Französischen Revolution in Frankreich einmarschierten, wurden alle 18- bis 25jährigen Männer aufgeboten, so daß im Jahre 1793 ein Heer von 770 000 Mann zur Verfügung stand. Da viele Männer nicht im Kriegshandwerk ausgebildet und die Lineartaktik mit ungeübten Truppen schwer anzuwenden war, bevorzugten die Franzosen bei der Infanterie schmalere, tiefer gestaffelte Kolonnen, die gegenüber den starren Linien wesentlich beweglicher operieren konnten. Die großen Massenheere ließen sich außerdem nicht mehr auf dem Schlachtfeld in einer Linie aufstellen. Vor den Kolonnen schwärmten Schützen aus. Diese Plänkler oder Tirailleurs übernahmen das Feuergefecht und gaben gezielte Schüsse ab, während die Kolonnen für den Bajonettangriff bereitstanden. Die Schützen konnten nach dem Gewehrfeuer wieder zu Kolonnen zusammengestellt werden. So wie die Schüsse der Tirailleurs, bereitete auch das Feuer der jetzt massiert aufgestellten Artillerie den Angriff besser vor. Infanterie und Kavallerie durchbrachen dadurch leichter die in Unordnung geratenen gegnerischen Linien und versuchten, sie von den Flanken aus aufzurollen. Die Kolonnen waren – je nach taktischer Aufgabe – von unterschiedlicher Größe. Eine Brigadekolonne, aus zwei Regimentern bestehend, vereinigte die hohe Zahl von etwa 4 000 Mann, die 36 Mann tief aufgestellt waren. Mit gefälltem Bajonett versuchte sie, die gegnerische Front zu durchstoßen. Auch die Reiterei griff mit Hieb- und Stichwaffen – Degen, Pallasch oder Säbel – an. Mit dieser neuen Kolonnentaktik erzielte insbesondere Napoleon I. große militärische Erfolge, wie beispielsweise bei Jena und Auerstedt im Jahre 1806.

Die zunehmende Feuerkraft der gezogenen Hinterladergewehre (siehe preußisches Zündnadelgewehr und französisches Chassepotgewehr) erforderte nach den Erfahrungen des Krieges zwischen Preußen und Österreich im Jahre 1866 bzw. nach dem Deutsch-Französischen Krieg 1870/71 eine wesentliche Änderung in der Gefechtstaktik der Infanterie. Obwohl das französische Zündnadelgewehr des Konstrukteurs Antoine Alphonse Chassepot eine Reichweite von über 1 000 Meter hatte, ließen die preußischen Militärs die Infanterie in geschlossenen Truppeneinheiten angreifen. Zwar wurde der Angriff der Infanterie mit dem Gewehrfeuer lockerer Schützenlinien eröffnet, ihnen folgten jedoch dicht geschlossene Kompaniekolonnen. Die Verluste waren außerordentlich hoch. Deshalb warfen sich die Soldaten beim Beschuß zu Boden und erzwangen in der Folgezeit durch ihr Verhalten eine Änderung der Gefechtstaktik. Der Soldat mußte das Gelände zur Dekkung ausnutzen, damit er nicht eine leicht zu treffende Zielscheibe war. Er konnte mit dem Hinterlader auch im Liegen laden und schießen. Doch noch lange sträubten sich viele Offiziere, die Taktik zu ändern, weil sie meinten, die Stoßkraft der Truppe ginge dadurch verloren. Erst mit dem Exerzierreglement von 1906 wurde in der deutschen Infanterie die Ausbildung für den Kampf in geschlossener Ordnung abgeschafft. Man mußte nun anerkennen, daß der Schützenschwarm und die in Sprüngen vorgehenden dünnen Schützenlinien die günstigsten Gefechtstaktiken für die Infanterie waren.

Auch bei der Kavallerie wurde trotz zunehmender ballistischer Leistungen der Gewehre bis 1870/71 an traditionellen Gefechtstaktiken festgehalten. Die in Reserve stehende sogenannte Schlachtenkavallerie griff beispielsweise im entscheidenden Moment in den Kampf ein und versuchte, mit blanken Waffen – Säbeln und Pallaschen – den Sieg zu erringen. Die Feuerkraft der Geschütze und Gewehre erzwang in den nächsten Jahrzehnten die Aufgabe dieser Kampfweise, und der Karabiner erlangte bei Berittenen größere Bedeutung. Im Gefecht Kavallerie gegen Kavallerie und für militärische Aufklärungsunternehmen blieb jedoch in mehreren Staaten – zum Beispiel in Deutschland, Österreich-Ungarn, Polen und Rußland – die Lanze Hauptwaffe. In Frankreich wurde sie bereits im Jahre 1871 abgeschafft. Der militärische Wert der Kavalleristen bestand nach Einführung von Mehrladegewehren und Maschinenwaffen nur noch darin, daß die Soldaten zu Pferde schneller als Infanteristen notwendige Wegstrecken zurücklegen konnten. Sie eigneten sich auch gut für Aufklärung, Bewachung und Befehlsübermittlung.

Perkussionsschlösser

Sogenannte «chemische Schlösser» beendeten zu Beginn des 19. Jahrhunderts die lange Vorherrschaft des Steinschlosses. Die Handfeuerwaffe erhielt ein neuartiges Zündmittel. Die bisherige Zündung durch Entflammen des Zündpulvers mittels mechanisch erzeugter Funken wurde durch detonierende Chemikalien, die als Zündsatz dienten, abgelöst. Ein Hahn oder Hammer verursachte in der Regel durch einen Schlag auf die Zündmasse die Explosion des Initialzünders. Deshalb erhielten diese Zündmechanismen auch den Namen «Perkussionsschloß» (lateinisch percussio = Schlagen, Stoßen). Dieser Schlag erfolgte auf sogenannte Knallpulver. Drei chemische Substanzen waren wesentliche Bestandteile für die Fertigung dieser neuartigen Zündmittel. 1786 fand der Franzose Claude Louis Berthollet das Knallsilber, im gleichen Jahre wurde das Kaliumchlorat entdeckt und 1799 durch den Engländer Edward Howard das Knallquecksilber.

Die erste Konstruktion eines Perkussionsschlosses stammt aus dem Jahre 1805 und wurde 1807 patentiert. Ein Pfarrer, Alexander Forsyth (1768–1853) aus Belhelvie Parish, Aberdeenshire, in Schottland – er beschäftigte sich in seiner Freizeit mit Chemie, Mechanik und dem Schießwesen – erfand dieses Schloß. Forsyth brachte das Knallpulver in einem Magazin unter, das einem Flakon ähnlich sah (deshalb auch Flakonschloß, englisch «scent-bottle lock», genannt). Dieses Zündmagazin montierte er mit einem Röhrchen, das die Achse und den Zündkanal bildete, drehbar am Lauf in Höhe der bisherigen Pfanne und der Batterie. Durch Drehung des Flakons um 180 Grad gelangte aus einem Behälter etwas Knallpulver in eine Höhlung der Achse; nach dem Zurückschwenken des Magazins in die Ausgangsstellung stand ein Schlagstift direkt über dem Knallpulver. Beim Ziehen des Abzuges traf der hammerartige Hahn auf den Schlagstift, und dieser wurde in das Knallpulver getrieben, das dabei entflammte. Die Flamme schlug durch einen Kanal in den Lauf und zündete die Pulverladung. Das Magazin reichte für 24 Zündungen und konnte nachgefüllt werden. Für den Knallsatz verwendete Forsyth eine aus gleichen Teilen bestehende Mischung von Kaliumchlorat und einer

Perkussionsschloß von Alexander Forsyth, 1807

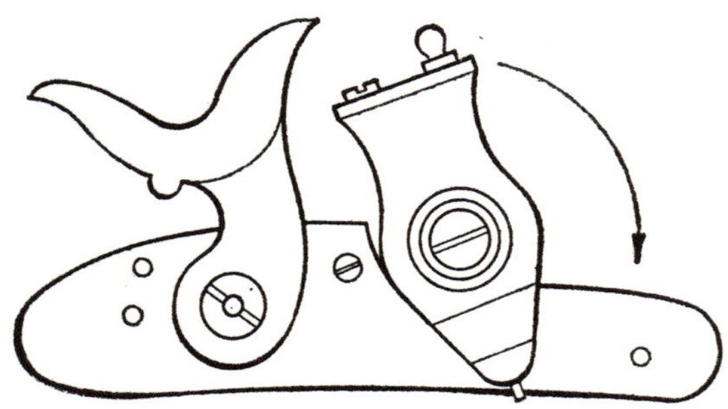

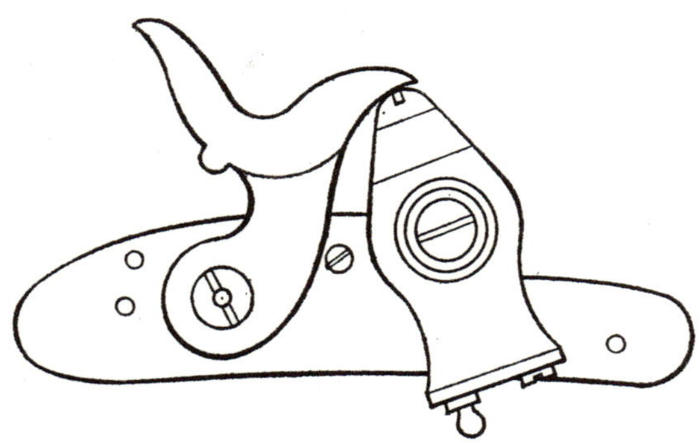

Flakonschloß des Pariser Büchsenmachers Prélat (Nach J. Lugs, Handfeuerwaffen)

Antimonsulfidverbindung. Durch Anbringen einer Zugstange zwischen Hahn und Magazin bewegte sich beim verbesserten Forsyth-Schloß das Flakon automatisch.
Die lose Zündmasse erhielt in den nächsten Jahren bei anderen Konstruktionen eine feste Umhüllung durch Wachs oder andere bindende Stoffe. Der Schlag mit dem Hahn selbst oder einem zusätzlichen Hahnstift erfolgte nun auf eine Zündkugel oder Zündpille, die in der Nähe des Zündkanals lagerte. Die Form von kleinen Zündplättchen führte zur Konstruktion von Zündkapselstreifen. Am bekanntesten wurden die von Dr. Maynard, einem Zahnarzt aus Washington, entwickelten und 1845 patentierten Zündmittel dieser Art. Die Zündmasse befand sich in regelmäßigen Abständen zwischen Papier- oder Gewebestreifen. Dieser «tape primer» wurde zwischen Hammer und Zündkanal geschoben. Beim Gewehr der sardinischen Bersaglieri von 1846 läuft ein Zündkapselstreifen aus dünnem Kupferblech über eine Rolle im Kolbenhals und wird automatisch beim Spannen des Hahnes, durch den der Streifen hindurchläuft, weiterbewegt. Der Hahn schlägt beim Ziehen des Abzuges zugleich mit einer Zündpille des Streifens auf einen Amboß mit Zündkanal.
Um 1816 dürfte im Zusammenhang mit der Perkussionszündung – vermutlich von mehreren Konstrukteuren etwa gleichzeitig und unabhängig voneinander – das Zündhütchen erfunden worden sein. Das kleine Hütchen, meist aus Kupfer bestehend, enthielt an der Innenfläche des Deckels die Zündmasse. Diese war durch eine Lackschicht gegen Feuchtigkeit geschützt.

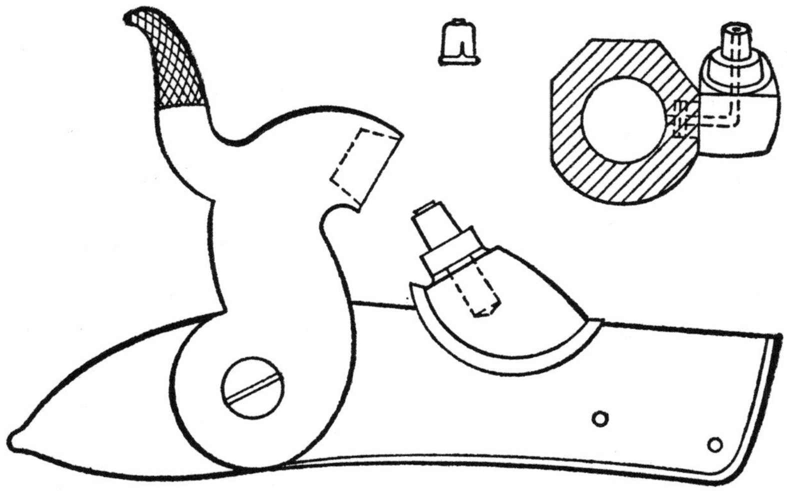

Perkussionsschloß für Zündhütchen

Die Handhabung war sehr einfach. Der Schütze setzte das Hütchen auf ein Piston, das in einen Zündstollen eingeschraubt war. Das Wort «Piston» wird vom lat. pinsere = zerstoßen, kleinstampfen, abgeleitet. Es bezeichnet im allgemeinen einen Kolben, der sich in einem Zylinder bewegt (auch bei Blechmusikinstrumenten). Vielleicht trug der bewegliche Zündstift bei manchen Perkussionsschlössern zur Anwendung dieses Begriffs für den kleinen Hohlzylinder im Zündstollen bei. Piston und Zündstollen waren durchbohrt und führten zum Zündkanal, der anfangs im rechten Winkel in den Lauf führte. Das Hütchen wurde bei Stellung des Hahnes in Ruhrast aufgesetzt – das bedeutete Sicherung gegen unbeabsichtigtes Auslö-

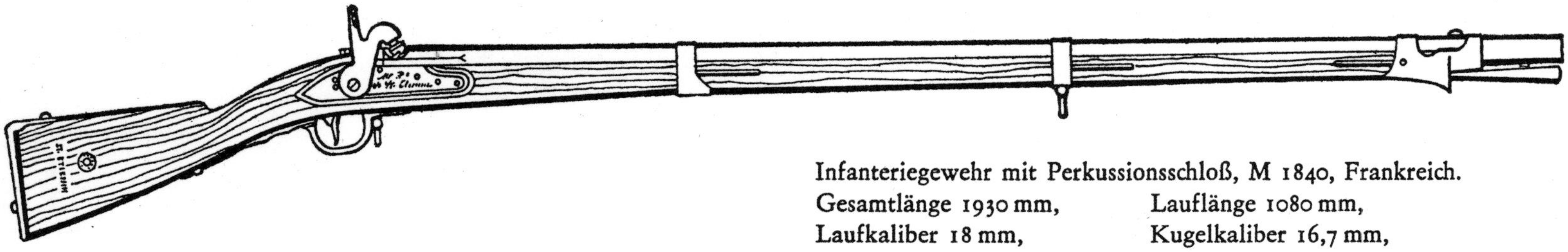

Infanteriegewehr mit Perkussionsschloß, M 1840, Frankreich.
Gesamtlänge 1930 mm, Lauflänge 1080 mm,
Laufkaliber 18 mm, Kugelkaliber 16,7 mm,
Gewicht 4320 g, Kugelgewicht 29,3 g
(Nach J. Schön)

sen des Schusses. Zum Feuern wurde der Hahn in Spannrast zurückgezogen. Beim Druck gegen den Abzug schlug der Hahn auf das Zündhütchen. Um gegen Metallsplitter des letzteren gesichert zu sein, war der Hahn kappenartig gearbeitet, so daß er beim Niederfallen über das gesamte Hütchen griff. Dieses Zündprinzip ermöglichte in einfachster Weise, Steinschloßwaffen auf Perkussionszündung umzustellen. Der Schloßmechanismus konnte übernommen werden. An die Stelle der Batterie mit Pfannendeckel trat der Zündstollen mit Piston; der Hahn mit Lippen für den Feuerstein mußte durch den bereits erwähnten Typ ersetzt werden.

Joseph Console, ein Finanzbeamter aus Mailand, konstruierte 1835 ein Perkussionsschloß, das für Gewehre der österreichischen Armee angenommen wurde und bei dem wesentliche Elemente des Steinschlosses beibehalten werden konnten. Der Zündsatz befand sich in einer Hülse aus Kupferblech, auch Zündwurst genannt. In die Hahnlippen des ursprünglichen Steinschlosses setzte der Konstrukteur ein Stahlstück ein, das als Hammerfläche diente. Eine eiserne Pfanne mit einem Kanal für das Zündmittel ersetzte die Messingpfanne. Nachdem die Zündwurst eingeführt war, legte der Schütze eine Klappe mit einem nach unten gerichteten Zahn über die Pfanne. Beim Druck gegen den Abzug schlug der Hammer auf den Zahn, der den Zündsatz zur Explosion brachte. Der Feldmarschalleutnant Vinzenz Freiherr von Augustin verbesserte das Console-Schloß 1840. In den Lauf wurde ein Kern mit Zündkanal eingeschraubt, der in die Pfanne hineinreichte. Dieses sogenannte Kernlager wurde durch einen im Scharnier beweglichen Deckel geschlossen. Durch den Deckel verlief ein Zahn, dessen Kopf beim Schließen ein wenig nach oben herausragte. Die Zündung

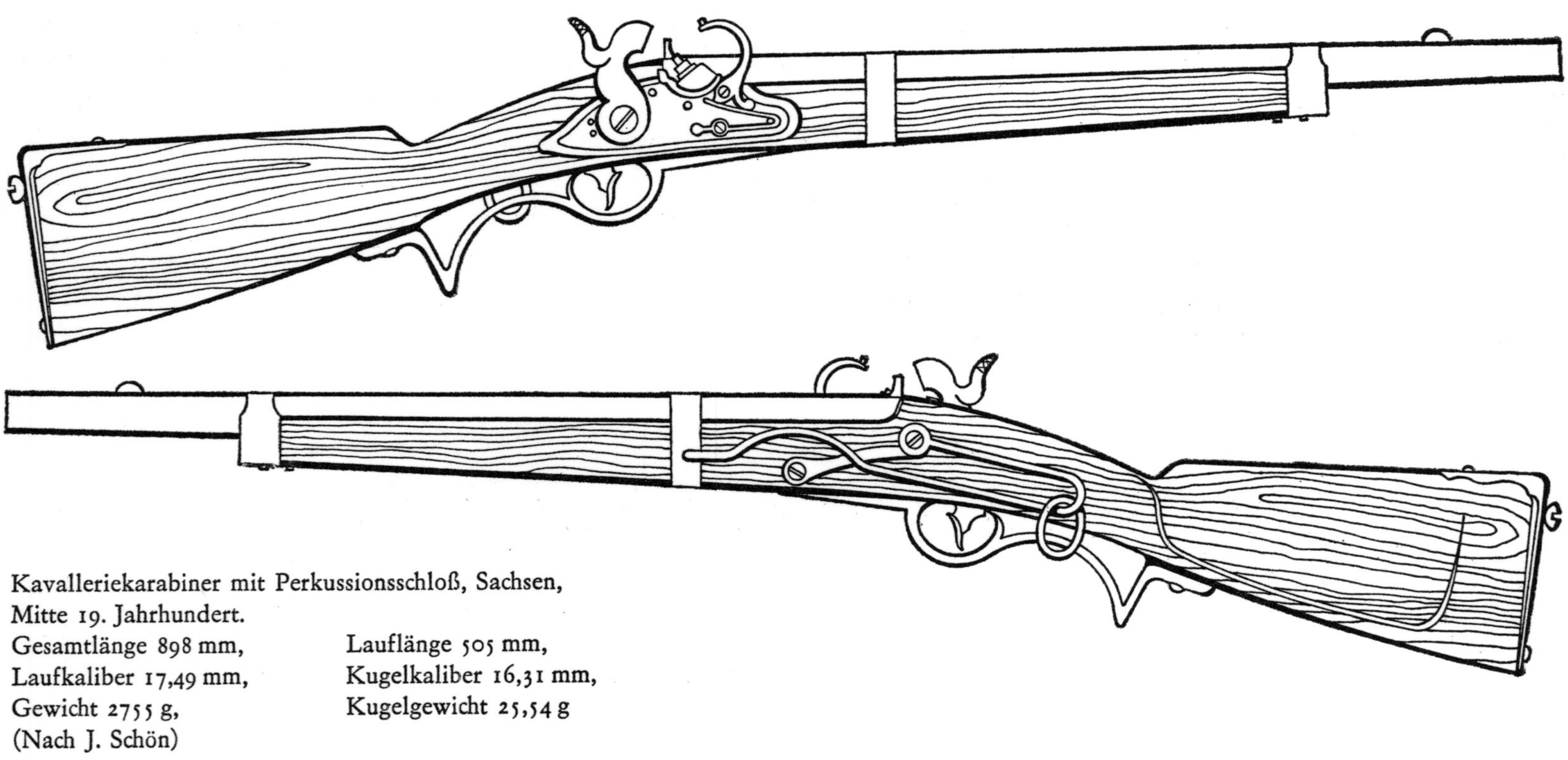

Kavalleriekarabiner mit Perkussionsschloß, Sachsen, Mitte 19. Jahrhundert.
Gesamtlänge 898 mm, Lauflänge 505 mm,
Laufkaliber 17,49 mm, Kugelkaliber 16,31 mm,
Gewicht 2755 g, Kugelgewicht 25,54 g
(Nach J. Schön)

erfolgte, wenn der Hammer auf diesen Kopf fiel und die untere Spitze des Zahnes die Zündwurst traf. Eine Besonderheit bestand darin, daß an jeder Patrone – aus stärkerem Papier bestehend – für österreichische Gewehre mit Console- und Augustin-Schlössern die Zündwurst mit einem feinen Messingdraht befestigt war. Sie mußte vom Schützen vor dem Laden von der Patrone abgerissen werden. 1840 wurden die ersten österreichischen Infanteriegewehre auf Augustin-Schlösser umgestellt und 1842 neue Gewehre dieses Systems gefertigt. 1854 übernahm die österreichische Armee das Perkussionsschloß mit Zündhütchen.

Zwischen 1830 und 1850 erfolgte allgemein für militärische und zivile Handfeuerwaffen die Umstellung von Stein- auf Perkussionsschloß. Eine Sonderform des Perkussionsschlosses bildeten die sogenannten Unterhammerschlösser. Das Entflammen des Zündpulvers in der Pfanne, unmittelbar vor den Augen des Schützen, hatte beim Schießen stets behindert. Aus diesem Grunde entstanden Unterhammerschlösser. Die Schloßteile für die Zündung befanden sich bei diesen Konstruktionen an der Unterseite der Waffe. Die ersten Versuche mit diesem Prinzip wurden bereits mit Steinschlössern gemacht, jedoch eigneten sich fest auf dem Piston sitzende Zündhütchen wesentlich besser als die Steinschloßzündung für den an der Unterseite der Waffe stattfindenden Zündvorgang. Unterhammerschlösser waren meist von sehr einfacher Konstruktion und bestanden nur aus Hahn, Hahnfeder, Abzug und Abzugsfeder. Der Abzugsbügel diente oft zugleich als Hahnfeder. Die freie Visierlinie erleichterte bei dieser Art von Schlössern ohne Zweifel das Zielen sowohl bei Gewehren als auch bei Pistolen. In den Vereinigten Staaten von Amerika war dieser

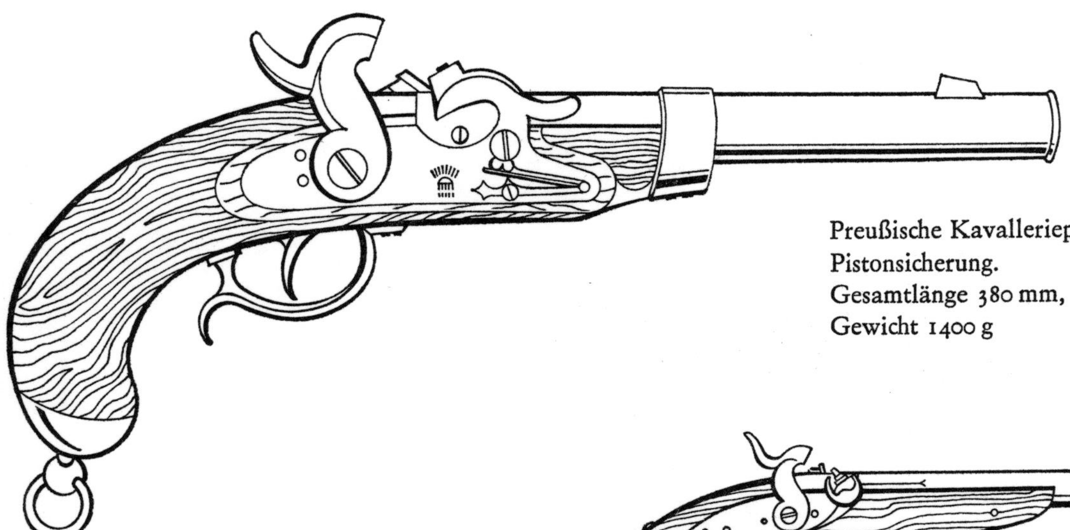

Preußische Kavalleriepistole, M 1850, mit Perkussionsschloß und Pistonsicherung.
Gesamtlänge 380 mm, Lauflänge 230 mm, Kaliber 15,2 mm, Gewicht 1400 g

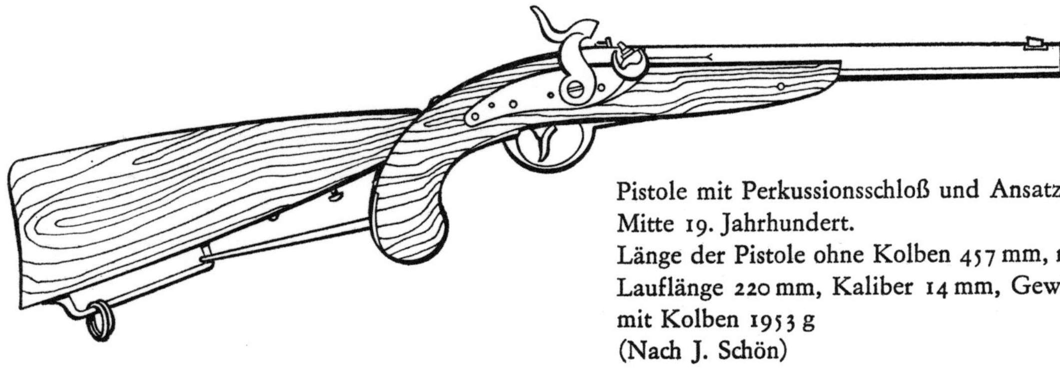

Pistole mit Perkussionsschloß und Ansatzkolben, Hannover, Mitte 19. Jahrhundert.
Länge der Pistole ohne Kolben 457 mm, mit Kolben 759 mm, Lauflänge 220 mm, Kaliber 14 mm, Gewicht ohne Kolben 1305 g, mit Kolben 1953 g
(Nach J. Schön)

Waffentyp besonders verbreitet. «Undercock pistols» fertigte seit 1834 beispielsweise der später durch «Pfefferbüchsen» bekannte Ethan Allen aus den USA. Unten angeordnete Hähne kamen auch bei einigen Militärgewehren – dem norwegischen Hinterlader von 1842 und dem dänischen Mehrlader von 1864 – zur Anwendung. Allgemein setzten sie sich jedoch nicht durch.

Die Vorteile des Perkussionsschlosses gegenüber dem Steinschloß bestanden vor allem in der sicheren Zündung – beim Zündhütchen gab es kaum einen Versager – und in der Unabhängigkeit vom Wetter. Es konnte nun auch bei Regen ohne Beeinträchtigung der Zündung geschossen werden. Ein wesentlicher Vorzug bestand im verkürzten Zündvorgang, der sich günstig auf das Zielen auswirkte. Der Umweg über das Zündpulver auf der Pfanne fiel weg; der Feuerstrahl traf direkt die Pulverladung. Durch die neue Schloßkonstruktion wurden jedoch keine höhere Feuergeschwindigkeit und keine größeren Schußweiten erreicht. Das preußische Infanteriegewehr Modell 1839 war im allgemeinen nicht weiter als bis 300 Schritt wirksam.

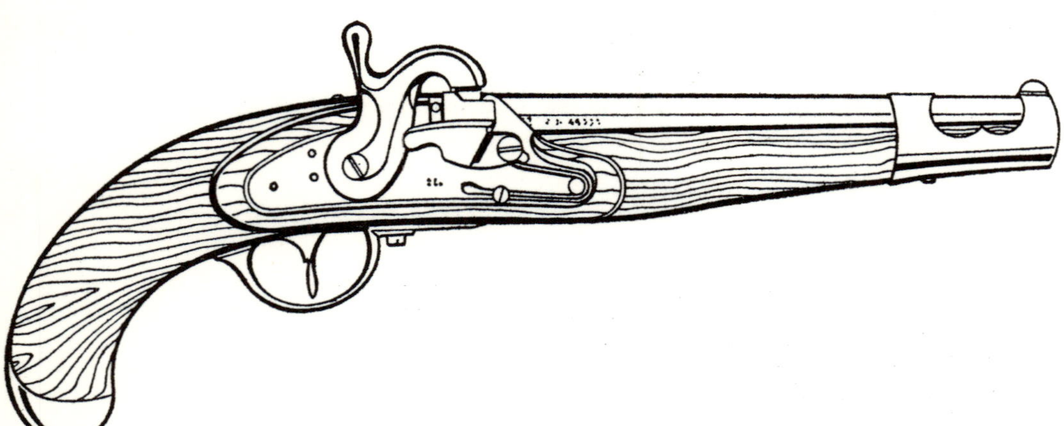

Österreichische Kavalleriepistole, M 1844, mit Perkussionsschloß von Augustin.
Gesamtlänge um 420 mm, Lauflänge um 215 mm,
Kaliber 16,9 mm, Gewicht 1550 g

126 *Zwillingsflinte,* ehemals mit Steinschlössern. Frankreich. Um 1810, um 1830 auf Perkussionszündung umgearbeitet.
Ein Schloßblech bezeichnet «BOUTET», das andere «A VERSAILLES», ein Lauf «LE CLERC», der andere «A PARIS». Halber Schaft und Silberbeschläge, auf dem Daumenblech gekröntes Monogramm «F F». Nicolas Noël Boutet (1761–1833) aus Versailles (1818 nach Paris übersiedelt), gehörte zu den bedeutendsten Büchsenmachern seiner Zeit. Er fertigte für König Ludwig XVI. und später für Napoleon I. zahlreiche qualitätvolle Luxuswaffen. Die am beginnenden 19. Jahrhundert im Empirestil gestalteten Gewehre und Pistolen haben üppigen Dekor. Nicolas Le Clerc (um 1780–1830) war einer der führenden Laufschmiede aus Paris. Länge 1 220 mm, Kaliber 7 mm

127 *Taschenpistolen mit Perkussionsschloß.* Lüttich. Mitte 19. Jahrhundert. Längen (von oben nach unten) 160, 148 und 155 mm, Kaliber (alle Pistolen) 12 mm

128 *Büchsenmacherdrehbank* von Schilling & Kramer, Suhl
Schleifstein, Feuerstelle mit Esse, Amboß und Werkzeuge. 19. Jahrhundert. Waffenmuseum Suhl

129 *Teil der Einrichtung einer Büchsenmacherwerkstatt* im Waffenmuseum Suhl

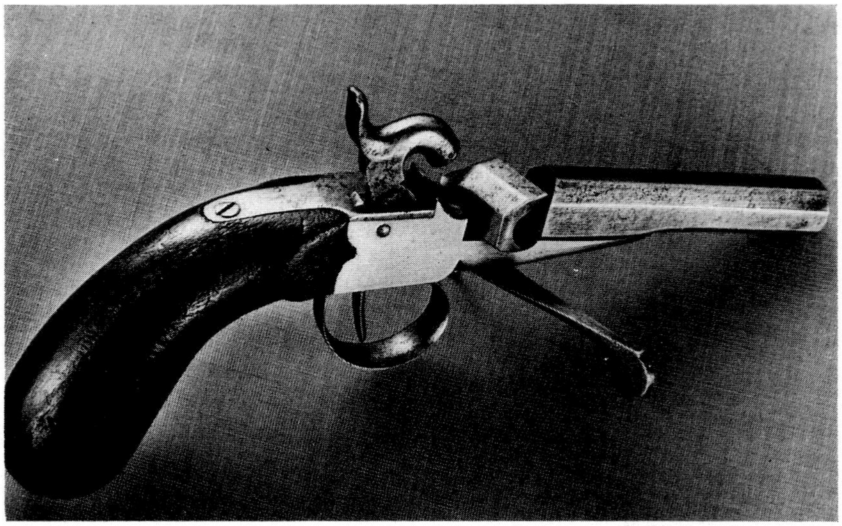

130 *Perkussionspistole* für Hinterladung mit Kastenschloß. Um 1830–1840. Nach dem Zurückziehen des Hahnes läßt sich mit einem Hebelarm eine Kammer seitwärts drehen und laden. Eine Mulde für Zündplättchen oder Zündpillen befindet sich zu Zweidritteln ihrer Ausdehnung hinten auf dem Kammerstück und zu einem Drittel auf dem Vorderstück des Schloßkastens. Da bei der Waffe keine besondere Verriegelung vorhanden ist, verhinderte vermutlich der eingelegte metallene Zündsatz ein ungewolltes Öffnen beim Schuß. Das Zündloch liegt zentral in Laufrichtung. Länge 235 mm, Kaliber 11 mm

131 *Perkussions-Bockpistole.* Lüttich. Mitte 19. Jahrhundert. Das Kastenschloß besitzt einen Hahn, verstellbaren Zündkanal und gebläute Läufe. Länge 205 mm, Kaliber 10 mm
Perkussions-Bockpistole. Mitte 19. Jahrhundert. Das Kastenschloß hat zwei Hähne und zwei Pistons; der Schloßkasten ist rechts bezeichnet «WALTERI», links «BERNABE». Länge 215 mm, Kaliber 12 mm

132 *Ein Paar Perkussionspistolen.* Läufe Lüttich, Schlösser Rio de Janeiro, Mitte 19. Jahrhundert. Schloßbleche bezeichnet: «LAPORT IRMAOS/A RIO DE JANEIRO». Länge 330 mm, Kaliber 15 mm

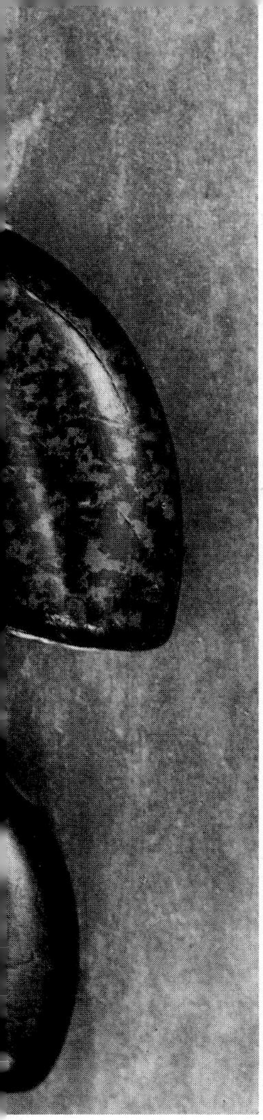

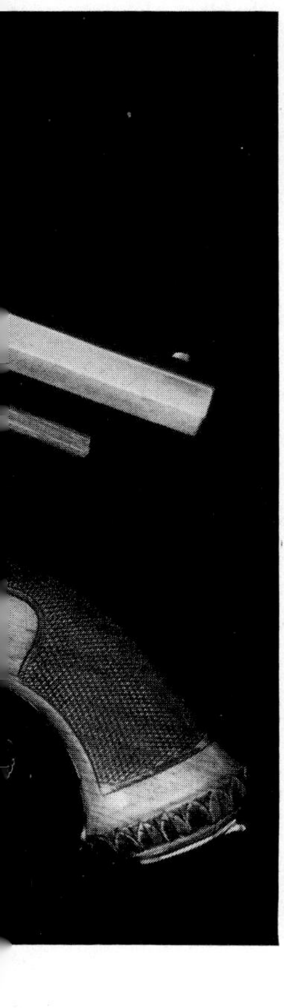

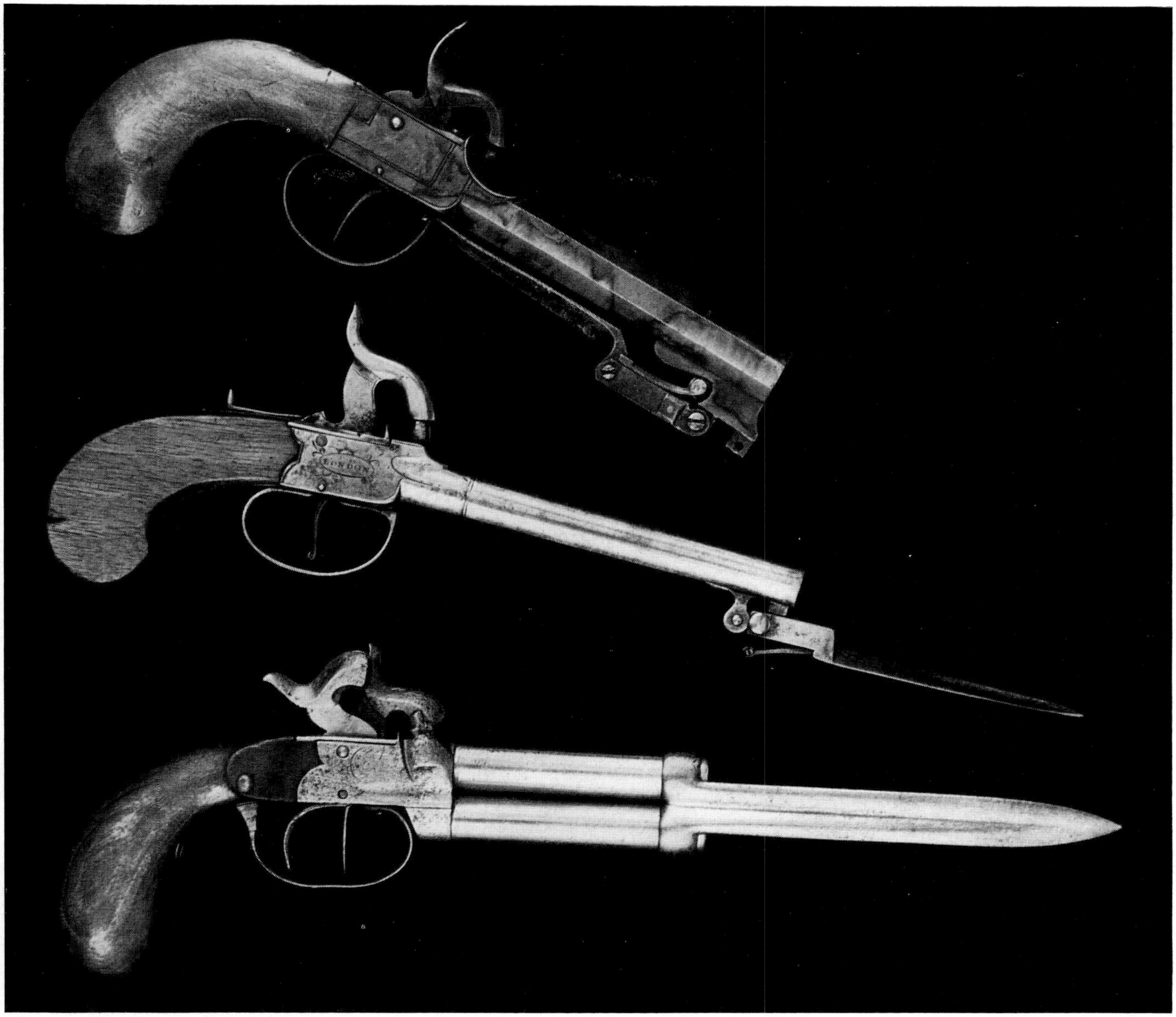

133 *Perkussions-Taschenpistole* mit Klappbajonett. Lüttich. Mitte 19. Jahrhundert. Der Lauf ist gebläut und changiert. Das Bajonett mit Feder schnellt beim Zurückziehen des Abzugsbügels nach vorn. Länge 217 mm, Kaliber 12 mm

Perkussions-Taschenpistole mit Klappbajonett. London. Mitte 19. Jahrhundert. Der Schloßkasten trägt links die Bezeichnung «WHITE» und rechts «LONDON». Länge 220 mm, Kaliber 12 mm

Perkussions-Bockpistole mit feststehendem Bajonett. England. Mitte 19. Jahrhundert. Das Bajonett ist mit je einer Tülle auf die Läufe geschoben und festgeschraubt. Kastenschloß mit zwei Hähnen und zwei Abzügen. Länge ohne Bajonett 190 mm, Kaliber 11 mm

134 *Laufrichtgerät*. Suhl. 19. Jahrhundert. Mit diesem Gerät wurde der Lauf vor der Bearbeitung des äußeren Laufmantels gerichtet. Der Laufrichter blickt durch den Lauf und richtet ihn nach den Schattenlinien der Seelenwand. Verlaufen diese nicht gerade, dreht er das große Handrad, wodurch an drei Stellen ein Druck auf den Lauf ausgeübt wird. Erst bei gerade verlaufenden Schattenlinien ist der Lauf in Ordnung.

135 *Perkussions-Revolvergewehr* mit Unterhammerschloß. System von John W. Cochran. USA. Um 1837. Die Trommel enthält neun sich konisch nach innen verjüngende Kammern mit abgesetzter kleiner Kammer am Ende. Die Trommeldrehung erfolgt mit der Hand. Gesamtlänge 1270 mm, Kaliber 13 mm

136 *Perkussions-Militärpistolen.*
Von oben nach unten:
Österreichische Kavalleriepistole M 1844. System Augustin. Lauf bezeichnet: «J. HEITZENBERGER». Messingbeschläge. Länge 435 mm, Kaliber 17 mm
Österreichische Kavalleriepistole M 1859. System Lorenz. Lauf und Kolben bezeichnet: «BENTZ». Eisenbeschläge. Länge 408 mm, Kaliber 14 mm
Preußische Kavalleriepistole M 1850. Mit Perkussionsschloß. Schloß bezeichnet: «SUHL S&H». Messingbeschläge; Pistonsicherung. Länge 380 mm, Kaliber 15,2 mm
Englische Perkussionspistole aus Steinschloß aptiert. Um 1840. Schloßblech mit «TOWER» und gekröntem «GR». Gelenkladestock. Messingbeschläge. Länge 385 mm, Kaliber 17 mm
Französische Kavalleriepistole als Steinschloßpistole 1813 in Brescia/Italien hergestellt. Von sächsischen Truppen in den Befreiungskriegen 1813–1815 erbeutet und um 1840 auf Perkussionszündung umgebaut. Der Lauf trägt ein gekröntes «N» und ein gekröntes «AR» (Augustus Rex). Pistonsicherung sächsischen Typs. Länge 350 mm, Kaliber 17,5 mm

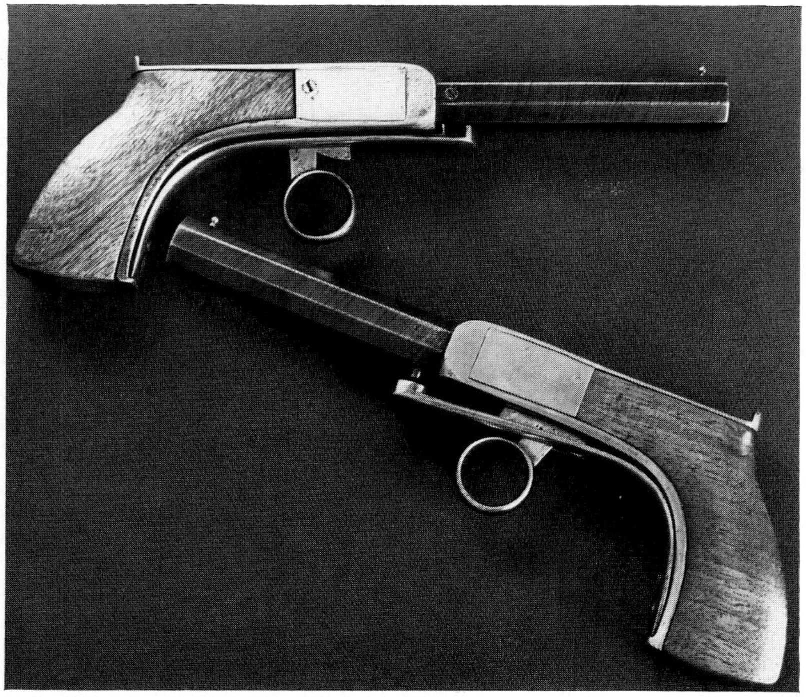

137 *Ein Paar Perkussions-Unterhammerpistolen.* Lüttich. Mitte 19. Jahrhundert. Bei diesem Perkussions-Pistolenpaar, um 1850 in Lüttich hergestellt, befindet sich der klappenförmig ausgebildete Hammer am vorderen Ende einer langen, der Kolbenneigung angepaßten Blattfeder. Diese ist etwa in der Mitte durchbrochen, und in diesem Schlitz kann der ringförmige Abzug bewegt werden. Die Blattfeder muß durch eine gesondert mitgeführte Zugstange, die an der offenen Seite des Hammerkopfes eingesteckt wird, nach unten gezogen werden. Dabei gleitet der Abzug mit einem Schenkel nach vorn und hält die Feder gespannt. Beim Zurückziehen des Abzuges rückt der Schenkel wieder in die Aussparung der Feder, und der Hammer schlägt auf das Zündhütchen. Länge 240 mm, Kaliber 11 mm

138 *Vorderlader-Zwillingspistole.* Zündnadelsystem von Nikolaus Dreyse. Sömmerda. 1845 (Schnittmodell)

139 *Fabrik und Wohngebäude* der Firma Dreyse & Collenbusch in Sömmerda. Mitte 19. Jahrhundert. Ölgemälde. Unbekannter Maler

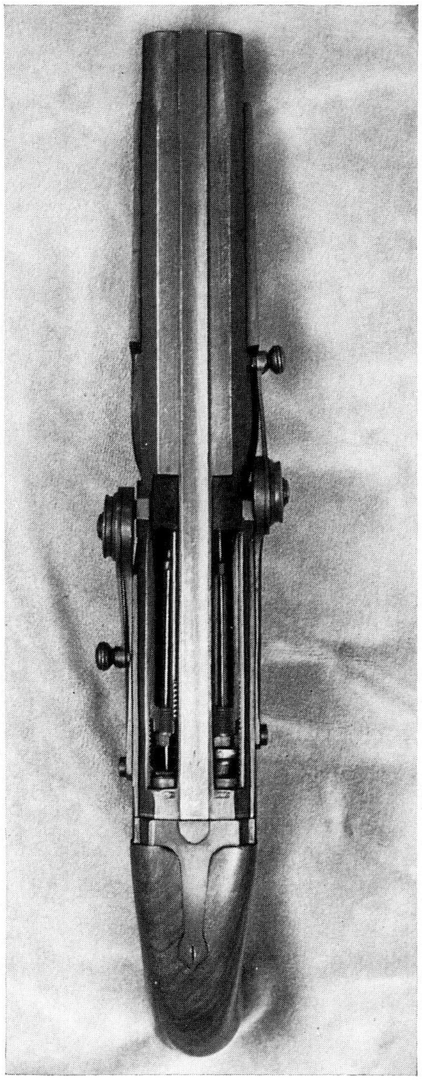

140 Von oben nach unten:
Zündnadelversuchsgewehr für Hinterladung. Von Nikolaus Dreyse. Sömmerda. 1835. Der gezogene Lauf ist bezeichnet: «N v D 8». Messinggarnitur. Länge 1410 mm, Kaliber 14 mm
Zündnadelgewehr. Preußen. Modell 1841. Hülse bezeichnet: «1846 Sömmerda ND». Länge 1430 mm, Kaliber 15,43 mm
Zündnadelversuchsgewehr für Hinterladung. Von Nikolaus Dreyse. Sömmerda. 1835–1840. Knopf des Kammerstengels aus Holz mit Messinghals, Hülsenkopf bezeichnet: «N v D 94». Glatter Lauf. Messinggarnitur. Länge 1325 mm, Kaliber 15,5 mm
Chassepotgewehr. Frankreich. M 1866. Schloß von Zündnadel auf Schlagbolzen für Metallpatronen und zum Selbstspanner umgeändert. Hülse bezeichnet: «MANUFACTURE IMPERIALE TULLE M[le] 1866». Länge 1305 mm, Kaliber 11 mm

141 *Perkussions-Bündelrevolver.* Lüttich. Mitte 19. Jahrhundert. Vier damaszierte Läufe; Abzugsspanner; der flache Hahn oder Hammer befindet sich auf der Oberseite. An der Griffschiene bezeichnet: «A. J. HERMAN. D. BRÉVETÉ». Länge 220 mm, Kaliber 10 mm
Perkussions-Bündelrevolver. Lüttich. Mitte 19. Jahrhundert. Fünf damaszierte Läufe; Hammer unten. Untere Griffschiene bezeichnet: «MARIETTE BRÉVETÉ». Länge 185 mm, Kaliber 10 mm
Perkussions-Bündelrevolver. Lüttich. Mitte 19. Jahrhundert. Sechs damaszierte Läufe; Hammer unten; Griffschiene bezeichnet: «MARIETTE BRÉVETÉ». Länge 190 mm, Kaliber 10 mm

Kompressions- und Expansionsgeschosse

Seit dem 16. Jahrhundert erzielten Schützen mit gezogenen Gewehren stets bessere Schußergebnisse als mit Flinten. Obwohl diese Vorteile den Soldaten und Offizieren bekannt waren, kam es nicht zur allgemeinen Einführung der Büchse bei der Infanterie. Die Hauptgründe hierfür waren erhöhte Kosten, Mangel an qualifizierten Büchsenmachern für die Herstellung gezogener Läufe und die langsamere Ladeweise des gezogenen Gewehrs. Vorteile hätte nur der erste Schuß wegen größerer Reichweite und Treffsicherheit gebracht. In länger andauerndem Feuergefecht wäre eine mit Flinten bewaffnete feindliche Infanterie wegen schnellerer Schußfolge – unter Beibehaltung der üblichen Taktik – überlegen gewesen. Durch das Perkussionsschloß mit Zündhütchen wurde, wie bereits dargelegt, die Zündung wesentlich verbessert. Das Hauptinteresse von Konstrukteuren und Erfindern richtete sich gleichzeitig auf Gewehrlauf und Geschoß mit dem Ziel, auch die Reichweite und die Treffsicherheit der Waffen zu verbessern. Das Problem bestand zunächst darin, den gezogenen Vorderlader nun ebenso schnell wie eine Flinte laden zu können. Die bisher verwendeten Rund- oder Spitzgeschosse mit Paß- oder Unterkaliber hatten den Nachteil, beim Schuß nicht richtig in die Züge gepreßt zu werden. Ein Teil der Pulvergase strich außerdem wirkungslos am Geschoß vorbei. Eine Lösung brachte die Verwendung völlig neuartiger Geschosse, die leicht in den Lauf einzuführen waren, sich aber durch Stauchung oder Expansion in die Züge preßten und hierdurch die Vorteile des gezogenen Laufes voll nutzen konnten.

Der Franzose Gustave Delvigne hatte bereits 1828 eine Laufkonstruktion vorgelegt, bei der die Stauchung des Geschosses mittels Ladestock erfolgte. Das Pulver befand sich in einer

Kompressions- und Expansionsgeschosse:
1. Kompressionsgeschoß, wird durch Stoßen mit dem Ladestock auf den Dorn verbreitert
2. Kompressionsgeschoß mit einem Hohlraum, der die Ausdehnung auf dem Dorn fördert, System Charrin
3. Kompressionsgeschoß von Lorenz, Österreich
4. Kompressionsgeschoß von Charrin, Frankreich
5. Expansionsgeschoß von Plönnies, Hessen
6. Expansionsgeschoß von Podewils, Bayern
7. Expansionsgeschoß von Nessler, Frankreich
8. Expansionsgeschoß mit Holzkeil, System Prichet, England
9. Expansionsgeschoß von Minié

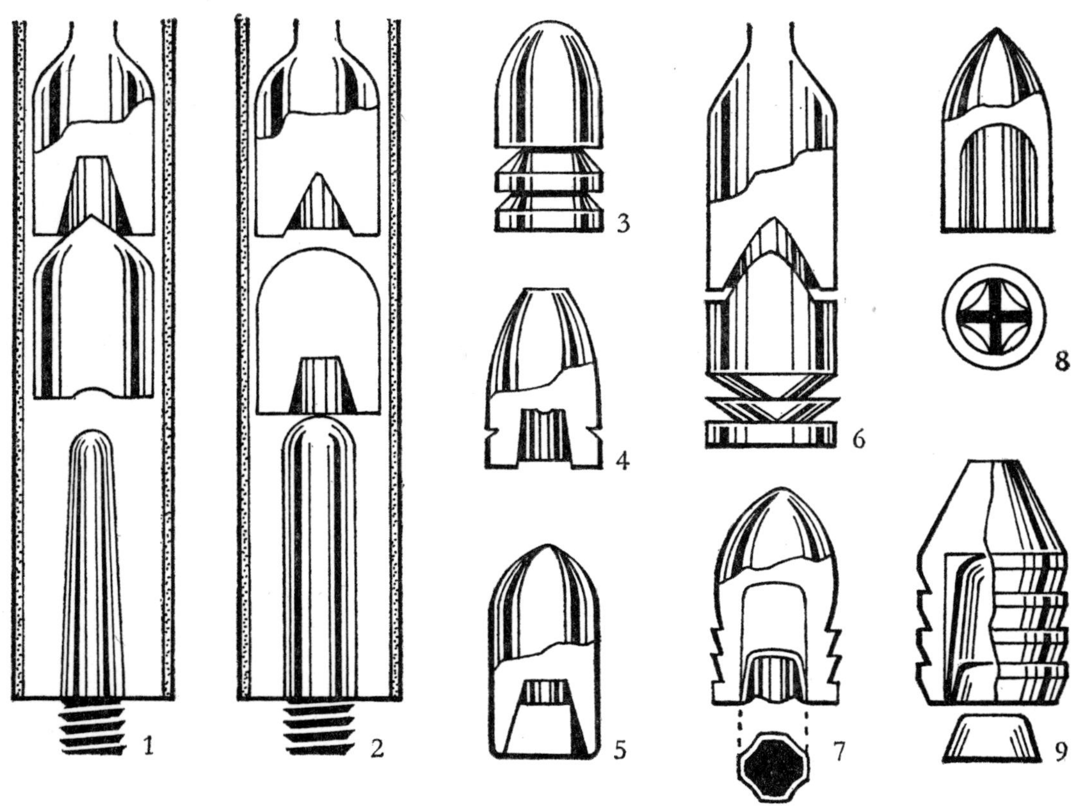

verengten Kammer. Das Geschoß saß auf dem Kammerrand auf und wurde hier durch kräftiges Zustoßen mit dem Ladestock gestaucht. Die Stöße quetschten und verbreiterten das Geschoß, das dann beim Schuß in die Züge gepreßt wurde. Sein Landsmann Louis Thouvenin verbesserte dieses Prinzip, indem er aus der Pulverkammer einen Stahldorn herausstehen ließ, der die Stauchung des Langgeschosses förderte. Das Pulver lag um den Dorn herum, ohne vom herabgestoßenen Geschoß berührt zu werden. Die preußische Jägerbüchse Modell 1835 wurde in den Jahren 1847/48 mit dem Dorn ausgestattet und nun als «Thouveninsche Jägerbüchse» bezeichnet. Der Dorn war 43 Millimeter lang und hatte einen Durchmesser von 6,8 Millimeter. Das Langgeschoß aus Blei besaß tiefe Ringkerben, in die Talg eingestrichen wurde, der die Reibung beim Schuß verminderte und die Pulverrückstände an sich band. Die Konstruktion von Thouvenin kam auch in England und Bayern zur Anwendung.

Beim System Charrin wurde der Stauchvorgang noch durch einen kleinen Hohlraum im Geschoßboden begünstigt. Andere Geschosse dieses Konstrukteurs hatten außerdem in der unteren Geschoßwandung tiefe Rillen, wodurch sie sich noch leichter stauchen ließen. Zwei tiefe Kehlungen beim Langgeschoß des Österreichers Lorenz bewirkten, daß die zwei sich verjüngenden Sektionen am Geschoßende durch die Pulvergase gestaucht und in die Züge gepreßt wurden. Die österreichische Armee übernahm 1854 dieses Geschoß. Alle gestauchten Geschosse verloren ihre ursprüngliche, für die innere und äußere Ballistik vorteilhafte Form, und die deformierten Bleikörper waren deshalb oft den Kugeln der Pflasterbüchsen in der Reichweite unterlegen.

Ein zweites Prinzip, das bei neuen Vorderladerbüchsen Anwendung fand, beruhte auf der Expansion der Geschosse unter der Einwirkung des Gasdruckes. Bei der einfachsten Form war der Projektilboden stark ausgehöhlt. Nach der Pulverexplosion drückten die Gase die dünne Geschoßwand nach außen in die Züge des Laufes. Konstruktionen dieser Art stammen unter anderen von Plönnies, Podewils und Nessler.

Die größte Bedeutung unter allen neuen Geschossen erlangte das Expansionsgeschoß von Claude Etienne Minié. Das Langgeschoß aus Blei hatte einen bis über die Hälfte der Länge des Geschoßkörpers nach vorn sich verjüngenden Hohlraum. In dieser Höhlung saß ein kurzes, sich nach vorn konisch verjüngendes Näpfchen (Culot genannt) aus Eisen, dessen hinterer Rand mit dem Geschoßboden abschloß. Nach der Pulverexplosion trieben die Gase das Culot in den Hohlraum des Bleigeschosses hinein. Durch diese Bewegung wurde die Geschoßwand nach außen und in die Züge hinein gedrückt, wodurch eine gute Geschoßführung erreicht wurde. Der Vorteil der Expansionsgeschosse gegenüber den gestauchten Geschossen bestand vor allem darin, daß erstere nicht durch harte Stöße mit dem Ladestock deformiert wurden und dadurch die ballistischen Vorteile eines Langgeschosses behielten.

In den meisten europäischen Heeren wurde das Minié-Geschoß eingeführt. Herausragende Erfolge erzielten die Engländer mit Enfield-Gewehren Modell 1851, für die derartige Geschosse verwendet wurden, im Krimkrieg. Die russischen Truppen besaßen erst wenige Gewehre des Typs Wintowka für diese Geschosse. Auch im Amerikanischen Bürgerkrieg bewährten sich gleichartige gezogene Vorderlader. Obwohl in Preußen seit 1841 mit der Einführung des Zündnadelgewehrs begonnen worden war – die Umrüstung jedoch längere Zeit beanspruchte –, wurde der glatte Lauf des Infanteriegewehrs Modell 1839 um 1850 in Eile zum gezogenen Vorderlader für Minié-Geschosse umgeändert, um im Falle eines Krieges wegen der glatten Vorderladergewehre nicht von vornherein unterlegen zu sein. Das beweist, welche Bedeutung den gezogenen Vorderladern und ihren neuen Geschossen zuerkannt wurde.

Handfeuerwaffen mit Nadelzündung

Der Fortschritt in der Technologie der Metallbearbeitung und die Erfindung der «chemischen Zündung» für Handfeuerwaffen regten viele Konstrukteure an, nach Lösungen für das alte Problem der Hinterladung zu suchen. Die militärisch-taktischen Vorzüge eines Hinterladers bestanden vor allem darin, daß die Zeit für das Laden verkürzt und damit die Schußfolge erhöht werden konnte. Es war dem Schützen außerdem möglich, im Liegen zu laden und zu schießen.

Mit dem modernen Hinterladergewehr entstand auch die sogenannte Einheitspatrone, die neben dem Geschoß, der Pulverladung und dem Abdichtungsmittel auch noch das Zündmittel enthielt. Der Hinterlader und die neuen chemischen Explosivstoffe hatten hierfür den Weg gewiesen. Erkenntnisse in der Ballistik mit dem Langgeschoß führten ferner zu einer wesentlichen Verringerung des Kalibers.

Zu den bedeutendsten Konstrukteuren, die sich um die Entwicklung von Hinterladern bemühten, gehörte Johann Nikolaus Dreyse aus Sömmerda bei Erfurt. Er war von Beruf Schlosser und erwarb unter anderem wesentliche Kenntnisse in der Gewehrproduktion bei Samuel Johannes Pauly in Paris, der einen Hinterlader für Metallpatronen mit Zentralzündung entwickelt hatte. Dreyses Weg zum «kriegsbrauchbaren» Hinterlader war lang und mühevoll. 1824 hatte er mit seinem Teilhaber Collenbusch in Sömmerda eine Zündhütchenfabrik gegründet. Er entdeckte durch Zufall, daß zur Entzündung des Knallquecksilbers ein Nadelstich ausreichte. Das brachte ihn auf die Idee, ein Zündnadelschloß zu konstruieren. Bei der Vorderlader-Konstruktion von 1827/28 versuchte er, den Knallsilbersatz, den er im hohlen Gußzapfen des Geschosses unterbrachte, anstelle des Schießpulvers zu verwenden. Das Laden mit dem Ladestock führte jedoch zu Unfällen. Der Erfinder selbst verletzte sich dabei die rechte Hand. Ein darauf-

Zündnadelgewehr aus dem Jahre 1828 von Nikolaus Dreyse, Sömmerda (Nach Thierbach)

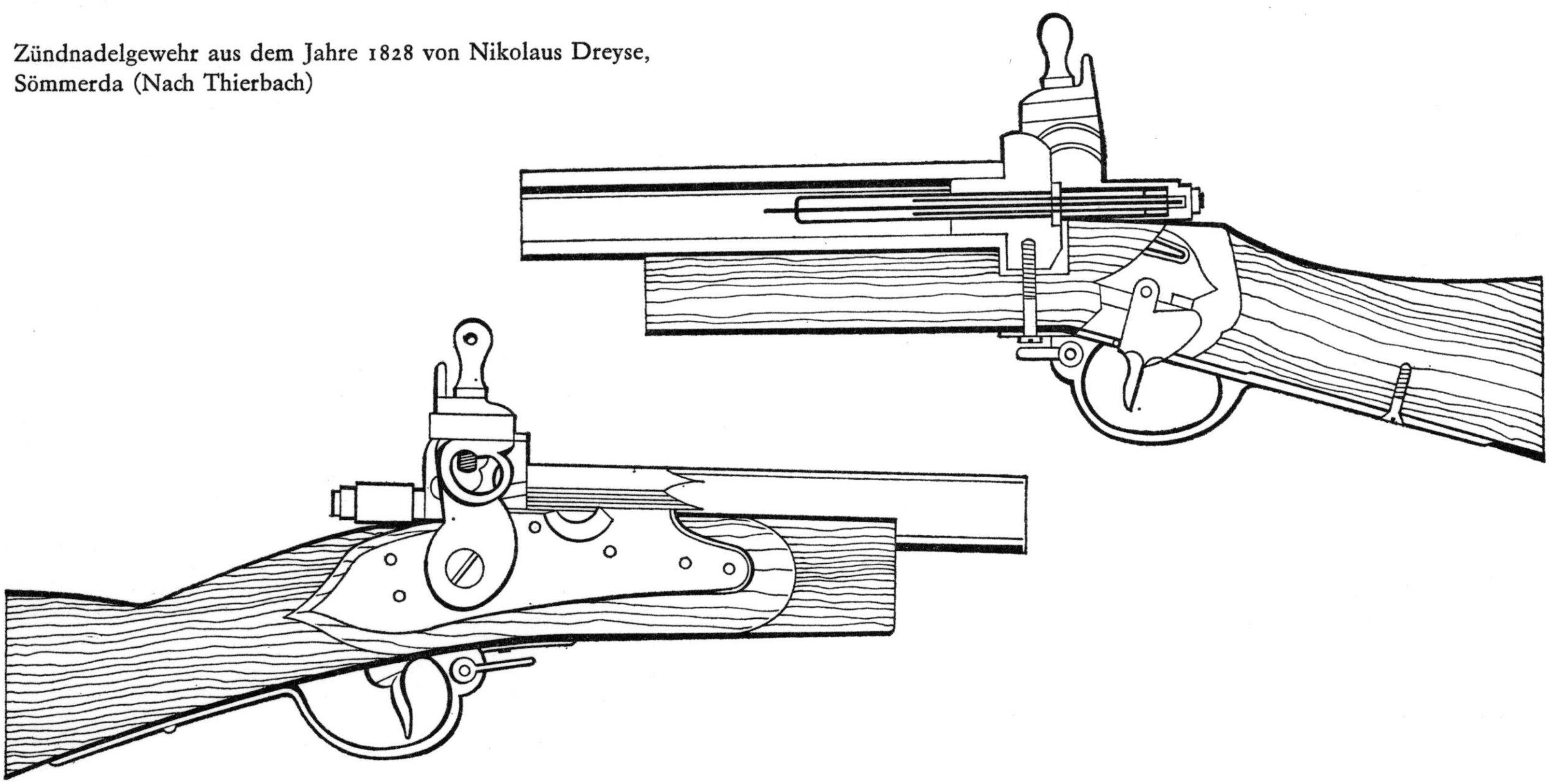

hin im Kaliber verkleinertes Geschoß konnte nun ohne Ladestock in den Lauf eingeführt werden. Die Schloßkonstruktion läßt in der Form und im Mechanismus noch wesentliche Elemente des Steinschlosses erkennen. An einer Schloßplatte ist der Hahn montiert. Die Zündnadel lagerte in einem eisernen Führungsrohr in einer Bohrung der Schwanzschraube. Das Rohr ragte hinten einige Zentimeter aus dem Lauf heraus und war hier mit einem Zylinder überzogen. Die Nadel war in den Zylinder eingeschraubt und dieser starr mit dem Hahn verbunden. Beim Zurückziehen des Hahnes ging deshalb die Nadel ebenfalls zurück, und beim Druck gegen den Abzug schnellte sie mit dem Hahn nach vorn.

Dreyse legte Ende 1827 fünf Gewehre, jeweils mit Unterschieden in der Konstruktion – darunter auch Hinterlader –, dem preußischen Kriegsministerium zur Begutachtung vor. Obwohl die Gewehre nicht die Anerkennung von Kriegsminister v. Hake fanden, arbeitete Dreyse trotzdem weiter an der Zündnadelkonstruktion. Im April 1828 erhielt er auf Antrag von der Königlich technischen Deputation für Gewerbe drei Patente: das erste für ein «Gewehr ohne Ladestock zu laden» (Vorderlader), das zweite für ein «Gewehr von hinten zu laden» und das dritte für ein «Aufsetzmagazin» für Militärgewehre (G. Thiede).

1829 interessierte sich auch Prinz Wilhelm von Preußen, der spätere Kaiser Wilhelm I., für Dreyses Versuche und ließ sich ein Zündnadelgewehr vorlegen. Von nun an erhielt der Konstrukteur auch finanzielle Hilfe für seine Versuche. Die preußischen Militärs hofften, durch ein verbessertes Zündnadelgewehr eine waffentechnische Überlegenheit ihrer Armee über andere Armeen zu erreichen und verfügten im Jahre 1830 strengste Geheimhaltung über das Zündnadelsystem.

Beim Zündnadelgewehr aus dem Jahre 1832 – ebenfalls noch ein Vorderlader – ersetzte eine Kurbel mit Ziehstange den Steinschloßhahn. Der Schloßmechanismus war weiter nach vorn in den Lauf verlegt. Der Nadelbolzen steckte in einer Spiralfeder, die durch Rückwärtslegen der Kurbel gespannt wurde. Das Spannen erfolgte vor dem Laden. Nach diesem legte der Schütze die Kurbel wieder nach vorn, gleichzeitig trat ein Haltestift nach innen, der die Patrone gegen die Laufwand festklemmte, damit sie der vorschnellenden Nadel den nötigen Widerstand entgegensetzen konnte. Ein wesentlicher Vorzug bei den Gewehren von Dreyse bestand darin, daß der Zündvorgang innerhalb der Waffe und nicht mehr vor den Augen des Schützen erfolgte. Hierdurch behinderte die Zündung den Schützen nicht mehr beim Zielen. Dreyse legte insgesamt neun Modelle vor, die jeweils Verbesserungen enthielten. Zu den wichtigsten gehörten die Einheitspatrone und der Zylinderverschluß.

Durch Kabinettsorder vom 4. Dezember 1840 wurde der Zündnadelhinterlader mit Zylinderverschluß von Dreyse in Preußen angenommen. Innerhalb von sechs Jahren sollten 60000 Gewehre hergestellt werden. Der Erfinder erhielt einen zinslosen Kredit von 90 000 Talern zur Einrichtung einer Fabrik in Sömmerda. Der Preis für ein Gewehr sollte 13 Taler und 15 Silbergroschen betragen. Zur Belohnung für seine Erfindung erhielt Dreyse 10 000 Taler, eine beachtliche Summe für diese Zeit, in der die Finanzlage Preußens nicht besonders gut war. Die Erfindung war bereits 1830 für geheim erklärt worden, und das Gewehr hatte zur Tarnung die Bezeichnung «Leichtes Perkussionsgewehr» erhalten. Dreyse wurde 1864 für seine Verdienste geadelt.

Dem Prototyp des Zylinderverschlusses von Dreyse waren viele Vorstufen von Konstruktionen vorangegangen. Ein Versuchsmodell sei als Beispiel erwähnt. Die Kammer mit Schlößchen und Zündnadel lagert beweglich in einer kurzen drehbaren Hülse. Vorn an der Kammer sitzt ein Verschlußstück mit Kammerstengel. Es greift beim Vorschieben über ein Laufmundstück mit zwei großen Verriegelungswarzen. Die Verriegelung erfolgt durch Umlegen des Kammerstengels nach rechts. Zum Laden läßt sich der zurückgezogene Verschluß nach links ausschwenken, daraufhin kann die Patrone leicht eingeschoben werden.

Bei dem für die Bewaffnung in Preußen angenommenen Militärgewehr – als Modell 1841 bezeichnet – ist der gezogene

Lauf hinten in eine Verschlußhülse eingeschraubt. In dieser Hülse läßt sich eine zylindrische Kammer mit Hilfe eines Kammerstengels bewegen. Zum Verschließen des Laufes greift der Kammermund über das konisch geformte Laufmundstück. Durch Umlegen des Kammerstengels nach rechts in einen Ausschnitt der Hülse findet die Verriegelung des Verschlusses statt. In der Kammer lagert ein zweiter Zylinder, das Schlößchen. In diesem befindet sich die Zündnadel mit Nadelschaft, der von der Spiralfeder umgeben ist. Die Nase einer Sperrfeder hält beide im Schlößchen fest; in ungespanntem Zustand steht das Schlößchen ein Stück aus der Kammer heraus; mit dem Daumen nach vorn gedrückt, wird die Spiralfeder gespannt. Beim Ziehen des Abzugs gibt der Abzugsstollen den Nadelbolzen frei, und durch die Kraft der Feder schnellt die Zündnadel nach vorn.

Das Rundgeschoß aus Blei mit einem Kaliber von 13,6 Millimeter saß auf einem fest gepreßten Treibspiegel aus Papierstreifen. Nach der Explosion wirkte der Gasdruck auf den Treibspiegel; dieser wurde in die Laufzüge gepreßt und übertrug die Drehung auf das Geschoß. Die Bleikugel war kleiner im Kaliber als der Treibspiegel. Dadurch konnte sie besser den Laufwiderstand überwinden. 1847 erhielt das Geschoß eine Eiform, und 1855 wurde das Langblei mit Spitze eingeführt. Das Kaliber des Treibspiegels betrug 16,2 Millimeter, das des Laufes 15,43 Millimeter. Im hinteren Ende des Treibspiegels saß die Zündpille, danach folgte die Treibladung. Alle Teile der Patrone waren insgesamt mit Papier umwickelt. Beim Vorschnellen durchdrang die Zündnadel den Patronenboden

Schematische Darstellung des Zündnadelsystems von Nikolaus Dreyse: 1. Hülsenkopf, 2. Patronenlager, 3. Patrone, 4. Zündpille, 5. Zündnadel, 6. Luftkammer, 7. Kammerstengel, 8. Kammerstengelknopf, 9. Warze, 10. Hülse, 11. Kammer, 12. Nadelrohr, 13. Nadelbolzen, 14. Spiralfeder, 15. Sperrfeder mit Griff, 16. Daumenstollen, 17. Schlößchen, 18. Abzugsfeder, 19. Abzugsstollen, 20. Abzug, 21. Abzugsarm mit Druckpunkten

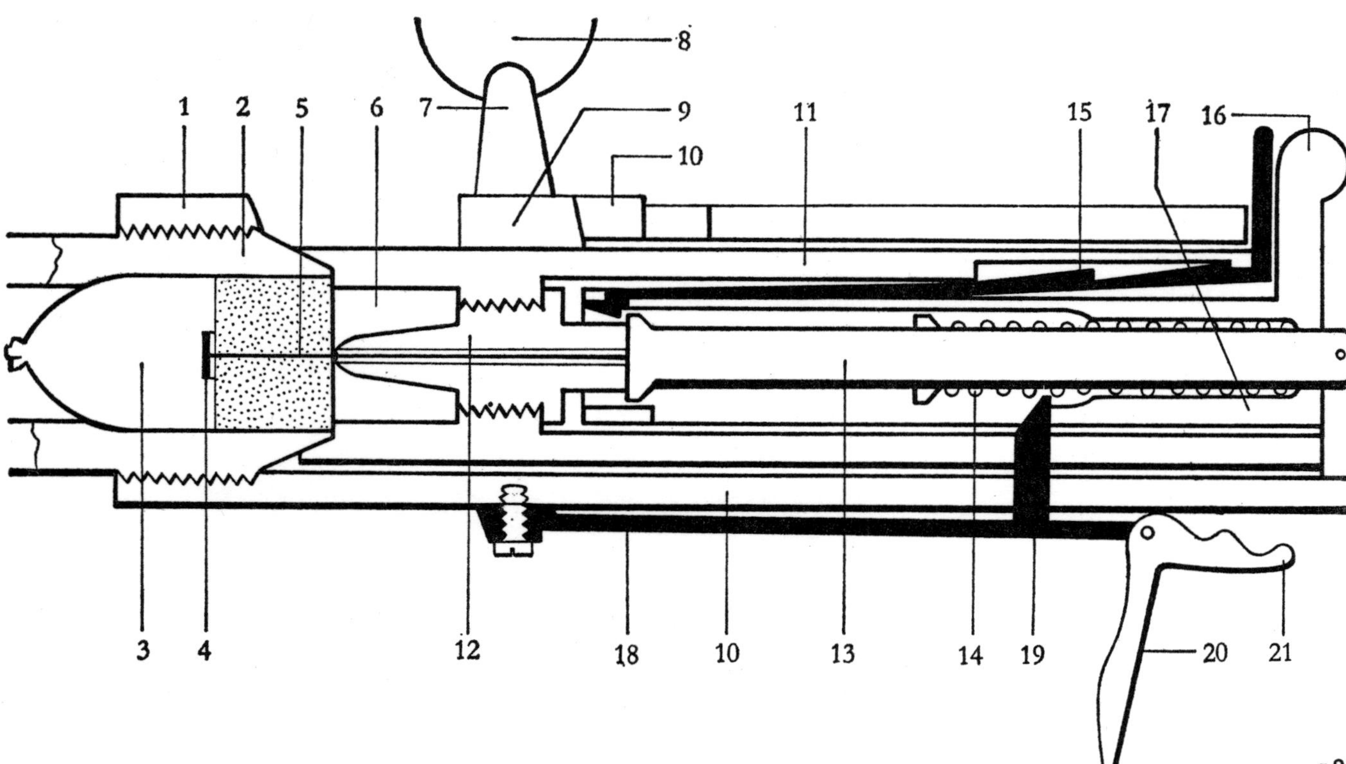

sowie die Pulverladung und stach in die Zündpille. Der Einbau der Zündpille etwa in der Mitte der Patrone sicherte sie gegen unbeabsichtigte Zündung durch Stoß. Wenn auch das Zündnadelgewehr gegenüber den glatten Vorderladern keine Verbesserung in Reichweite und Durchschlagskraft erbrachte, so doch in der Schnelligkeit des Schießens. Sie betrug etwa das Dreifache, so daß die Feuerkraft von 100 Zündnadelgewehren der von 300 Vorderladern entsprach. Erreicht wurde diese bemerkenswerte Leistung dadurch, daß das Laden und die Vorbereitung für die Zündung miteinander zu einer einfachen Handhabung mit der Einheitspatrone vereinigt wurden und das umständliche Laden mit dem Ladestock entfiel. Die Handgriffe reduzierten sich auf sechs:

1. Zurückziehen des Schlößchens mit einem Daumen aus der Kammer,
2. Schlag gegen den Kammerstengel und Zurückziehen der Kammer,
3. Ergreifen der Patrone und Einführen in den Lauf,
4. Vorschieben des Verschlusses,
5. Verriegelungsschlag gegen den Kammerstengel,
6. Spannen des Schlößchens.

Für den gezogenen Vorderlader der österreichischen Armee waren im Kriege 1866 noch 13 Ladebewegungen erforderlich.

Die Durchschlagskraft der Langbleigeschosse war beträchtlich. Das zeigte sich auch noch im Jahre 1870, als ein Vergleichsschießen zwischen dem Zündnadelgewehr M 41 und dem sogenannten Beckschen Zündnadelgewehr M 62 stattfand. Die Ergebnisse des alten Typs waren besser als die des neuen. Bei 15 Treffern durchschlug das Geschoß durchschnittlich 4,13 einzöllige Bretter, die mit einem Abstand von einem Fuß hintereinander aufgestellt waren. Das Becksche Gewehr durchschlug nur 3,30 Bretter. Auf 1 000 Schritt waren es beim M 41 noch 2,70 bzw. 2,21 Bretter beim M 62.

Bis zum Jahre 1848 hatte Dreyses Firma in Sömmerda 45 000 Zündnadelgewehre produziert. Im gleichen Jahre bewaffneten sich Berliner Aufständische auch mit Zündnadelgewehren, die sie beim Sturm auf das Berliner Zeughaus eroberten. Damit war es mit der Geheimhaltung vorbei. Die Regierung setzte die Zündnadelgewehre zum ersten Mal gegen die Aufständischen in der bürgerlich-demokratischen Revolution 1848/49 ein.

Nach den Erfolgen mit Zündnadelgewehren in den Kriegen 1864 und 1866 wurden auch in anderen Ländern derartige Gewehre konstruiert und eingeführt, so in Frankreich und Italien. Rußland ließ den Vorderlader Modell 1856 mit gezogenem Lauf zu einem Zündnadel-Hinterlader nach der Konstruktion des Büchsenmachers Karl aus Suhl umbauen. In dieser Stadt entstanden außerdem noch weitere Varianten von Zündnadelwaffen von Dörsch & von Baumgarten, Bornmüller, Spangenberg &Sauer sowie von Schilling. Für die hohe Qualität der in Suhl gefertigten Handfeuerwaffen sprechen auch zwei auf dem Lauf mit «PATENTIERT I. DOERSCH & v. BAUMGARTEN in SUHL» gekennzeichnete Zündnadelpistolen.

Unter den Konstruktionen mit Nadelzündung erreichte nach dem Dreyse-Gewehr das französische Zündnadelgewehr Modell 1866 von Antoine Alphonse Chassepot die größte Bedeutung in der Heeresbewaffnung eines Landes. Der Hauptvorteil gegenüber dem preußischen Zündnadelgewehr bestand vor allem in dem kleineren Kaliber von 11 Millimeter, wodurch eine größere Reichweite erzielt wurde. Die Einheitspatrone hatte ebenfalls eine Papierhülse, zusätzlich aber einen Seidenüberzug. Das Zündhütchen lag in der Mitte des Patronenbodens. Die Zündnadel war dadurch kürzer, nicht so intensiv dem Verbrennungsvorgang ausgesetzt und hielt deshalb länger. Der Verschluß und die Handhabung beruhten auf dem gleichen Prinzip wie beim Dreyse-Gewehr. Der Verschlußkopf hatte hinter der Stirnfläche aus Stahl eine Kautschukeinlage zur besseren Abdichtung. Im Kriege 1870/71 zeigte sich das Chassepotgewehr dem preußischen Zündnadelgewehr durch die Reichweite überlegen. Von den Deutschen erbeutete Chassepot-Karabiner und von ihnen gekürzte Gewehre gleicher Konstruktion wurden auf Kaliber für Patronen M 71 umgearbeitet und für die Bewaffnung der Kavallerie verwendet.

Pfefferbüchsen und Trommelrevolver

Mit mehreren kurzen zischenden Lauten ahmen oft spielende Jungen das Schießen mit dem Revolver nach. Dabei genügt es ihnen, dieses Geräusch mit dem sich wiederholt krümmenden Zeigefinger und einer kurzen Handneigung zu unterstreichen. Die Waffe existiert nur in ihrer Vorstellung. Auch beim Erwachsenen vermischen sich reale und phantastische Vorstellungen beim Gedanken an diese legendäre Faustfeuerwaffe, die meist um einen sogenannten «Revolverhelden» kreisen. Eine abwertende Bedeutung enthalten in Verbindung mit dieser Waffe auch die Ausdrücke «Revolverblatt» und «Revolverschnauze». Billige Westernliteratur und reißerische Filme führten dazu, daß viele Menschen auch die Waffe selbst kritisch betrachten. Sie vermuten nicht technische Qualität und Perfektion dahinter, weil Effekthascherei und Übertreibung eine reale Einschätzung erschweren. Der Trommelrevolver des 19. Jahrhunderts gehört jedoch zu den hochentwickelten Präzisionswaffen.

Die produktionstechnischen Fortschritte in der Waffenindustrie und speziell die Erfindung der Perkussionszündung ermutigten viele Konstrukteure, an der Verbesserung der Revolverwaffen zu arbeiten. Einen Aufschwung erlebte zunächst die Produktion von Bündelrevolvern. Der Grundtyp mit Steinschloß wurde weiterentwickelt. Jeder Lauf erhielt ein Piston für Zündhütchen. Beim Spannen des Hahnes drehte sich zugleich das Laufbündel um einen Lauf weiter (diesen Mechanismus besaß bereits eine Revolverwaffe des 17. Jahrhunderts). Bei diesen sogenannten «Pfefferbüchsen» setzte sich jedoch immer mehr die Abzugsspannung durch. Zog der Schütze den Abzug, so drehte sich zugleich das Laufbündel weiter, der Hammer wurde gespannt und schlug danach auf das Zündhütchen. Einer der bekanntesten Bündelrevolver in Europa war die seit dem Jahre 1837 gebaute «Mariette», nach dem gleichnamigen belgischen Büchsenmacher benannt. Typisch sind der ringförmige Abzug, der Unterhammer, abschraubbare Läufe mit in der Laufachse liegenden Pistons. Die Anzahl der Läufe reicht von vier bis achtzehn, das Kaliber von 7 bis 13 Millimeter. Die Waffe ist mit «Mariette Breveté» gekennzeichnet.

Als populärster Bündelrevolver in den Vereinigten Staaten galt der 1837 entwickelte von Ethan Allen. Auch diese Waffe hatte Abzugsspannung, der Hammer befand sich jedoch auf der Oberseite, die Pistons standen rechtwinklig zur Laufachse und die Läufe – meist sechs – waren aus einem Zylinder gebohrt. Ihr Kaliber betrug .28, .31, .32 oder .36. Zur Sicherheit waren die Zündhütchen – bis auf das jeweils oben stehende – durch einen Ring verdeckt. Die ältesten Waffen tragen bis zum Jahre 1842 die Kennzeichnung auf dem Lauf: «Allen & Thurber, Grafton, Mass.», bis 1847 statt «Grafton» die Ortsbezeichnung «Norwich, Conn.», bis 1856 «Worcester, Mass.», danach wird statt «Thurber» der Name eines neuen Geschäftspartners hinzugefügt: «Allen & Wheelock, Worcester, Mass.». Die Bündelrevolver von Allen wurden von zahlreichen anderen Firmen nachgebaut oder modifiziert.

Nie zuvor war eine Waffe so mit dem Namen eines Mannes identifiziert worden wie beim «Colt». Zu dieser Namensidentität hat Samuel Colt, geboren am 19. Juli 1814 in Hartford, Connecticut, selbst viel beigetragen. Er war ein geschäftstüchtiger kapitalistischer Unternehmer mit großem Organisationstalent und nie erlahmender Energie, trotz vieler Fehlschläge. Colt hatte sich bereits in früher Jugend mit der Konstruktion eines Revolvers beschäftigt. Die ihn betreffenden beruflichen Pläne seines Vaters lehnte er ab und beschaffte sich als Achtzehnjähriger mit nicht ganz lauteren Mitteln Geld für den Bau seiner Revolvermodelle. Als angeblicher Dr. Coult, Naturwissenschaftler und Chemiker, soll er mit Apparaturen vor zahlendem Publikum Lachgas hergestellt und zur allgemeinen Heiterkeit seiner Zuschauer die Wirkung des Gases an Menschen demonstriert haben. Nach kurzer Zeit soll er mit dem auf diese Weise verdienten Geld die ersten Modellwaffen bezahlt haben.

Colt hat keine fundamentalen neuen Entdeckungen gemacht, jedoch verschiedene bekannte technische Details zu einem für seine Zeit vortrefflichen Revolver-Mechanismus vereinigt. So soll ihm an Bord eines Schiffes die Anregung für den Arretiermechanismus der Revolver-Trommel gekommen sein, als er

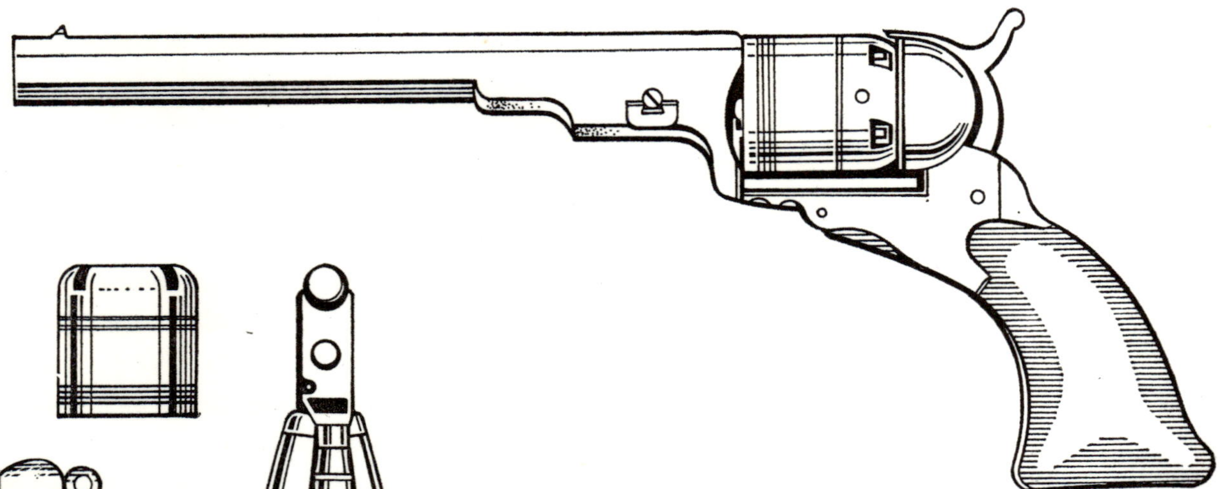

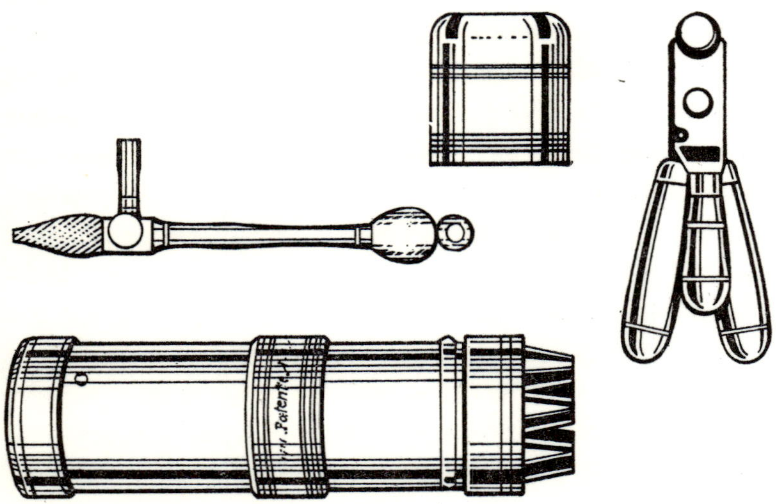

Colt Paterson-Revolver, 1836. Perkussionszündung, fünfschüssig.
Lauflänge 4½ Zoll
Kaliber .34, Gewicht 1100 g

Zubehör zum Colt Paterson-Revolver:
1. Zweite Trommel, 2. Schrauben- und Pistonschlüssel, 3. Pulverflasche, 4. Schere zum Abschneiden der Gußzapfen an den Bleikugeln

das Steuerrad oder – wie andere berichten – eine Winde mit Bremsklinke betrachtete. Die ersten Revolver von Colt zeichneten sich dadurch aus, daß beim Spannen des Hahnes die Trommel durch einen mit dem Hahn verbundenen Umsetzhebel bis zur nächsten Kammer weiterbewegt wurde und die Trommel bei entspanntem und gespanntem Hahn verriegelt blieb.

Die ersten verbesserten Prototypen ließ Colt bei dem Büchsenmacher John Pearson in Baltimore herstellen. Er erhielt für seinen Revolver in England das Patent am 18. Dezember 1835 und in den Vereinigten Staaten von Amerika am 25. Februar 1836. Bereits am 5. März 1836 wurde die «Colt Patent Arms Manufacturing Company» in Paterson, New Jersey, gegründet. Nach dieser ersten Produktionsstätte wird der «Colt» als «Paterson Model» – hergestellt in den Jahren 1836 bis 1842 – bezeichnet. Weitere wesentliche Kennzeichen dieses Single-Action-Revolvers sind außer den bereits genannten die fünfschüssige Trommel mit Vertiefungen für den Arretiermechanismus, der umlegbare Abzug, dem der Abzugsbügel fehlt und der beim Zurückziehen des Hahnes herausklappt. Die Trommel des ersten Revolvertyps nahm der Schütze zum Laden aus dem Rahmen; eine zweite geladene Trommel stand zum schnellen Wechseln zur Verfügung. Mit einer speziellen Pulverbüchse konnten alle fünf Kammern zugleich gefüllt werden. Der umständliche Trommelwechsel fiel durch das Anbringen eines Geschoßsetzers unter dem Lauf seit dem Jahre 1839 fort. Durch die Hebelwirkung des Geschoßsetzers konnte das Bleigeschoß, das ein etwas größeres Kaliber als die Kammer hatte, fest in die Kammer gepreßt werden. Dadurch wurden die ballistischen Leistungen erhöht und die einzelnen Pulverladungen besser vor überspringenden Funken geschützt. Die Taschen-Revolver hatten gewöhnlich das Kaliber .31, die Gürtelrevolver normalerweise Kaliber .36 und die Holster-Revolver Kaliber .44. Alle Typen besaßen Variationen in der Lauflänge.

Die Läufe der Standardtypen waren dunkelblau angelassen, die Griffschalen bestanden aus Walnußholz. Die auf technische Perfektion ausgerichteten Waffen hatten lediglich als Verzierung an der Trommel die gravierte Darstellung eines Kentauren (bei kleinen Formen) oder eines Überfalls auf eine Postkutsche bei den Holster-Revolvern.

Es gelang Samuel Colt nicht, sich mit seiner ersten Firma finanziell zu behaupten, und Ende 1842/Anfang 1843 mußte er die Arbeit einstellen. Er arbeitete nun zunächst im Auftrag des Kongresses an der Entwicklung von Unterwasserminen und baute dadurch seine Beziehungen zu Politikern und Militärs aus. Bei den Texas-Rangers (leichte Reiterei) waren seine Revolver eingeführt worden. Während der militärischen Auseinandersetzungen zwischen den USA und Mexiko 1845 bis 1846 zeigte die Armeeführung unter dem Befehl von General Taylor erneut Interesse an einem verbesserten Revolver-Modell. Zu diesem Zweck verhandelte Captain Samuel H. Walker von den Texas-Rangers mit Colt und beteiligte sich an der Entwicklung eines neuen Revolvers. Samuel Colt, selbst nicht mehr im Besitz einer Waffenfabrik, ließ das neue Modell 1847 in der für standardisierte Waffen modern eingerichteten Fabrik von Eli Whitney jr. in Whitneyville, Connecticut, herstellen. Die Bezeichnung für diese Waffe ist «Army Model 1847», «Whitneyville-Walker» oder nach dem an der Entwicklung beteiligten Captain der Texas-Rangers nur «Walker». Der fast 40 cm lange Revolver hatte ein Kaliber von .44, eine Trommel mit sechs Kammern und Geschoßsetzer unter dem Lauf. Der Abzug war von einem Abzugsbügel umgeben. Die Oberfläche der Trommel trug oft eine eingravierte Kampfszene zwischen Dragonern und Indianern.

Der neue Armee-Revolver hatte seine Bewährungsprobe bestanden, und Colt strebte nach einer eigenen Produktionsstätte. Er gründete 1847 in Hartford, Connecticut, eine Waffenfabrik und fand in Elisha K. Root einen hervorragenden Waffenkonstrukteur, der die neuen Verfahren der Herstellung standardisierter, auswechselbarer Teile für Handfeuerwaffen in der Fabrik einführte. Der «Walker» wurde leichter und in einigen Details verändert. Die neue Bezeichnung lautete «Old Model Army», «Dragoon» oder «Improved Holster Pistol». Zwischen 1847 und 1862 sollen 21000 Exemplare mit dem Kaliber .44 produziert worden sein. Die Trommel trägt ebenfalls eine eingravierte Kampfszene mit Indianern, oft auch den Namen des Graveurs, «W. L. Ormsby Sc.» (Sc. = lat. sculpsit = hat [es] gestochen). Der Lauf wurde von neun Zoll auf siebeneinhalb Zoll verkürzt. Der Griffrahmen bestand aus Messing. Der Geschoßsetzer unter dem Lauf erhielt durch eine Federsperre sicheren Halt. Trotz guten Absatzes konnte sich Colt nicht allein mit der Produktion von Armee-Revolvern zufrieden geben. Die Konkurrenz war groß, und andere namhafte Firmen hatten sich vorteilhafte Patente gesichert. Die Patente waren auch für Colt nur auf bestimmte Zeiten begrenzt. Er konnte nach Ablauf seines ersten Revolver-Patents im Jahre 1850 eine Verlängerung bis 1857 erlangen. Die bekannte Firma Smith & Wesson hatte ein vorteilhaftes Patent bis 1869 für Trommeln mit ganz durchbohrten Kammern, also für Hinterladerrevolver. Remington besaß ein Patent für metallene Patronenhülsen.

Um den vielseitigen Ansprüchen an Revolvern gerecht zu werden, entwickelte Colts Firma weitere Armee- und Zivilmodelle. Der Taschenrevolver «Colt Old Model Pocket» von 1848, auch «Baby Dragoon» genannt, hatte ein Kaliber von .31, eine Trommel für fünf Ladungen, auf der ein Postkutschenüberfall graviert ist, einen Griffrahmen aus Messing und einen hinten eckigen Abzugsbügel. Ein montierter Kugelsetzer fehlte. Der «Colt Model Pocket» Modell 1849, auch «Wells-Fargo-Revolver» genannt, hat gleiche Merkmale, der Lauf ist jedoch kürzer – nur drei Zoll, während der «Baby Dragoon» zwischen vier und sechs Zoll lang war – der Abzugsbügel ist hinten gerundet. Die Gesellschaft Wells Fargo, die den Reise- und Güterverkehr mit Kutschen und Fuhrwerken sowie den Kurierdienst durch die Vereinigten Staaten betrieb, hatte ihre Angestellten zum großen Teil mit diesem Revolver ausgerüstet. Der Colt Pocket Revolver von 1850 war sechsschüssig und vom Kaliber .31. Von 1849 bis 1875 wurden rund 330000

Exemplare dieser Waffe hergestellt. Samuel Colt hatte auch versucht, seinen Revolver in Europa populär zu machen. Er gründete 1852 eine Waffenfabrik in London, die jedoch nicht den gewünschten Erfolg hatte und 1861 wieder aufgegeben wurde. Ein bevorzugter Revolver war auch der «Colt Model 1851 Navy», auch «Old Model Belt Pistol» oder «Old Model Navy Pistol» genannt. Die Trommel hatte sechs Kammern, das Kaliber war .36, die Länge des achtkantigen Laufes betrug siebeneinhalb Zoll und das Gewicht 1 180 g. Der Griffrahmen bestand aus Stahl oder Messing, der Geschoßsetzer befand sich unter dem Lauf, die Griffschalen waren aus Walnußholz. Der Mantel der Trommel enthielt eine eingravierte Szene eines Seegefechtes und die Bezeichnung «Engaged 16, May 1843». Darstellung und Datum erinnern an den Sieg der nur aus wenigen Schiffen bestehenden texanischen Marine über die zahlenmäßig überlegene Flotte der Mexikaner.

Von den Colt-Perkussions-Revolvern mit Vorderladung sei ferner der «Colt Army Revolver» Modell 1860 genannt. Er ist sechsschüssig, vom Kaliber .44, mit einer Lauflänge von 20 Zentimeter, einer Gesamtlänge von 36 Zentimeter und einem Gewicht von 1 210 g. Der Griffrahmen ist aus Stahl, der Abzugsbügel aus Messing, die Griffschalen bestehen aus Walnußholz. Die Trommel trägt die gleiche Verzierung und das Datum wie der Navy-Revolver von 1851. Der Griffrahmen hat einen

Armee-Revolver von Adams, Großbritannien, 1866.
Double-Action-System, sechsschüssig, Metallpatronen, Kaliber .450

Webley-Taschenrevolver, um 1859.
Perkussionszündung, fünfschüssig

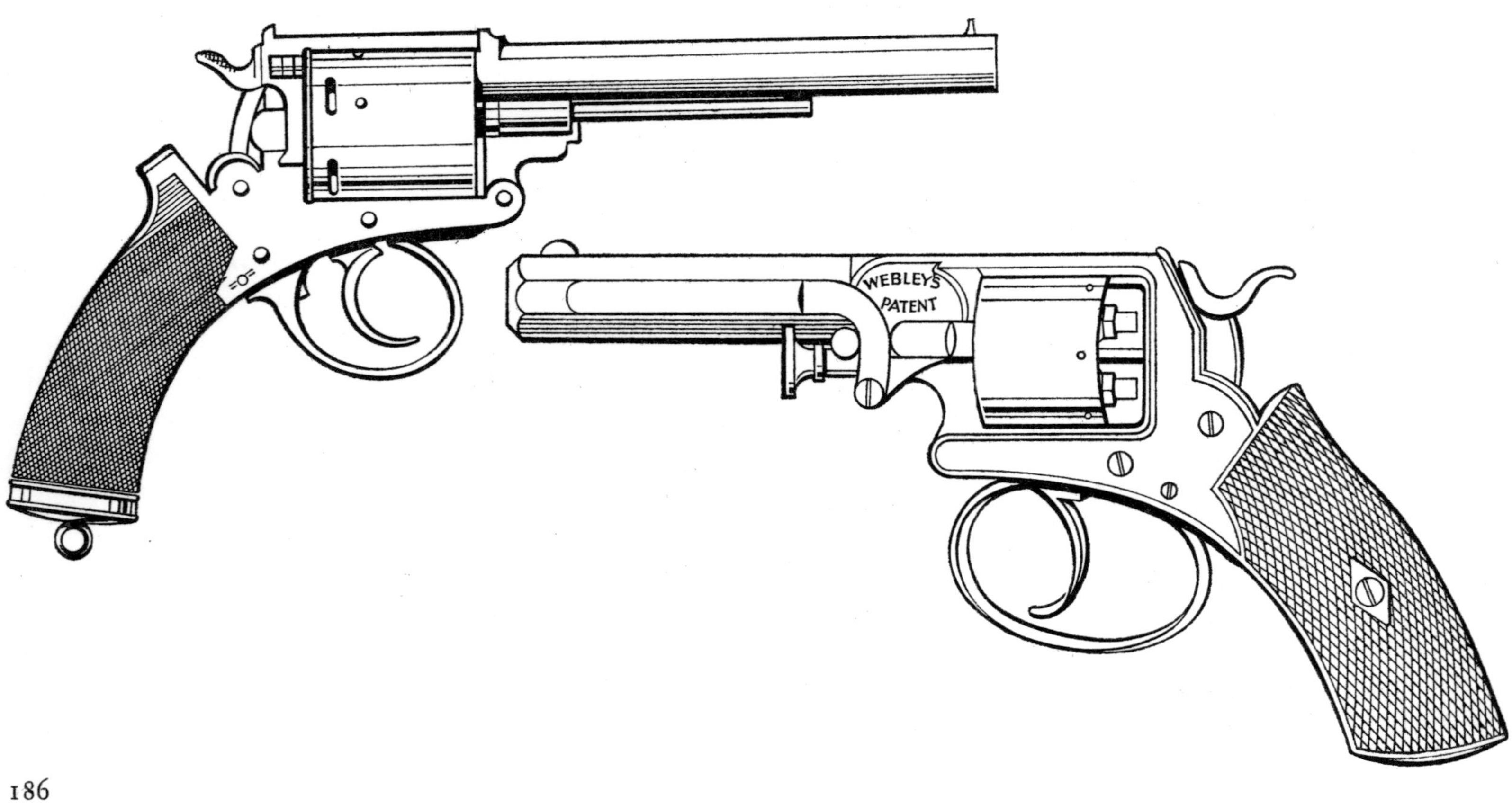

Einschnitt für einen Ansatzkolben. Lauf und Trommel sind gebläut. 1861 kam ein Marinemodell heraus. Es trägt unter anderen die Bezeichnung «New Model Navy Pistol», ist sechsschüssig und vom Kaliber .36. Griffrahmen und Abzugsbügel sind aus Messing. Beide zuletzt genannten Modelle waren während des Sezessionskrieges von 1861 bis 1865 die am meisten geführten Revolver. Von den Taschenrevolvern seien noch genannt der «Colt New Model Police Pistol» von 1862 und der «Colt New Model Pocket Pistol of Navy Caliber» von 1863. Beide waren fünfschüssig und vom Kaliber .36.

Seit der Mitte des 19. Jahrhunderts hatten Revolver nicht nur in den Vereinigten Staaten von Amerika, sondern auch in europäischen Ländern immer mehr Interessenten gefunden. Die Erfolge der Colt-Revolver trugen wesentlich zur Verbreitung dieser Waffe bei. Colt selbst vergab 1849 eine Lizenz zur Produktion des Revolvers «Dragoon», Modell 1848, für fünf Jahre an die Maschinenfabrik Innsbruck. Die hier produzierten Waffen trugen an der rechten Seite des Gehäuses die Bezeichnung: «K. K. Masch. Fabr. Innsbruck», an der linken Seite «Patent 1849». In Europa hatten es die Konstrukteure schwer, mit ihren Waffen die gleiche Popularität zu erlangen, wie der «Colt» sie besaß. Zu den bevorzugten Faustfeuerwaffen gehörte der von Robert Adams konstruierte und 1851 patentierte Revolver. Nach der Londoner Firma, die ihn herstellte, und dem Konstrukteur wurde er in den Jahren 1851 bis 1853 «Deane-Adams» genannt. Dieser Perkussionsrevolver war fünfschüssig mit den Kalibern .44, .45 und .50 und ein Abzugsspanner. Gehäuse und Lauf bestanden aus einem Stück. Adams konnte seinen Revolver durch Erwerbung des Patentes für das Double-Action-Prinzip von dem Hauptmann Beaumont verbessern.

Beim «Single-Action»-System, das einfache Bewegung bedeutet, wird der Hahn mit der Hand gespannt und dadurch die Trommel weitergedreht. Erst danach drückt der Schütze gegen den Abzug. Das «Double-Action»-Prinzip beruht darauf, daß durch Ziehen des Abzuges der Hahn gespannt, die Trommel bewegt und der Schuß ausgelöst wird. Der Hahn kann bei vielen Modellen auch mit der Hand gespannt werden. Der Adams-Revolver wurde in Nordamerika auch von der Firma Massachusetts Arms Co. Chicopee Falls hergestellt. Zu den bevorzugten englischen Revolvern mit Abzugsspannung gehörte auch der von James Webley konstruierte. Der fünfschüssige Militärrevolver hatte das Kaliber .52.

Nach Ablauf des Patentes für den Colt-Revolver im Jahre 1857 gelangten in kurzer Zeit mehrere Nachahmungen auf den Markt. Schon in der äußeren Form zeigt der von F. Beals konstruierte und von der Firma Remington aus Ilion, New York, gefertigte «Remington-Beals-Army-Revolver» von 1858 große Übereinstimmung mit den Colts der fünfziger Jahre. Griffrahmen und Kasten bestehen beim Remington-Revolver jedoch aus einem Stück. Kleine Veränderungen am Abzug, Arretierhebel, Zahnkranz und an der Sicherung ändern nichts an dem beim Colt üblichen Schloßprinzip. Revolvermodelle der Firma Remington kamen in zahlreichen Varianten in den Handel. Sie wurden auch in der Armee und Marine der Vereinigten Staaten geführt, jedoch blieb der Colt hier weiterhin die bevorzugte Faustfeuerwaffe.

Konstruktiv neue und wegweisende Elemente enthielten die Revolver von Horace Smith und Daniel Baird Wesson. Die Trommel des Smith & Wesson-Revolvers war völlig durchgebohrt und für Hinterladung mit Randfeuerpatronen eingerichtet. Die Nutzungsrechte am Patent der durchgebohrten Trommel hatte Wesson 1856 von dem Amerikaner Rollin White erworben und sich bis zum Jahre 1869 ein Monopol für die Herstellung von Hinterladerrevolvern mit diesem bedeutenden Merkmal gesichert. Die Hülse der Randfeuerpatrone aus dünnem Kupfer- oder Tombakblech war mit Schwarzpulver gefüllt, hatte ein Langgeschoß und im Bodenrand einen Zündsatz aus Knallquecksilber. Der «Smith & Wesson No. 1» – bis 1879 produziert – ein Single-Action-Revolver mit Kaliber .22, war siebenschüssig und der Lauf zum besseren Laden und Entladen der Trommel nach Lösen eines Riegels hochklappbar. Die Trommel ließ sich von der Achse abnehmen. Die leeren Hülsen entfernte ein Ausstoßstift, über den die einzelnen

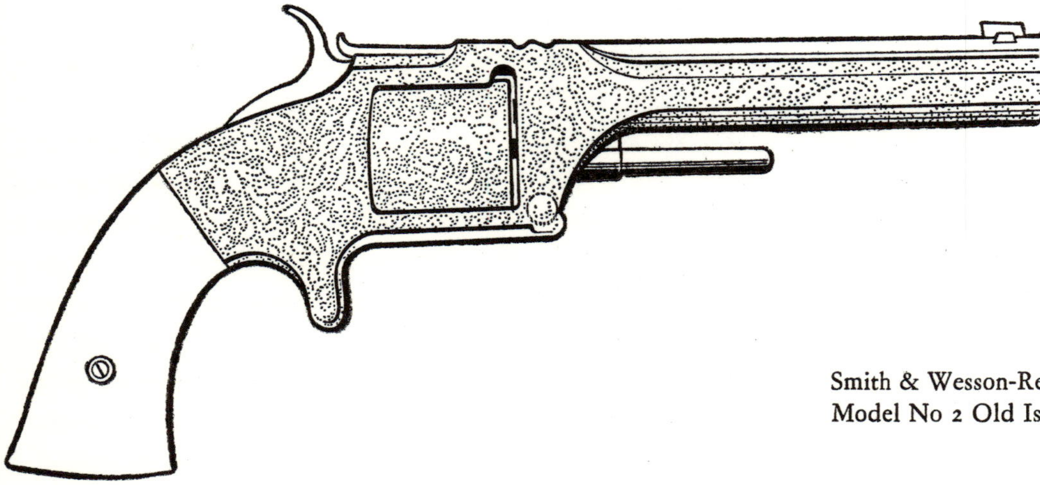

Smith & Wesson-Revolver,
Model No 2 Old Issue, um 1865

Patronenlager geschoben wurden. Diese Konstruktion der schnell herausnehmbaren Trommel erleichterte den Ladevorgang und erhöhte die Schußgeschwindigkeit. Das Modell No. 2, Old Model, war für sechs Schuß, Kaliber .32, eingerichtet und wurde ab 1861 produziert. Die Revolver von Smith & Wesson verdrängten in den sechziger Jahren den Perkussionsrevolver und trugen zur allgemeinen Verbreitung des Hinterladerrevolvers mit Metallpatronen bei. Nachdem das Patent von Smith & Wesson für die Hinterladertrommel abgelaufen war, stellte auch die Colt Company einen derartigen Revolver her. Dieser sechsschüssige Colt Single Action Army Revolver von 1873 für Patronen mit Zentralzündung, Kaliber .45, erlangte eine außerordentliche Verbreitung. Dazu trug nicht zuletzt eine Vereinbarung mit der Firma Winchester bei, in der für bestimmte Colt-Revolver und Winchesterbüchsen die gleiche Munition festgelegt wurde. Einheitliche Patronen brachten für Soldaten, Jäger, Cowboys und Siedler wesentliche Vorteile, und Colt-Revolver sowie Winchesterbüchsen erlangten einen legendären Ruf. Als Kavalleriemodell mit 19 Zentimeter langem Lauf erhielt der Colt-Revolver den zugkräftigen Namen «Peacemaker» (Friedensstifter).

Auch das alte Prinzip der in einer Kammer hintereinander liegenden Ladungen wurde in den Vereinigten Staaten beim Revolver praktiziert. Die Firma «Walch Fire Arms Co.», New York, fertigte Perkussionsrevolver für 10 und 12 Schuß, bei denen jeweils zwei Ladungen hintereinander in einer Kammer saßen. Der Revolver hatte zwei Hähne und zwei Abzüge. Der rechte Hammer schlug zuerst auf und zündete über einen längeren Zündkanal die vordere Ladung. Der Zündkanal für die hintere Ladung war zentral angeordnet, der für die vordere verlief in der Trommelwandung zunächst gerade und dann über der jeweiligen Kammer mit einem kurzen Bogen nach innen.

Über das Schießen mit Revolvern sind durch eine Vielzahl von Western-Filmen manche falschen Vorstellungen vermittelt und gefestigt worden. Das gilt jedoch nicht nur für das Revolverschießen im sogenannten Wilden Westen, sondern in gleichem Maße für das Schießen mit Vorderladern überhaupt. Szenen, die die Handhabung beim Laden der Gewehre und Pistolen erkennen lassen, sind in Filmen sehr selten. Der Verzicht auf diese wesentlichen Momente des Gebrauchs der Handfeuerwaffen beweist schon, wie kompliziert das Laden war, das Wissen darüber gering und das Einstudieren sehr schwierig ist. Den Regisseuren kommt es im allgemeinen vorwiegend darauf an, die Effekte des Schießens mit Feuerstrahl, Knall, Treffern und den daraus resultierenden Folgen mit Fall, Schmerz oder Tod des Getroffenen in die Handlung einzubauen. Durch die oft zahllos hintereinander aus einer Waffe abgefeuerten Schüsse werden die Einzellader zu «Kugelspritzen», zu Wunderwaffen, aus denen laufend das tödliche Blei herausfliegt. Ohne Zweifel waren die Gefahren, die in unwegsamen, zerklüfteten und bewaldeten Gebieten durch Räuber und «Killer» drohten, Anlaß genug, um sich im blitzschnellen und treffsicheren Schießen zu üben. Dabei erlangten ehrsame Bürger wie gefürchtete Mörder in gleicher Weise eine hohe Perfektion. Viele Geschichten über berühmt-berüchtigte Revolverhelden haben einer ernsthaften Untersuchung über den Wahrheitsgehalt nicht standgehalten. Manches an Überliefertem in der ernstzunehmenden Literatur über den «Wilden Westen» gibt jedoch wertvolle Hinweise über die Feuerwaffentechnik der siebziger/achtziger Jahre des vergangenen Jahrhunderts. Ohne in diesem Zusammenhang auf Einzelheiten eingehen zu können, kann zusammenfassend gesagt werden: Eine besonnene, aber schnelle Reaktion beim Revolverschießen mit genauem Zielen war einem hastigen, blinden Schießen vorzuziehen. Wer im Zweikampf überleben wollte, mußte auf die oft gepriesenen Kunstschützentricks verzichten und sich besser im regulären Schießen üben. Im Vorteil war derjenige, der seine Waffen griffbereit in offenen Holstern trug. Diese hingen an Hüftgürteln und lagen am Oberschenkel an, so daß die Revolver blitzschnell ergriffen werden konnten. Bei leicht nach vorn geneigter Mündung ließ sich der Griff noch schneller erfassen. Manche Schützen trugen die Revolver auch hochgegürtet an der Taille mit dem Kolben nach vorn geneigt, so daß die Arme sich beim Zufassen überkreuzten. Bei anderen hing die Waffe in Höhe des Magens oder an einem Halfterriemen unter der linken Achselhöhle. Auch zwei Schulterhalfter mit je einem Revolver unter der linken und rechten Achsel hängend, waren gebräuchlich.

Ein bewaffneter Reiter führte neben seinen Faustfeuerwaffen noch ein gezogenes Gewehr (rifle) und manchmal auch eine Flinte (shotgun, mit glattem Lauf). Das erste Gewehr, meist ein Mehrlader, steckte mit der Mündung nach unten gerichtet in einem Schuh an der rechten Seite in Höhe des Steigbügels. Die Flinte war meist mit Riemen am Sattel befestigt. Der mit vier Handfeuerwaffen «bis an die Zähne bewaffnete» Reiter benötigte eine entsprechend hohe Zahl an Patronen. Sie steckten in Gürteln, die am Körper des Mannes und des Pferdes hingen.

In Büchern und Filmen werden oft Schießmethoden gepriesen, die in der Wirklichkeit der konventionellen Schießtechnik unterlegen waren, weil sie zu schlechteren Treffergebnissen führten. Das gilt für das gleichzeitige Schießen mit zwei Pistolen aus der Hüfte, aber auch für das geschwinde Hahnspannen, mehrere Male unmittelbar hintereinander mit der Innenfläche der linken Hand, um eine sehr schnelle Schußfolge zu erreichen. Einige versuchten, eine leichte, fließende Bewegung bei der Hahnspannung dadurch zu erreichen, daß sie Funktionsteile befeilten. Auch das gleichzeitige Ziehen und Abfeuern zweier Revolver mit der rechten und der linken Hand führte nicht zu sicheren Treffern. Gleichzeitiges Ziehen, aber getrenntes Feuern unmittelbar hintereinander ermöglichte für beide Schüsse ein besseres Anvisieren. Beim raschen Schuß aus der Hüfte, durch überschnelles Hahnspannen und beim gleichzeitigen Abfeuern von zwei Faustfeuerwaffen erzielten die Revolverschützen im allgemeinen schlechtere Ergebnisse als beim ruhigeren gezielten Schießen mit einer Waffe.

Pistolenduelle und Duellpistolen

Das Duell war in der Regel die Folge einer Beleidigung, einer Verletzung der Ehre, die durch den Kampf wiederhergestellt werden sollte. Es gehörte vorwiegend zum Ehrenkodex des Adels, der Offiziere und Akademiker. Angehörige einer anderen Gesellschaftsschicht galten nicht für satisfaktionsfähig – nicht würdig für eine Genugtuung.

Die ersten Zweikämpfe mit Handfeuerwaffen als Folge persönlicher Auseinandersetzungen lassen sich nicht auf Jahre genau feststellen. Kämpfe zwischen zwei Streitenden, die mit Pistolen ausgetragen wurden, dürften bereits in der zweiten Hälfte des 16. Jahrhunderts öfter stattgefunden haben, zu einem Zeitpunkt also, als diese Waffen bei der Reiterei immer häufiger wurden. Auch Zweikämpfe mit unterschiedlichen Waffen waren ursprünglich üblich, wie das Duell zwischen Simplicissimus, der eine Muskete führte, und einem mit zwei Pistolen bewaffneten Reiter, auf das bereits hingewiesen wurde, beweist.

Die Duellanten saßen beim Schußwechsel auch zu Pferde. In dieser Form fand in der Zeit um 1642 bis 1646 beispielsweise ein Duell zwischen dem englischen Reiterführer Hudson, der von zwerghaftem Wuchs war, sich aber durch große Tapferkeit auszeichnete, und dem Höfling Crofts statt. Hudson forderte das Duell, weil Crofts über ihn scherzhaft erzählt hatte, daß er im Kampf gegen einen Truthahn unterlegen gewesen sei. Crofts verhöhnte Hudson außerdem durch die Übergabe einer Klistierspritze. In dem ausgetragenen Duell tötete dieser mit dem ersten Schuß den übermütigen Höfling.

Nachrichten über Pistolenduelle zu Pferde liegen aus dieser Zeit für verschiedene europäische Länder vor. Hohe Offiziere der bekannten Adelsfamilien von Pappenheim und von Waldburg kamen beispielsweise in derartigen Duellen ums Leben. 1665 fand in Frankreich sogar ein Duell zwischen zwei Damen der Hofgesellschaft statt.

Wie die Berichte erkennen lassen, gab es noch keine feststehenden strengen Regeln für Pistolenduelle. Für den Kampf benutzten die Duellanten noch bis in das dritte Viertel des 18. Jahrhunderts hinein die allgemein üblichen Pistolentypen. Insbesondere in England und Irland hatte die Pistole den Degen als Zweikampfwaffe verdrängt. Hier entstanden in den siebziger Jahren des 18. Jahrhunderts deshalb auch spezielle Duellpistolen. Die englischen Büchsenmacher fügten den bereits begehrten Typen der Zivilpistolen einen weiteren hinzu, der sich insbesondere durch große Präzisionsarbeit auszeichnete. Der Ausgang eines Zweikampfes hing wesentlich von der Qualität der Waffe ab. Ein Büchsenmacher konnte es sich nicht leisten, in den Ruf zu gelangen, daß die von ihm gefertigte Waffe durch Versagen oder Defekt am Tod eines Duellierenden schuld war. Das hätte sich schnell herumgesprochen und sein Gewerbe geschädigt. Andererseits förderte die Qualität der Pistolen das Ansehen bereits bekannter Büchsenmacher über die Landesgrenzen hinaus, wie beispielsweise das der Meister Ezekiel Baker, Durs Egg, Joseph und John Manton, H. W. Mortimer, Henry Nock, Robert Wogdon und John Twigg.

Ähnlich wie bei Militär- und Selbstschutzwaffen kam es bei Duellpistolen in erster Linie auf die Funktionstüchtigkeit und Treffsicherheit an. Der Dekor hatte für die Kampfsituation auf Leben und Tod keinerlei Bedeutung. Schmuckelemente aus Gold und Silber, wie auch blanke Eisenteile, die im Sonnenlicht blitzten, behinderten den Schützen beim Zielen. Aus diesem Grunde wurden der Lauf und die äußeren Schloßteile häufig gebläut oder brüniert.

Die Läufe der ersten Steinschloß-Duellpistolen waren im allgemeinen 20 bis 27 Zentimeter lang, ihr Kaliber betrug 13 Millimeter, später 10 Millimeter. Sie hatten Kimme und Korn. Gezogene Läufe galten – wie ursprünglich auf den Schießplätzen – in manchen Ländern als unfaire Hilfsmittel. In anderen Ländern, beispielsweise in Frankreich, waren sie legitim. Manche Büchsenmacher leisteten ihren Käufern Vorschub mit unlauteren Mitteln durch sogenannte «blinde» Läufe. Der gezogene Teil hörte drei bis vier Zentimeter vor der Mündung auf und wurde deshalb als solcher nicht gleich erkannt. Auch sehr feine Züge, Kratzspuren ähnlich, verschleierten innenballistische Vorteile einer Waffe.

Das Schloß erhielt bei manchen Duellpistolen gewisse Verfeinerungen zur Verbesserung der Funktionstüchtigkeit, wie beispielsweise kleine Rollen zwischen Feuerstahl und Feder, die das Öffnen der Pfanne erleichterten. Auf Wunsch erhielten Käufer auch Pistolen mit Stecherabzug. Eine kleine Schraube ermöglichte die Feineinstellung des Abzugswiderstandes. Seit dem beginnenden 19. Jahrhundert erhielten viele Pistolen einen Sporn – einen kleinen Fortsatz am hinteren Ende des Abzugsbügels – den der Mittelfinger umfaßte. Hierdurch verbesserte sich die Griffhaltung. Durch eine starke Krümmung des Griffes und die Verschneidung des Kolbens in Fischhautmuster wurde die sichere Handhabung weiterhin erhöht. Der Hand noch besser angepaßt war der sogenannte Sägegriff, der den Typ der Einhandsäge (Fuchsschwanz) nachahmte.
Um den Duellanten Waffen von gleicher Qualität und Ausführung aushändigen zu können, kamen die Pistolen paarweise, zumeist in Pistolenkästen, in den Handel. Die Kästen aus Mahagoni, Nußbaum oder Eiche waren mit rotem oder grünem Stoff ausgelegt und enthielten paßgerechte Fächer für zwei Pistolen und Zubehörteile (Putzstock, Ladestock, Kugelzange, Pulverflasche, Ölkännchen, Locheisen für Pflaster, Schraubenschlüssel). Nicht in jedem Fall handelt es sich bei paarweisen Pistolen, die in einem Kasten verwahrt werden, um Duellpistolen. Auch andere Zivilpistolen und -revolver gelangten in dieser Form zum Verkauf.

Hinterlader und Metallpatronen

Die Funktionstüchtigkeit der Hinterlader hing weitgehend von der Verbesserung der Patronen ab. Bereits im Jahre 1812 erhielt der Schweizer Büchsenmacher Johann Samuel Pauly, der in Paris eine Werkstatt besaß, das Patent für einen Hinterlader mit der ersten Einheitspatrone für Zentralzündung. Im Hülsenboden befand sich eine festgeklebte Zündpille, die durch einen Schlagbolzen gezündet wurde. Die Patronenhülse war aus Metall, Holz oder starker Pappe und für wiederholte Verwendung vorgesehen. Das Gewehr hatte einen mit Griffbügel nach oben klappbaren Blockverschluß, der Hahn nur die Funktion, das Schloß zu spannen. Die Hinterlader-Pistolen von Pauly besaßen Kippläufe. Mit dem Paulygewehr sollen 12 Schuß pro Minute möglich gewesen sein. Trotz dieser beachtlichen Eigenschaften lehnte Kaiser Napoleon I. das ihm vorgelegte Gewehr für die Heeresbewaffnung ab. Vermutlich spielten bei diesem Entschluß auch Schwierigkeiten für eine notwendige massenweise Herstellung von Patronen eine Rolle. Paulys Erfindung fand deshalb zunächst keine Verbreitung. Sie legte jedoch den Grundstein für die spätere führende Position der Patronen mit Zentralzündung.

Im Jahre 1832 konstruierte Casimir Lefaucheux – wiederum ein Büchsenmacher aus Paris – eine Einheitspatrone für Selbstdichtung. Sie bestand aus einer Papphülse, deren Boden aus einer metallenen Hülsenkapsel bestand, aus der seitlich ein beweglicher Metallstift herausragte. Im Patronenlager der Waffe war für diesen Zündstift an der oberen Seite eine entsprechende Aussparung. Beim Ziehen des Abzuges traf der Hammer auf den Stift, dieser auf den Explosivstoff, der dadurch zur Zündung gebracht wurde. Die Patronenhülse dichtete den Lauf nach hinten ab. Dieses Prinzip wurde für die meisten Metallpatronen der späteren Zeit übernommen. Lefaucheux entwickelte Patronen für Schrotflinten mit Kipplauf und für Revolver. Diese wurden vorwiegend in Belgien hergestellt. Die Munition war sehr teuer. Ein weiterer Nachteil bestand in der Empfindlichkeit des Zündstiftes gegen Stoß.

Im Zusammenhang mit Hinterladern für Perkussionszündung wurden spezielle Metallpatronen entwickelt, deren Zündung durch einen Zündkanal im Patronenboden erfolgte. Am bekanntesten wurden die Patronen des amerikanischen Generals A. F. Burnside und die Maynardpatrone. Die Messinghülse der Patrone von Burnside verjüngte sich nach hinten stark, die Patronenhülse von Maynard verlief zylindrisch und hatte einen breiten ausladenden Hülsenboden. Die Flamme des Zündmittels schlug bei beiden durch die Zündlöcher und traf

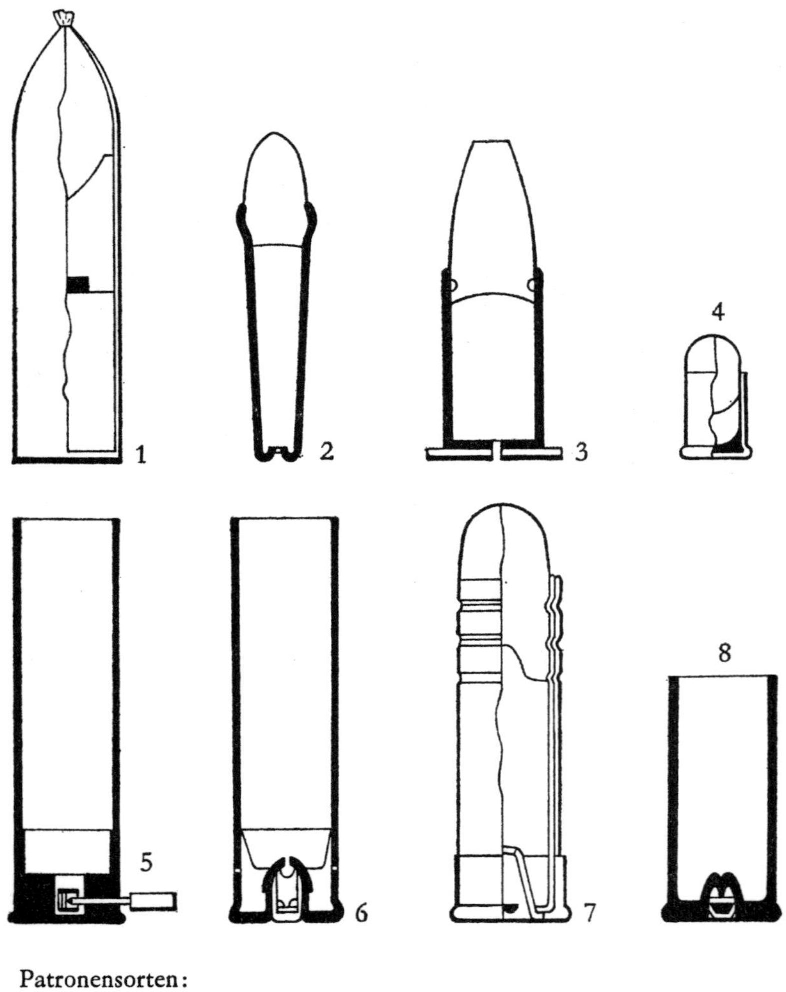

Patronensorten:
1. Papierpatrone für Zündnadelgewehr, 1847
2. Burnside-Patrone, 1856 3. Maynard-Patrone, 1845
4. Flobert-Patrone, 1849 5. Lefaucheux-Patrone, um 1835
6. Pottet-Patrone von 1855 7. Boxer-Patrone von 1864
8. Berdan-Patrone von 1865

142 Oben: *Russischer Perkussionsrevolver.* System Beaumont-Adams. Um 1855. Lauf in kyrillischen Buchstaben bezeichnet: «Staatliches Werk Norman». Trommel für fünf Schuß, Geschoßsetzer an der linken Seite. Länge 307 mm, Kaliber 10 mm
Unten: *Remington New Model Army Revolver.* 1858. Lauf bezeichnet: «PATENTED SEPT. 14. 1858. E. REMINGTON & SONS. ILION NEW YORK U.S.A. NEW MODEL».
Trommel für sechs Schuß, läßt sich durch Vorziehen der Trommelachse herausnehmen. Geschoßsetzer unter dem Lauf angeordnet. Abzugsblech und -bügel aus Messing. Länge 357 mm, Kaliber 11 mm

143 *Perkussionsrevolver.* Von John Walch. USA. 1859–1862. Trommel mit sechs Kammern zu je zwei hintereinanderliegenden Ladungen, die jeweils durch einen gesonderten Hahn und Abzug abgefeuert werden. Der Rahmen besteht aus Messing. Auf dem Lauf bezeichnet: «WALCH. FIREARMS. CO. NEW YORK. PAT'D. FEB. 8. 1859». Länge 223 mm, Kaliber 8 mm

144 *Hinterladerbüchse mit hochklappbarem Schraubverschluß.* System Sauer. 1879. Durch die Mitte des im Scharnier beweglichen Verschlußstückes verläuft der Schlagbolzen, auf den der dahinter liegende Hahn trifft. Stecherabzug und halbe Schäftung. Lauf bezeichnet: «I. P. SAUER U. SOHN, SUHL». Länge 1145 mm, Kaliber 11 mm

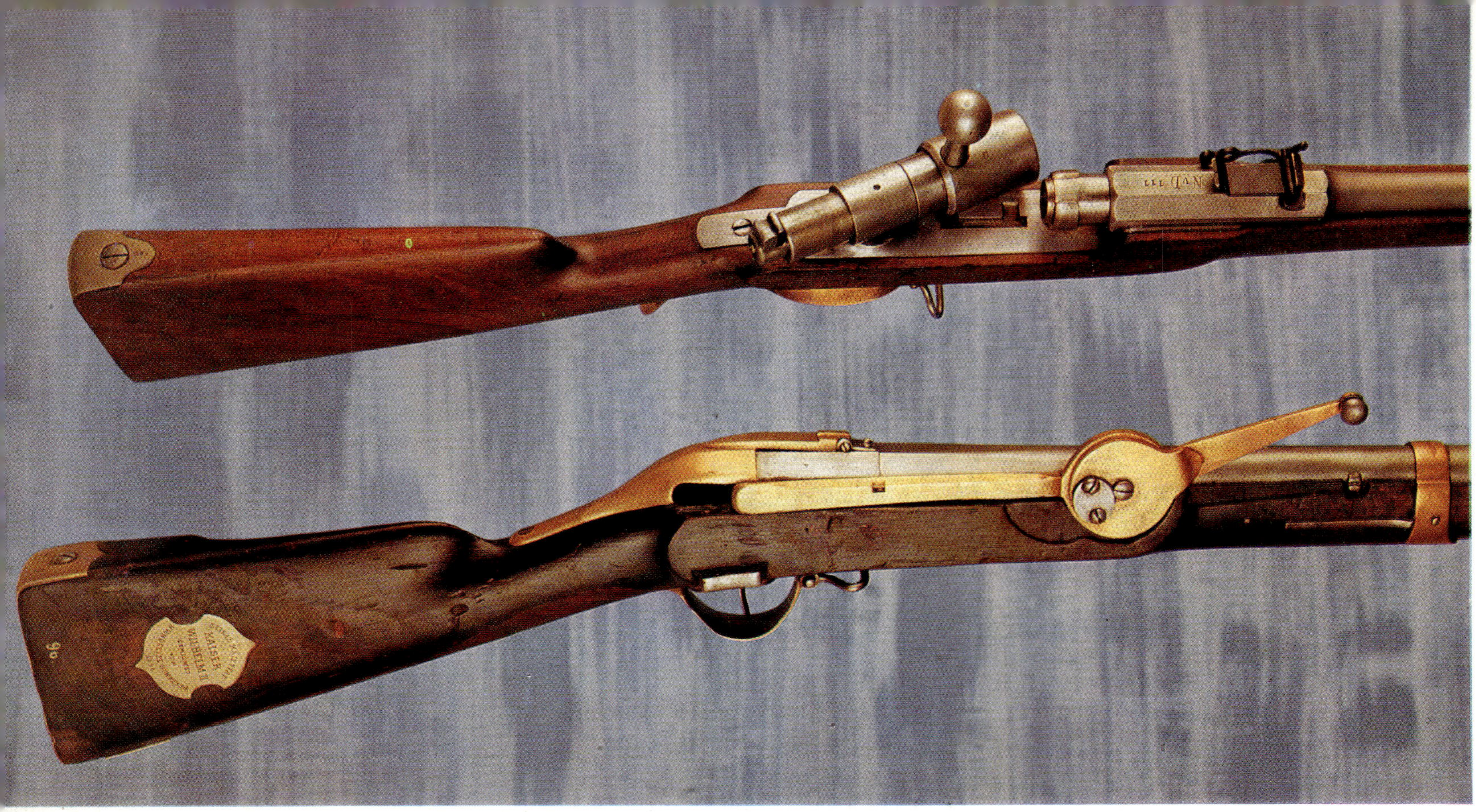

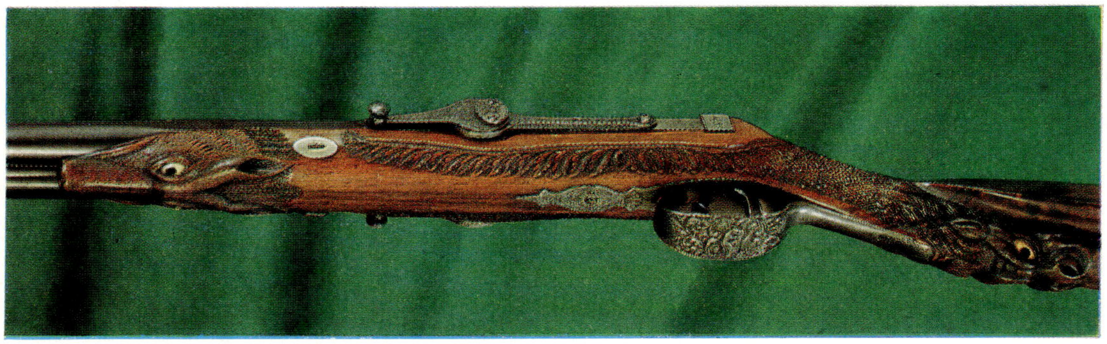

145 *Zündnadelversuchsgewehr* für Hinterladung. Von Nikolaus Dreyse. Sömmerda. 1835–1840. Mit seitlich ausschwenkbarem Zylinderverschluß. Bezeichnet: «N v D 111». Länge 131 mm, Kaliber 12 mm
Zündnadel-Vorderladergewehr. Von Nikolaus Dreyse. Sömmerda. 1832. Länge 1440 mm, Kaliber 18 mm

146 *Zündnadel-Vorderlader* (Zwillingsflinte). Von Nikolaus Dreyse. Sömmerda. Um 1835. Länge 1180 mm, Kaliber 17 mm

147 *Ein Paar Zündnadelpistolen.* Suhl. Um 1860. Die glatten gebläuten Läufe sind bezeichnet: «PATENTIRT I. DOERSCH & v. BAUMGARTEN IN SUHL». Länge 392 mm, Kaliber 10 mm

148 *Wehrmänner der Deutsch-Polnischen Legion* und Soldaten eines badischen Linien-Infanterie-Bataillons im Kampf mit preußischen Husaren. Gefecht bei Wiesenthal am 20. Juni 1849. Ausschnitt aus dem Gemälde von F. Kaiser. 1852

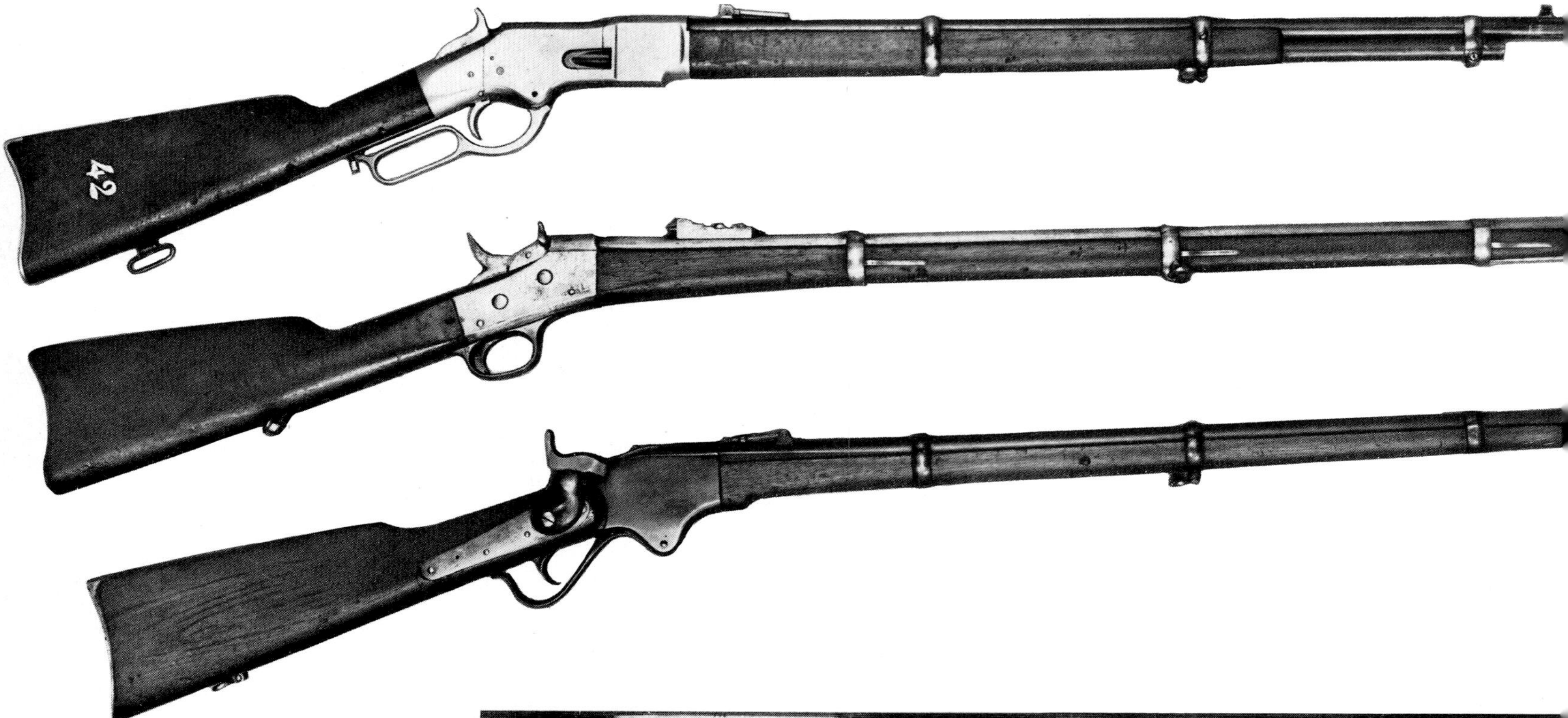

149 Von oben nach unten:
1. *Infanteriegewehr mit Röhrenmagazin im Vorderschaft.* System Henry-Winchester. USA. Winchester-Modell 1866. Länge 1175 mm, Kaliber 11 mm
2. *Infanteriegewehr mit Drehblockverschluß.* System Remington. 1864/66. Länge 1280 mm, Kaliber 11 mm
3. *Infanteriegewehr mit Mehrladeeinrichtung im Kolben.* System Spencer. USA. 1860. Länge 1200 mm, Kaliber 13 mm

150 *Ein Paar Perkussionspistolen* mit Kasten und Zubehör. Gefertigt von Johann Adam Kuchenreuter für König Ludwig II. von Bayern (1864–1886). Gezogene, damaszierte Läufe, Schlösser und Eisenbeschläge graviert. Daumenblech mit Monogramm des Königs. Länge 438 mm, Kaliber 11,3 mm

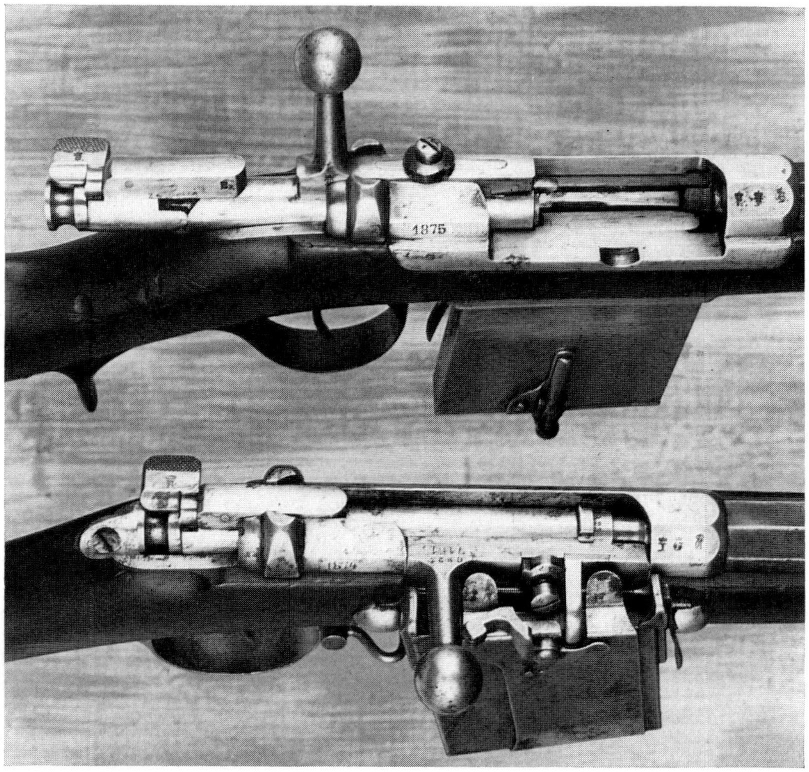

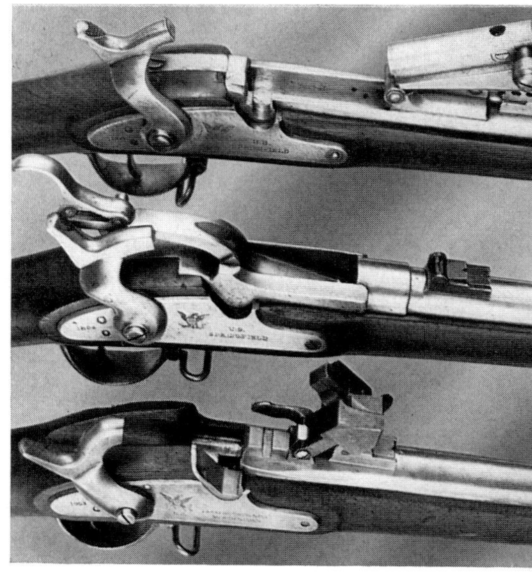

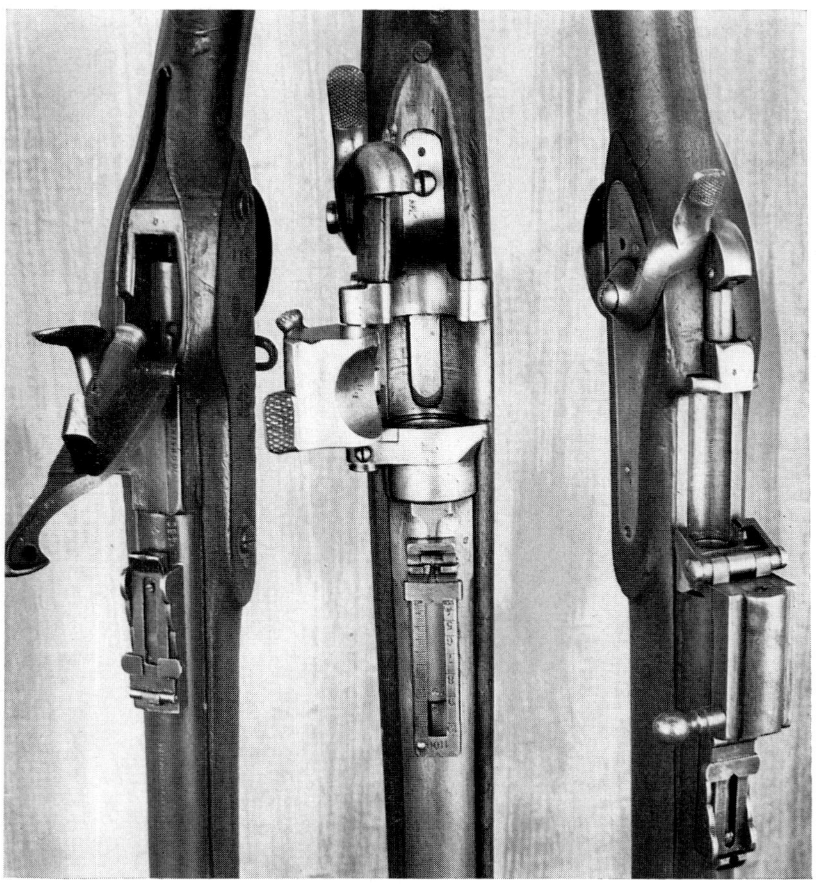

151 *Jägerbüchse.* Deutschland. M/1871. Mit nachträglich eingebautem Magazin im Mittelschaft. Ein innerer Magazinkasten läßt sich nach Druck auf zwei Federschnapper nach unten herausziehen. Länge 1240 mm, Kaliber 11 mm
Infanteriegewehr. Deutschland. M/1871. Mit einhängbarem Magazin.
Länge 1345 mm, Kaliber 11 mm

152 Von links nach rechts:
1. *Karabiner mit Klappenverschluß.* System Albini-Brändlin. Großbritannien. 1867. Länge 1230 mm, Kaliber 15 mm
2. *Jägerbüchse mit Klappenverschluß.* System Tabatière. Frankreich. Modell 1867 Transformé. Länge 1265 mm, Kaliber 17,8 mm
3. *Kavalleriekarabiner mit Klappenverschluß.* System Westley-Richards. Großbritannien. 1866. Länge 1240 mm, Kaliber 11,5 mm

153 *Für Hinterladung umgeänderte USA-Militär-Perkussionsgewehre.*
Von oben nach unten:
1. Mit Klappenverschluß, umgeändert 1866 nach dem System Berdan. Länge 1420 mm, Kaliber 15 mm
2. Mit Fallblockverschluß von Roberts. 1867. Länge 1420 mm, Kaliber 15 mm
3. Mit Klappenverschluß von Miller. 1865. Länge 1415 mm, Kaliber 14,5 mm

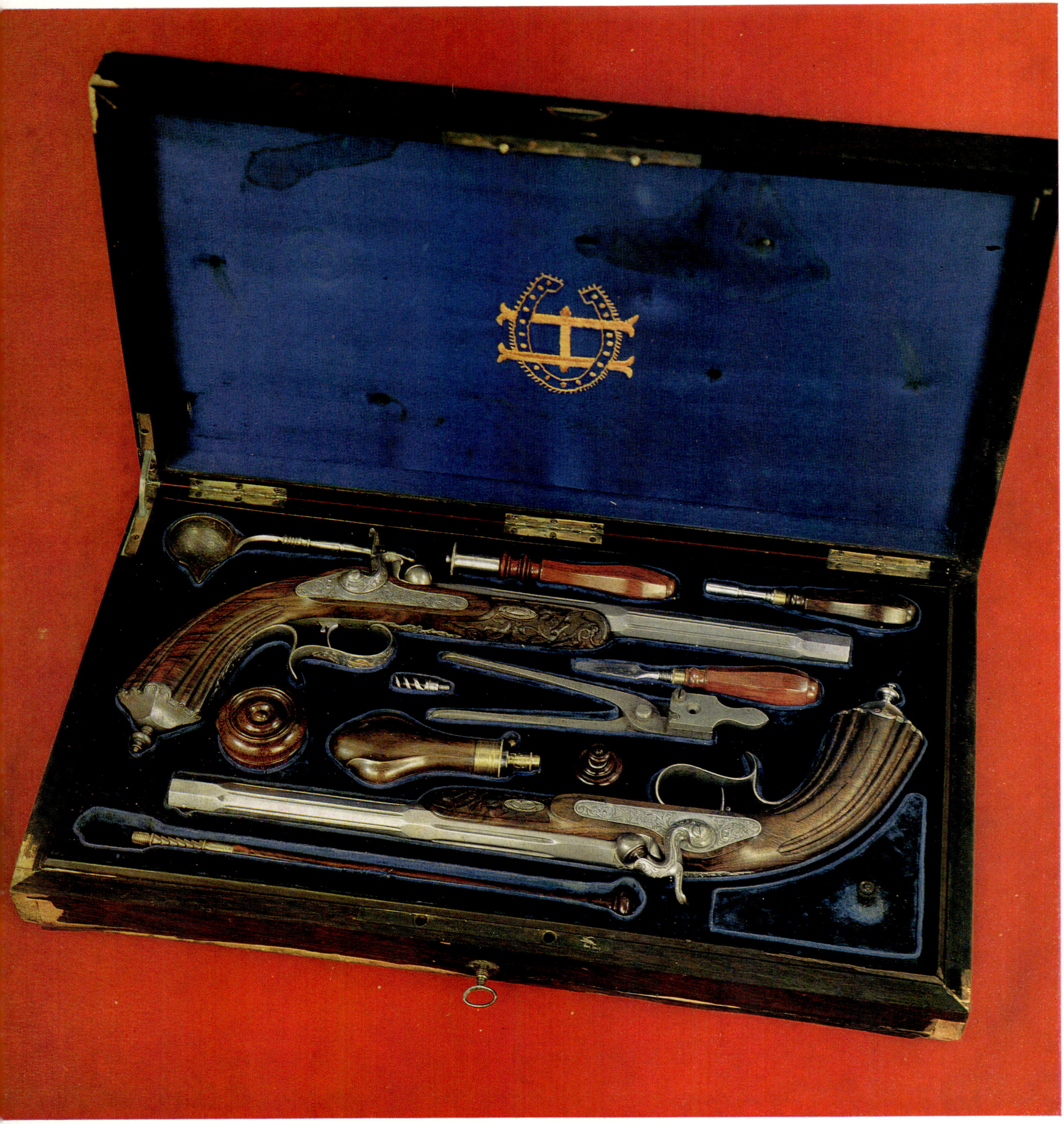

154 *Ein Paar Perkussionspistolen* mit Kasten und Zubehör. Lüttich. Um 1850/60. Gezogene Läufe mit Kantenwechsel und Längskehlungen; jeder Lauf mit Kimme und Korn; Feinstellschraube hinter dem Abzug und Sporn am Abzugsbügel; dieser mit Monogramm «CH»; halbe Schäfte. Kasten mit blauem Samt, im Deckel mit blauer Seide ausgelegt. Zubehör: Gießlöffel, Griffstück mit Gewinde, Pistonschlüssel, Schraubenzieher, Krätzer, Kugelzange für Rundkugel, Holzbehälter für Bleikugeln, Pulverfläschchen, Ölkännchen und Stock mit Gewinde. Länge einer Pistole 420 mm, Kaliber 11 mm

155 *Mehrlade-Jagdgewehr.* System Henry. USA. 1865. Am Gehäuse links bezeichnet: «Jorge Heyser 1865», Laufinschrift: «HENRY'S PATENT. OCT. 16. 1860. MANUFACT. D. BY THE NEWHAVEN ARMS.CO. NEWHAVEN. CT.» Länge 1095 mm, Kaliber 10 mm

156 *Perkussions-Bündelrevolver.* Ödestugu/Schweden. Um 1850. Sechs Läufe mit je einem Piston, Laufbündel von Hand weiterzudrehen, die Wulst des Schloßkastens ist oben für den Schlag des Hahnes durchbrochen. Der Schloßkasten trägt die Buchstaben: «IEH» (Johan Engholm, bekannter Büchsenmacher aus Ödestugu, Provinz Jönköping). Der Typ dieses Bündelrevolvers wurde in Schweden «Malmpistolen» oder «Läusmanpistoler» (Polizeipistolen) genannt. Läufe, Schloßkasten und Abzugsbügel aus Messing gegossen, Griffschiene, Hahn und Abzug aus Eisen. Länge 224 mm, Kaliber 7 mm
Sechsläufige Pistole von Comblain. Lüttich. Um 1860. Das auf einer Achse sitzende Laufbündel ist feststehend, es läßt sich jedoch nach Lösen der vorn sitzenden Sechskantmutter von der Achse abziehen. Im Schloßgehäuse befinden sich vorn, zentral zu den Läufen liegend, in einem Block sechs beweglich gelagerte Schlagbolzen. Beim Zurückziehen des Ringabzuges wird eine zylindrische Stange mit Schlagstück jeweils um 60 Grad gedreht, dabei schlägt das Schlagstück jeweils nach vorn und treibt einen Schlagbolzen gegen den Patronenboden. Die Drehung erfolgt durch einen Schenkel am Abzug, der in ein Sperrad greift. An der unteren Griffschiene bezeichnet: «D. J. COMBLAIN BRÉVETÉ». Länge 185 mm, Kaliber 7 mm

157 *Revolver Kaiser Wilhelm II.* System Chamelot-Delvigne. Lüttich. 1880/90. Geschenk der Königin Viktoria von England. Lauf bezeichnet: Acier Fondu (Gußstahl) 12 464, Trommel für sechs Schuß, bezeichnet: «ELG» und D (Double Action). Metallteile verchromt, Griffschalen aus Elfenbein, links gekröntes «V».
Länge 225 mm, Kaliber 11 mm

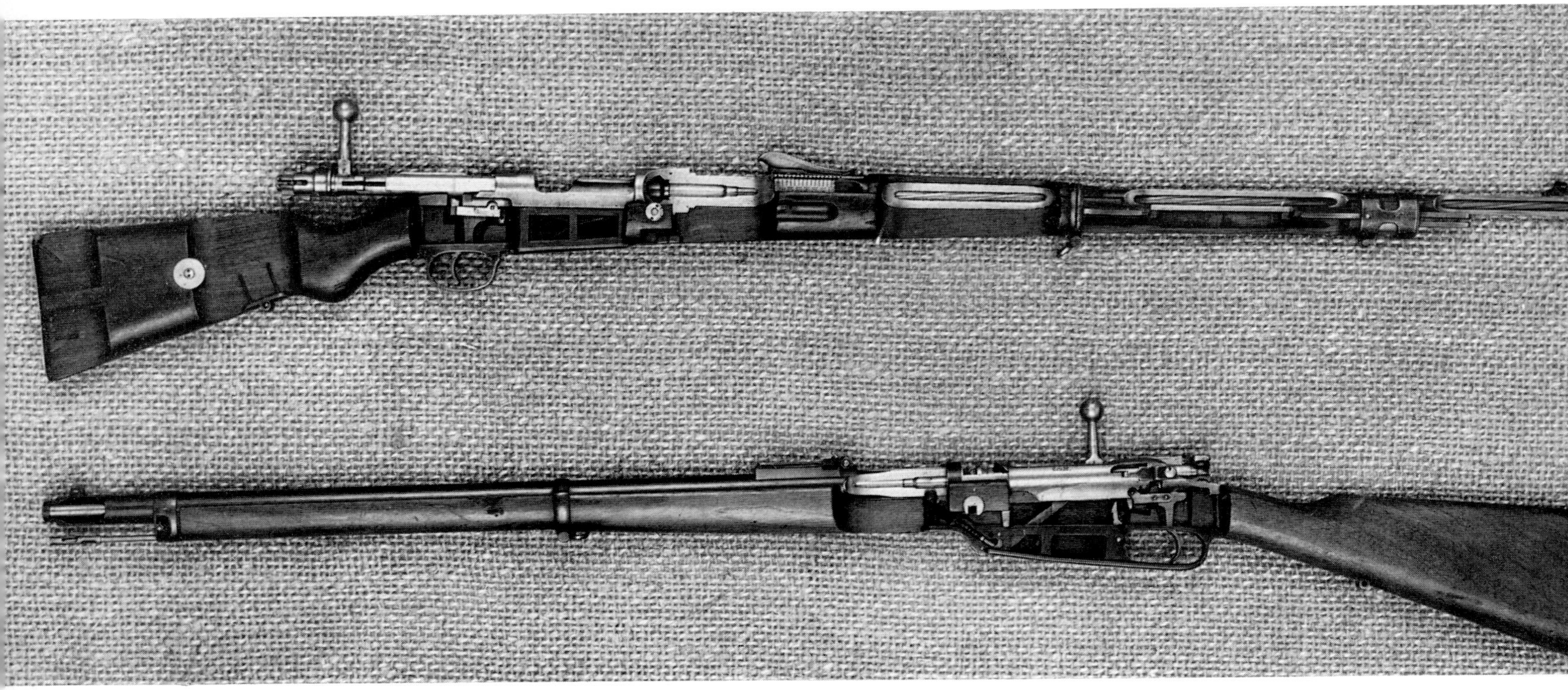

158 *Gewehr 98 (oben) und Gewehr 88.* Deutschland. Schnittmodelle. Beide Gewehre Länge 1250 mm, Kaliber 7,9 mm

159 *Deutscher Armeerevolver M 1879.* Hergestellt von Sauer & Sohn. Suhl. 1882. Länge 330 mm, Kaliber 10,6 mm
Französischer Armeerevolver M 1873. System Chamelot-Delvigne. Bezeichnet: «Mre d'Armes St. Étienne». Länge 240 mm, Kaliber 11 mm

160 *Harmonika-Pistole.* Von A. E. Jarre für Lefaucheux-Patronen. Paris. Um 1873. In einem Block sind zehn Läufe nebeneinander – ähnlich wie die Öffnungen einer Mundharmonika – angeordnet. Beim Durchziehen des Abzuges gleitet der Block von links nach rechts jeweils einen Lauf weiter; beim Loslassen des Abzuges fällt der Hahn auf den Stift der Lefaucheux-Patrone. Länge 121 mm, Kaliber 7 mm

auf die Pulverladung. Während die Hülse der Maynardpatrone mehrmals neu gefüllt werden konnte, war die Burnsidepatrone nur für den einmaligen Gebrauch geeignet.
Der Pariser Büchsenmacher Flobert entwickelte eine Patrone, deren Zündmittel in den Rand des Hülsenbodens eingefügt war. Der Initialzünder wurde durch den Schlag des Hahns gezündet. Die ersten Revolver von Smith & Wesson verschossen beispielsweise solche Randfeuerpatronen.
Aus Sicherheitsgründen erwies es sich bei großkalibrigen Waffen als vorteilhafter, den Zündsatz in der Mitte des Hülsenbodens unterzubringen. Diese Konstruktion entwickelte um 1855 der Franzose M. Pottet. In der vertieften Mitte des Hülsenbodens aus Messing befand sich ein kleiner Amboß mit Zündkanal, auf dem ein Zündhütchen saß. Die Zentralfeuerpatrone von Oberst Edward M. Boxer hatte im eisernen Boden der Messinghülse eine Zündkapsel. Ein stark abgesetzter Rand erleichterte das Ausziehen der leeren Hülse. Die Patrone wurde für den Hinterlader von Snider und für das Martini-Gewehr in England eingeführt.
Wie die Pottetpatrone besaß auch die Patrone des amerikanischen Obersten Hiram Berdan im Hülsenboden aus Messing einen kleinen Amboß mit mehreren Zündkanälen, auf dem das Zündhütchen ruhte.
In diese Entwicklungsreihe gehört auch die bereits besprochene Papierpatrone der Zündnadelgewehre, die jedoch von den Metallpatronen verdrängt wurde. Die Einheitspatrone aus Metall ermöglichte die völlige Gasabdichtung (Liderung) des Laufes. Der Explosionsdruck dehnte die Metallhülse aus und preßte sie an die Wand des Patronenlagers. Die Liderung erfolgte bisher nur durch Verschlußteile.
Einen wesentlichen Anstoß zur allgemeinen Umrüstung auf Hinterlader gaben die preußischen Erfolge mit dem Zündnadelgewehr in den Kriegen gegen Dänemark 1864 und gegen Österreich 1866. Alle Staaten waren bestrebt, ihre Armeen möglichst umgehend mit Hinterladern auszurüsten. In vielen Ländern wurden zunächst die alten gezogenen Vorderlader in Hinterlader umgeändert. Konstrukteure entwickelten eine Fülle neuer Verschlußsysteme. Insbesondere in England und in den Vereinigten Staaten von Amerika entstanden in dichter Folge neue Hinterladersysteme. Zu Preiswettbewerben gingen

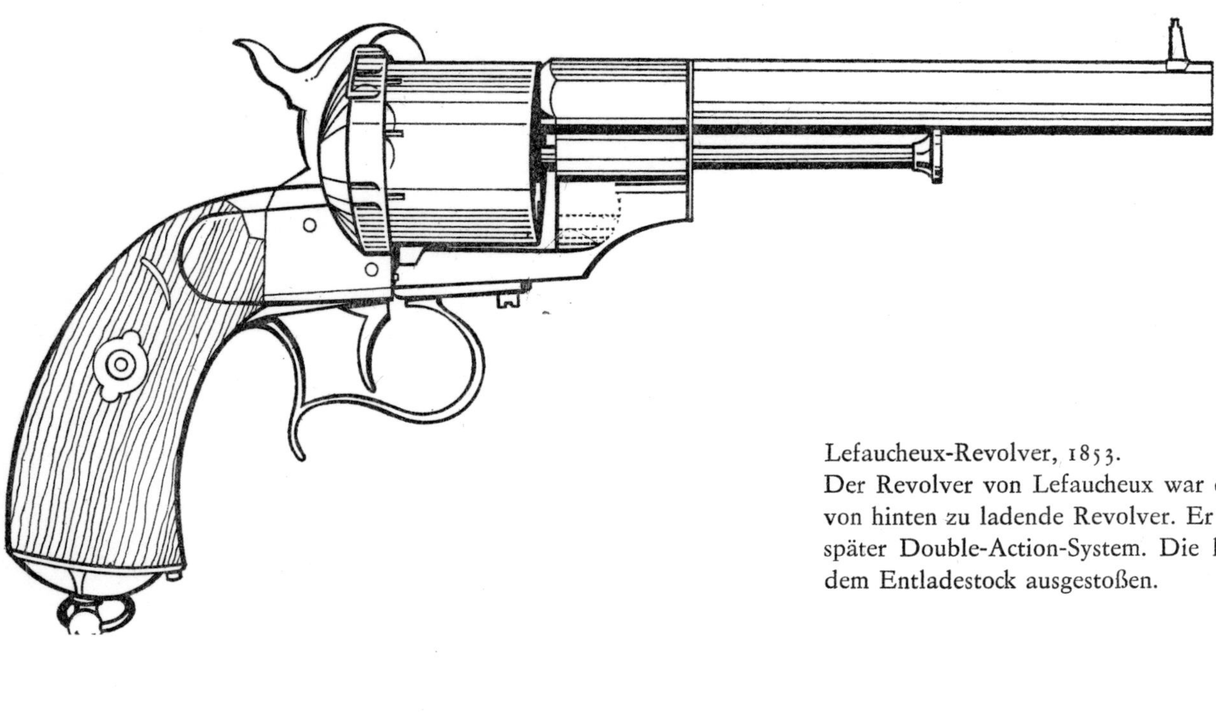

Lefaucheux-Revolver, 1853.
Der Revolver von Lefaucheux war der erste mit Metallpatronen von hinten zu ladende Revolver. Er besaß zunächst Hahnspannung, später Double-Action-System. Die leeren Patronenhülsen wurden mit dem Entladestock ausgestoßen.

in den sechziger Jahren 50 und mehr Entwürfe ein. 65 Erfinder hatten sich beispielsweise im Jahre 1868 in England an einem Wettbewerb um die Konstruktion eines Hinterladers mit kleinem Kaliber beteiligt, den der Schweizer Friedrich von Martini mit seinem aus dem Peabody-Fallblock-System weiterentwickelten Gewehr mit innenliegendem Schlagbolzen gewann. Allein durch die Menge der Erfindungen werden die Dimensionen deutlich, die die Technik für die Entwicklung der Handfeuerwaffen ermöglichte.

Nicht immer handelte es sich um völlig neue Ideen. Verschiedene Systeme von Hinterladerverschlüssen wurden bereits im 16., 17. oder 18. Jahrhundert entwickelt. Kammer-, Schraub-, Block-, Fallblock- und Klappenverschluß waren im Prinzip seit langem für Handfeuerwaffen und Wallbüchsen bekannt. Sie wurden für die Handhabung verfeinert, im Mechanismus vervollkommnet und der neuen Munition angepaßt.

Die Hinterladerverschlüsse des 19. Jahrhunderts können in drei Hauptgruppen eingeteilt werden:

1. Scharnier- oder Klappenverschlüsse,
2. Blockverschlüsse,
3. Zylinderverschlüsse.

Eine außerordentliche Variationsbreite zeigen die Klappenverschlüsse mit Perkussionsschloß. Der im Scharnier bewegliche Verschluß befindet sich hinter dem Patronenlager und kann entweder zur Seite oder nach vorn aufgeklappt werden. Die Schließklappe besitzt häufig ein Piston und einen Zündkanal, oder der Hahn trifft auf einen Schlagbolzen, der in der Klappe beweglich gelagert ist. Klappenverschlüsse ließen sich sehr leicht für den Umbau gezogener Vorderlader verwenden. Der tschechische Büchsenmacher Sylvester Krnka konstruierte 1849 den ersten modernen Hinterlader mit Klappenverschluß. Zu den bekanntesten Konstruktionen der Folgezeit gehören die Verschlüsse von Allin, USA 1865; Snider, England 1865; Amsler, Schweiz 1866/67; Albini-Brändlin, Belgien 1867; Berdan I, Rußland 1867; Wänzel, Österreich 1866; Reilly-Comblain, England 1868 und Soper-Henry, England 1868.

Eine noch größere Verbreitung fanden die unterschiedlichen Formen der Blockverschlüsse. Die bedeutendsten waren der Vertikalblock-, der Fallblock- und der Drehblockverschluß. Bei dem ersten Typ wurde meistens durch einen Hebel ein Verschlußblock in vertikaler Richtung gesenkt, nach dem Laden gehoben und damit der Lauf verschlossen. Auch hier sollen einige frühe bekannte Verschlußsysteme genannt werden: Treuille de Beaulieu, Frankreich 1854; Sharps, USA 1853; Charrin, Belgien 1865; Henry, England 1868; Comblain, Belgien 1871 und Aydt, Deutschland 1884.

Beim Fallblockverschluß senkte sich im allgemeinen der Block nur vorn, so daß über ihn hinweg die Patrone in das Patronenlager eingeführt werden konnte. In Deutschland gehörte das Bayerische Werdergewehr M/1869 zu den qualitätvollen Waffen dieser Art. Bei diesem Gewehr fällt der Verschluß herunter, wenn der Schütze einen Drücker, der vor dem Abzug gelagert ist, betätigt. Der Verschlußblock hebt sich, wenn der oben hinter ihm liegende Hahn zurückgezogen wird. Das Gewehr hatte ein Kaliber von 11 Millimeter für Metallpatronen, die höchste Visierschußweite betrug 1 200 Meter. Zu den verbreitetsten Typen mit Fallblockverschluß zählten ferner die Konstruktionen von Peabody, USA 1862; Cochran, USA 1866; Roberts, USA 1867; Bornmüller, Deutschland 1870 und Martini, England 1871.

Beim Drehblockverschluß führt der Verschlußblock eine drehende Bewegung aus. Bei Mehrladegewehren erfolgte sie durch einen Unterhebel. Die bekanntesten Typen waren von Spencer, USA 1860; Remington, USA 1864 und Werndl, Österreich 1867.

In der Folgezeit setzten sich gegenüber den aufgezählten Verschlußsystemen die Hinterlader mit Zylinderverschluß als die besten durch. Das Prinzip war bereits von Nikolaus Dreyse beim Zündnadelgewehr angewendet worden. Es beruhte darauf, daß ein Zylinder in einer mit dem Lauf fest verbundenen Hülse beweglich gelagert war und nach dem Laden das Patronenlager fest verschloß. Zum Bewegen des Verschlusses diente ein Griffstück (Kammerstengel). Die meisten derartigen Hinterlader hatten einen drehbaren Zylinderverschluß. Hierbei

wurde nach dem Vorschieben des Verschlusses der Griff nach rechts vor ein Widerlager gelegt, wodurch eine Verriegelung erfolgte. Einige moderne Typen besaßen einen Geradzugverschluß, bei dem der Verschluß nur vorgeschoben zu werden brauchte. Auch für Zylinderverschlüsse sollen einige bekannte Namen erwähnt werden: Mauser-Norris, Deutschland-USA 1867–1869; Vetterli, Schweiz, Italien 1868; Wilson, England 1868; Beaumont, Holland 1871; Berdan II, Rußland 1871; Mauser, Deutschland 1871 und Gras, Frankreich 1874.
Die Verbesserung des Verschlusses, die bei Gewehren mit Zylinderverschluß erreicht wurde, soll am Beispiel des deutschen Infanteriegewehrs M/1871, einer Konstruktion der Gebrüder Peter Paul und Wilhelm Mauser, aufgezeigt werden. Während bei anderen Verschlüssen die Patrone mit der Hand in das Patronenlager eingeschoben werden mußte, übernahm der Zylinderverschluß selbst diese Funktion. Gegenüber dem Zündnadelgewehr war das Gewehr M/1871 ein Selbstspanner. Beim Verriegeln des Verschlusses wurde das Schlößchen gespannt. Schon beim Vorschieben der Metallpatrone griff der Auszieher am Verschlußkopf mit der Kralle hinter den Patronenrand und bewirkte nach dem Schuß das Ausziehen der leeren Patronenhülse aus dem Patronenlager. Durch leichtes Kippen fiel die Hülse aus dem Gewehr. Hinten am Schlößchen befand sich ein Sicherungsflügel, der zum Sichern nach links gelegt wurde. Zur Zündung der Metallpatrone diente ein Schlagbolzen. Der Lauf hatte vier Züge mit Rechtsdrall. Das Rahmenvisier besaß fünf Kimmen, die Einstellungen für 300, 400, 500 (50-Meter-Einteilung bis 1 050 Meter), 1 100, 1 200 und 1 600 Meter ermöglichten. Zum Infanteriegewehr gehörte ein aufpflanzbares Seitengewehr, das 620 Millimeter lang war. Trotz vieler Vorzüge in der Handhabung und den Schießeigenschaften entsprach die Waffe nicht mehr den militärischen Anforderungen, da bereits die Zeit der Mehrladegewehre angebrochen war.
Jagdgewehre hatten meistens die gleichen Schloßkonstruktionen wie Militärgewehre, jedoch gab es darüber hinaus typische Schlösser für Jagdflinten und -büchsen. Kipplaufkonstruktionen mit Schieber- oder Riegelverschlüssen waren besonders verbreitet. Sehr vorteilhaft waren bei außenliegenden Hähnen die Reaktionsschlösser. Der Hahn sprang nach dem Aufschlag selbsttätig wieder bis zur Ruhrast zurück. Die Waffe war dadurch sofort wieder gesichert, und das erste Zurückziehen des Hahnes mit der Hand – bei anderen Perkussionsgewehren notwendig – erübrigte sich. Bequem ließen sich die sogenannten Hammerlessgewehre handhaben, die seit den siebziger Jahren des 19. Jahrhunderts sehr verbreitet waren. Bei diesen Konstruktionen mit innenliegenden selbstspannenden Schlössern – vorwiegend von englischen Büchsenmachern entwickelt – spannten sich die Schlösser automatisch beim Abkippen oder beim Schließen der Läufe. Der außenliegende Hahn des Perkussionsschlosses wurde bei diesen Selbstspannern durch ein innenliegendes Schlagstück ersetzt. Hammerlessgewehre der Firmen Anson & Deeley und William W. Greener, beide in Birmingham ansässig, gehörten zu den verbreitetsten Typen.
Bei der Jagd auf Wild ist ein Gewehr, mit dem man unmittelbar hintereinander zwei oder mehr Schüsse abgeben kann, sehr vorteilhaft. Für Jagd auf Flug- und Niederwild wurden Flinten bevorzugt. Bei Doppelflinten lagen zwei Läufe neben-, bei Bockflinten übereinander. Für die Jagd auf Hochwild verwendete man Büchsen. Sie waren in der gleichen Weise angeordnet wie Flinten. Die Gewehrtypen konnten auch miteinander kombiniert sein. Bei der Büchsflinte lagen ein Büchs- und ein Flintenlauf neben-, bei der Bockbüchsflinte übereinander. Drei Läufe gleicher Art – Flintendrilling oder Büchsdrilling genannt – mit zwei oben- und einem darunterliegenden Lauf erhöhten die Feuerkraft noch mehr. Auch hier können glatte und gezogene Läufe miteinander kombiniert sein, desgleichen beim Vierling. Zwei und mehr Läufe liegen nicht parallel nebeneinander, sondern bilden einen spitzen Winkel, so daß sie bei einer bestimmten Entfernung in gleichem Maße das Ziel treffen.

Mehrladewaffen

Nachdem zahlreiche Modelle von Einzelladern für Metallpatronen vorlagen, konzentrierte sich das Bemühen vieler Waffentechniker auf die Konstruktion von Mehrlade- oder Repetiergewehren. Das Prinzip dieser Waffen bestand darin, daß mehrere Patronen in einem Magazin lagerten und nach dem Schuß eine neue Patrone mit Hilfe eines Repetiermechanismus in das Patronenlager eingeführt wurde. Der Gesamtmechanismus des Gewehres wurde dadurch weiter ausgebaut, technisch komplizierter und erforderte eine höhere Zahl von Einzelteilen. Insbesondere Verschluß und Repetiermechanismus mußten aufeinander abgestimmt werden.

Feuerbereitschaft und Feuergeschwindigkeit ließen sich durch Mehrladeeinrichtungen wesentlich steigern. Befand sich eine Anzahl von Patronen direkt im Gewehr, so fielen die Ladebewegungen – Öffnen der Patronentasche, Griff nach der Patrone und Einführen derselben in das Patronenlager – fort. Die Verschlußbewegungen, die mit dem Spannen des Schlosses verbunden waren, dienten nun, bei den vollentwickelten Mehrladern, zugleich dem Laden des Gewehrs, dem Ausziehen und Auswerfen der leeren Patronenhülse. Bedenken gegen das Repetiergewehr wegen des hohen Munitionsverbrauchs verzögerten zum Teil die Einführung, deshalb wurden manche Waffen auch für Einzelladung hergerichtet. In taktischer Hinsicht galten die Patronen in der Mehrladeeinrichtung deshalb auch als Munitionsreserve.

Mit Mehrladegewehren des 19. Jahrhunderts wurden Einheitspatronen verschossen. Mehrere Techniker in den Vereinigten Staaten von Amerika waren die ersten, die brauchbare Repetiergewehre konstruierten. 1849 erhielt Walter Hunt das Patent für einen Mehrlader mit Röhrenmagazin unter dem Lauf. Das Laden erfolgte durch einen Hebelarm. Für dieses Gewehr hatte Hunt eine besondere Munition entwickelt. Das Geschoß besaß hinten einen Hohlraum, in dem sich die Treibladung befand. Der Zündsatz war in den aus Kork bestehenden Boden, der den Hohlraum verschloß, eingesetzt. Hunt hatte das Patent für sein Gewehr verkauft, und es wurde von Lewis Jennings und Benjamin Tyler Henry weiterentwickelt. Die selbstdichtende Randfeuerpatrone – Kaliber .44 – von Henry brachte eine entscheidende Verbesserung. Der Schlagbolzen erhielt vorn eine Gabelung und traf damit zugleich zwei Stellen des Randes der Patrone, wodurch die Zündung sicherer wurde. Das neue sechzehnschüssige Gewehr erhielt laut Patent die Bezeichnung «Henry Rifle». Es wurde in der Oliver F. Winchester gehörenden Firma «New Haven Arms Co.» hergestellt. Während des Amerikanischen Bürgerkrieges von 1861 bis 1865 war das Gewehr auf beiden Seiten im Einsatz. Die hohe Feuerkraft verhalf ihm zu dem Ruhm, ein «verfluchtes Yankeegewehr» zu sein, das am Sonntag geladen werde und die ganze Woche hindurch schieße.

Die Ladevorrichtung des Henry-Gewehrs – die Patronen wurden vorn in das Magazin eingeführt – verbesserte Nelson King, indem er seitlich am Messinggehäuse eine Ladeklappe anbrachte. Dieses Gewehr erhielt die Bezeichnung «Winchester 66». Es kam als Armee- und als Jagdgewehr auf den Markt. Bei beiden Typen nahm die Mehrladeeinrichtung 17 Patronen auf. Im Karabiner ließen sich 14 Patronen unterbringen. Wegen der Messingteile erhielt die Winchester im Volksmund die Bezeichnung «Yellow Boy» – so wurde auch ein Goldstück benannt. Ein erster Auftrag über 1 000 Winchester 66 kam aus Mexiko von dem bürgerlich-demokratischen Präsidenten Benito Juárez, dessen Truppen damit erfolgreich gegen französische Interventionstruppen kämpften. Der Sieg führte zum Sturz des österreichischen Erzherzogs Maximilian, der Kaiser von Mexiko geworden war.

In den nächsten Jahren lieferte die «Winchester Repeating Arms Company» rund 50 000 Gewehre und Karabiner in die Türkei. 1877 wurden diese Waffen im Russisch-türkischen Krieg bei der Verteidigung von Plewen in Bulgarien von türkischen Truppen eingesetzt. Über den harten Kampf, in dem die Winchestergewehre eine wesentliche Rolle spielten, berichtete der russische General E. J. Todtleben in einem Brief an General Brialmont: «Es ist Ihnen bekannt, daß wir unsererseits, es koste was es wolle, Plewna im Sturm nehmen wollten, daß unsere Angriffe vom 20. Juli und 11. September vom

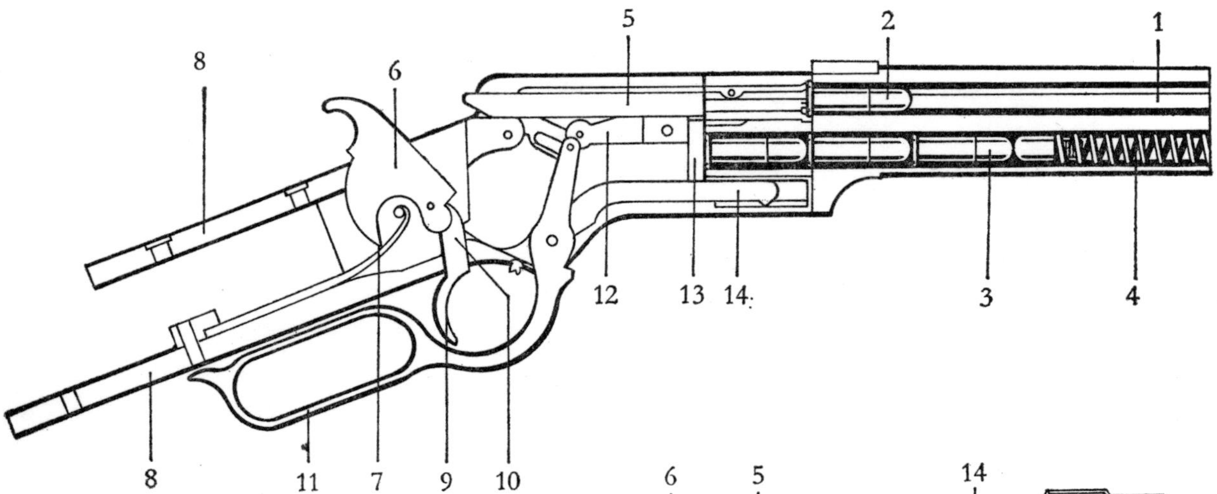

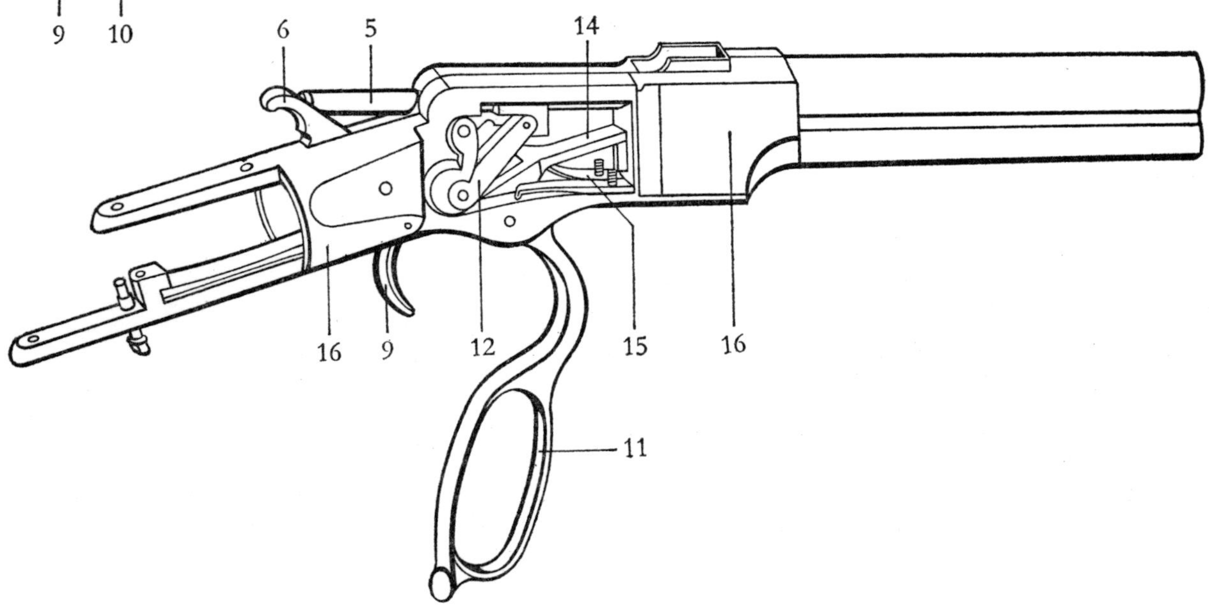

«Henry-Rifle», Repetiergewehr mit röhrenförmigem Patronenmagazin unter dem Lauf für 15 Patronen, USA-Patent von 1860.

Teile: 1. Lauf, 2. Patrone im Patronenlager des Laufes, 3. Magazin, 4. Spiralfeder, 5. Verschlußzylinder, vorn mit zwei Schlagbolzen und Auszieher, 6. Hahn, 7. Schlagfeder, 8. Schienen zum Befestigen des Kolbens (untere Schiene gleichzeitig Abzugsblech), 9. Abzug, 10. Abzugsstollen, 11. Bügelhebel, 12. Kniegelenk, 13. Zubringer, 14. Zubringerarm, 15. Zubringerfeder, 16. Messinggehäuse.
Funktionsweise: Beim Vorstoßen des Bügelhebels wird durch das Kniegelenk der Verschlußzylinder zurückgezogen, dabei zieht der Auszieher die leere Hülse aus dem Patronenlager; der Verschlußzylinder drückt mit seinem hinteren Ende den Hahn so weit zurück, daß der Abzugsstollen in die Rast des Hahnes fällt und die Schlagfeder gespannt wird; der Bügelhebel stößt mit einer Nase gegen den Zubringerarm und hebt diesen nach oben, der Zubringer bringt eine Patrone in die Höhe des Patronenlagers, dabei wird die leere Hülse ausgeworfen.
Beim Zurückziehen des Bügelhebels streckt sich das Kniegelenk; der Verschlußzylinder wird nach vorn geschoben und bringt die neue Patrone in das Patronenlager, wobei der Auszieher mit seinem Haken über den Rand der Patrone gleitet, der Zubringer senkt sich nun wieder und übernimmt eine weitere Patrone aus dem Magazin. Beim Druck gegen den Abzug schlägt der Hahn hinten gegen den Verschlußzylinder, der vorn mit zwei Spitzen die Randfeuerpatrone zündet. Direkte Einzelladung ist nicht möglich.

Feind aber zurückgeschlagen wurden, was uns einen Verlust von 30000 Mann verursachte. Die Stellungen der Türken waren sehr stark und wurden gut verteidigt durch die zahlreichen Reserven, welche im Zentrum der Verteidigungslinie aufgestellt waren.

Das Feuer der Infanterie streute einen Hagel von Geschossen auf einer Strecke von mehr als zwei Kilometern aus. Die heldenmütigsten Anstrengungen unserer Truppen waren fruchtlos, und die Divisionen wurden von einer Effektivstärke von 10000 Mann auf 5000, ja auf 4000 Mann reduziert. Veranlaßt wurde dies dadurch, daß die Türken, obwohl sie sich nicht die Mühe gaben zu zielen, ein ununterbrochenes Feuer unterhielten, während sie in den Trancheen gut gedeckt standen. Jeder türkische Soldat hatte hundert Patronen bei sich, und an seiner Seite stand ein Kasten mit fünfhundert Patronen. Nur einige der besseren Schützen schossen auf die Offiziere.

Die Trancheen waren in mehreren Etagen übereinander angelegt; die Redouten hatten an den wichtigsten Punkten eine dreifache Feuerlinie, nämlich von dem Wall, von dem bedeckten Gang und von dem Absatz der Eskarpe, wo die Leute durch den Graben gedeckt standen. So glich das Feuer der türkischen Infanterie der Wirkung einer Maschine, welche ununterbrochen ihre Bleimassen auf weite Entfernungen ausschleuderte. Ein solches Verfahren ist gewiß in hohem Maße

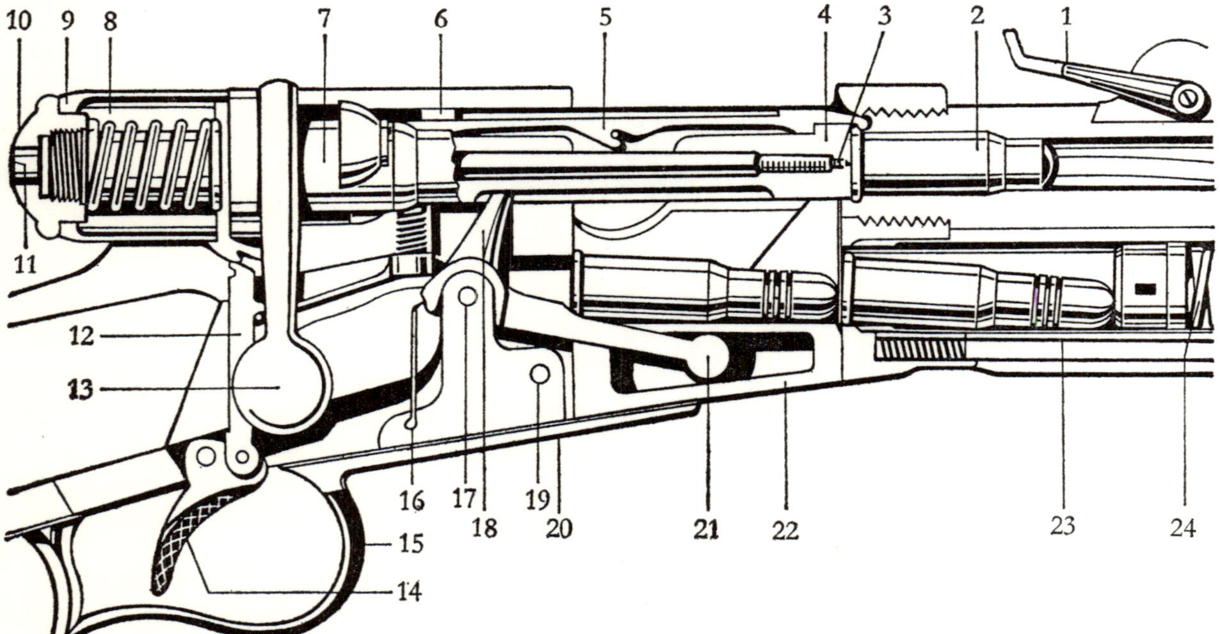

Vetterli-Gewehr mit Zylinderverschluß und röhrenförmigem Vorderschaftmagazin, M 1868, Schweiz.
Das Gewehr nimmt 13 Patronen auf (11 im Magazin, eine auf dem Zubringer und eine im Patronenlager).
Einzelteile: 1. Visier, 2. Patrone im Patronenlager, 3. Schlagbolzen, 4. Verschlußkolben, 5. Auszieher, 6. Warze, 7. Kammer, 8. Spiralfeder, 9. Gehäuse, 10. Mutter, 11. Schlagbolzen, 12. Abzugsstollen, 13. Kammerstengel mit Kammerstengelknopf, 14. Abzug, 15. Abzugsbügel, 16. Kniegelenkfeder, 17. Achse des Kniegelenks, 18. kurzer Arm des Kniegelenks, 19. Niet, 20. Abzugsblech, 21. langer Arm des Kniegelenks, 22. Zubringer, 23. Magazin, 24. Magazinfeder.
Das Laden und Entladen erfolgt beim Vor- bzw. Zurückziehen des Zylinderverschlusses mit Hilfe eines Kniegelenkes und eines Zubringers. Beim Vorschieben wird auch das Schloß selbsttätig gespannt.

beachtenswert. Die Türken unterhielten ein so verheerendes Feuer der Infanterie, wie es bis dahin noch in keiner europäischen Armee in Anwendung gebracht worden ist.» (Lugs, Handfeuerwaffen)

Auch in Europa kamen zahlreiche Gewehrmodelle mit Röhrenmagazin unter dem Lauf auf. Zu ihnen zählt ein Armeemehrlader für 13 Patronen, Kaliber 10,4 mm, mit Zylinderverschluß des Schweizers Friedrich Vetterli von 1868. In Deutschland wurde 1884 ein Mehrladegewehr mit Vorderschaftsmagazin eingeführt und als Gewehr M/1871/84 bezeichnet. Grundlage war das Modell 1871, das Paul Mauser zu einem Mehrlader mit Röhrenmagazin unter dem Lauf umkonstruierte. Eine Spiralfeder drückte jeweils eine Patrone auf den löffelartigen Zubringer zurück, der im Mittelschaft unter der Kammerbahn eingebaut und um eine Welle drehbar war. Beim Zurückziehen des Verschlusses drückte dieser gegen ein Anschlagstück, wodurch der löffelartige Zubringer mit der Patrone gehoben wurde. Die Patrone gelangte nun beim Vorschieben des Verschlusses in das Patronenlager des Laufes, der Zubringer wurde gleichzeitig wieder nach unten gedrückt, wo er die nächste Patrone aufnahm. Durch einen Hebel konnte der Repetiermechanismus abgestellt und einzeln geladen werden. In das Magazin ließen sich acht Patronen einführen, eine konnte noch auf den Zubringer gelegt, eine weitere in das Patronenlager gesteckt werden, so daß das Gewehr insgesamt mit 10 Patronen geladen war. Das Magazin sollte nur eine Munitionsreserve für entscheidende Gefechtsmomente sein. Erneutes Laden des Magazins durch einzelnes Einführen der Patrone war sehr zeitraubend und konnte nur in einer Feuerpause geschehen, deshalb wurde nach dem Verschießen der Magazinladung mit Einzelladung geschossen. Das Vorderschaftsmagazin erschwerte das Schießen, weil das Gewehr dadurch zu vordergewichtig war und nach der jeweiligen Schußabgabe seinen Schwerpunkt veränderte. Die Gefahr der Zündung einer Patrone durch das hinter ihr liegende Geschoß der nächsten Patrone wurde dadurch weitgehend verhindert, daß die Geschoßspitze abgeflacht und das Zündhütchen tiefer in den Patronenboden verlegt wurde. Bei dem Vorderschaftsmagazin fehlte eine Vorrichtung, die erkennen ließ, wann das Magazin leergeschossen war.

Ein zweites Prinzip bei der Konstruktion von Mehrladegewehren bestand in der Unterbringung der Mehrladeeinrichtung im Gewehrkolben. Waffen dieses Systems fanden ebenfalls zuerst in den Vereinigten Staaten von Amerika mit dem Spencer-Karabiner größere Verbreitung. Dieser Karabiner wurde im Amerikanischen Sezessionskrieg (1861 bis 1865) erfolgreich eingesetzt. Im Krieg zwischen Frankreich und Deutschland (1870/71) kam er auf französischer Seite bei einigen Truppenteilen zum Einsatz. Christopher M. Spencer erhielt am 6. März 1860 das Patent für das Repetiergewehr mit Magazin im Kolben, das sieben Patronen aufnahm. Das Kaliber betrug .52.

Schnellfeuer-Schießversuche in Aarau (Schweiz) im Jahre 1866 ergaben mit zugereichten Patronen bei 300 Schritt Entfernung auf eine Scheibe von 180 Zentimeter im Quadrat mit dem Spencer-Karabiner folgende Leistungen: innerhalb von fünf Minuten 32 Schüsse mit 32 Treffern, innerhalb einer Minute 6,4 Schüsse mit 6,4 Treffern, das bedeutet, alle 9,37 Sekunden ein Schuß (nach W. v. Ploennies). Während die Zahl der Treffer beeindruckte, war die Feuergeschwindigkeit nicht größer als bei vielen Einladern. Das Laden der Mehrladeeinrichtung war sehr zeitaufwendig, denn die Magazinröhre mußte zum Füllen hinten am Kolben herausgezogen werden. Ein Schießen mit Einzelladung – nach dem Verschießen der Patronen im Magazin – ermöglichte das Gewehr nicht.

Die Anzahl der Patronen im Kolben war beim Spencergewehr noch zu gering. Andere Mehrlader mit Kolbenmagazin konnten zum Teil noch weniger Patronen aufnehmen, das des Amerikaners B. B. Hotchkiss beispielsweise nur fünf. Aus diesem Grunde versuchten andere Waffentechniker Mehrladeeinrichtungen im Kolben für eine wesentlich größere Patronenaufnahme zu konstruieren. Eine Methode bestand darin, ein Bündel von mehreren Magazinröhren im Kolben unterzubringen. Sie mußten, wie bei den Konstruktionen von T. Cullen (1869)

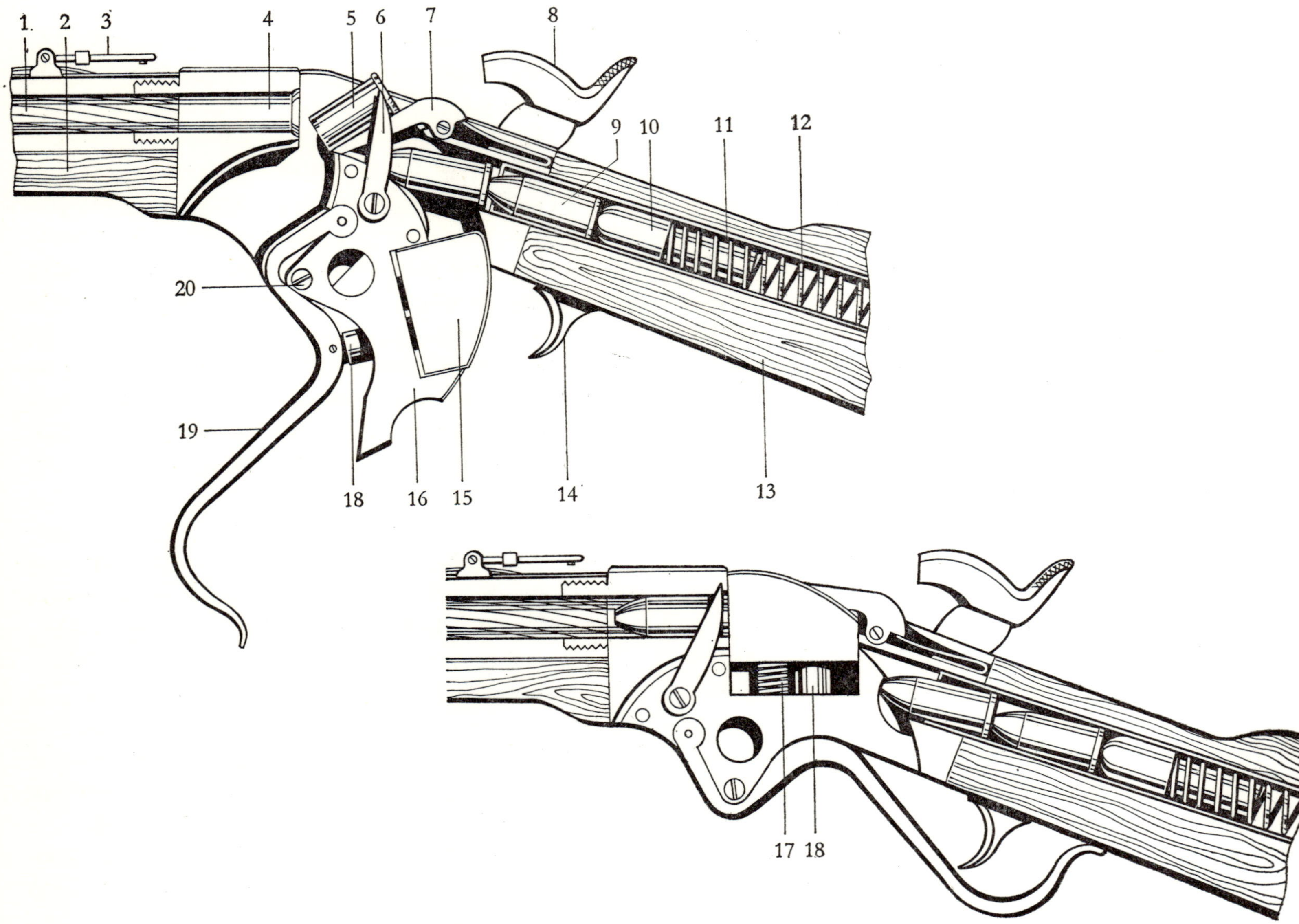

Repetiergewehr, System Spencer, mit Blockverschluß und Mehrladeeinrichtung im Gewehrkolben, USA-Patent vom 6. März 1860.
Oben: Verschluß geöffnet, unten: Verschluß geschlossen, Gewehr geladen, Schloß gespannt.
Einzelteile: 1. Lauf, 2. Schaft, 3. Visier, 4. Patronenlager, 5. leere Patronenhülse, 6. Auszieher, 7. Patronenführer, 8. Hahn, 9. Patronen im Magazin, 10. Hut, 11. Magazinröhre aus Stahlblech, 12. Spiralfeder, 13. Kolben, 14. Abzug, 15. Verschlußstück, 16. Führungsstück, 17. Spiralfeder für das Verschlußstück, 18. Bolzen, 19. Bügelhebel, 20. Schwenkzapfen.

Funktionsweise: Beim Senken des Bügelhebels wird die leere Patronenhülse vom Auszieher aus dem Patronenlager gezogen und auf den Patronenführer geschoben; der sich senkende Verschlußblock gibt die Magazinöffnung frei, die Spiralfeder drückt eine Patrone auf das Verschlußstück. Beim Schließen des Verschlusses wird die Patrone gleichzeitig gehoben und in das Patronenlager geschoben. Der Patronenführer wirft gleichzeitig die leere Hülse aus und drückt von oben auf die neue Patrone. Lauf und Magazinöffnung werden durch den Blockverschluß verschlossen. Beim Druck gegen den Abzug fällt der Hahn auf einen Schlagbolzen, dieser schlägt dadurch auf den Boden der Randfeuerpatrone.

und Waren Evans (1871), mit der Hand gedreht werden. Das Evans-Gewehr hatte vier Röhren, die je sechs Patronen aufnehmen konnten.

Bereits 1855 entwickelte der Amerikaner A. T. Watson ein Mehrladegewehr, bei dem die Patronen im Kolben hochstehend lagerten und kettenförmig miteinander verbunden waren. Die vorderste Patrone mußte in das Patronenlager vorgeschoben werden. Beim Schließen des nach oben beweglichen Blockverschlusses schnitt dieser mit einer scharfen Kante die erste Patrone ab, die zweite wurde am vorstehenden Zipfel festgehalten. Der Transport der Patronen erfolgte mit einem Schlitten, der beim Öffnen des Verschlusses durch eine Spiralfeder vorgeschoben wurde. Die Patronenhülsen waren aus Papier. Die Zündung erfolgte mit einem Hahnschloß. Bei der Konstruktion von J. O. A. Scott erfolgte die Bewegung der Patronen mit einem Transportband. Das Zurückziehen des Griffbügels, der den senkrechten Verschlußkolben bewegte, bewirkte zugleich die Drehung des Bandes im Kolben. Ein Sperrad mit Klinke arretierte das Transportband. Die Zündung erfolgte durch ein Hahnschloß.

Ein anderes Prinzip bestand darin, in den Kolben ein kastenförmiges Magazin einzubauen. Das Gewehr des Amerikaners R. Wilson aus dem Jahre 1864 besitzt fünf hintereinanderliegende Kästchen mit übereinanderliegenden Patronen, die durch Spiralfedern nach unten in die zum Patronenlager führende Röhre gedrückt werden. Auch hier wird der Blockverschluß durch einen Griffbügel bewegt und gleichzeitig die unterste Patronenlage mit Hilfe einer Ratschenstange vorgezogen. Beim Schließen des Verschlusses bleibt eine Patrone im Verschlußblock und wird durch ein Hahnschloß gezündet.

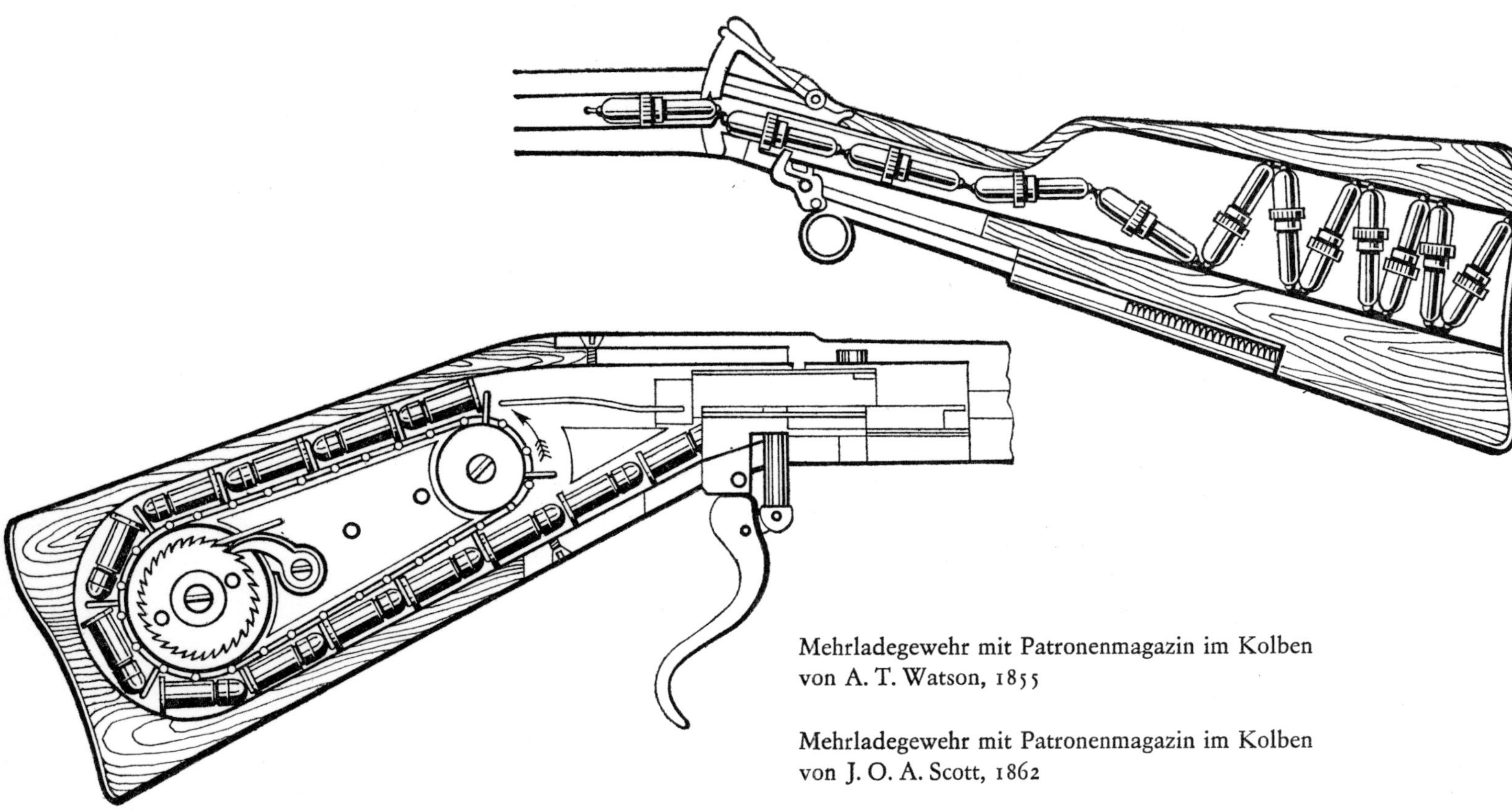

Mehrladegewehr mit Patronenmagazin im Kolben von A. T. Watson, 1855

Mehrladegewehr mit Patronenmagazin im Kolben von J. O. A. Scott, 1862

Zu den am besten entwickelten Gewehren mit Kastenmagazin im Kolben gehören zwei Modelle des Österreichers Josef Schulhof von 1882/83. Die Vorteile der Gewehre mit Kolbenmagazin gegenüber den Vorderschaftsmagazinen bestanden vor allem darin, daß bei ihnen keine zusätzlichen Teile hinzukamen, die die Handhabung erschwerten und das Gewicht ungünstig beeinflußten. Die Magazineinrichtung war sicherer gegen Verletzungen durch Stoß untergebracht. Nachteile konnten vor allem durch die Schwächung des Holzes, insbesondere am Kolbenhals, entstehen.

Der Zylinderverschluß hatte sich als ein sehr zuverlässiges, schnell und bequem zu handhabendes Verschlußsystem bewährt. Bei der Entwicklung vom Ein- zum Mehrlader mußte für Waffen mit diesem Verschluß eine vorteilhafte Magazinkonstruktion gefunden werden, bei der mit der Bewegung des Verschlusses zugleich das Laden der Patrone und das Entladen der leeren Patronenhülse erfolgte. Zunächst bemühten sich Waffenkonstrukteure, wie der Tscheche Sylvester Krnka, Josef Schano und Josef Werndl aus Steyr, um sogenannte Anhänge- oder ansetzbare Magazine. Sie wurden am Mittelschaft montiert. Bei den ersten Formen handelte es sich lediglich um einen «Patronenträger», aus dem der Schütze die Patronen griffbereiter und schneller als aus der Patronentasche entnehmen konnte. Die nächste Entwicklungsstufe verband Verschlußbewegung und mechanische Entnahme der Patrone aus den ansetzbaren Magazinen. Dieses System bot Anregungen für die Konstruktion von Patronenmagazinen im Mittelschaft.

Im Jahre 1879 ließ sich als erster James P. Lee aus Ilion im Staate New York ein Gewehr mit Zylinderverschluß und Magazin im Mittelschaft patentieren. Die Mehrladeeinrichtung nahm fünf Patronen auf, die durch eine W-förmige Zubringerfeder nach oben gedrückt wurden. Die Waffenfabrik Remington in Ilion stellte ein 1882 verbessertes Modell her, das sie zunächst nach Mexiko lieferte. Das Magazin von Lee kam auch bei dem 1888 in England eingeführten «Lee-Metford Magazine Rifle, Mark I.» zur Anwendung. Es faßte acht Patronen des Kalibers ·303. Für dieses Gewehr hatte William Ellis Metford einen Lauf mit muldenförmigen Zügen entwickelt, die den Gasdruck besser als kantige Züge für die Geschoßführung ausnutzen sollten.

Ferdinand Ritter von Mannlicher konstruierte ein Magazin, bei dem die Patronen in einem Patronenrahmen aus Stahlblech steckten. Mit diesem konnte die gesamte Magazinfüllung bei geöffnetem Verschluß mit einem Griff in das Mittelschaftsmagazin eingeführt werden. Das österreichische Repetiergewehr M 1886 – ein Mannlicher-Gewehr – faßte fünf Patronen mit dem Kaliber 11 Millimeter. Nach Einführen der letz-

Mehrladegewehr mit Patronenmagazin im Kolben
von R. Wilson, 1864

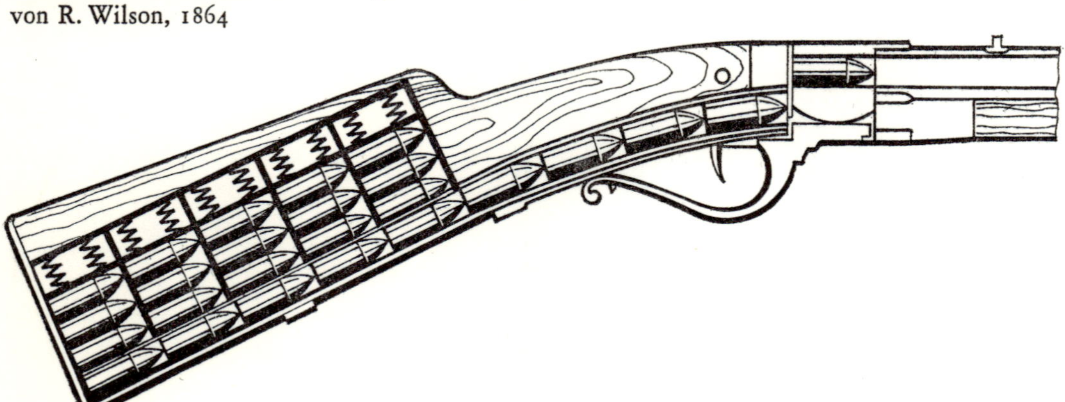

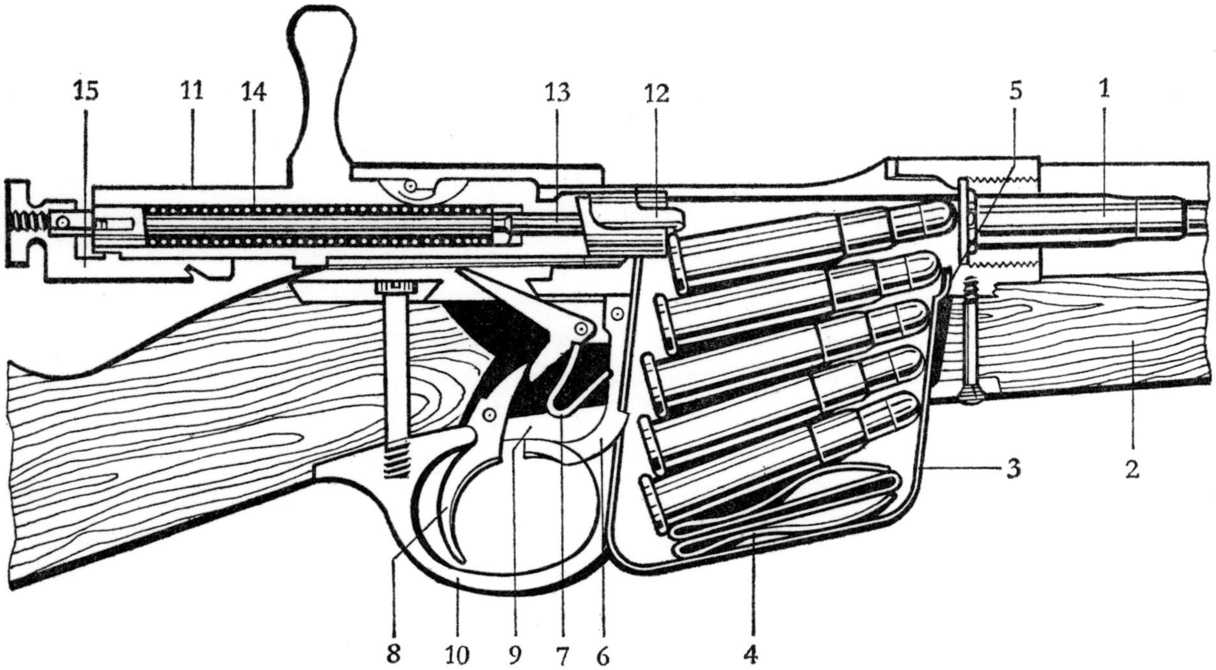

Repetiergewehr mit Zylinderverschluß und Patronenmagazin im Mittelschaft von James O. Lee, USA 1879.
Einzelteile: 1. Patronenlager, 2. Schaft, 3. Magazinkasten, 4. Magazinfeder, 5. vorspringende Nase des Magazinkastens, 6. Magazinhalter-Hebel, 7. Haltefeder (gleichzeitig Feder für Abzugsstange), 8. Abzug, 9. Abzugsstange, 10. Abzugsbügel, 11. Verschlußzylinder, 12. Auszieher mit Feder, 13. Schlagbolzen, 14. Spiralfeder, 15. Schlößchen.

Der Zylinderverschluß erfaßt beim Vorgleiten die obere Patrone im Magazin und schiebt sie in das Patronenlager. Die W-förmige Feder drückt die weiteren Patronen nach oben. Der leere Patronenkasten läßt sich nach unten herausnehmen und durch einen gefüllten ersetzen.

ten Patrone in das Patronenlager des Laufes fiel der Patronenrahmen aus dem unten offenen Magazin heraus. Das Repetiergewehr M 1886 hatte einen Verschluß mit Geradzugbewegung, der die Feuergeschwindigkeit erhöhen sollte und zur volkstümlichen Bezeichnung «Ruck-Zuck-Gewehr» führte.

Die Umrüstung der Armeen verlief weitgehend unter machtpolitischen Aspekten und wurde vom Kräfteverhältnis bestimmter Staaten zueinander beeinflußt. Im Verhältnis zwischen Frankreich und Deutschland hatte sich das beim Dreyseschen Zündnadelgewehr, dem Chassepotgewehr und dem Gewehr M 1871 deutlich abgezeichnet. Auch bei Mehrladegewehren bestanden zwischen beiden Staaten die gleichen Rivalitäten um die bessere Konstruktion. Das französische kleinkalibrige Lebel-Gewehr Mod. 1886 mit Vorderschaftsmagazin und Zylinderverschluß hatte das deutsche M 1871/84 in den Schießeigenschaften überflügelt. Bei der Munition wurde das neuartige rauchschwache Nitrozellulosepulver – von dem französischen Chemiker M. Vieille hergestellt – verwendet. Es wurde auf der Grundlage der Nitrozellulose – seit 1846 durch Friedrich Schönbein bekannt – hergestellt. Trockenes Zellulosenitrat verbrennt infolge des hohen Sauerstoffgehaltes auch in sauerstofffreier Atmosphäre blitzartig und explodiert in Patronen mit großer Brisanz. Auch in anderen Ländern gebrauchte man dieses Pulver, jedoch noch nicht für kleinkalibrige Militärgewehre. Die deutsche Heeresleitung strebte nun danach, mit dem französischen Nachbarn wenigstens gleichzuziehen. So entstand in ziemlicher Eile das «Gewehr 88». Es setzte sich aus Gewehrteilen verschiedener Konstrukteure zusammen; der Lauf nach französischem Vorbild, das Schloß nach Schlegelmilch und Mauser, das Magazin nach Mannlicher und der Laufmantel nach Mieg. Dieses Gewehr 88 hatte nur ein Laufkaliber von 7,9 Millimeter. Der Lauf mit vier Zügen in Rechtsdrall war zum Schutze der Hand von einem stählernen Laufmantel umgeben, der am Hülsenkopf aufgeschraubt und vorn durch den Oberring mit dem Lauf verbunden war. Der Laufmantel aus dünnem Blech bewährte sich nicht, da er sehr leicht verbeulte. Das Visier war ein Klappen- und Rahmenvisier, das Einstellungen bis 2050 Meter ermöglichte. Der Verschluß war gegenüber dem Modell 71/84 durch eine Warzenverriegelung wesentlich verbessert. Zwei Warzen am Verschlußkopf griffen in entsprechende Ausdrehungen am Hülsenkopf und fingen den Rückstoß auf. Der Auszieher war in Form einer Kralle an der rechten Seite des Verschlußkopfes angebracht, der Auswerferstift stieß beim Zurückziehen der Kammer gegen den Patronenboden und warf die Patronenhülse hinaus. Die Mehrladeeinrichtung faßte fünf Patronen. Sie wurden in dem von Mannlicher entwickelten Laderahmen aus dünnem Stahlblech in den Hülsendurchbruch eingeführt, bis sie vom Rahmenhalter arretiert wurden. Die oben liegende Patrone reichte so weit in die Kammerbahn hinein, daß sie beim Vorschieben der Kammer von dieser erfaßt und in das Patronenlager geschoben werden konnte. Ein federnder Druckbolzen drückte gegen den Zubringer, der die nächste Patrone nach oben hob.

Durch die Verkleinerung des Kalibers und durch die Einführung des rauchschwachen Pulvers wurden wesentlich bessere Schußleistungen erzielt. Das neue Schießpulver hatte eine etwa dreimal so große Kraft wie das bisherige Schwarzpulver. Rauch beeinträchtigte nicht mehr das Zielen, außerdem verschmutzte der Lauf wesentlich langsamer.

Ein kleinkalibriges Geschoß erleidet wegen des Luftwiderstandes während des Fluges einen geringeren Geschwindigkeitsverlust als ein gleich schweres und gleich geformtes mit größerem Kaliber. Durch ein kleineres Kaliber werden deshalb bei hoher Anfangsgeschwindigkeit und großer Querschnittsbelastung (= Geschoßgewicht durch Geschoßquerschnitt) größere Schußweiten und höhere Auftreffenergie erzielt. Die Tendenz zur Kaliberverkleinerung führte in den achtziger Jahren zu Militärgewehren mit nur 6 Millimeter Kaliber.

«Der Übergang von 11 mm Kaliber zum 8-mm-Gewehr brachte zur Erzielung einer ausreichenden Querschnittsbelastung eine starke kalibermäßige Verlängerung der Geschosse mit sich. Die dadurch notwendig werdende Verstärkung des Dralles hielten die alten Hartbleigeschosse nicht aus, sie folgten den Zügen nicht mehr, das Blei wurde abgequetscht. Die kleinkalibrigen Geschosse bedurften also eines widerstandsfähigeren Führungsmaterials, sie erhielten Mäntel aus Stahlblech oder aus einer Kupfernickellegierung. Zur Schonung des Laufs wurde auf die Stahlblechmäntel eine dünne Schicht von einer Kupfernickellegierung aufgewalzt.» (R. Weiß)

Zum Schluß sei von den Mehrladegewehren noch das «Gewehr 98» erwähnt. Dieses Modell ist wiederum keine vollkommen neuartige Konstruktion, sondern eine Weiterentwicklung vorhergehender Mauser-Gewehre. Das Laufkaliber ist ebenfalls wie beim Gewehr 88 7,9 Millimeter. Die ballistischen Leistungen waren bei beiden Gewehrmodellen gleich. Der Laufmantel des Modells 88 fiel wieder fort, dafür erhielt das Gewehr 98 zur besseren Handhabung einen hölzernen Handschutz auf der Oberseite des Laufes. Das Visier war ein Kurvenvisier mit nur einer Kimme, bei dem durch Vor- und

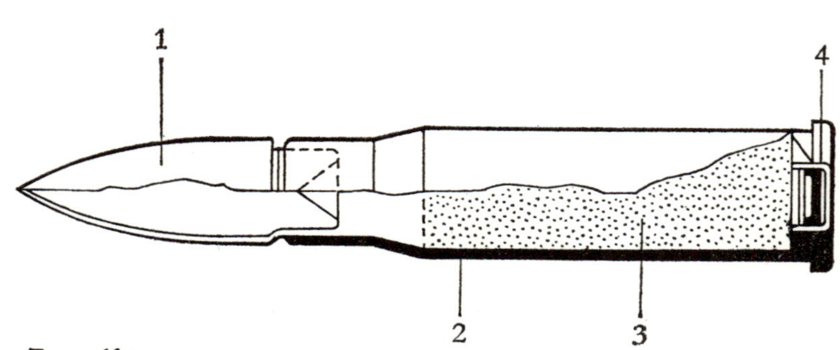

Zentralfeuerpatrone
1. Geschoß, 2. Hülse, 3. Pulver, 4. Zündkapsel

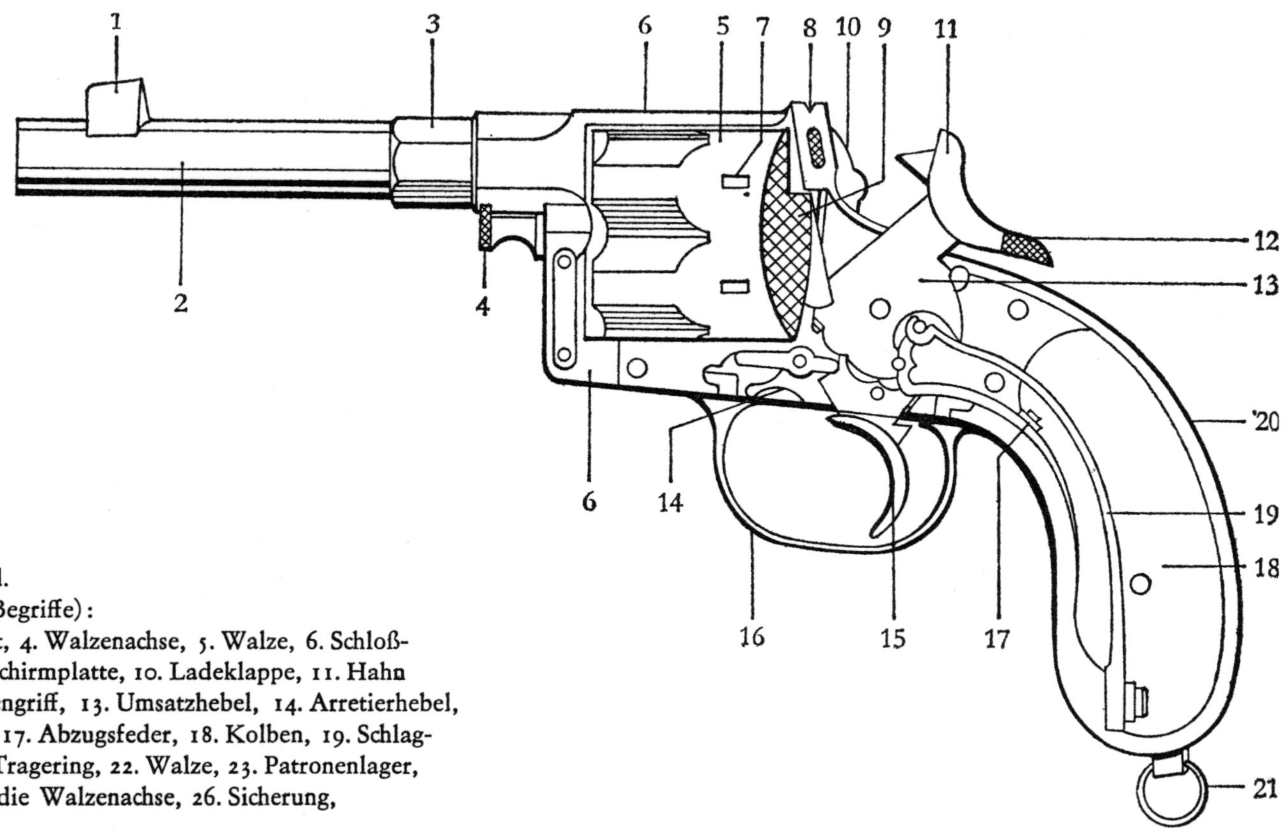

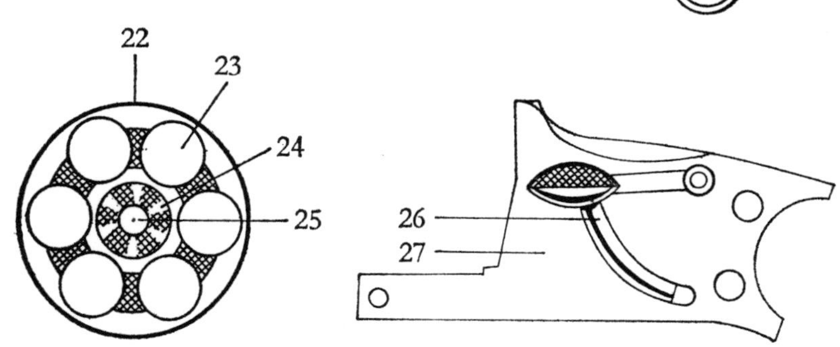

Revolver M/83, Deutschland.
Einzelteile (zeitgenössische Begriffe):
1. Korn, 2. Lauf, 3. Achtkant, 4. Walzenachse, 5. Walze, 6. Schloßkasten, 7. Rast, 8. Visier, 9. Schirmplatte, 10. Ladeklappe, 11. Hahn mit Schlagspitze, 12. Daumengriff, 13. Umsatzhebel, 14. Arretierhebel, 15. Abzug, 16. Abzugsbügel, 17. Abzugsfeder, 18. Kolben, 19. Schlagfeder, 20. Kolbenschale, 21. Tragering, 22. Walze, 23. Patronenlager, 24. Zahnkranz, 25. Loch für die Walzenachse, 26. Sicherung, 27. Schloßblech.
Funktionsweise: Zum Laden der Walze wurde die Ladeklappe aufgeklappt und der Schütze schob sechs Patronen nacheinander bei Drehung der Walze in die Patronenlager und schloß dann die Ladeklappe. Die linke Hand zog den Hahn zurück, dabei wurde der Umsatzhebel etwas durch die Schirmplatte vorgeschoben, so daß er in den Zahnkranz griff und die Trommel um eine Bohrung weiterdrehte. Die Walze arretierte. Beim Druck gegen den Abzug schlug der Hahn auf die Patrone des oberen Patronenlagers. Nach Abgabe von sechs Schüssen wurden die leeren Hülsen ausgestoßen.

Zurückschieben eines Visierschiebers die Kimme gehoben bzw. gesenkt wurde und somit die Entfernungen eingestellt werden konnten. Die Visiereinrichtung reichte bis 2 000 Meter. Die Verriegelung des Laufes erfolgte zusätzlich durch eine dritte Warze, die sich hinten an der Kammer befand. Der Auszieher ergriff die Patrone bereits beim Vorschieben des Schlosses, wodurch ein Aufeinanderladen von zwei Patronen vermieden wurde. Den Magazinkasten, der beim Gewehr 88 unten offen war, verschloß beim Gewehr 98 ein Deckel. Dadurch verschmutzte das Magazin nicht mehr so leicht. Die Patronen konnten einzeln oder mit einem Ladestreifen – fünf Patronen zugleich – in das Magazin gedrückt werden.
Faustfeuerwaffen gehörten wegen kürzerer Schußweiten in geringer Zahl – im Vergleich mit Gewehren und Karabinern –

zur Armeebewaffnung. Ergänzend zu den bereits genannten Standardtypen sollen nur noch einige Typen und Militär-Modelle europäischer Staaten erwähnt werden. In England wurde der Revolver von Webley bevorzugt. Er erhielt 1889 statt des Querriegelverschlusses einen Bügelverschluß. Frankreich führte 1873 den sechsschüssigen Double Action-Revolver, Kaliber 11 Millimeter, von Chamelot-Delvigne in der Armee ein. Er ist unter anderem an der nach hinten schwenkbaren Ladeklappe zu erkennen. 1892 wurde in Frankreich der sechsschüssige «Lebel-Revolver» Kaliber 8 Millimeter Ordonnanzwaffe. Die Trommel läßt sich nach rechts ausschwenken. In Rußland kam der von dem Konstrukteur E. Nagant aus Lüttich entwickelte Revolver als Ordonnanzwaffe 1895 zur Einführung. Diese siebenschüssige Waffe vom Kaliber 7,62 Millimeter hatte eine vorzügliche Gasabdichtung, die durch Übergreifen der Trommel über das konische Laufende im Augenblick des Schusses und durch eine spezielle Patrone mit völlig versenktem Geschoß erreicht wurde.

In der deutschen Armee waren die sogenannten «Reichsrevolver» M/79 und M/83 eingeführt. Sie stimmten in vielen Merkmalen überein: Single Action, Trommel für sechs Schuß, Kaliber 10,6 Millimeter, Sicherungshebel und separater Hülsenausstoßer. Der Lauf des M/79 ist 180 Millimeter, der des M/83 nur 117 Millimeter lang. Die Revolver blieben bis 1908 Ordonnanzwaffen.

Wie bei den Gewehren strebten die Waffentechniker auch bei Pistolen nach Vervollkommnung durch Mehrladeeinrichtungen. Amerikanische Firmen waren zunächst führend. 1854 stellte die «Smith & Wesson Company» in Norwich, Connecticut, die Volcanic-Repetierpistole mit Röhrenmagazin im Vor-

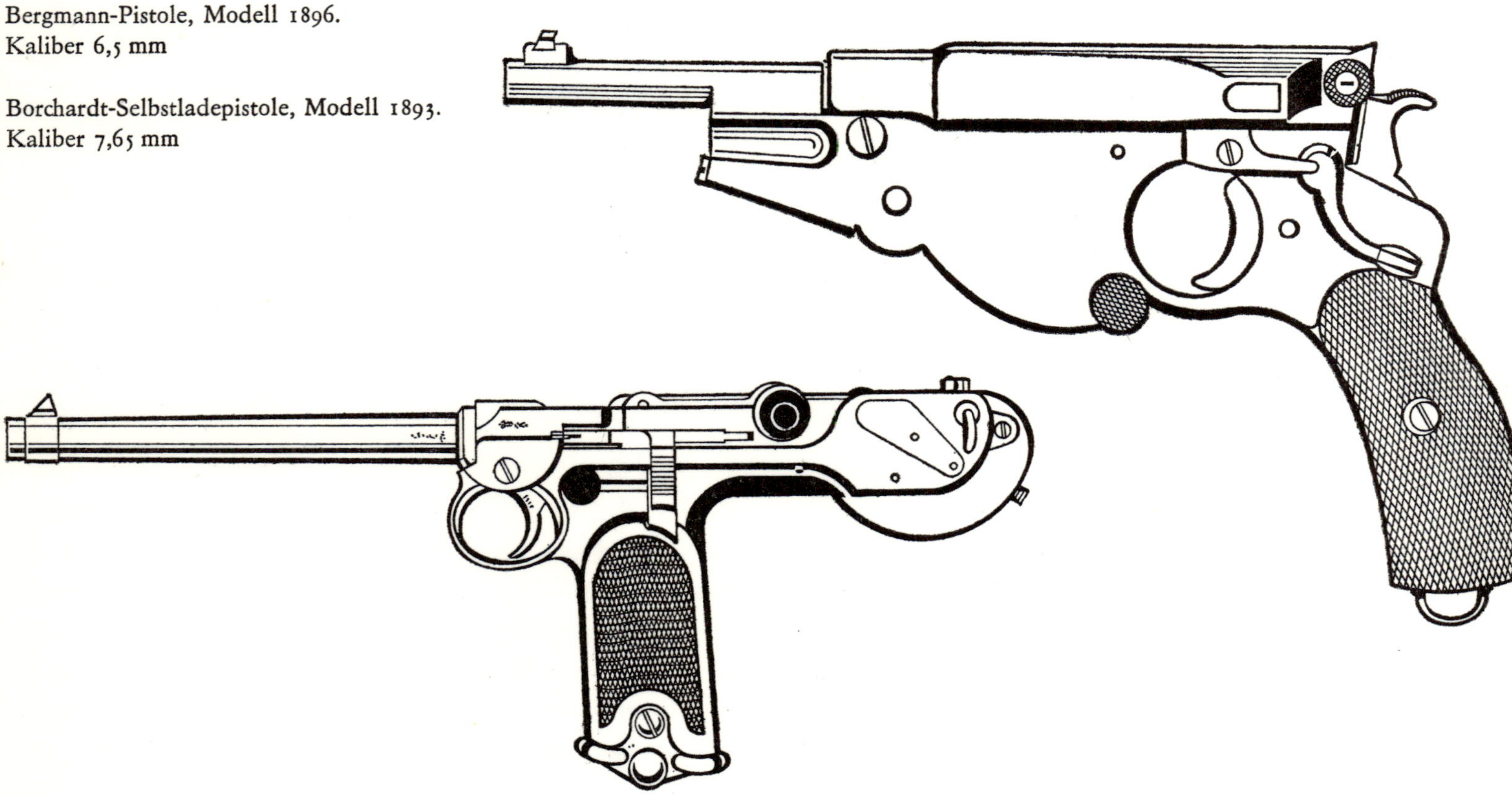

Bergmann-Pistole, Modell 1896.
Kaliber 6,5 mm

Borchardt-Selbstladepistole, Modell 1893.
Kaliber 7,65 mm

derschaft für acht und zehn Patronen her. Zum Repetiermechanismus gehörte ein Unterhebel, wie beim Henry- und Winchestergewehr. Eine kurios wirkende Repetierpistole war auch die «Harmonika-Pistole» von A. Jarre mit sechs, zehn und mehr nebeneinander in einem Block liegenden Läufen. Ähnlich ungewöhnlich wirkt die Form der Mehrladepistole (1882) von Jacques Edmond Turbiaux aus Paris. Sie ähnelt einer scheibenförmigen Pulverflasche mit Tülle (Lauf), an der hinten ein großer gefederter Drücker als Abzug dient.

In den beiden letzten Jahrzehnten des 19. Jahrhunderts setzte mit den Selbstladewaffen eine neue Entwicklungsstufe ein, auf die hier nur hingewiesen werden kann. Bei diesen Waffentypen wird der Gasdruck oder Rückstoß zum Öffnen des Verschlusses, zum Auswerfen der leeren Patronenhülse und zum Spannen des Schlosses ausgenützt. Karel Krnka, Sohn des bekannten Waffenkonstrukteurs Sylvester Krnka, baute bereits 1883/84 das Gewehr von Werndl zu einer Selbstladewaffe um. In der gleichen Zeit arbeitete Hiram Maxim – er entwickelte später das erste Maschinengewehr – an dem Umbau des Winchester-Mehrladegewehrs Modell 73 zum Selbstlader. Diesen Konstrukteuren folgten später viele andere, darunter Mannlicher, Roos und Browning. Die gleiche Entwicklung zeichnete sich bei Pistolen ab. Zu den ersten Selbstladepistolen gehörten die Pistole Bergmann 1894 (Deutschland) mit den Kalibern 5 Millimeter, 6,5 Millimeter und 8 Millimeter, die Mannlicher-Pistole 1894 (Österreich) für fünf Patronen, Kaliber 8 Millimeter, und die Pistole von Hugo Borchardt, 1893. Letztere Waffe hat einen verriegelten Kniegelenkverschluß und ein Magazin für acht Patronen, Kaliber 7,65 Millimeter, im Pistolengriff. Die Pistole kann durch einen Ansatzkolben, der gleichzeitig Pistolentasche ist, zum Karabiner verlängert werden.

Seit der Jahrhundertwende bahnten sich neue Entwicklungstendenzen bei den Handfeuerwaffen an. Maschinengewehre und -pistolen gewannen weitgehend Einfluß auf die Militärtechnik. Die umfangreichen ökonomischen, technischen und taktischen Probleme der Handfeuerwaffen des 20. Jahrhunderts verdienen eine gesonderte Behandlung.

Chronologische Übersicht zur technischen Entwicklung der Handfeuerwaffen

Um 1310–1320	Erfindung der Feuerwaffen
1326	Rat der Hundert in Florenz verhandelt über Meister, die eiserne Pfeile oder Eisenkugeln und Bronzekanonen herstellen sollen
1326	Erste bildliche Darstellung von vasenförmigen Geschützen mit Pfeilgeschossen in der Handschrift des Walter de Milimete, England
1340–1350	«Loshult-Büchse», vermutlich älteste erhaltene Pulverwaffe
1343	In Toulouse werden eiserne Lotbüchsen verwendet
1346	Erste Erwähnung von Pulverwaffen in Deutschland in Stadtrechnungen von Aachen
1347	Handfeuerwaffen für England nachweisbar
1348	Pfeilgeschosse («Büchsenpfeile») für Feuerwaffen in Frankfurt/Main
Mitte des 14. Jh.	Handbüchsen mit Stangenschaft, der in einer Tülle oder auf einem Eisendorn sitzt
1356	Pulverbüchsen in Nürnberg
1358	Handfeuerwaffen in Dijon/Burgund
1364	Handfeuerwaffen für Perugia/Italien nachweisbar
2. Hälfte 14. Jh.	Zündung der Handfeuerwaffen mit Gluteisen aus der Hand
3. Drittel 14. Jh.	Herausbildung des Balkenschaftes
1398	Kammerbüchsen (Hinterlader) aus Schmiedeeisen in Geldern
vor 1399	Original einer Handbüchse aus Bronze von der Burg Tannenberg in Hessen
Ende 14. Jh.	Orgelgeschütze mit Handbüchsenläufen
Ende 14. Jh.	Schalenförmige Erweiterung des Zündkanals
14./15. Jh.	Mehrläufige Handfeuerwaffe (Faustrohrstreitkolben)
um 1400	Aufkommen der Hakenbüchsen
Anfang 15. Jh.	Schmiedeeiserne Stangenbüchse (pìstala = Pfeifenbüchse) von Tabor/Böhmen
Anfang 15. Jh.	Erste Formen des Luntenhahns, Zündloch an die rechte Seite verlegt, Aufkommen der Pulverpfanne
um 1410–1420	Erfindung des gekörnten Pulvers
1439	In Frankfurt/Main eine Handbüchse für Hinterladung mit sechs Kammern
1. Hälfte 15. Jh.	Gebrauch der Lunte für die Zündung aus der Hand und für die ersten Luntenklemmen
um 1460	Darstellung eines Reiters mit Faustfeuerwaffe
1461	In Nürnberger Quellen wird der Pfannendeckel erwähnt
1460–1480	Einführung der Schwanzschraube
um 1475	Luntenschloß mit Hebelabzug – Teile des Mechanismus sind an einem Schloßblech montiert –
um 1475	Das Korn zum Zielen bekannt
etwa 1480	Handfeuerwaffenlauf mit Stadtmarke von Augsburg (Pinienzapfen) gestempelt
1. Hälfte 15. Jh.	Kombinationswaffen zwischen Axt bzw. Streitkolben und Handfeuerwaffe
Ende 15. Jh.	Entstehung des Luntenschnappschlosses mit Schlagfeder und Druckknopfabzug
Ende 15. Jh.	Visiereinrichtung, bestehend aus Kimme und Korn
um 1500	Aufkommen des Rohrvisiers
vor 1500	Abgemessene Pulverladungen in Papierhüllen
Anfang 16. Jh.	Aufkommen des stiftförmigen Abzuges
um 1500	Die ersten Nürnberger Handfeuerwaffenläufe mit dem «N» oder dem Wappen der Stadt gekennzeichnet
um 1500	Sogenannte «Mönchsbüchse», besitzt Funkenschloß mit Stahlfeile
um 1500	Aufkommen von Gewehrzügen
um 1500	Erfindung des Radschlosses
1500–1505	«Codex Atlanticus» mit vielen kriegstechnischen Zeichnungen – darunter Radschlösser – von Leonardo da Vinci
1505	Zeichnung eines Feuerzeuges mit Radmechanismus in der Löffelholzhandschrift
Anfang 16. Jh.	Aufkommen von Bandelieren mit Büchschen für abgemessene Pulverladungen
um 1510	Italienische Kombinationswaffe zwischen Armbrust und Pistole mit Radschloß
2. Viertel 16. Jh.	Aufkommen des Schnappschlosses
1535	Für «Streuhaken» in Nürnberg eiserne Schrote verwendet
2. Viertel 16. Jh.	Herausbildung des Wangenschaftes an deutschen Radschloßgewehren
1530–1550	Dreiläufige Wenderpistole mit Luntenschloß
um 1540	Dreiläufige Radschloß-Wenderpistole
um 1540	Gezogene eiserne Gewehrläufe mit Drall in Nürnberg hergestellt
1540–1550	Radschloß-Hinterladerpistole mit Klappverschluß und eiserner Patrone
1544	Einführung einer Beschau mit Kennzeichnung der Läufe durch Kontrollstempel in Essen
1547	Erste schriftliche Nachrichten über Schnappschloßwaffen in Italien
um 1550	Aufkommen von Bockpistolen (zwei übereinanderliegende Läufe)
um 1550	Aufkommen der Muskete im spanischen Heer
um 1550	Patronenbüchsen für Pulverladungen in Papierhüllen

um 1550	Pistole mit hintereinanderliegenden Ladungen in einem Lauf
Mitte 16. Jh.	Gewehrschaft, der mit dem Kolben an die Brust gesetzt wird (Petrinal)
um 1550	Luntenschloß-Hinterlader mit Klappverschluß und eiserner Patrone mit Pulverpfanne
um 1550	Erste Radschlösser mit Hahnspannung
Mitte 16. Jh.	Radschloßkarabiner und -pistolen werden für Reiterformationen eingeführt
um 1560	Nürnberger Pistole mit einem Lauf für zwei Ladungen hintereinander und mit zwei Radschlössern
1564	Beschuß- und Schauordnung in Suhl/Thüringen eingeführt
1566	In Fronspergers «Kriegsbuch» werden Tromblons erwähnt
3. Viertel 16. Jh.	Erfindung des Altdeutschen Stechers
1572	Erstes amtliches Beschießen der Handfeuerwaffen in London
um 1580	Handfeuerwaffen mit von Hand zu drehender Trommel und Luntenschloß
um 1580	Handfeuerwaffen mit zehn hintereinanderliegenden Ladungen in einem Lauf («Römische Kerzen»)
um 1580	Mittelmeerschlösser (Miqueletschlösser), Feuerstahl und Pfannendeckel zur Batterie vereinigt
2. Hälfte 16. Jh.	Drehlinge (Revolver) mit Radschloß in Deutschland hergestellt
1597	Ältestes erhaltenes datiertes Schnapphahn-Revolvergewehr mit Trommel für acht Schuß, Nürnberg
Ende 16. Jh.	Papierpatronen mit an- oder eingebundener Kugel
Ende 16. Jh.	Aufkommen des skandinavischen Schnappschlosses
um 1600	Pflasterkugeln verwendet
um 1600	Herausbildung des «französischen Schaftes»
um 1600	Windbüchsen mit komprimierter Luft in einer Druckkammer hinter dem Lauf
Anfang 17. Jh.	Scheibenbüchsen mit Stützklotz am Schaft
Anfang 17. Jh.	Verbreitung einer leichten Radschloßbüchse, der «Tschinke», mit außenliegender Schlagfeder
um 1610	Vierschüssiges Gewehr mit einem Lauf und vier Luntenschlössern hintereinander
vor 1615	Erfindung des Stein- oder Batterieschlosses durch Marin le Bourgeois aus Lisieux in der Normandie
um 1620	Erste Klappvisiere für Scheibenbüchsen
1618–1632	Papierpatronen und Patronentaschen durch König Gustav II. Adolf im schwedischen Heer eingeführt
um 1630–1640	Windbüchsen mit Luftkammer um den Lauf
1638	Radschloßgewehr mit Rauchabzug am Pfannendeckel
um 1630–1640	Aufkommen von Magazingewehren mit getrenntem Kugel- und Pulvermagazin sowie mit Rad- oder Steinschloß (Erfindung eines Angehörigen der aus Solingen stammenden Büchsenmacherfamilie Kalthoff)
2. Viertel 17. Jh.	Wasserdichtes Radschloß von Pierre Bergier aus Grenoble
um 1640	Pistolen mit abschraubbarem Lauf, sogenannte «Turn-off-Pistols»
um 1640	Klappbajonett (lange Spießform) an Musketen
um 1640	Erfindung des Bajonetts für Jagdgewehre
1641	Niederländisches Patent für ein Magazingewehr mit 21 Schuß von Pieter Calthoff
1641	Niederländisches Patent für ein Magazingewehr mit 30 Schuß von Hendrick Baertmans
Mitte 17. Jh.	Windbüchse mit Luftkammer in Metallkugel, die unten am Mittelschaft angeschraubt wird
um 1650	Herausbildung der Studel über der Nuß beim Steinschloß
1652	Gewehr mit Einstecklauf
um 1660	Steinschloßrevolver mit vier Läufen zu je zwei hintereinanderliegenden Ladungen von Cornelius Klett, Salzburg
um 1660	Steinschloß-Magazinpistolen von Mathias Kalthoff, Kopenhagen
um 1660	Gürtelvisier mit herzförmiger Visierplatte
1663	In England werden Truppenteile mit Spundbajonetten ausgerüstet
um 1670	Einführung von Gewehren mit Doppelschlössern (Lunten- und Steinschloß) in der kaiserlichen Armee
1680–1690	Lorenzoni-Magazingewehr für 14 Schuß mit Kugel- und Pulvermagazin unten am Lauf
um 1680–1690	Steinschloß-Handfeuerwaffen mit drehbarem Magazin im Mittelschaft von Giacomo Berselli und von Michele Lorenzoni
Ende 17. Jh.	Pistolen mit getrenntem Magazin für Kugeln und Pulver im Kolben, Erfindung von Lorenzoni aus Florenz oder Berselli aus Bologna
um 1700	Verbreitung des Tüllenbajonetts
Anfang 18. Jh.	Windbüchsen mit Luftkammer im Kolben
1704	Entwicklung des konischen Zündloches für Pistolen durch Gottfried Hantzsch, Nürnberg
1704	Schraubverschluß von Isaac de la Chaumette

1718	Einführung des eisernen Ladestocks bei der preußischen Infanterie
um 1720	Einführung des Infanteriegewehrs «Brown Bess» in England
um 1720	Herausbildung der Hakenschwanzschraube, vermutlich in Frankreich
1726	Aufgabe eines besonderen Zündmittels in Preußen – wird jetzt aus der aufgebissenen Papierpatrone entnommen
1732	Einführung eines Hinterladers mit Schraubverschluß bei einigen französischen Truppenteilen
um 1750	Pistolen mit Kastenschloß (englisch «box-lock»)
Mitte 18. Jh.	Herausbildung der Kentucky-Büchse mit Steinschloß in den USA
1760	Einführung des konischen Zündloches für Büchsen der Hannoverschen Jäger
1760–1770	Hinterlader mit Kammerklappverschluß des Italieners Guiseppe Crespi
1768	Einführung eines Doppelstutzens für Scharfschützen der österreichischen Grenztruppen
18. Jh.	Hinterlader-Jagdgewehr mit Kipplauf, Baskülverschluß und eisernen Patronen mit Pulverpfanne
1770	Teilweiser Umbau von österreichischen Infanterie- und Dragonergewehren zu Hinterladern mit Kammerklappverschluß von Crespi
1773	Einführung des zylindrischen Ladestockes
1776	Hinterlader mit vertikalem Schraubverschluß von Patrick Ferguson
1779	Erfindung einer Militär-Repetierwindbüchse von Bartholomäus Girandoni
um 1780	Revolvergewehr mit Zündpulvermagazin an der Batterie von B. Kalesnikow, Tula
1780	Matthias Wißhofer konstruiert Handfeuerwaffen mit elektrischer Zündung
ab 1780	Große Verbreitung der «Pfefferbüchsen» in England
1781	Einführung des konischen (trichterförmigen) Zündkanals beim preußischen Infanteriegewehr
1786	Der Franzose Claude Louis Berthollet versucht Schwarzpulver durch ein Explosivgemisch, das durch Schlag zündet, zu ersetzen
1799	Erfindung des Knallquecksilbers durch den englischen Chemiker Howard
Ende 18. Jh.	Versenkbarer Abzug bei Taschenpistolen
um 1800	Salvenkarabiner mit sieben Läufen und Steinschloß von Henry Nock, London
um 1800	Vertikale Blockverschlüsse mit Hebelarm
1807	Patent für ein «chemisches Schloß» mit Zündmagazin (Flakon) für Explosivstoff des schottischen Geistlichen Alexander Forsyth
um 1810	Explosivstoffe für die Zündung des Pulvers in Form von Pillen oder Zündplättchen
1811	USA-Patent für einen Hinterlader mit hochklappbarem Verschlußblock von John Hancock Hall
1812	Hinterlader mit der ersten Einheitspatrone von Johannes Samuel Pauly, Paris
1814	Englisches Patent für eine Patrone von Johannes Samuel Pauly, die durch Druckluft gezündet wird
1818	Englisches Patent für ein Zündhütchen aus Kupferblech mit Explosivstoff
1818	Englisches Patent für den Steinschloßrevolver des Amerikaners Elisha Haydon Collier
1818	Revolvergewehr mit Gasdichtung zwischen Lauf und Trommel des amerikanischen Büchsenmachers Elisha Haydon Collier
um 1820	Aufkommen von Unterhammerschlössern
1827/28	Zündnadel-Vorderlader von Nikolaus Dreyse
1828	Gustave Delvigne entwickelt Spitzgeschoß, das im Lauf gestaucht wird
1829	In Frankreich werden die ersten militärischen Perkussionswaffen eingeführt
1829	Clement Pottet erhält ein Patent für eine Einheitspatrone mit Zündhütchen im Patronenboden
1832	Lefaucheux konstruiert die erste Einheitspatrone mit Selbstdichtung für eine Schrotflinte mit Kipplauf
1834/35	Revolver-Versuchsmodelle gefertigt von Pearson aus Baltimore für Samuel Colt
1835	Französisches Patent für Patrone mit Stiftzündung von Casimir Lefaucheux
1835	Französisches und englisches Patent für den Revolver von Samuel Colt
1835	Perkussionszündung bei Jägerbüchsen in Preußen
1835	Perkussionsschloß von Giuseppe Console
1836	Patent für einen Bündelrevolver (Single-Action-Pepperbox) von Darling, USA
1836	USA-Patent für Colt-Revolver
1837	USA-Patent für Bündelrevolver von Ethan Allen
1837	Erster Bündelrevolver «Mariette»
1839	Einführung der Perkussionszündung bei preußischen Infanteriegewehren
1840–1850	Eugène Lefaucheux und Houllier entwickeln selbstabdichtende Ganzmetallpatrone
1841	Einführung des Zündnadelgewehrs mit Zylinderverschluß von Nikolaus Dreyse in Preußen

1842 Verbesserung des Perkussionsschlosses von Console durch Vincenz Augustin
1845 USA-Patent für Zündkapselstreifen von Dr. Meynard, Washington
1845 Der Pariser Büchsenmacher Flobert konstruiert eine Patrone mit Zündmittel im Rand des Patronenbodens
1846 Automatisches Zündkapselmagazin am Gewehr der sardinischen Bersaglieri
1848 Claude Etienne Minié konstruiert ein Expansionsgeschoß
1848 USA-Patent für Perkussions-Hinterlader mit Fallblockverschluß von Christian Sharps
1848 Einführung gezogener Gewehre mit Spitzgeschossen bei französischen Truppenteilen
1849 Erster moderner Hinterlader mit Klappenverschluß für Papierpatronen von Sylvestr Krnka
1849 USA-Patent für Mehrlader mit Röhrenmagazin von Walter Hunt, New York
1849 Randfeuerpatrone von Flobert
1849 Jennings-Gewehr mit Röhrenmagazin (USA)
um 1850 Automatische Zündhütchenmagazine
um 1850 Bevorzugte Visierformen: Klapp-, Rahmen- und Segmentvisiere
um 1850 Meynardpatrone mit Messinghülse (kann mehrmals gefüllt werden) und Zündloch im Patronenboden
um 1850 T-Verschluß oder englischer Verschluß für Kipplaufgewehre
ab 1850 Allgemeiner Umbau von Armeevorderladern zu Hinterladern verschiedener Systeme
1851 Englisches Patent für den Revolver von Robert Adams mit Abzugsspannung
1851 Die Schweiz führt als erster Staat ein kleinkalibriges Perkussions-Armeegewehr (10,2 Millimeter), sogenanntes «Bundesgewehr», ein
1851 Enfield-Gewehr für Minié-Geschosse
1853 Erster Lefaucheux-Hinterladerrevolver für Metallpatronen mit Zündstift
1854 USA-Patent für Mehrladepistole «Volcanic» mit Röhrenmagazin unter dem Lauf
1854 Repetierpistole der «Smith & Wesson Company»
1854 USA-Patent für eine Zentralfeuerpatrone von Daniel Wesson
1854 Französisches Patent an Eugène Lefaucheux für eine durchbohrte Revolvertrommel
1854 Kompressionsgeschoß von Lorenz für die österreichische Armee eingeführt
1855 USA-Patent für Hinterladerrevolver von Rollin A. White aus Hartford
um 1855 Der Franzose M. Pottet entwickelt eine Patrone mit Zündmittel in der Mitte des Patronenbodens
1856 Umbau des russischen Vorderladers in einen Zündnadel-Hinterlader System Karl
1856 Horace Smith und Daniel B. Wesson erwerben Nutzungsrechte für die durchbohrte Trommel von Rollin White
1858 Tyler Henry (USA) entwickelt selbstdichtende Randfeuerpatrone
1859 USA-Patent an John Walch für einen zwölfschüssigen Perkussionsrevolver mit je zwei hintereinanderliegenden Ladungen in sechs Kammern
1860 USA-Patent für Mehrlader mit Röhrenmagazin im Kolben von Christopher Spencer
1860 Patent für Mehrlader mit Röhrenmagazin, «Henry Rifle» genannt, von Tyler Henry
1862 USA- und französisches Patent für die «Harmonika-Pistole» von Jarre
1862 USA-Patent für Fallblockverschluß von Henry O. Peabody aus Boston
1862 Gewehr mit selbstspannendem Schloß des Londoner Büchsenmachers Joseph Needham
1864 Klappenverschluß von Jacob Snider aus New York
1865 Patente für selbsttätige Patronenhülsenauswerfer an Revolvern von Drivon & Biron in Saint Étienne und Steiger in Thun
1866 USA-Patent für Zentralfeuerpatrone von Edward Mounier Boxer
1866 Patrone mit Messinghülse für Zentralzündung von Hiram Berdan
1866 Französisches Zündnadelgewehr von Antoine Alphonse Chassepot
1866 Winchestergewehr mit Röhrenmagazin und seitlicher Ladeklappe am Systemkasten, USA
1866 Elektrische Zündvorrichtung von Le Baron und Delmas, Paris
1867 Einführung des Podewils-Gewehrs mit Zylinderverschluß in Bayern
1867 Einführung des Wänzl-Gewehrs mit Klappverschluß in Österreich
1867 Einführung des Hinterladers mit Klappverschluß von Joseph Werndl in Österreich
1867 Einführung des Zündnadelgewehrs von M. Carcano in der italienischen Armee

1867 Zündnadelgewehr des Suhler Büchsenmachers Karl in Rußland eingeführt

1867/68 Einführung des Remington-Gewehrs mit Drehblockverschluß in den skandinavischen Ländern

1867 Vetterli-Gewehr mit Vorderschaftmagazin und Zylinderverschluß in der Schweiz angenommen

1869 Smith & Wesson-Armeerevolver mit Kipplauf und Patronenzieher

1869 Einführung des Werder-Gewehrs mit Fallblockverschluß in Bayern

1869 Einführung des Martini-Henry-Gewehrs mit Fallblockverschluß in England

1870 Einführung des Remington-Gewehrs in Spanien

1871 Einführung des Mausergewehrs mit Zylinderverschluß, Selbstspannervorrichtung, Schlagbolzen und Metallpatrone in Deutschland

1873 Chassepotgewehr in Frankreich auf Metallpatronen umgestellt (Gras-Gewehr)

1873 Einführung des «.45–70 Springfield Rifle» für Zentralfeuerpatronen als Militärwaffe in den USA

1873 Henry-Winchester-Mehrladegewehr für Jagd und Sport mit Patronen für Zentralzündung

1875 Hammerlessgewehr (mit innenliegendem, selbstspannendem Schloß) von Anson & Deeley, Birmingham

1875 Anhängemagazin (Schnellader) von Sylvestr Krnka

1879 USA-Patent für einen Mehrlader mit Kastenmagazin von James Paris Lee

1882 Mehrladegewehr mit Patronenmagazin im Mittelschaft von A. H. Russel, USA

1882 Repetiergewehr mit drei hintereinanderliegenden Magazinen im Kolben von Josef Schulhof aus Wien

1884 Umänderung des preußischen Gewehrs 71 in ein Repetiergewehr mit Röhrenmagazin im Vorderschaft, Modell 71/84

1884 Scheibenbüchse mit Vertikalblockverschluß von Carl Wilhelm Aydt aus Suhl

1885 Österreichisches Mehrladegewehr mit festem Kastenmagazin und Geradzug-Zylinderverschluß von Ferdinand Ritter von Mannlicher

1886 Erste kleinkalibrige Patrone mit Mantelgeschoß für französisches Lebel-Gewehr Mod. 1886

1886 Nitrozellulosepulver von Vieille, Frankreich

1888 Deutsches Gewehr 88 mit drehbarem Zylinderverschluß, Mittelschaftsmagazin und Laufmantel

1889 Zweibasiges Nitroglyzerinpulver (Kordit) von Abel und Dewar in England hergestellt

1891 Russisches Mehrladegewehr, System Mosin, mit drehbarem Zylinderverschluß und Ladestreifen

1898 Einführung des Gewehrs 98 in Deutschland, mit drehbarem Zylinderverschluß und Mittelschaftsmagazin

Literaturverzeichnis

Akehurst, Richard: Feuerwaffen, Wiesbaden 1974

Baláas, Jósef, und Pongó, János: Pisztolyok, Revolverek. Rövid Fejlödé-történet, Budapest 1977

Barthold, Willi: Jagdwaffenkunde, Berlin 1969

Beiträge zur Geschichte der Handfeuerwaffen. Festschrift zum achtzigsten Geburtstag von Moritz Thierbach, hrsg. von Karl Koetschau, Dresden 1905

Bernál, J. D.: Die Wissenschaft in der Geschichte, Berlin 1961

Blackmore, Howard L.: British Military Firearms 1650–1850, London 1961

Blackmore, Howard L.: Firearms, London 1964

Blackmore, Howard L.: Royal Sporting Guns at Windsor, London 1968

Blair, Claude: European and American Arms ca. 1100–1850, London 1962

Blair, Claude: Pistols of the World, London 1968

Boccia, Lionello: Nove Secoli Di Armi Da Caccia, Florenz 1967

Bock, Gerhard, und Weigel, Wolfgang: Handbuch der Faustfeuerwaffen, 5. Auflage, Neudamm 1971

Boeheim, Wendelin: Handbuch der Waffenkunde, Leipzig 1890 (Reprint, Graz 1966)

Carpegna, Nolfo di: Armi de Fuocco della Collezione Odescalchi, Rom 1968

Das Feuerwerksbuch von 1420. 600 Jahre deutsche Pulverwaffen und Büchsenmeisterei, Neudruck. Erläutert von Wilhelm Hassenstein, München 1943

Diener von Schönberg, Alfons: Geschichte der Gewehrfabrik zu Olbernhau in Sachsen. In: Beiträge zur Geschichte der Handfeuerwaffen. Festschrift zum 80. Geburtstag von Moritz Thierbach, Dresden 1905

Die Repetir-Gewehre. Ihre Geschichte, Entwicklung, Einrichtung und Leistungsfähigkeit, Darmstadt und Leipzig, 2 Bde., 1882 und 1884

Dolleczek, Anton: Monographie der k. u. k. österreichisch-ungarischen blanken und Handfeuer-Waffen, Kriegsmusik, Fahnen und Standarten seit Errichtung des stehenden Heeres bis zur Gegenwart, Wien 1896

Durdik, Jan: Hussitisches Heerwesen, Berlin 1961

Durdik, Jan, Mudra, Miroslav und Šáda, Miroslav: Alte Handfeuerwaffen, Prag 1977

Eckardt, Werner, und Morawietz, Otto: Die Handwaffen des brandenburgisch-preußisch-deutschen Heeres 1640–1945, 2. Auflage, Hamburg 1973

Engels, Friedrich: Ausgewählte militärische Schriften, Bd. I und II, Berlin 1964

Engels, Friedrich: Geschichte des gezogenen Gewehrs. In: Ausgewählte militärische Schriften, Bd. II, S. 222–252

Fahrmbacher, Hans, und Feistle, Sigmund: Das Münchener kurfürstliche Hauptzeughaus. In: ZHWK, Bd. 5, Jg. 1909–1911, S. 174–184

Fine Arms from Tula 18th and 19th centuries. The Hermitage Leningrad. Bearbeitet von Valentin Mavrodin, Leningrad 1977

Fleming, Hanns Friedrich von: Der vollkommene teutsche Jäger, Leipzig 1719

Fleming, Hanns Friedrich von: Der vollkommene teutsche Soldat, Leipzig 1726

Gheyn, Jakob de: Waffenhandlung von den Rören, Musquetten und Spießen, Amsterdam 1608

Haenel, Erich: Alte Jagdwaffen in der Kurfürstlichen Rüstkammer zu Dresden. In: Tharandter forstliches Jahrbuch, Bd. 89, Heft 11/12

Halle, Johann Samuel: Werkstäte der heutigen Künste oder die neue Kunsthistorie, Bd. 3, Brandenburg und Leipzig 1764

Hayward, John, F.: The Art of the Gunmaker (2 Bde.) London 1963. Deutsche Ausgabe: Die Kunst der alten Büchsenmacher, Hamburg und Berlin 1968/69

Held, Robert: The Age of Firearms, New York 1958

Historische Waffen von der Sowjetunion übergeben, Katalog des Staatlichen Museums Schwerin, bearbeitet von Johanna Weiser, Schwerin 1959

Hoff, Arne: Feuerwaffen (2 Bde.), Braunschweig 1969

Hummelberger, Walter, und Scharer, Leo: Die österreichische Militär-Repetierwindbüchse und ihr Erfinder Bartholomäus Girandoni. In: WKK, Jg. 1964 und 1965

Jähns, Max: Geschichte der Kriegswissenschaften, vornehmlich in Deutschland, Bd. 1 und 2, München und Leipzig 1889/1890

Jonas, Wolfgang, Linsbauer, Valentine, und Marx, Helga: Die Produktivkräfte in der Geschichte. Bd. 1, Berlin 1969

Kist, J. B., Puype, J. P., und van der Sloot, R. B. F.: Niederländische Musketen und Pistolen. Waffenschmiedekunst des 17. Jahrhunderts in den Niederlanden, Den Haag 1974

Knispel, Udo: Faustfeuerwaffen. Übersicht über die Entwicklung und Ausbildung der einzelnen Waffentypen, München 1974

Knispel, Udo: Gewehre. Übersicht über die Entwicklung der einzelnen Waffentypen, München 1975

Kobielski, Stanisław: Polska Broń. Broń palna, Wrocław, Warszawa, Kraków und Gdansk 1975

Krause, Paul: Von Magdeburger Schützen in alter und neuer Zeit. In: Magdeburger Kultur- und Wirtschaftsleben Nr. 15, Magdeburg 1937

Krünitz, Johann Georg: Oekonomisch-technologische Encyklopädie oder allgemeines System der Staats-, Stadt-, Haus- und Land-Wirtschaft, und der Kunst-Geschichte, 232. Teil, Stichwort «Waffen», Berlin 1856

Lampel, Walter, und Mahrholdt, Richard: Waffenlexikon, München 1971

Lenk, Torsten: Steinschloß-Feuerwaffen. Ursprung und Entwicklung, 2 Bde., Hamburg und Berlin 1973

Lindsay, Merrill: The Kentucky Rifle, New York 1972

Lugs, Jaroslav: Das Buch vom Schießen, Prag 1968

Lugs, Jaroslav: Handfeuerwaffen, 2 Bde., 4. Auflage, Berlin 1973

Luther, Martin: Tischreden, Berlin 1914 (Deutsche Bibliothek 86)

Müller, Heinrich: Deutsche Bronzegeschützrohre 1400–1750, Berlin 1968
Müller, Heinrich: Historische Waffen, Berlin 1957
Nickel, Helmut: Ullstein Waffenbuch. Eine kulturhistorische Waffenkunde mit Markenverzeichnis, Berlin, Frankfurt/M. und Wien 1974
Ossbahr, C. A.: Das Fürstliche Zeughaus in Schwarzburg, Rudolstadt 1895
Peterson, Harold L.: Alte Feuerwaffen, München 1966
Peterson, Harold L.: Arms and Armor in Colonial America, 1526–1783, Harrisburg, Pa. 1956
Peterson, Harold L.: Encyclopedia of Firearms, London 1964
Peterson, H., und Elman, R.: Berühmte Handfeuerwaffen, München 1973
Ploennies, Wilhelm von: Das Zündnadel-Gewehr. Beiträge zur Kritik der Hinterladungswaffe. In: Neue Studien über die gezogene Feuerwaffe der Infanterie, Darmstadt und Leipzig 1865
Ploennies, Wilhelm von: Neue Hinterladungs-Gewehre nach officiellen Versuchen beurtheilt, Darmstadt und Leipzig 1867
Pope, Dudley: Feuerwaffen, Entwicklung und Geschichte, Bern, München, Wien 1965
Post, Paul: Das Zeughaus. Die Waffensammlung. Erster Teil. Kriegs-, Turnier- und Jagdwaffen vom frühen Mittelalter bis zum Dreißigjährigen Krieg, Berlin 1929
Prechtl, Johann Joseph: Technologische Encyklopädie oder alphabetisches Handbuch der Technologie, der technischen Chemie und des Maschinenwesens, Stuttgart 1835
Quellen zur Geschichte der Feuerwaffen vom Germanischen Museum, Leipzig 1877
Rathgen, Bernhard: Das Geschütz im Mittelalter. Quellenkritische Untersuchungen, Berlin 1928
Reglement das Exercitium und die Manövres der Französischen Infanterie betreffend vom 1 sten August 1791. Aus dem Französischen für die Königlich-Westfälischen Regimenter. Erster Teil: Die Soldaten- und Ploton-Schule, 3. Auflage, Braunschweig 1812
Reimer, Paul: Vom Schwarzpulver. In: ZHWK., Bd. 4, Jg. 1906–1908, S. 367–383
Reitzenstein, Alexander Freiherr von: Der Waffenschmied, München 1972
Rybakow, B. A.: Der Moskauer Kreml. Die Rüstkammer, Moskau und Prag 1962
Schaal, Dieter: Jagdgewehre, Dresden 1974
Katalog Dresdener Büchsenmacher des 16.–18. Jahrhunderts. Staatliche Kunstsammlungen Dresden, Historisches Museum, Dresden 1976
Scharnhorst, Gerhard: Militairisches Taschenbuch zum Gebrauch im Felde, 3. Auflage, Hannover 1794
Schornhorst, G. H. D. von: Über die Wirkung des Feuergewehrs. Für die Königl. Preußischen Kriegs-Schulen, Berlin 1813
Schedelmann, Hans: Die großen Büchsenmacher, München 1972
Schedelmann, Hans: Die Wiener Büchsenmacher und Büchsenschäfter, II. Beiheft. In: Zs. für Historische Waffen- und Kostümkunde, Berlin 1944
Schmidt, Rudolf: Die Handfeuerwaffen, ihre Entstehung und technisch-historische Entwicklung bis zur Gegenwart, Basel 1875 (Reprint: Graz 1968)
Schöbel, Johannes: Barockes Halali. Jagdwaffen und Jagdgerät aus dem Historischen Museum der Staatlichen Kunstsammlungen Dresden, Leipzig 1968
Schöbel, Johannes: Jagdwaffen und Jagdgerät des Historischen Museums zu Dresden, Berlin 1976
Schöbel, Johannes: Prunkwaffen, Berlin und Leipzig 1973
Schön, Julius: Geschichte der Handfeuerwaffen, Dresden 1858
Schubert-Soldern, Fortunat von: Gottfried Wilhelm von Leibniz und die Handfeuerwaffen. In: Beiträge zur Geschichte der Handfeuerwaffen. Festschrift zum 80. Geburtstag von Moritz Thierbach, Dresden 1905
Sixl, P.: Zur Geschichte des Schießwesens der Infanterie. In: ZHWK., Bd. 2, Jg. 1900–1902
Sixl, P.: Entwicklung und Gebrauch der Handfeuerwaffen. In: ZHWK., Bd. 3, Jg. 1902–1905
Smith, W. H. B., und Smith, J. E.: Small Arms of the World, Harrisburg 1960
Støckel, Johan F.: Haandskydevaabens Bedømmelse, Bd. I, Kopenhagen 1938
Bd. II, Kopenhagen 1943
Tarassuk, Leonid: Antique European and American Firearms at the Hermitage Museum, Leningrad 1972
The Kretzschmar von Kienbusch Collection of Armor and Arms, Princeton 1963
Thiede, Günther: Zur Geschichte des Zündnadelgewehrs. In: Zeitschrift «Militärgeschichte» Jg. 1973, Heft 4
Thierbach, Moritz: Die geschichtliche Entwicklung der Handfeuerwaffen, bearbeitet nach den in den deutschen Sammlungen noch vorhandenen Originalen, Bd. I, II, Dresden 1886/87, Reprint, Graz 1965
Thomas, Bruno, Gamber, Ortwin, und Schedelmann, Hans: Die schönsten Waffen und Rüstungen aus europäischen und amerikanischen Sammlungen, Heidelberg und München 1963
Über den rechten Gebrauch der Muskete für die Jungen und unerfahrenen Soldaten. 43 Faksimiledrucke nach Originalstichen von Jacob de Gheyn. Hrsg. vom Armeemuseum der Deutschen Demokratischen Republik, Berlin 1974
Waffen und Uniformen in der Geschichte. Katalog des Museums für Deutsche Geschichte Berlin, Berlin 1957
Waffenlehre. In: Handbibliothek für Offiziere oder Populaire Kriegslehre für Eingeweihte und Laien, 3. Bd., Berlin 1828
Wagner, Eduard, Drobná, Zoroslava, und Durdik, Jan: Tracht, Wehr und Waffen des späten Mittelalters (1350–1450), Prag 1957

Wallhausen, Johann Jacob von: Kriegskunst zu Fuß, Oppenheim 1615. Kriegskunst zu Pferdt, Frankfurt a. M. 1616
Wegeli, Rudolf: Inventar der Waffensammlung des Bernischen Historischen Museums in Bern, Bd. IV: Fernwaffen, Bern 1948
Weiß, R.: Die Handfeuerwaffen, ihre Entwicklung und Technik. In der Reihe: Aus Natur und Geisteswelt, Bd. 364, Leipzig 1912
Weiß, Walter: Suhler Handfeuerwaffen im 16. Jahrhundert. In: Natur und Heimat, 8. Jg., Heft 2, Berlin 1959
Weygand, Herrmann: Die technische Entwicklung der modernen Ordonnanz-Präcisionswaffen der Infanterie, 2. Auflage, Berlin und Leipzig 1878
Willers, Johann Karl Wilhelm: Die Nürnberger Handfeuerwaffe bis zur Mitte des 16. Jahrhunderts. Entwicklung, Herstellung, Absatz nach archivalischen Quellen, Diss., Erlangen. In: Schriftenreihe des Stadtarchivs Nürnberg, Bd. 11, Nürnberg 1973
Winant, Lewis: Firearms Curiosa, New York 1961
Wißhofer, Matthias: Entwurf einer elektrischen Flinte, Salzburg 1780
Wrzodek, G.: Die Entwicklung der Handfeuerwaffen seit der Mitte des 19. Jahrhunderts und ihr heutiger Stand, Leipzig 1908 (Sammlung Göschen, Bd. 366)
Zeitschriften:
Deutsches Waffen-Journal, Schwäbisch Hall 1965 ff.
Journal of the Arms and Armour Society, London 1953 ff.
The American Rifleman, Washington D. C. 1885 ff.
The Gun Digest, Chicago 1947 ff.
Zeitschrift für Historische Waffenkunde. Organ des Vereins für historische Waffenkunde (ZHWK), Dresden 1897–1922
Neue Folge: Zeitschrift für Historische Waffen- und Kostümkunde, Berlin 1923–1944
Waffen- und Kostümkunde (WKK). Zeitschrift der Gesellschaft für historische Waffen- und Kostümkunde, München, Berlin 1959 ff.

Bildquellenverzeichnis

Nachstehende Aufnahmen verdanken wir folgenden Institutionen und Fotografen:

Bayerisches Nationalmuseum München 22, 23, 83, 84, 117, 118
Bayerische Staatsgemäldesammlung München, Alte Pinakothek 2
Bibliotheca Ambrosiana Mailand 21
Breitenborn, Dieter 148
Forschungsbibliothek Gotha 3
Germanisches Nationalmuseum Nürnberg 4, 6, 7, 10, 18, 20, 28, 82, 85, 100, 115, 150
Heimat- und Waffenmuseum Suhl 90, 96, 97, 99, 106, 128, 129, 134, 139
Historisches Museum Dresden 25, 29, 55, 56, 59, 67, 72, 75, 78, 89, 108
Karpinski, Jürgen 25, 29, 55, 56, 59, 67, 72, 75, 78, 89, 108
Museum für Deutsche Geschichte Berlin 1, 12, 15, 16, 19, 24, 26, 27, 30, 31, 36–54, 57, 58, 60, 62–66, 68–71, 73, 74, 76, 77, 79–81, 86–88, 91–93, 98, 102–104, 109, 110, 114, 116, 119, 120, 138, 140, 144–149, 151–153, 155, 157–160
Muzeum Hl. Mesta Prahy (Museum der Hauptstadt Prag) 35, 101
Muzeum Narodowe (Nationalmuseum) Warschau 17
Národni Muzeum (Nationalmuseum) Prag 8, 9
Österreichische Nationalbibliothek Wien 12
Privatsammlungen 32, 33, 34, 61, 94, 105, 107, 111–113, 125, 127, 130–133, 135–137, 141–143, 154, 156
Staatliches Museum Schwerin 95, 121–124, 126
Thüringer Museum Eisenach 14
VEB E. A. Seemann Verlag Leipzig 2
VEB Verlag der Kunst Dresden 3, 17
Vojenské Historické Muzeum (Militärhistorisches Museum) Prag 5
Zentralbibliothek der deutschen Klassik Weimar 11

Namen- und Sachregister